化学工业出版社"十四五"普通高等教育规划教材

素养导向的
中学化学教学设计

杨玉琴　倪　娟　主编

化学工业出版社

·北 京·

内容简介

《素养导向的中学化学教学设计》整合了中学化学课程标准、教材的解读以及教学设计等师范生必学内容，以"教育学""化学教学论"等为先修课程，引导师范生深入化学课程主题层面进行教学系统分析与设计，提升教学实践能力。全书共十二章，第一章至第六章为中学化学教学设计概论、化学课程标准的结构化解读、中学化学教材分析的层次与方法、中学化学教学之学情分析、从课程标准目标要求到教学目标的转化以及大概念统领下的单元整体教学设计，逐步构建了完整的教学设计逻辑体系。第七章至第十二章则针对化学基本概念、元素及其化合物、化学理论、有机化合物、跨学科实践活动以及化学复习课等不同类型课型，结合案例，揭示了素养导向下"一类课型"的教学一般规律与设计策略。

《素养导向的中学化学教学设计》可供高等师范类院校作为本科教材使用，亦可作为化学教育类硕士研究生和中学化学教师提升教学设计能力的参考书。

图书在版编目（CIP）数据

素养导向的中学化学教学设计 / 杨玉琴，倪娟主编.

北京：化学工业出版社，2024. 10（2025.8 重印）. --（化学工业出版社"十四五"普通高等教育规划教材）. -- ISBN 978-7-122-46708-9

Ⅰ. G633.82

中国国家版本馆 CIP 数据核字第 2024SW1367 号

责任编辑：孙钦炜　褚红喜　　　　　装帧设计：关　飞

责任校对：王鹏飞

出版发行：化学工业出版社

（北京市东城区青年湖南街 13 号　邮政编码 100011）

印　　装：三河市君旺印务有限公司

787mm×1092mm　1/16　印张 20¾　字数 489 千字

2025 年 8 月北京第 1 版第 2 次印刷

购书咨询：010-64518888　　　　　　售后服务：010-64518899

网　　址：http://www.cip.com.cn

凡购买本书，如有缺损质量问题，本社销售中心负责调换。

定　　价：59.80 元　　　　　　　　　版权所有　违者必究

《素养导向的中学化学教学设计》 编写组

主　编　杨玉琴　倪　娟

副主编　占小红　陈　燕

编　者（排名不分前后）

占小红（华东师范大学）

陈　燕（福建师范大学）

叶　霞（沧州师范学院）

覃世辉（河池学院）

祝艳芳（商丘师范学院）

葛　超（盐城师范学院）

杨玉琴（盐城师范学院）

倪　娟（江苏省教育科学研究院）

前言

　　教学是一项有目的的理性行为，教师总是为了一定目的而教，教学设计则是教师为了达到特定目的，对教学进行系统分析、规划、决策、制定并形成教学方案的活动与过程。从我国化学教育的发展历史看，课程目标经历了从"知识为本"到"能力为本"再到当今"素养导向"的演变。我国正向着第二个百年奋斗目标迈进，落实立德树人根本任务，培养有理想、有本领、有担当的时代新人成为当前课程改革的主旋律。化学学科核心素养是化学课程育人价值的集中体现，只有经过精心的教学设计，建立起素养导向的课程目标、内容、实施及评价的逻辑闭环，才能保证课程育人目标的实现。

　　《教师教育课程标准（试行）》在课程设置中建议开设"中学学科课程标准与教材研究""中学学科教学设计"等课程。在中学化学教学实践中，若仅对化学课程标准（简称课标）与教材进行分析研究，而不与具体主题的教学设计联系起来，对化学课程标准与教材的认识就缺乏了应用载体，其意义价值不能显现出来，学习者也难以产生较为深刻的理解。而化学教学设计本身则必须建立在对化学课程标准和教材精准分析的基础上。因此，我们将中学化学课程标准、教材的解读与教学设计整合于一本教材中，以"教育学""化学教学论"等为先修课程，使师范生在掌握了一般教育教学原理以及化学教学的基本原理与方法的基础上，进一步深入到具体的化学课程主题层面进行系统分析与教学设计，进一步提升教学实践能力。

　　从 2019 年秋季学期起，根据《普通高中化学课程标准（2017 年版）》修订的高中化学教科书开始使用；从 2024 年秋季学期起，根据《义务教育课程标准（2022 年版）》修订的九年级化学教科书投入使用。目前，初、高中化学教学都已进入新课标、新教材阶段。新课标整体规划素养立意的课程目标，构建大概念统领的化学课程内容体系，要求基于大概念建构整体设计和实施单元教学，实现"教—学—评"一体化，等等。相应地，新教材的编写以新课标为依据，根据核心素养的内涵和发展水平，整体建构化学课程的知识框架和内容体系。新课标、新教材的变化对教学设计提出了新挑战，如何让化学师范生深入理解新课标理念、新课程结构和新教学要求，并将之有效转化到教学设计实践中，顺利站在中学化学课程与教学改革前沿，成为本教材编写的出发点。

　　全书共十二章。"第一章　中学化学教学设计概论"让师范生认识"什么是教学设计""为什么需要教学设计"以及"如何进行教学设计"，把握教学设计的一般模式，对全书起到统领作用；"第二章　化学课程标准的结构化解读"对化学教学设计的依据——化学课程标准进行分析，从课程与教学的基本问题逻辑出发，阐释新课标的基本结构，帮助师范生建立课程、教学与评价之间的内在关联，形成对新课标整体的结构化理解，把握新课标各部分的内容和功能，形成新课标的一般分析思路，并在后续教材分析、教学目标设计及不同知识课型的教学设计中进行实践运用和深化理解；"第三章　中学化学教材分析的层次与方法"让师范生建立起教材与课标的有机联系，形成教材"整体—单元—节"三层次分析思路与方法，让师范生对教材"既见树木，又见森林"，形成贯通性理解，为教材逻辑向教学逻辑的转化奠定基础；"第四章　中学化学教学之学情分析"让师范生掌握学情分析的视角与方法，会针对具体课题进行学习者分析；"第五章　从课程标准目标要求到教学目标的转化"让师范生学会在"教—学—评"一致性视角下，基于课标要求和大概念的建构，整体设计单元教学目标；"第六章　大概念统领下的单元整体教学设计"则是第一～五章的综合应用，系统呈现了从课标与教材分析、学情分析到单元整体教学过程的设计以及单元作业整体设计的过程；第七～十二章则针对化学基本概念、元素及其化合物、化学理论、有机化合物、跨学科实践活动以及化学复习课等不同专题，探讨"一类课型"教学的一般规律与设计方法，以期学习者能够举一反三、灵活迁移运用。

　　本书的编写具有鲜明的时代性、实践性和应用性。全书以《普通高中化学课程标准（2017年版2020年修订）》及2019年各版本高中化学教材、《义务教育课程标准（2022年版）》及2024年各版本教材为分析对象，在教学设计中充分融入"素养导向""大概念统领""整体设计和实施单元教学""'教—学—评'一体化"等新课标理念，将新课标规定的"跨学科实践活动"单独设计成章，在第十二章中以"碳达峰、碳中和"主题复习"化学反应原理"模块为例，说明主题式综合复习课教学设计与实施的一般过程；教材内容的呈现充分体现实践取向，以案例为载体，构建了"学习准备→案例分析→一般思路与方法→对标整理→实践应用"的学习思路。教材内容不空谈理论，都是从实际案例出发提出问题、分析问题和解决问题，再回到实践中去运用；教材选择中学化学典型课型，从各类知识形成的一般规律分析其相应的教学策略，提供典型的单元整体教学设计样例，方便学习者借鉴、应用。

　　本书由盐城师范学院杨玉琴教授和江苏省教育科学研究院倪娟研究员共同编著和定稿。参与编写的有：华东师范大学占小红教授、福建师范大学陈燕教授、沧州师范学院叶霞副教授、河池学院覃世辉副教授、商丘师范学院祝艳芳老师、盐城师范学院葛超博士。书中不少内容来自作者对化学新课标、新教材、新教学的研究成果，也参考和引用了不少国内外专家、学者以及中学教师的研究成果，化学工业出版社为本书的出版提供了大力支持，在此一并表示衷心感谢！本书是盐城师范学院国家级一流本科专业建设点——化学（2022）的建设成果以及江苏高校哲学社会科学研究项目（2023SJYB 2000）的研究成果，既可以作为高等师范院校化学（师范）专业化学课程标准解读、教材分析及教学设计等课程的教材，也可作为化学课程与教学论硕士、化学教育专业硕士的学习参考书，还可作为中学化学教师实施新课标、新教材和新教学的参考资料。

　　由于作者水平和视野有限，书中难免出现疏漏或不足，真诚地希望广大专家、教师和同学不吝赐教，以便我们进一步完善！

杨玉琴　倪　娟

2024年9月

目录

第一章 中学化学教学设计概论 / 001

第二章 化学课程标准的结构化解读 / 024

第三章 中学化学教材分析的层次与方法 / 060

第四章　中学化学教学之学情分析 / 085

第五章　从课程标准目标要求到教学目标的转化 / 110

第六章　大概念统领下的单元整体教学设计 / 125

第七章 化学基本概念课型教学设计 / 146

第八章 元素及其化合物课型教学设计 / 174

第九章 化学理论课型教学设计 / 203

第十章　有机化合物课型教学设计 / 236

第十一章　跨学科实践活动教学设计 / 264

第十二章　化学复习课教学设计 / 293

第一章
中学化学教学设计概论

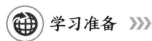 学习准备 》》》

在日常生活中，我们经常接触到"设计"，如"服装设计""发型设计""形象设计""家装设计"等，在化学化工领域，也有"化工设计""工程设计"等。请你想一想，为什么要做这些"设计"，如果没有"设计"，结果会有何不同？

案例分析 》》》

【案例1-1】 利用化学方程式的简单计算（九年级化学）❶

研读以下曹老师执教的"利用化学方程式的简单计算"的简要教学过程。思考：①该教学过程中所涉及的内容载体与教材有何不同？②曹老师为何要重新设计内容载体？③进一步研读本章"练习与实践"中的该教学设计文本，归纳教学设计需要重点解决哪些问题？

环节 1：情境导入

【播放视频】氢能源汽车

【问题串】①氢气是如何获取的？②如何书写制取氢气的化学方程式？③制取 8kg 的氢气，至少需要消耗水的质量是多少？

环节 2：任务 1 寻找化学方程式中"量"的信息

【活动指导】蓝色磁钉代表氧原子模型、绿色磁钉代表氢原子模型，请在白板上搭出该反应（手指黑板上的化学方程式）的微观示意图。

① 观察你们搭建的微观示意图，每 2 个水分子分解生成氢分子的数量是多少？氧分子的数量呢？

---

❶ 该案例由南京市宁海中学分校曹力老师设计。

② 上述反应中水分子、氢分子和氧分子的数量比是多少呢？

③ 反应中微观粒子的数量比等于化学方程式中什么数之比？

环节 3：任务 2　学习依据化学方程式计算的一般方法

【解决问题】制取 8kg 的氢气，至少需要消耗水的质量是多少？

【过渡】汽车行驶需要氢气，汽车在制造的过程中需要金属材料铝，相信同学们一定能够独立解决这个工业上经常遇到的问题。

【问题】电解 10.2t 氧化铝理论上可以生产铝的质量是多少？

环节 4：任务 3　寻找计算的其他方法

【问题】①还有其他方法可以解决这个问题吗？请从元素的角度分析氧化铝转化为铝的反应；②如何计算出同时生成氧气的质量呢？

【过渡】工业生产中需要运用化学计算。我们再去实验室看一看。

环节 5：任务 4　依据化学方程式计算解决实际问题

【问题】实验室用含 H_2O_2 6.8g 的过氧化氢溶液制取氧气，最多可以产生氧气的质量是多少？

环节 6：课堂小结（略）

第一节　认识化学教学设计

一、什么是设计

设计是人类特有的行为。从广度上说，一切有目的的人类活动都含有设计的因素，比如工业设计、装修设计、艺术设计、活动设计、组织设计、城市设计，乃至人生设计、国家设计等等。设计作为人类生物性与社会性的生存方式，其词源是伴随"制造工具的人"的产生而产生的。中国春秋战国时期的《周礼·考工记》和西方古罗马时期的《博物志》都是早期人类有关设计的经验性总结。《周礼·考工记》即有"设色之工，画、缋、钟、筐、慌"。此处"设"字，与拉丁语"designara"的词义"制图、计划"完全一致。而《管子·权修》中"一年之计，莫如树谷；十年之计，莫如树木；终身之计，莫如树人"，此"计"字也与用以解释"design"的"plan"一致。用现代汉语中的"设计"对译英语的"design"，从其各自的词源背景及文化背景来看都毫无歧义，这正好说明了"设计"是人类生活行为的共性特征。

戈登·罗兰德通过大量的观察研究，概括出了设计的诸多特征，其中与教学设计有关的主要特征有[1]：

---

[1] 裴新宁. 面向学习者的化学教学设计 [D]. 上海：华东师范大学，2003.

- 设计是目标定向的过程，设计的目标在于构思与认识某种新事物；
- 设计出来的新事物有实际效用；
- 设计的基本任务是把需求信息转换成具体的产品技术说明；
- 设计需要社会性互动；
- 设计包括问题解决，但并不是所有的问题解决都是设计；
- 设计中问题理解和问题解决可能是同时或相继发生；
- 设计可能是科学，或科学与艺术的结合，或既非科学，也非艺术；
- 设计需要技术能力和创造力、是理性和直觉思维的过程；
- 设计过程是一个动态的非确定性过程；
- 设计过程是一个学习过程。

可见，设计是人们为满足特定需要，精心制定、寻找和选择满意的备选方案的活动，而且这种活动在很大程度上是一种思维活动、问题求解活动和创新发明活动。目的性、计划性、预先性、创造性和可见性是设计的共同特征。首先，所有设计都具有一定目的，不存在没有目的的设计，目的既是设计的出发点，也是设计的归宿点，具体的目的可以是创造某种具有实效性的新事物、解决所面临的新问题，也可以是完成一项较复杂的活动任务；其次，设计是按照一定计划系统进行的，而不是盲目的，计划可以详细也可以简略，但它是设计赖以展开的依据；再次，设计都是在一项工作或活动正式开展之前进行的，是工作的预备阶段所要完成的任务，以使工作可以按照设计的方法、步骤、内容等顺利展开；然后，设计应该有一定的创新性，而不是完全重复或模仿别人的方案，在这个过程中，体现了人的思维的创造性，设计者通常需要拟定多种可能方案，并从中进行决策；最后，设计的结果应该是物化的、可见的，可以是一个草稿、图样，也可以是一份计划、方案等等。通常，如果目的是制作一个物品，设计的结果一般是草稿、图样、模型等；如果目的是开展一项活动或解决一个新问题，设计的结果一般是工作计划、解决方案等。

总之，设计是人们为了达到特定的目的，在开展一项较复杂的工作之前，进行系统分析、规划、决策、制定并形成工作方案的活动和过程[1]。

二、什么是教学设计

自古人们就会对教学活动进行设计。由于教学观以及所处教学领域的不同，设计者对教学设计的看法不同，进行设计的方式也不同。在教学设计作为一门学科诞生之前，教学设计基本上是一种经验性的活动，而当 20 世纪 60 年代末 70 年代初教学设计成为教育技术学领域的一项现代教学技术的时候，它便是面向教学系统、解决教学问题的一种特殊的设计活动。

（一）教学系统

教学系统是由一定数量的相互联系的组成部分（如教师、学生、教学内容、教学媒体、教学方法、教学环境等）有机结合起来的具有某种教学功能的综合体。教学系统有不同的层

---

❶ 王春华. 教学设计的理性及其限度 [D]. 济南：山东师范大学，2014.

次，一个学校的全部课程、一门具体的课程、一个教学单元等，都可以看成不同层次的教学系统。一个教学系统至少包含教与学两个要素，教与学两个要素之间的联系与作用形成教学活动，这个系统的功能就是培养人才。教与学虽是教学系统的两个基本要素，但教与学分别可作为两个子系统，每个子系统由不同的要素来构成。"教"这一子系统包括教师、教学内容、教学媒体、教学方法等要素，而"学"这一子系统包括学习者、学习态度、学习行为及认知程度等要素，如图 1-1 所示❶。

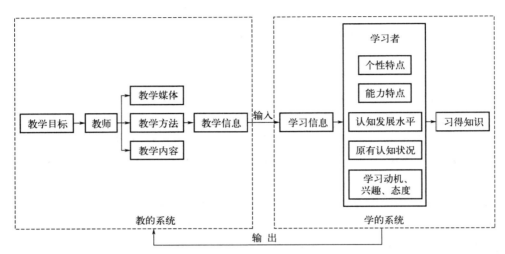

图 1-1 教与学的系统

在"教"这一子系统中，其构成要素之间不同的联系方式，就形成不同的教学过程结构；不同的教学过程结构将具有不同教学功能，产生不同的教学效果。教学设计的重要内容之一，就是要根据教学目标，即预期的效果，设计不同的教学过程结构，即设计教师、教学内容、教学媒体、教学方法等要素之间的不同联系方式，而达到最优化的效果。所谓最优化，就是从多种可能的方案中，选择出最好的系统方案，使系统具有最优的整体功能。

如果我们把学习者看作是一个系统，学习者的学习过程实际上就是教学环境对这个系统（学习者）进行作用（输入），而系统（学习者）对环境做出反应（输出）的过程。因此，学习过程是一个开放系统，也是一个动态过程。

教学系统的一个特点是它的整体性，即其各个部分有机地构成一个整体，各个环节互相关联，缺一不可，否则这个系统就不能有效地运转。例如，教师是知识技能的传授者、教学活动的组织者和学生学习的引导者，离开了教师，学生就只能是自学者；同样，没有学生，教师就失去了特定的施教对象，变成了一般的传播者。此外，教师要有可施教的水平，教材要有可传授的顺序结构，学生要有可接受的学习能力和知识水平等，所有这些，都是影响教学系统有效性的重要因素。因此，提高教育、教学质量的关键在于改进教育或教学系统的整体功能。通过综合运用教学过程理论、学习理论及现代化教学媒体等理论成果或手段于课堂教学中，教师恰当设计系统内各要素，充分发挥其功能，从而提高教学效果。而这种有机结合教学系统各要素的方法即教学系统方法。

❶ 皮连生.教学设计：心理学的理论与技术［M］.北京：高等教育出版社，2000：12.

教学系统方法（systems approach to instruction）是指运用系统方法解决教学问题的方法。它综合考虑某一特定教学传播环境下所涉及的复杂因素，设计具有整体功能的教学系统。教学系统方法的基本出发点是教学系统的整体性，它要求从整体出发，从整体与部分（或要素）之间、整体与环境之间的相互联系、相互制约中，综合地考察对象，立足整体，统筹全局，择优选取总体上最好的方案，以达到预设的目标。

（二）教学设计的内涵

尽管教学设计已经得到了长足的发展，各种模型层出不穷，但其定义并未发生实质性的改变，大多数人仍习惯地把它称作教学系统设计（instruction systems design，ISD）。这主要出于教学设计中两个不变的因素，一是教学设计的研究对象是教学系统，二是对教学活动做出设计的方法是系统方法。归纳起来，对教学设计的认识有以下几个方面。

1. 从内容上看，教学设计有广义和狭义之分

广义的教学设计指的是把课程设置计划（总体规划及各门课程具体计划）、课堂教学过程、媒体教学材料看作教学系统的不同内容层次所进行的系统设计；狭义的教学设计是指对某一门课程或某一教学单元、单课或某一项培训这些较小教学系统的设计。无论是广义还是狭义的教学设计一般都包括目标、内容、结构、课时、方法、过程、媒体、评价等组成部分。若没有特指，学校中的教学设计是指教学单元或单课时的设计。

2. 从方法上看，教学设计是由一套系统化的步骤（或程序）构成的过程

关于这类定义，国际上比较一致认可的是史密斯和雷根（Smith & Ragan）的阐述，他们认为教学设计是"把学习与教学的原理转换成教学材料、活动、信息资源和评价的方案的系统化（systematic）和反思性（reflective）的过程"[1]。而我国学者大多引用乌美娜教授的定义，"教学设计作为一个系统计划的过程，是应用系统方法研究、探索教学系统中各个要素之间的关系，并通过一套具体的操作程序来协调配置，使各要素有机结合完成教学系统的功能"[2]。这种设计观一般把教学设计看作由一系列相对固定的步骤或程序组成，大致包括通过学习者、学习环境及学习任务分析确定教学目标，确立评价这些目标的标准，设计与开发教学策略，为学习者能达到预期表现做出安排并提供材料，实施教学方案，根据具体信息反思与修正设计方案等过程。

3. 从实质或最终目的上看，教学设计就是解决教与学问题的过程

任何教学设计理论的基本前提都是为学生的学习而设计教学，这一点是毋庸置疑的。从该点讲，学习者的学习问题就是教学设计者应解决的根本的教学问题，除此之外，为了解决学习问题而必需的各种条件（如资源、媒体、情境、策略等）方面的问题也构成了设计所必须面对的教学问题。教学设计者必须理解教学问题的实质，发现解决教学问题的途径，提供解决教学问题的方法。基于"教学设计即问题解决"的设计模型注重的是提供设计的整体方案和有关问题解决的策略包和知识库，而不是类似于一般 ISD 的程序。设计者要根据问题实际，在策略包或知识库中提取必要的元素组合成具体的解决方案。

---

[1] Smith P L，Ragan T J. Instructional Design [M]. New York：John Wiley & Sons Inc，1999：2.

[2] 乌美娜. 教学设计 [M]. 北京：高等教育出版社，1994：11.

三、为什么需要教学设计

（一）教学设计是实现教学科学性与艺术性统一的重要路径

20世纪以前，西方教育理论曾经长期认为"教学是艺术"，因而，教学是一种个性化的行为；认为影响教学过程的因素是复杂的，难以用科学的方法来进行研究。教学论的奠基人之一夸美纽斯（1592年—1670年）在其《大教学论》（1632年）一书中开宗明义地指出："教学论是指教学的艺术。"并说，教学就是"把一切事物教给一切人类的全部艺术"。继夸美纽斯之后的著名教学论专家第斯多惠（1790年—1866年）也强调教学是艺术而不是科学，他的名言是："教学的艺术不在于传授本领，而在于激励、唤醒、鼓舞。"自20世纪上半叶以来，随着科学和科学思潮的发展，人们逐渐认识到"教学也是科学"，开始用观察、实验等科学的方法来研究教学问题，并注重课程目标的确定，强调教学过程的设计与教学环节的科学操作。教学科学主义确实给教学提供了规范的可操作性的指导，提高了教学的效果、效率和效益。

教学科学主义与教学艺术主义曾经长期处于争论之中，最终达成了"教学既是科学又是艺术"的共识，科学性与艺术性是教学的两种基本属性，二者不可偏废。"教学是科学"意味着教学要遵循客观规律，科学合理地组织教学过程，规范有序地进行教学活动，从而引导学生形成科学的认识；"教学是艺术"意味着教学虽要遵循规范和规律，但也需要表现出教师的个性风格，表现出教学的创造智慧和丰富的人文精神；"教学既是科学又是艺术"则提示教学既要有科学性和合理性，又要有艺术性和创造性，既不能受科学性的限制而使教学僵化呆板，又不能因为艺术性而违背教学规律。科学和艺术是不可分割的，它们的关系是智慧和情感的密切关联，它们共同的基础是人类的创造力，它们追求的目标都是真理的普遍性。

从理论来源看，教学科学更多地来自教学实验，以科学实验为其生长点，更加注重群体的理论研究和理性认识，并组成以严密的理性分析和逻辑推理为基础的内容体系，反映的是教学的必然性。而教学艺术则更多地来源于教学实践，以新鲜的经验为其生长点，更加强调个体的经验体会或灵感和顿悟，注重感性认识，形成教师的教学智慧，并成为教育实践性知识的重要组成内容，反映的是教学的偶然性。从形态特征看，教学科学主要表现为由群体共同创造的理论形态，是科学教学的知识体系，包括一般规律和科学的原则与方法。而教学艺术则表现为个体灵活多变的创造性教学活动，它既是个体对教学经验的探索，也是个体对教学科学的发挥、升华和超越。比如，对教学方法的运用，有科学的运用和艺术的运用两种。科学的运用主张操作程序的规范性，规范的教学操作程序是人人都可以掌握和运用的，但艺术的运用则因人而异，其主张"教学有法，但无定法"，特别强调个性、灵活性和创造性，为教学提供具体的可变通的策略。同是客观规律，却会因掌握和运用它的主体的不同而发挥出不同的作用和效果❶。

通过教学设计将教学的科学性与艺术性有机统一起来。科学与艺术之间的张力恰好构成了教学设计观的两种取向，它们共存于教学设计的过程中。从教学设计所依赖的基

---

❶ 罗增儒. 教学既是科学又是艺术 [J]. 中学数学教学参考, 2015 (23): 1.

石——学与教的科学原理，以及据此对教学设计所做的理性分析的过程来看，教学设计是一种包含着一定的教学系统要素在内的科学化技术，但从设计者（尤其是教师）经验的复杂多维性与设计对象——教学系统不确定性、复杂性、变迁性来看，教学设计是一个动态、延续、依据情境脉络变化而时时"创作"的过程。在这一创作过程中，设计者依据个人及设计对象即时涌现出的经验及文化背景，以不同的表征方式赋予对教学系统要素新的理解。

（二）教学设计是联系教学理论与教学实践的桥梁

为了使教学活动高效、有序，人们一直致力于探讨教学的机制，对教学过程、影响教学的因素及其相互关系进行研究，并形成了一套独立的知识体系——教学理论。实践需要理论，没有理论指导的实践是盲目的实践。但教学理论只能指明教学或者改进教学的一般方向，要使抽象的理念转变成具体的实际行动，成为变革现实的力量，需要在理论与实践之间建立联系的中介物。

现代教学设计不仅建立在成熟的教学理论基础上，而且是在有关教学信息的收集、加工、转换、判断的基础上，设计出一系列可操作的活动程序，因而它具有连接教学理论和教学实践的功能，由抽象的概念、判断、推理组成的理论可以通过它转变成具体的教学活动。实践也证明，现代教学设计能在两者之间很好地发挥桥梁作用。通过教学设计进一步开展教学实践也是验证假说从而确立教育理论的唯一途径。美国学者斯金纳、布鲁纳和奥苏伯尔等人都是通过教学设计使他们的假说在实践中接受检验而确立为理论并且变成教学现实的。

（三）教学设计是达成化学课程育人目标的保障

从化学教育的发展历史来看，化学课程目标经历了从"知识为本"到"能力为本"再到当今"素养为本"的演变。19世纪中期，伴随着机器大生产的兴起，为满足培养具有一定科学知识和生产技能的产业工人的需要，科学（包括化学）作为学科进入学校，成为学校开设的课程之一，使学生掌握一定的科学知识与技能成为当时的主要课程目标。"二战"以后，科学技术有了突飞猛进的发展。为了回应和解决知识激增及更新太快对教育的挑战，人们对化学课程与教学进行了一系列改革，提出了用科学过程和方法培养学生问题解决能力的思想，并开展了很多有价值的实证研究。因此，在注重"双基"的同时，培养学生的问题解决能力成为课程目标。20世纪80年代以来，科学技术的迅猛发展，一方面极大地改变了人们的生产方式、工作方式和学习方式，给人类以巨大的福祉；另一方面，也引发了诸如环境问题、资源和能源短缺问题、安全问题等，这些与科学技术有关的社会问题，不仅仅与科学技术专家们有关，同时与每一个社会公民密切相关。因此，培养作为未来社会公民的学生的科学素养，使他们在知识与技能、过程与方法及情感态度价值观获得全方面发展，成为新的课程目标。进入21世纪以来，全球化、信息化的时代特征更加显著，我们国家面临百年未有之大变局，处于向着第二个百年奋斗目标迈进之际，落实立德树人根本任务，培养有理想、有本领、有担当的时代新人成为当前课程改革的主旋律。

核心素养是学科育人价值的集中体现，是学生通过课程学习而逐步形成的适应个人终身发展和社会发展所需要的正确价值观、必备品格和关键能力。化学课程要培养的核心素养，主要包括化学观念、科学思维、科学探究与实践、科学态度与责任。而要将这些课程目标落实到教师的日常教学中，必须经过精心的教学设计，建立起素养导向的课程目标、内容、实施及评价的逻辑闭环，保证"教—学—评"的一致性，才能保障课程育人目标的实现。

（四）教学设计是实现化学教师专业发展的有效路径

以现代学习理论、教育理论为基础，重视对学生学习规律的分析和研究，是现代教学设计与传统备课的显著区别之一。教学是一门科学也是一门艺术。虽然教学的艺术很难通过教学来传授，但科学的教学理论和方法却是可以习得的。新手教师如果能够将教学理论应用于教学设计中，发挥理论对教学设计的指导作用，依据学生的学习规律，设计出高效的教学活动，实现学习过程最优化，则能够缩短成长为骨干教师的时间。而且，教学过程是一个充满了复杂性和不确定性的过程，中间会遇到各种问题和突发事件。再高明的教学设计专家事先也难以预料课堂师生互动中将要发生的一切，即使同样的教学设计文本在不同的课堂中其效果也可能不同。所以从本质上看，教学设计是一种问题求解，侧重于问题求解中方案的寻找和决策过程。在这种问题解决过程中，教师需要不断地进行研究与创新，改进教学实践，最终成长为一名教学专家。

第二节 化学教学设计的理论基础

教学设计以整个教学系统、教学过程为研究对象。按照信息论的观点，教学过程是一个信息传播特别是教育信息传播的过程，在这个传播过程中有其内在的规律性和理论，所以教学设计应以人们对传播过程的研究所形成的理论——传播理论作为理论基础。教学设计又是对教和学双边活动进行设计的过程，它是以人类学习的心理机制为依据探索教学机制，建立能合理规划和安排教学全过程的理论与程序，所以学习理论和教学理论同样是教学设计的理论基础。化学教学设计虽具有化学学科的特殊性，但遵循一般教学的教学设计规律。

一、传播理论与教学设计

人类对传播理论的研究于 20 世纪 40 年代末开始迅速发展。它的研究内容从原来新闻学所研究的"新闻传播"转移到"信息传播"，探讨自然界一切信息传播活动的共同规律。教学本质上是将人类已知的知识信息通过一定的媒介手段传递给学生的过程。

首先，传播过程的"7W"理论模型（表 1-1）同样能够说明教学信息传播过程所涉及的要素。这些要素自然也成为研究教学过程、解决教学问题的教学设计所考虑、分析和研究的重要因素。

表 1-1　传播过程的"7W"理论模型与教学设计

要素	含义	教学信息传播	教学设计要素
Why	为了什么目的	教学目标	学习需求、教学目标分析
What	传递什么内容	教学内容	教学内容分析
Who	由谁传递	教师或其他信息源	教师、教学资源分析
Which channel	通过什么渠道	教学媒体、手段	教学媒体、教学策略选择
To whom	对谁传播	教学对象	学习者分析
Where	在什么情况下	教学环境	教学环境/情境
What effect	什么效果	教学效果	教学评价

其次，传播理论揭示出教学过程中各种要素之间的动态联系，并指出教学过程是一个复杂动态的传播过程，由组成传播过程的信息源、讯息、通道和受者四部分以及它们之间的关系共同决定，而传播过程中每一组成部分又受其自身因素的制约。从信息源（传者）和信息接受者来看，至少有四个因素影响信息传递的效果：①传播技能，传者的表达、写作技能，受者的听、读技能均会影响传播效果；②态度，包括传者和受者对自我的态度，对所传信息内容的态度，彼此间的态度等；③知识水平，传者对所传递内容是否完全掌握，对传播的方法、效果是否熟知，受者原有知识水平等都将影响最终的效果；④社会及文化背景，不同的社会阶层及文化背景也影响传播方法的选择和对传播内容的认识和理解。再从信息本身来看，其内容及其结构、处理方式等会影响传播效果；从信息传递通道来看，不同传播媒体的选择以及它们与传递信息的匹配也会引起对人们感官的不同刺激，从而影响传播效果。教学设计正是在此基础上把教学传播过程作为一个整体来研究，为了保证教学效果的优化，既注意每一组成部分及其复杂的制约因素，又对各组成部分间的本质联系给予关注，并运用系统方法在众多因素的相互联系、相互制约的动态过程中探索真正导致教学传播效果的原因，而最终确定富有成效的设计方案。

最后，传播理论指出了教学过程的双向性，强调传者与受者都是积极的主体，受者不仅接受信息、解释信息，还对信息做出反应，因此传播是一种双向的互动过程。教学信息的传播同样是通过教师和学生双方的互动行为来实现的，所以，教学过程的设计必须重视教与学两方面的分析与安排，并充分利用反馈信息，通过反馈环节随时进行调整和控制，以达到预期的教学效果。

二、学习理论与教学设计

学习理论是探究人类学习的本质及其形成机制的心理学理论，而教学设计是为学习而创造环境，根据学习者的需要设计不同的教学计划，在充分发挥人类潜力的基础上促使人类潜力的进一步发展，因而教学设计必须广泛了解学习及人类行为，以学习理论作为其理论基础。学习理论由于从不同的视角出发、用不同的研究方法、对不同的问题感兴趣，因而形成了众多的流派，对现代教学设计影响较大的几种经典学习理论如下。

（一）皮亚杰的认知发展理论

让·皮亚杰（Jean Piaget，1896 年 8 月 9 日—1980 年 9 月 16 日），瑞士人，近代最有

名的儿童心理学家。他所创立的学说促进了认知研究的兴起，为认知发展心理学的建立奠定了基础。

1. 认知发展的基本过程

皮亚杰理念体系中的一个核心概念是图式（schema）。图式指个体对世界的知识、理解和思考的方式。我们可以把图式看作是心理活动的框架或组织结构。图式是认知结构的起点和核心，因此图式的形成和变化是认知发展的实质。皮亚杰认为，认知发展受三个基本过程影响：同化、顺应和平衡。

（1）同化（assimilation）：同化原本是一个生物学概念，它是指有机体把外部要素整合进自己的结构中的过程。在认知发展理论中，同化是指个体对刺激输入的过滤或改变的过程，即个体在感受到刺激时，把它们纳入头脑中原有的图式之内，使其成为自身的一部分，就像消化系统将营养物吸收一样。

（2）顺应（accomodation）：指有机体调节自己内部结构以适应特定刺激情境的过程。顺应与同化是伴随而言的。当个体遇到不能用原有图式来同化新的刺激时，便要对原有图式加以修改或重建，以适应环境。

（3）平衡（equilibration）：指个体通过自我调节机制使认知发展从一个平衡状态向另一个平衡状态过渡的过程。一般而言，个体每当遇到新的刺激，总是试图用原有图式去同化，若获得成功，便得到暂时的平衡。如果用原有图式无法同化环境刺激，个体便会做出顺应，即调节原有图式或重建新图式，直至认识上达到新的平衡，这是从一种较低水平的平衡状态过渡到一种较高水平的平衡状态。平衡的这种连续不断的发展，就是整个认知发展的过程，个体的认知图式是通过同化和顺应而不断发展的。

 案例分析 ▶▶▶

【案例 1-2】 氧化还原反应（高中化学必修第一册）第1课时教学片段

请阅读以下教学片段，分析属于同化过程的教学片段是哪些，教师提出了什么问题学生不能用已有知识同化？还需通过哪些过程学生才能顺应？在整个教学过程中，学生对化学反应的认知图式发生了怎样的发展？

【教师】同学们还记得高炉炼铁中的主要化学反应吗？

【学生】回忆①$C + O_2 \xrightarrow{\text{点燃}} CO_2$；②$CO_2 + C \xrightarrow{\text{高温}} 2CO$；③$3CO + Fe_2O_3 \xrightarrow{\text{高温}} 2Fe + 3CO_2$。

【教师】这三个化学反应分别属于哪一种基本反应类型？

【学生】①和②属于化合反应，③不属于四大基本反应类型中的任一种。

【教师】可见四大基本反应类型这一分类方式不能囊括所有的化学反应，那还有没有其他反应类型分类方式可将这三个反应进行分类？分类的依据是什么？

【学生】①是氧化反应；②和③是还原反应，是从物质在化学变化中得氧还是失氧的角度进行分类的。

【教师】氧化反应和还原反应是分开独立进行的吗？

……

2. 认知发展的阶段

认知发展不是一种数量上简单累积的过程，而是认知图式不断重建的过程。根据认知图式的性质，可以把认知发展划分为几个不同的阶段，每一阶段都是前一阶段的延伸。

（1）感知运动阶段（约0～2岁）：在这个阶段，儿童主要通过感知运动图式与外界发生相互作用，智力的进步体现在从反射行为向信号功能过渡。

（2）前运算思维阶段（约2～7岁）：前运算思维阶段儿童的智慧在质的方面有了新的飞跃。在这一阶段里，儿童的思维已经表现出了符号性的特点，他们能够通过表象和言语来表征内心世界和外部世界，但其思维仍是直觉性的、非逻辑的，而且具有明显的自我中心特征。

（3）具体运算思维阶段（约7～12岁）：以儿童出现了内化了的、可逆的、有守恒前提的、有逻辑结构的动作为标志。在这一阶段里，儿童已经具有明显的符号性和逻辑性，能进行简单的逻辑推演，克服了思维的自我中心性，但这一阶段儿童的思维仍局限于具体的事物及日常经验，缺乏抽象性。

（4）形式运算思维阶段（约12～15岁）：这一阶段儿童总体的思维特点是，能够提出和检验假设，能监控和内省自己的思维活动，思维具有抽象性，能在头脑中设想出许多内容，这些内容可以与他们自身的经验无关。

上述各阶段出现的一般年龄因个体智慧程度不同或社会环境不同会有差异，但各个阶段出现的先后顺序不会变。有研究表明，在美国学校中，只有13.2%的初中生，15%的高中生和22%的大学生达到形式运算思维阶段。大多数人只能在他们有经验和有兴趣的少数领域运用形式运算。化学课程通常在九年级才开设，正是由于其对学生的形式运算思维要求较高。

3. 认知发展理论对教学的贡献

认知发展理论学说的最大贡献是，皮亚杰认为"儿童的智慧和道德结构同我们成人不一样。因而新的教育方法应尽一切努力按照儿童的心理结构和他们不同的发展阶段，将要教的材料以适合不同年龄儿童的形式进行教学"。卢梭早就说过"儿童不是小成人"的名言，皮亚杰则用大量实验证明了这一点。儿童的发展制约着他们所能学习的范围，只有当儿童已具有把各种信息整合起来所必备的心理能力时，才有可能习得某种特定的概念。这也是化学课程一般在九年级开设的原因，因为化学当中许多微观的概念，如分子、原子等需要学生较高的抽象思维能力，而且，同一概念在中学化学教学当中也是采取螺旋上升的方式建立的。在皮亚杰看来，学习并不是个体获得越来越多外部信息的过程，而是学到越来越多有关他们认识事物的程序，即建构了新的认知图式。当皮亚杰派学者研究学习时，他们常常问"你是怎么知道的?"，而不是"你知道吗?"。在他们看来，如果儿童不能解释他是怎么知道的，就说明他实际上还没有学会。通过练习，也许可以教给儿童某种知识，但这种知识很快就会被遗忘，除非儿童能够理解它，也就是说，除非儿童能够把它同化到他已有的认知图式中去，这种同化只有在儿童积极参与建构时才有可能发生。所以，学习所关注的，应该是儿童主动的心理建构活动。

案例分析 »»»

【案例1-3】 不同学习阶段课程标准关于"原子结构与元素性质"的内容要求。

查找不同学习阶段课程标准关于"原子结构与元素性质"的内容要求，三阶段的内容要求为何不同？了解同一知识在不同阶段的学习要求对于教师的教学有何意义？

义务教育段：认识原子是由原子核和核外电子构成的；知道原子可以结合成分子，也可以转变为离子。初步认识元素周期表。

高中必修段：认识原子结构、元素性质与元素在元素周期表中位置的关系。知道元素、核素的含义，了解原子核外电子的排布。结合有关数据和实验事实认识原子结构、元素性质呈周期性变化的规律，建构元素周期律。知道元素周期表的结构。

高中选择性必修段：①原子核外电子的运动状态；②核外电子排布规律；③核外电子排布与元素周期律（表）。认识元素的原子半径、第一电离能、电负性等元素性质的周期性变化，知道原子核外电子排布呈现周期性变化是导致元素性质周期性变化的原因。知道元素周期表中分区、周期和族的元素原子核外电子排布特征，了解元素周期律（表）的应用价值。

（二）布鲁纳的认知结构学习理论

杰罗姆·布鲁纳（Jerome Seymour Bruner，1915年—2016年），美国教育心理学家、认知心理学家。布鲁纳认为，学校教育中应以学科结构即一门给定的学科中的基本概念、基本原理及其相互关系代替结论性的知识；学习的实质在于主动地形成认知结构，其核心就是一套类别编码系统；发现学习是学生掌握学科基本结构的良好方法。所谓发现，不只局限于发现人类尚未知晓的事物的行动，而是包括由自己头脑亲自获得知识的一切形式，有如下特征。

1. 强调学习过程

在教学过程中，学生是一个积极的探究者。教师的作用是要形成一种学生能够独立探究的情境，而不是提供现成的知识。我们教一门学科，不是要建造一个活着的小型藏书室，而是要让学生自己去思考，参与知识获得的过程。"认识是一个过程，而不是一种产品。"

2. 强调直觉思维

大量事实表明，直觉思维对科学发现活动极为重要，直觉思维的本质是映象或图像性的，其形成一般靠言语信息，尤其不靠教师指示性的文字，而是需要学生自己做，边做边想。

3. 强调内在动机

发现活动有利于激发学生的好奇心，使他们对探究未知的结果表现出兴趣，同时，还能激发学生的胜任动机，即学生有一种获得成就的内驱力，从而提高学习效率。

4. 强调信息提取

布鲁纳认为，人类记忆的首要问题不是贮存，而是提取。提取信息的关键在于如何组织信息，知道信息贮存在哪里和怎样才能提取信息。学生亲自参与发现事物的活动，必然会用某种方式对它们加以组织，从而对记忆具有最好的效果。

（三）奥苏贝尔有意义学习理论

戴维·保罗·奥苏贝尔（David Pawl Ausubel，1918年—2008年）美国认知教育心理学家。他说："如果我不得不把教育心理学的所有内容简约成一条原理的话，我会说：影响学习最重要的因素是学生已知的内容，弄清了这一点后，进行相应的教学。"这里所说的学生已知的内容，实际上指的是学生的认知结构，即学生现有知识的数量、清晰度和组织方式，它是由学生眼下能回想出的事实、概念、命题、理论等构成的。

1. 有意义学习

奥苏贝尔认为，无论是接受学习还是发现学习，都有可能是机械的，也都有可能是有意义的。如果教师讲授得法，并不一定会导致学生机械接受学习；同样，发现学习也并不一定是保证学生有意义学习的灵丹妙药。如果学生只是机械地记住解决问题的"典型步骤"，而对自己正在做什么，为什么这样做却稀里糊涂，他们也可能得到正确的答案，但这并不比机械学习或记忆更有意义。

意义学习有两个先决条件：①学生表现出一种意义学习的心向，即表现出一种在新学的内容与自己已有知识之间建立联系的倾向；②学习内容对学生具有潜在意义，即能够与学生已有的知识结构实质性地联系起来。学生的认知结构是影响课堂教学中有意义学习的最重要因素，教师需要关注三种变量：第一，学生认知结构中能与新学内容建立联系的有关概念是否可利用，如果可利用，这些概念就为学习新内容提供了必要的固定点（anchorate）；第二，这些概念与要学习的新概念之间区别的程度如何，即要防止新旧概念的混淆，使新概念能够作为独立的实体保持下来；第三，认知结构中起固定点作用的概念是否稳定、清晰，这将影响到为新知识提供的固定点的强度，也影响学生对新旧概念做出区别。

奥苏贝尔认为，同化是意义学习的心理机制，其理论核心是：学生能否习得新信息，取决于他们认知结构中已有的有关概念；意义学习是通过新信息与学生认知结构中已有的有关概念的相互作用才得以发生的；这种相互作用的结果，导致了新旧知识的意义的同化。如果要使新知识习得后能保持下去，就要有一个连续同化的过程，使新知识逐渐分化，从而使其意义越来越精确。也就是说，只有连续不断地把新知识作为后继的有意义学习的固定点，才能使新习得的知识保持下来。

2. 先行组织者策略

促进有意义学习和防止新旧概念混淆的策略，是在呈现教学内容之前，利用适当相关的和包摄性较广的，最清晰和最稳定的引导性材料，帮助学生确立有意义学习的心向，在他们"已经知道的"和"需要知道的"知识之间架设起桥梁。这种引导性材料被称为先行组织者，在三个方面有助于促进学习和保持信息：第一，如果设计得恰当，它们可以让学生注意到已有认知结构中那些可起固定作用的概念，并把新知识建立在其之上；第二，它们通过把有关方面的知识包括进来，并说明统括各种知识的基本原理，从而为新知识提供一种脚手架；第三，这种稳定的和清晰的组织，使学生不必采用机械学习的方式。

先行组织者可以分为两类：一类是说明性组织者（expositive organizer），用于提供适当的类属者，它们与新的学习内容产生一种上位关系。如在学习电离平衡之前先让学生回忆学习过的化学平衡概念；另一类是比较性组织者（comparative organizer），既可用于新观念与认知结构中基本类似概念的整合，又可用于增加本质不同而貌似相同的新旧概念之间的可辨别性。如高中学习胶体概念之前，先引导学生回顾溶液和浊液两种分散体系。

3. 学习中的动机因素

奥苏贝尔主要关注的是成就动机，即学生试图获取好成绩的倾向。其主要由三方面的驱力组成：①认知驱力，指学生渴望认知、理解和掌握知识，以及陈述和解决问题的倾向，简言之，即一种求知的需要，它发端于学生好奇、探究以及操作的倾向，这是成就动机中最重要、最稳定的部分，它大都是内在于学习任务本身之中的。②自我-增强驱力（ego-enhancement drive），指学生要求凭自己的才能和成就获得相应的地位的愿望，既指向获得眼前的学业成绩和名次等，也指向未来的学术或职业生涯，而将来能获得什么工作，取决于他们的学业成绩。这是一种外部动机。强调学习的内部动机，并不意味着贬低形成外部动机的重要性。对自我增强、社会地位和凭成就获得褒奖的需要，以及对职业的抱负，历来被认为是个性成熟的标志。事实上，很少有人能形成足以推动他掌握大量学科知识的强烈的认知内驱力。③附属驱力（affliative drive），这种驱力是指学生为得到家长和教师的赞扬而学习的需要。这是一种外部动机，随着学生年龄的增长，这种动机的重要性日趋降低。

三、教学理论与教学设计

教学理论是教学设计者最直接的理论来源。教学理论的形成与发展经历了漫长的历史阶段。《学记》是我国古代教育文献中最早、体系比较严谨而又极有价值的一篇文献，是我国教育史上一份珍贵的遗产，也是世界教育史上最早出现的自成体系的教育学专著，是人类的共同财富，更是中华民族的骄傲❶。它成篇于公元前四至公元前三世纪，是我国先秦时期儒家学派按照他自己的教学经验和教学认识总结出来的教育经验和理论概括，它比世界著名教育家捷克的夸美纽斯所著的《大教学论》早了一千八九百年。《学记》中提出的"教学相长""及时施教""启发诱导""藏息相辅""长善救失"等教学原则影响深远，《礼记·中庸》中"博学之，审问之，慎思之，明辨之，笃行之"五步学习过程对教学的启发仍然巨大。近现代时期，一些进步思想家和教育家梁启超、蔡元培、徐特立、陶行知、陈鹤琴等倡导的教学要重视发展儿童的个性，从他们的特点出发，要发挥儿童主观能动性，培养儿童独立学习能力的主张也对今天我们强调从学生出发和进行学习者分析有不少启迪。

赫尔巴特1806年出版的《普通教育学》和1835年出版的《教育学讲授纲要》，标志着西方独立的"教学理论"的形成。20世纪50年代以来，围绕不同的教学改革主题，现代化发达国家形成了不同的有影响的教学论流派。

第一个时期：20世纪50～70年代。这是现代教学改革和大发展的时期。适应第一次科学革命的挑战，以促进学生智力发展和培养高科技人才为主题形成了不同的教学论流派，具体包括苏联以赞科夫为代表的发展性教学论，美国以布鲁纳为代表的认知结构教学理论，德国以瓦根舍因为代表的范例教学论。

第二个时期：20世纪70～80年代。通过对现代教学进行反思和批判形成了不同流派。其中，通过反思现代教学，以提高教学质量、效率为主题而形成的教学论流派主要包括美国以布卢姆为代表的掌握学习教学论，德国以保罗·海曼为代表的柏林教学论，苏联以巴班斯基为代表的最优化教学论。通过批判现代教学，以促进学生情感、个性发展和教学过程的民主化为主题的教学论流派主要包括美国以罗杰斯为代表的非指导性教学论，联邦德国以沙勒

---

❶ 郭齐家．中国教育思想史［M］．北京：教育科学出版社，1987：105．

与舍费尔为代表的批判—交往教学论，苏联以阿莫纳什维利为代表的合作教学论。

第三个时期：20世纪90年代至今。这是现代教学为适应信息挑战而进行的新一轮教学改革和发展的时代，教育教学领域面临的挑战是应对信息传播新技术的发展对学生发展提出的新要求以及学生如何获得知识的过程问题做出全面的探讨。为适应新的教学改革要求，一种以信息技术为背景，以新的学习过程理论为基础的建构主义教学论逐渐形成，并在世界范围内产生了广泛影响❶。其主要教学观点如下。

（一）建构主义的教学理念

当代建构主义流派众多，存在着一定的分歧，但大多数建构主义者对学习有四点共识：①学习者建构自己的理解；②新的学习依靠现有的理解；③社会性的互动可以促进学习；④意义学习发生在真实的学习任务中。因此，教学的目的"并不是试图为学习者勾画一个外部现实的结构，而是帮助学生建构出他们自己的对外部世界的有意义的、概念的、功能的描述。"建构主义强调，意义是学习者通过新旧知识经验间反复的、双向的相互作用过程而建构成的。建构包含两方面的含义：其一，对新信息的理解是通过运用已有经验，超越所提供的信息而建构成的；其二，从记忆系统中所提取的信息本身，也要按具体情况而建构，而不单是提取。与S（刺激）-R（反应）联结不同的是，学习者主动创造着意义而不是获得意义，而教学的作用则是向学习者展示如何建构知识，促进互相合作，分享交流不同认识，以及合理坚持个人的独特看法。

（二）自上而下的教学过程

建构主义教学强调自上而下进行教学，这意味着学生首先从复杂的问题入手，然后在教师的帮助下找到或发现解决复杂问题需要完成的子任务，进而获得基本的知识和技能。在自上而下的加工中，学生遇到的问题是完整的、复杂的、真实的。这一原则应用到课堂教学中，经常表现为解决实际问题的项目、课题或探究活动等。

在自上而下的教学过程中，所呈现的问题应具有足够的复杂性，这可能大大超出学生原有的认识水平，使学生的建构活动面临困难，因此，教师需要及时提供"脚手架（scaffolding）"，为学生解决问题和建构意义起支持作用。

（三）学习要素的设计

建构主义教学理论十分关注为学生的学习创造支持性的环境，因此，教学内容要选择真实性任务，贴近学生的经验。乔纳森（D. Jonasson）提出了6要素学习环境设计：①问题/项目，强调要以问题驱动学习，不是先从理论或原则出发，而是要运用有趣的、投入性的和真实的问题，帮助形成学习者的问题意识或主人翁感。为此，问题的结构应该是不良的，有一些方面或部分必须由学习者去定义或建构。②相关案例，运用相关的案例来支持学习者的相关经验。新手在解决某种特定问题的时候，往往缺乏的是相关经验，而相关的案例能帮助学习者对学习内容进行多元表征。因此，给学习者提供相关的案例作为支架是非常重要的。③信息资源，给学习者提供相关的信息，以帮助学习者理解和解决问题。乔纳森认为，信息能使其在情境中的应用产生相关的意义，他强调选择相关的、适当的材料的重要性，认为对

❶ 裴娣娜. 现代教学论基础 [M]. 2版. 北京：人民教育出版社，2015：422.

学习者提供的信息库和知识库应当是及时的，并能让学习者自行选择。④认知工具，指能承担和促进特定认知过程的工具，包括视觉工具、知识建构工具、评价工具和信息收集工具等。它们能帮助学习者完成问题解决任务。⑤交流和协作工具，指能培养合作的学习环境，以社会性的方式实现知识的社会性建构的工具。⑥社会/情境支持，包括物质基础设施、教师和学习者的训练准备情况；它们对于成功地实施学习活动来说是必要和重要的要素。

（四）抛锚式教学范式

建构主义的教学范式类型有抛锚式教学（anchored instruction）、支架式教学（scaffolding instruction）、随机访问教学（random access instruction）等。抛锚式教学是一种应用较多的范式。该类教学要求让学生在真实的或类似于真实的情境中探究事件、解决问题，并自主理解事件、建构意义。这些真实事实或问题被称为"锚"，一旦这类事件或问题被确定了，整个教学内容和教学进程也就确定了，故这种方法称为"抛锚式"教学，其大致由以下几个环节构成：①创设情境。根据学生的发展需求，提供与真实情况基本一致或类似的情境。②抛锚。从情境中选择与当前学习主题密切相关的真实事件或问题，这一步的作用就是"抛锚"。不过，虽然抛锚式教学以专门的锚作为支持物以启动教学，但同时它也鼓励学生自己生成项目。③主动学习。学生各自独立地解决问题，包括考虑多种可能的解决方案、确定完成每项方案所必需的子目标、识别相关资料、对多种解决方案进行评估等。教师的任务是搭建脚手架，向学生提供解决该问题的有关资料，如需要搜集哪些资料、从何处获取有关的信息资料以及现实中专家解决类似问题的探索过程等。④协作学习。在这种情境教学中，问题往往存在多种可能的解决方案。通过不同观点之间的讨论与交流，协作学习能让学生主动、深入地探索问题的多种可能解答。⑤效果评价。评估的关键在于考查学生解决问题的能力，包括学生是否能够定义某一问题，生成解决问题所必需的子目标，以及在此过程中能否与他人有效地交流思想。因此，教师需要在教学过程中随时观察并记录学生的表现，并引导学生进行自我评价和相互评价❶。

作为一门研究教学问题，以教学的普遍规律为主要研究任务的科学，教学理论在其长期的发展演变过程中收集了大量可供教学设计合理吸纳的材料，做出了卓有成效的研究和实践活动，发展和揭示了许多在今天仍为我们所用的教学规律。教学理论研究领域，尤其是现代教学理论结出的丰硕成果为教学设计的发展奠定了坚实的基础，提供了丰富的养分。作为一种特殊认识过程的化学教学设计与实践，既有其特殊的规律，也遵循一般认识规律和教学理论的指导。

第三节　化学教学设计的一般模式与层次

教学设计模式是在教学设计的实践当中逐渐形成的，运用系统方法进行教学开发、设计的理论的简化形式。其通常有三种类型：以课堂为中心的模式、以产品为中心的模式和以系

---

❶ 崔允漷. 有效教学［M］. 上海：华东师范大学出版社，2009：53-57.

统为中心的模式。中小学教师通常面对的是以课堂为中心的模式，这种模式以课堂教学为焦点。已有的教师、学生、课程计划、设备、设施和资源都是进行设计的前提条件。设计的目的是解决教师在这些条件下如何做好教学工作，完成预期的教学目标，通常由教师自己来完成设计任务并实施教学。通常包括分析—设计—开发与实施—评价与改进等步骤，如图 1-2 所示。

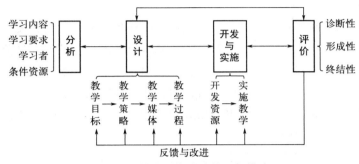

图 1-2　教学系统设计的一般模式

"分析"为教学设计的准备工作，通过对学习内容、学习要求、学习者及条件资源等进行分析，为教学目标的设计奠定基础。其中学习内容与学习要求等通常由课程标准等文件规定，并通过教材具体化；学习者分析主要包括学习者的认知发展、已有知识经验、学习态度等是否能够支持新知识的学习，通过教与学的过程能够达到的状态和水平（最近发展区），学习过程可能遇到的学习困难是什么及如何克服等。

"设计"包括教学目标以及如何达到目标的设计，通常包括教学目标、教学策略、教学媒体以及相应教学过程的设计，包括学生所要完成的学习任务。

"开发与实施"指开发实现教学目标所需的教学资源，如内容素材、实验用品、媒体手段等，并依据设计的教学方法与过程实施教学。

"评价"以教学目标为依据，运用可操作的科学手段，通过系统地收集有关教学的信息，对教学活动的过程和结果做出价值上的判断，并为被评价者的自我完善和有关部门的科学决策提供依据，以改进教与学。评价任务的设计在逻辑上是在教学目标确定之后，即需要明确通过哪些评估证据来证明学生是否达到了预期的目标。而评价的实施既有贯穿于教学过程之中的形成性评价，也有阶段性学习结束后的终结性评价等。

根据教学系统中所涵盖的学习内容单位，可以将教学设计划分为学期（或学年）教学设计、单元（课题）教学设计和课时教学设计等层次。

一、学期（或学年）教学设计

学期（或学年）教学设计是对一段时间（学期或学年）内教学工作的阶段规划。它是在通读课程标准和教材，了解学生的学习基础、学习能力和动机因素等一般特点和差异情况，了解教学资源和物质条件的基础上，考虑本教学期间教学工作和前、后期间教学工作的联系，确定本学期（或学年）教学工作的任务、内容、进度、方法和措施以及阶段的教学评价工作，其形式是学期（或学年）教学计划安排。

二、单元（课题）教学设计

单元（课题）教学设计是以"单元（课题）"——一个完整的教学主题为单位进行的教学设计，是介于宏观课程设计与微观课时设计之间所展开的中观教学设计，向上可以较好地兼顾课程整体目标和知识结构，向下可以合理协调课时之间的教学逻辑。一个单元教学设计的基本内容包括❶：

（1）分析课程标准和教材，构建教学单元：分析课程标准相关内容要求、学业要求以及教材编排，构建一个中心目标导向的、符合单元基本属性的教学单元，划分课时。

（2）制定教学目标：基于课程标准要求、单元内容、学生特点以及教学资源的综合分析制定教学目标。以单元总目标以及分课时目标的方式呈现和表述。

（3）分析学生学习起点：分析与单元相关的学生已有知识经验、前概念或学习困难等，为相应教学策略的制定找到依据。

（4）设计教学过程：包括单元教学情境、问题、任务与活动的整体设计框架，以及每个课时的具体展开，教学策略与方法体现在教学过程中。

（5）设计教学评价：课堂中将评价任务镶嵌于教学过程中，课后精选作业、精心设计单元练习，以获得教学目标达成的证据。可在单元教学设计方案中用双向细目表形式呈现作业或练习，体现单元目标下教、学、评的一致性关系，避免作业或练习布置的随意性。

（6）反思教学效果：基于教学评价的证据，反思单元教学设计的成功和不足之处，以改进教学，促进师生共同发展。

三、课时教学设计

课时教学设计是在单元教学设计的基础上，根据具体的教学条件，以课时为单位的教学设计，其教学设计的框架与单元一致，只是内容单位不同而已。

四、局部设计

在进行教学设计时，除了要构思、设计教学的整体基本结构，即进行系统设计外，还需要对某些重要环节、关键片段等分别做具体的局部设计，例如导入设计、过渡设计、结尾设计、板书设计、实验设计、作业设计、媒体设计等等。

没有局部设计，不能使教学设计达到比较深入和精细的程度，不能使教学设计达到较高的艺术水平和科学水平。但是，局部设计必须在系统设计指导下进行，才能不偏离方向，在整体方案中起到应有作用。因此，研究教学设计时，既要注意研究整体的系统设计，又要研究局部的具体设计，使两者相互配合、相互补充、有机地统一起来。

单元、课时和局部教学设计最终是以教案的形式来呈现的。教案是以单元或课时为单位设计的化学教学具体方案，是化学教师教学设计工作的成果。

---

❶ 杨玉琴. 核心素养视域下的单元教学设计：内涵解析及基本框架 [J]. 化学教学，2020（5）：7.

对标整理 »»»

学完本单元你应该能够：

1. 描述教学设计的含义及其价值。

2. 说明传播理论与教学设计之间的关系。

3. 举例说明重要的学习理论、教学理论对教学设计的指导意义。

4. 认识教学设计的层次，能描述化学教学设计的一般过程和基本内容。

 练习与实践 »»»

仔细研读案例1-4，回答以下问题：

1. 本章案例"利用化学方程式的简单计算"的教学设计体现了哪些重要的教学理论和学习理论观点？

2. 该教学设计包括了哪些教学设计过程要素？还需要做哪些方面的完善？

3. 该案例教学过程哪些教学活动的设计体现了"科学性与艺术性"的统一？

4. 分析教学设计对于化学教师专业发展的重要意义。

5. 对照化学教学设计过程要素，你认为你还需要在哪些方面进行深入学习？

案例分析 »»»

【案例1-4】"利用化学方程式的简单计算"九年级化学教学设计❶

一、课程标准、教材以及学生分析

1. 课程标准分析

在《义务教育化学课程标准》（2011年版）"四、物质的化学变化"中，"（三）质量守恒定律"的相关内容：①"能说明化学反应中的质量关系"。②"能根据化学方程式进行简单的计算"。③"认识定量研究对于化学科学发展的重大作用"。

分析以上课程标准内容，得到以下认识：依据化学方程式的计算是为了让学生从定量的角度进一步认识化学变化的规律，在认识规律的基础上运用简单计算解决生活、生产、科研中的实际问题，在解决问题中体会定量研究的重要作用，为形成物质的"变化观"打下基础。

2. 教材分析

人民教育出版社（人教版）九年级化学教材通过导语说明利用化学方程式进行计算的价值，再通过两个例题让学生学会依据化学方程式计算的一般步骤和原理，例题1是已知反应物的质量求生成物的质量，例题2是已知生成物的质量求反应物的质量。再通过1道练习进行巩固。虽然3道题的问题情境与实验室及工业生产有一定的联系，但与学生的经验仍相去甚远。在教学中，可选取学生更为感兴趣的、更能体现化学学科价值的例子作为

---

❶ 该案例由南京市宁海中学分校曹力老师设计。

情境载体，如新能源汽车、实验室制氧气等，不仅通过计算让学生对化学变化的微观粒子比与宏观质量比有更深刻的理解，同时促进学生"微粒观""元素观""变化观""化学价值观"等观念的形成。

3. 学生分析

学生已经能够从宏观的角度认识化学变化，部分同学可以从微观角度分析化学变化，能够用元素的观点看物质，知道化学反应前后各物质的质量总和相等，但不能用定量的观点去初步认识化学变化。所以可以从微观角度出发帮助学生认识化学变化中量的关系，在解决实际问题中学习用元素的观点看化学变化，同时体会定量研究在实际生活中的重大意义。

二、教学目标

1. 通过寻找化学方程式中"量"的信息，同学能够依据化学方程式计算出各物质的质量比，了解化学反应中各微观粒子之间存在一定的数量关系以及宏观物质之间存在一定的质量关系，进一步感受从微观角度分析化学变化的重要性，体会还可以从定量的角度认识化学变化。

2. 通过两个实际问题的解决，同学初步学会依据化学方程式的计算，进一步体会化学变化中存在的物质的质量关系，能进一步从定量的角度认识化学变化，体验定量计算在实际生产、生活中的作用，感受化学在能源、资源方面做出的贡献。

3. 通过解题方法的讨论，真正认识到化学变化中存在一定的"量"的关系，能从元素的观点认识化学变化，对化学变化的本质有进一步的认识。

三、教学重难点

教学重点：依据化学方程式的计算；建立定量研究化学变化的意识。

教学难点：计算化学反应中各物质的质量比；对化学变化本质的进一步认识。

四、教学流程图

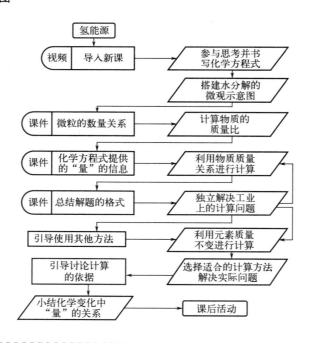

五、教学过程

教学环节	教师活动	学生活动	设计意图
引入	【视频】氢能源汽车。 【提问】绿色钢瓶中装的什么物质？ 【问题串】 ①氢气是如何获取的？ ②如何书写制取氢气的化学方程式？ ③制取4kg的氢气，至少需要消耗水的质量是多少呢？ 【板书】依据化学方程式的计算	学生观看视频并回答问题。 学生不断地思考并回答问题，发现现有的知识不能解决最后的问题	激发学生兴趣的同时，也引出了本节课的"主人公"——氢能源汽车，为整节课将要解决的问题埋下伏笔，同时感受化学在能源方面做出的贡献。 在复习旧知识的同时，让学生体会到学习本节课内容的必要性
[活动1] 寻找化学方程式中"量"的信息	【过渡】让我们一起重温小时候搭积木的快乐时光。蓝色磁钉代表氧原子模型、绿色磁钉代表氢原子模型，请在白板上搭出该反应(手指黑板上的化学方程式)的微观示意图。 【问题串】 ①观察你们搭建的微观示意图，每2个水分子分解生成氢分子的数量是多少？氧分子的数量呢？ ②上述反应中水分子、氢分子和氧分子的数量比是多少呢？ ③反应中微观粒子的数量比等于化学方程式中什么数之比？ 【过渡】我们知道原子的质量很小，在计算时我们一般使用____(投影氢和氧的相对原子质量的近似值)；我们又知道水是由大量的什么粒子构成的？氢气呢？氧气呢？ 【问题串】 ①在这个反应中，水分子、氢分子和氧分子的数量比是2∶2∶1，那反应中水、氢气和氧气三种物质的质量比是多少呢？ ②如何计算化学反应中各物质的质量比？ 【小结】正因为微观粒子之间存在一定的数量关系，所以化学变化中宏观物质之间也存在一定的质量关系	学生小组合作动手搭建水分解的微观示意图。 学生观察、思考后回答问题。 学生进行宏观和微观相结合的比较、分析，计算后回答问题。 通过讨论和交流，学生对依据化学方程式分析量的关系产生初步感悟	通过搭建微观示意图，让学生直观感知微观方面的知识，并在前面所学微观知识的基础上进一步从"粒子数量"的角度认识化学变化。 让学生知道粒子的数量比等于化学计量数之比，初步认识化学变化中微观粒子之间存在一定的数量关系。 让学生初步认识化学变化中宏观物质之间存在一定的质量关系并学会计算反应中各物质质量比。 让学生体会微观粒子的数量关系和宏观物质质量的关系之间的联系，感受从微观到宏观的过程，体验从微观认识问题的必要性
[活动2] 学习依据化学方程式计算的一般方法	【过渡】接下来让我们进一步感受化学变化中物质的质量关系。 【问题串】 ①计算出相关物质的质量。 ②以上计算的依据是什么？	学生思考后、小组抢答。	让学生感觉学习后的进步，认识可以依据物质的质量关系进行相关计算，同时进一步体会化学变化中物质的质量关系。

活动2表格：

水的质量	氢气的质量	氧气的质量
18kg	（ ）	（ ）
72kg	（ ）	（ ）
（ ）	4kg	（ ）

教学环节	教师活动	学生活动	设计意图
[活动2] 学习依据化学方程式计算的一般方法	③制取 4kg 的氢气,至少需要消耗水的质量是多少? 【过渡】虽然答案有了,但是计算过程该如何表示呢? 【学生活动】参阅课本第 107 页例题的解答格式,在学案上写出该题完整的解答过程。 【师生活动】 ①同学说解答过程,教师板书。 ②其他同学补充、讨论出完整的解答格式和解题时的注意事项。 ③师生共同总结解题的步骤。 【过渡】汽车行驶需要氢气,汽车在制造的过程中需要金属材料铝,相信同学们一定能够独立完成这个工业上经常遇到的问题。 【投影】电解 10.2t 氧化铝理论上可以生产铝的质量是多少? 【师生活动】 ①投影两份学生的解答过程,其他同学"找不同"。 ②相邻的同学之间互相"找不同"	学生思考回答。 学生自学后在学案上写出解答过程。 学生表达的同时相互之间自发交流并讨论。 学生独立进行计算。 学生互相评价,找出解答过程中容易疏忽的地方	引出新问题,自然引出解答格式问题。 提升学生自主学习的能力。 让学生自主建构解题的格式,同时锻炼学生的交流、表达能力。 通过解决实际问题,让学生熟练解题的方法,感受定量计算在工业生产中的作用。 让学生发现自己的不足和他人的长处,进一步掌握解答格式和解题方法
[活动3] 寻找计算的 其他方法	【过渡】还有其他方法可以解决这个问题吗?让我们换个角度思考问题。 【问题串】 ①从元素的角度分析化学方程式,氧化铝中铝元素全部转化为什么物质? ②氧化铝中铝元素的质量与生成单质铝的质量之间,关系如何? ③如何计算 10.2t 氧化铝中铝元素的质量? ④计算的主要依据是什么? ⑤如何计算出同时生成氧气的质量呢? 【小结】可见从元素角度分析化学变化,有时可以更方便我们解决此类问题	学生思考回答,化学思维逐步提升。 学生感悟	从学生已有的知识出发,引导学生运用化学变化中元素质量不变来解题,让学生进一步体会化学变化中元素守恒的观念。 让学生体会到应用化学变化首先要认识、研究化学变化
[活动4] 依据化学方程式计算解决实际问题	【过渡】两种方法你会选择哪一种呢?我们再去实验室看一看。 【投影】实验室用含 H_2O_2 6.8g 的过氧化氢溶液制取氧气,最多可以产生氧气的质量是多少? 【学生活动】 ①比较两种解法的差异。 ②寻找差异的原因。 ③寻找正确解决问题的方法。 【小结】利用"元素守恒"解决此类问题,仍然需要依据化学方程式判断元素的变化情况	每组派一名代表在白板上完成,其他同学在学案上完成。 学生自发讨论,发现问题并依据对化学反应的理解来解决问题	学生根据自己的体会,自主选择解题的方法,进一步运用"量"的关系来解决问题。 学生通过亲身体验,从不同角度进一步认识化学变化的规律,感悟认识化学变化本质的重要性

教学环节	教师活动	学生活动	设计意图
课堂小结	【问题】讨论两种方法在什么时候使用更合适以及计算的依据？ 【总结】明确这些量的关系,我们就可以对化学变化进行定量的研究,以便更好地认识、控制和利用化学变化,从而解决生活、生产以及科学研究中的某些具体问题	学生回顾后依据自己的体会回答。 学生感悟提升	让学生能综合分析、思考问题。 让学生初步建立从定量的角度研究化学变化的意识
课后活动	【讲解】课后请同学们继续自己的定量研究之旅	1. 完成课本第108页3、4、5题。 2. 上网查阅资料,了解化学定量研究的发展史	课堂的延伸和拓展

六、教学设计反思

① 通过创设系列情境,不仅激发了学生的学习兴趣,而且让学生潜移默化地体验到:有关化学方程式的计算,不是简单的数学计算,而是建立在对化学变化中"量"的认识的基础上;定量分析化学变化在生活、生产和科研中有着重要意义;从定量的角度认识化学变化的必要性。

② 通过归纳比较和交流讨论,由化学反应中的粒子的数量关系,确定其宏观物质的质量关系,确定化学方程式计算的依据。学生体会从微观本质思考问题的学科思想,进一步从微观、元素和定量等不同的角度认识化学变化,促进学生基于元素观、微粒观和变化观的认知建构。

③ 通过解题方法的讨论,不仅仅只停留在计算的基本格式上,而是发展学生的思维能力,将宏观和微观、定性和定量在学习中融为一体,引领学生从"微观粒子的数量关系"、"宏观物质的质量关系"和"化学变化中元素质量不变"三个方面,对化学变化的本质有更深刻的理解。

第二章
化学课程标准的结构化解读

 学习准备 ⟫⟫⟫

请分析《义务教育化学课程标准（2022 年版）》和《普通高中化学课程标准（2017年版 2020 年修订)》的整体结构，各部分内容的逻辑关联是什么？对教学设计的指导价值体现在哪里？

案例分析 ⟫⟫⟫

【案例 2-1】 人教版九年级"金属和金属材料"单元所对应的课程标准要求

人教版九年级"金属和金属材料"所对应的课程标准内容要求和学业要求如表 2-1所示。

表 2-1 "金属和金属材料"单元所对应的课程标准要求

二级主题	内容要求	学业要求
2.1 物质的多样性	知道物质可以分为纯净物和混合物、单质和化合物等；知道物质具有独特的物理性质和化学性质，同类物质在性质上具有一定的相似性；知道物质具有广泛的应用价值，物质的性质决定用途	能依据物质的类别列举一些简单的单质；能举例说明物质性质的广泛应用及性质与用途的关系
2.2 常见的物质 2.2.3 金属与金属矿物	知道大多数金属在自然界中是以金属矿物形式存在的，体会化学方法在金属冶炼中的重要性；知道金属具有一些共同的物理性质，通过实验探究等活动认识常见金属的主要化学性质及金属活动性顺序 知道在金属中加入其他元素形成合金可以改变金属材料的性能；了解金属、金属材料在生产生活和社会发展中的重要作用；以铁生锈为例，了解防止金属腐蚀的常用方法；了解废弃金属对环境的影响及金属回收再利用的价值	能通过实验说明常见的金属的主要性质，并能用化学方程式表示；能利用常见的性质，分析、解释一些简单的化学现象和事实

二级主题	内容要求	学业要求
2.3 认识物质的思路与方法	知道可以从物质的存在组成、变化和用途等视角认识物质的性质;知道可以通过物质类别认识具体物质的性质;了解观察、实验,以及对事实进行归纳概括、分析解释等认识物质性质的基本方法	能从物质类别的视角,依据金属活动性顺序,设计实验方案,分析、解释有关的实验现象,进行证据推理,得出合理的结论
2.4 物质性质的广泛应用及化学品的合理使用	认识物质性质在生活、生产、科技发展等方面的广泛应用,体会科学地利用物质性质对提高人们的生活质量具有重要作用 认识金属矿物是宝贵的自然资源	能基于真实问题情境,依据常见物质的性质,初步分析和解决相关的综合问题;对金属材料使用与金属资源开发等社会性科学议题展开讨论
2.5 学生必做实验及实践活动	常见金属的物理性质和化学性质	能通过实验说明常见的金属的主要性质,并能用化学方程式表示

分析以上课程标准要求,从中你可以得到哪些教学启发?

国家课程标准规定课程性质、课程理念、课程目标、课程内容、学业质量和课程实施等,是教材编写、教学、考试评价以及课程实施管理的直接依据[1]。即课程标准是体现国家意志的具有法定性质的课程活动纲领、准则,国家和学校组织的一切有关课程的活动都必须基于课程标准,教科书必须依据课程标准编写,教学必须依据课程标准展开,考试评价必须依据课程标准命制试题。因此,教师教学设计时必须依据课程标准进行目标、过程和评价的设计,研读、理解并依据课程标准是每位教师的必修课。自 2001 年《全日制义务教育化学课程标准(实验稿)》、2003 年《普通高中化学课程标准(实验)》(以下简称实验版高中课标)先后颁布后,以"三维目标"为标志的化学课程改革拉开了序幕。2018 年初《普通高中化学课程标准(2017 年版)》(以下简称 2017 版高中课标)颁布并于 2020 年进行了修订[2],2022 年初《义务教育化学课程标准(2022 年版)》(以下简称 2022 版初中课标)颁布[3],最新版的初高中化学课程标准基于学科本质凝练了本课程/学科的核心素养,明确了学生学习化学课程后应达成的正确价值观念、必备品格和关键能力。课程标准围绕核心素养的落实,精选、重组课程内容,明确内容要求,提出教学、评价和教材编写等建议,为教学设计指明了方向。

---

[1] 中华人民共和国教育部. 义务教育课程方案(2022 年版)[S]. 北京:北京师范大学出版社,2022:11.
[2] 中华人民共和国教育部制定. 普通高中化学课程标准(2017 年版 2020 年修订)[S]. 北京:北京师范大学出版社,2020.
[3] 中华人民共和国教育部制定. 义务教育化学课程标准(2022 年版)[S]. 北京:北京师范大学出版社,2022.

第一节　化学课程标准的整体结构

一、课程与教学的基本问题

"现代课程理论之父"拉尔夫·泰勒在《课程与教学的基本原理》中开宗明义地指出，开发任何课程和教学计划都必须回答四个基本问题：第一，学校应该试图达到什么教育目标？第二，提供什么教育经验最有可能达到这些目标？第三，怎样有效组织这些经验？第四，我们如何确定这些目标正在得以实现？这四个基本问题——确定教育目标、选择教育经验（学习经验）、组织教育经验、评价教育计划——构成著名的"泰勒原理"❶。舒伯特（W. H. Schubert）把从这四个问题中归纳出的"目标（purpose）"、"内容（content）"[或"学习经验（learning experience）"]、"组织（organization）"和"评价（evaluation）"称为课程开发的"永恒的分析范畴"。

二、基于课程与教学基本问题的整体结构

正是对课程与教学 4 个基本问题的回答，构成了化学课程标准的整体结构，2017 版高中课标目录与 2022 版初中课标目录的比较如表 2-2 所示。可见两者的整体结构大体一致，区别在于课程内容部分，因为依据普通高中课程方案，满足学生发展的多元需求，设置了必修、选择性必修和选修三类课程，所以 2017 版高中课标通过课程结构和课程内容两部分说明高中化学课程内容的组织。

表 2-2　2017 版高中课标目录与 2022 版初中课标目录的比较

2017 版高中课标目录	2022 版初中课标目录
一、课程性质与基本理念 （一）课程性质 （二）基本理念	一、课程性质 二、课程理念
二、学科核心素养与课程目标 （一）学科核心素养 （二）课程目标	三、课程目标 （一）核心素养内涵 （二）目标要求
三、课程结构 四、课程内容 （一）必修课程 （二）选择性必修课程 （三）选修课程	四、课程内容 （一）科学探究与化学实验 （二）物质的性质与应用 （三）物质的组成与结构 （四）物质的化学变化 （五）化学与社会·跨学科实践
五、学业质量	五、学业质量
六、实施建议	六、课程实施

---

❶　拉尔夫·泰勒. 课程与教学基本原理［M］. 罗康，张阆，译. 北京：中国轻工业出版社，2014：1.

以 2022 版初中课标为例，其六个部分的逻辑关系结构如图 2-1 所示。其中，课程性质阐明化学课程及其育人价值。课程理念则是对课程与教学基本问题开宗明义的回应，阐明课程性质、目标、内容、实施及评价的基本立场，具有统领作用，是课程标准的灵魂。课程目标回答基本问题①——化学课程要达到何种目标，课程内容回答基本问题②——要为学生提供怎样的经验才能达到课程目标，课程实施回答基本问题③——如何有效组织和实施课程内容，学业质量则回答基本问题④——如何确定课程目标正在得以实现。

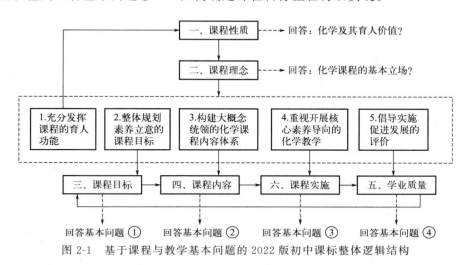

图 2-1　基于课程与教学基本问题的 2022 版初中课标整体逻辑结构

化学课程标准以课程核心素养为主线串联了课程与教学的基本问题。2022 版初中课标的"课程性质"界定义务教育化学课程的育人价值为"有利于激发学生对物质世界的好奇心，形成物质及其变化等基本化学观念，发展科学思维、创新精神与实践能力，养成科学态度和社会责任，为学生的终身发展奠定基础"，将化学观念、科学思维、科学探究与实践、科学态度与责任四大课程核心素养蕴含其中。其后，"课程目标"具体阐述了课程核心素养的内涵、维度以及具体要求；"课程内容"是课程核心素养形成和发展的载体，通过既相互独立又具有实质性联系的 5 个一级学习主题"科学探究与化学实验""物质的性质与应用""物质的组成与结构""物质的化学变化""化学与社会·跨学科实践"，体现化学学科特质、凸显育人价值；"课程实施"是课程核心素养培育的路径和保障，从教材编写、教学、评价、课程资源开发利用、教师培训与教学研究等多角度阐述；学业质量是课程核心素养的具体成就表现，体现课程实施的结果、反映课程目标的达成程度。由此，形成了核心素养课程目标→内容→实施→评价的课程结构逻辑闭环。

案例分析 »»»

【案例 2-2】　2017 版高中课标"课程性质与基本理念"

请分析以下 2017 版高中课标"课程性质与基本理念"以及课程标准整体内容，①从教与学的 4 个基本问题出发，描述 2017 版高中课标的整体结构；②比较其与 2022 版初中课标的异同点。

（一）课程性质

化学是在原子、分子水平上研究物质的组成、结构、性质、转化及其应用的一门基础学科，其特征是从微观层次认识物质，以符号形式描述物质，在不同层面创造物质。化学不仅与经济发展、社会文明的关系密切，也是材料科学、生命科学、环境科学、能源科学和信息科学等现代科学技术的重要基础。化学在促进人类文明可持续发展中发挥着日益重要的作用，是揭示元素到生命奥秘的核心力量。

普通高中化学课程是与义务教育化学或科学课程相衔接的基础教育课程，是落实立德树人根本任务、发展素质教育、弘扬科学精神、提升学生核心素养的重要载体；化学学科核心素养是学生必备的科学素养，是学生终身学习和发展的重要基础；化学课程对于科学文化的传承和高素质人才的培养具有不可替代的作用。

（二）基本理念

1. 以发展化学学科核心素养为主旨

立足于学生适应现代生活和未来发展的需要，充分发挥化学课程的整体育人功能，构建全面发展学生化学学科核心素养的高中化学课程目标体系。

2. 设置满足学生多元发展需求的高中化学课程

通过有层次、多样化、可选择的化学课程，拓展学生的学习空间，在保证学生共同基础的前提下，引导不同的学生学习不同的化学，以适应学生未来发展的多样化需求。

3. 选择体现基础性和时代性的化学课程内容

结合人类探索物质及其变化的历史与化学科学发展的趋势，引导学生进一步学习化学的基本原理和方法，形成化学学科的核心观念；结合学生已有的经验和将要经历的社会生活实际，引导学生关注人类面临的与化学有关的社会问题，培养学生的社会责任感、参与意识和决策能力。

4. 重视开展"素养为本"的教学

倡导真实问题情境的创设，开展以化学实验为主的多种探究活动，重视教学内容的结构化设计，激发学生学习化学的兴趣，促进学生学习方式的转变，培养他们的创新精神和实践能力。

5. 倡导基于化学学科核心素养的评价

依据化学学业质量标准，评价学生在不同学习阶段化学学科核心素养的达成情况，积极倡导"教、学、评"一体化，使每个学生化学学科核心素养得到不同程度的发展。

2017版高中课标与2022版初中课标的整体结构基本相同，主要区别在于：一是对核心素养的表述不同，但有其内在一致性和递进性；二是课程内容上，高中化学课程具有选择性，设置了包含必修、选择性必修和选修的课程结构；三是2022版初中课标明确提出构建大概念统领的课程内容体系。

第二节　化学课程标准的目标体系结构

课程与教学所要解决的首要问题便是"要达到何种目标"，课程内容的组织、实施及评价都是为了达到目标。化学课程标准以培养学生的化学课程/学科核心素养为宗旨，建构了"课程目标→主题内容/学业要求→学业质量标准"的"目标一族"。

课程目标是学生通过课程学习所要达到的最终结果，课程标准整体规划素养立意的课程目标，内容要求是对课程主题或模块内容"学什么以及学到什么程度"的要求，分别对该主题下的学科大概念、学科内容、思路与方法、态度价值观以及学生必做实验及实践活动提出了具体规定；学业要求是对"学生学完主题内容后能做什么"的要求，是化学课程要培养的核心素养在学习主题层面的具体化，是学生在学习某主题相关内容后应达成的素养表现要求❶；学业质量是对"学生通过化学课程学习后在核心素养维度表现为什么"的整体描述，是以本课程对核心素养的培养要求及其表现特征为主要维度，基于课程目标、结合课程内容对学生学业成就的具体表现特征进行的整体刻画，用于衡量课程目标的达成程度。不同目标要求之间的逻辑结构如图 2-2 所示。

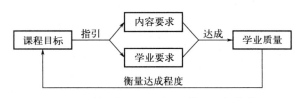

图 2-2　课程标准"目标一族"逻辑结构

一、课程目标结构

核心素养是学科育人价值的集中体现，是学生通过课程学习而逐步形成的适应个人终身发展和社会发展所需要的正确价值观、必备品格和关键能力。化学课程要培养的核心素养，虽然分维度表达，但在实际教学过程中，并不能分开培养，而应将其视为一个不可分割的整体，如图 2-3 和图 2-4 所示。

虽然初高中对核心素养的表述并不相同，但有其内在的一致性和递进性。其对应关系如表 2-3 所示。2022 版初中课标清晰界定了各个维度的核心素养内涵，"化学观念"维度与2017 版高中课标的"宏观辨识与微观探析""变化观念与平衡思想"具有对应关系；"科学思维"与 2017 版高中课标的"证据推理与模型认知"具有对应关系；"科学探究与实践"及"科学态度与责任"分别与 2017 版高中课标的"科学探究与创新意识"及"科学态度与社会责任"具有对应关系。从核心素养各维度名称上可见，义务教育化学课程核心素养较为关注"科学"课程的共通素养，而高中化学学科核心素养则更聚焦学科特质。

---

❶　房喻，王磊. 义务教育化学课程标准（2022 年版）解读 [M]. 北京：高等教育出版社，2022：83.

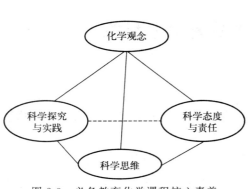

图 2-3　义务教育化学课程核心素养

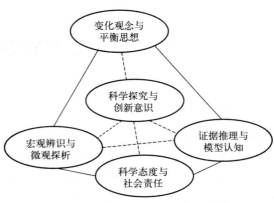

图 2-4　普通高中化学学科核心素养

表 2-3　2022 版初中课标与 2017 版高中课标核心素养的比较

2022 版初中课标核心素养内涵	2017 版高中课标核心素养内涵
1. 化学观念　化学观念是人类探索物质的组成与结构、性质与应用、化学反应及其规律所形成的基本观念,是化学概念、原理和规律的提炼与升华,是认识物质及其变化,以及解决实际问题的基础。化学观念主要包括:物质是由元素组成的;物质具有多样性,可以分为不同的类别;物质是由分子、原子构成的,物质结构决定性质,物质性质决定用途;化学变化有新物质生成,其本质是原子的重新组合,且伴随着能量变化,并遵循一定的规律;在一定条件下通过化学反应可以实现物质转化;等等	素养 1 宏观辨识与微观探析　能从不同层次认识物质的多样性,并对物质进行分类;能从元素和原子、分子水平认识物质的组成、结构、性质和变化,形成"结构决定性质"的观念。能从宏观和微观相结合的视角分析与解决实际问题 　素养 2 变化观念与平衡思想　能认识物质是运动和变化的,知道化学变化需要一定的条件,并遵循一定规律;认识化学变化的本质特征是有新物质生成,并伴有能量转化;认识化学变化有一定限度、速率,是可以调控的。能多角度、动态地分析化学变化,运用化学反应原理解决简单的实际问题
2. 科学思维　科学思维是在化学学习中基于事实与逻辑进行独立思考和判断,对不同信息、观点和结论进行质疑与批判,提出创造性见解的能力;是从化学视角研究物质及其变化规律的思路与方法;是从宏观、微观、符号相结合的视角探究物质及其变化规律的认识方式。科学思维主要包括:在解决化学问题中所运用的比较、分类、分析、综合、归纳等科学方法,基于实验事实进行证据推理、建构模型并推测物质及其变化的思维能力,在解决与化学相关的真实问题中形成的质疑能力、批判能力和创新意识	素养 3 证据推理与模型认知　具有证据意识,能基于证据对物质组成、结构及其变化提出可能的假设,通过分析推理加以证实或证伪;建立观点、结论和证据之间的逻辑关系。知道可以通过分析、推理等方法认识研究对象的本质特征、构成要素及其相互关系,建立认知模型,并能运用模型解释化学现象,揭示现象的本质和规律
3. 科学探究与实践　科学探究与实践是指经历化学课程中的实验探究,基于学科和跨学科实践活动形成的学习能力;是综合运用化学等学科的知识和方法,通过一定的技术手段,在解决真实情境问题和完成综合实践活动中展现的能力与品格。科学探究与实践主要包括:以实验为主的科学探究能力,通过网络查询等技术手段获取和加工信息的自主学习能力,运用简单的技术与工程方法设计、制作与使用相关模型和作品的能力,参与社会调查实践、提出解决实际问题初步方案的能力,与他人分工协作、沟通交流、合作问题解决的能力等	素养 4 科学探究与创新意识　认识科学探究是进行科学解释和发现、创造和应用的科学实践活动;能发现和提出有探究价值的问题;能从问题和假设出发,依据探究目的,设计探究方案,运用化学实验、调查等方法进行实验探究;勤于实践,善于合作,敢于质疑,勇于创新

　────　素养导向的中学化学教学设计

2022 版初中课标核心素养内涵	2017 版高中课标核心素养内涵
4. 科学态度与责任 科学态度与责任是指通过化学课程的学习,在理解科学、技术、社会、环境相互关系的基础上,逐步形成的对化学促进社会可持续发展的正确认识,以及所表现的责任担当。科学态度与责任主要包括:发展对物质世界的好奇心、想象力和探究欲,保持对化学学习和科学探究的浓厚兴趣;对化学学科促进人类文明和社会可持续发展的重要价值具有积极的认识;具有严谨求实的科学态度,敢于提出并坚持自己的见解、勇于修正或放弃错误观点,反对伪科学的科学精神;遵守科学伦理和法律法规,具有运用化学知识对生活及社会实际问题作出判断和决策的意识;形成节约资源、保护环境的习惯,树立生态文明的理念;热爱祖国,增强为实现中华民族伟大复兴和推动社会进步而勤奋学习的责任感	素养 5 科学态度与社会责任 具有安全意识和严谨求实的科学态度,具有探索未知、崇尚真理的意识;深刻认识化学对创造更多物质财富和精神财富、满足人民日益增长的美好生活需要的重大贡献;具有节约资源、保护环境的可持续发展意识,从自身做起,形成简约适度、绿色低碳的生活方式;能对与化学有关的社会热点问题作出正确的价值判断,能参与有关化学问题的社会实践活动

二、主题目标要求

　　课程标准的每个一级主题由内容要求、学业要求和教学提示 3 部分组成,它们的逻辑结构如图 2-5 所示。内容要求解决"教师教什么"和"学生学什么"的问题,是一种输入性要求。学业要求解决"学生学后能做什么"的问题,是一种输出性要求。教学提示解决的是"怎么教"和"怎么学"的问题,是将内容输入转化为学生输出的中间桥梁,通过学生的输出表现是否符合学业要求可评价教师教得怎样、学生学得怎样,从而实现"教—学—评"一体化。

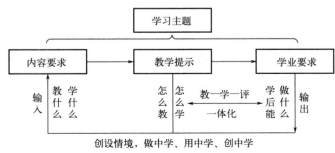

图 2-5　课程标准一级学习主题内部结构

　　2022 版初中课标中每个学习主题的内容要求,都由 5 部分构成,分别是该学习主题需要建构的大概念(B),需要学习的核心知识(C),需要掌握的基本思路与方法(M),需要形成的重要态度(A)以及需要经历的必做实验和实践活动(P)。每个学习主题以大概念为统摄,形成了 BCMAP 内容结构。以学习主题 3"物质的组成与结构"为例,其内容结构如图 2-6 所示。可见该主题以大概念"物质的组成",整合了与该内容主题密切相关的学科知识(元素、分子、原子与物质)、科学思维(认识物质的组成与结构的思路与方法)、科学探究与实践(学生必做实验及实践活动)以及科学态度与责任(研究物质的组成与结构的意义),将课程目标具体化为学习主题的内容要求,使得课程核心素养的形成与发展具有明确的内容载体和方法路径。2022 版初中课标课程内容的选择和组织,充分体现了大概念对主题内容的统领作用，彰显了化学课程的育人价值。

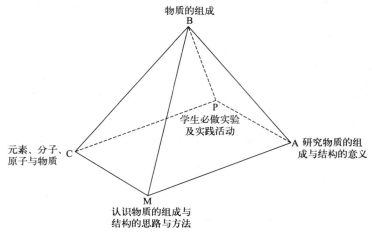

图 2-6　2022 版初中课标一级学习主题内容要求结构（以主题 3 为例）

案例分析 »»»

【案例 2-3】　2022 版初中课标主题 3 "物质的组成与结构" 内容要求和学业要求

分析 2022 版初中课标主题 3 "物质的组成与结构" 内容要求和学业要求，分析其内容结构及学业要求特点。

【内容要求】

3.1　物质的组成

初步形成基于元素和分子、原子认识物质及其变化的视角，建立认识物质的宏观和微观视角之间的关联，知道物质的性质与组成、结构有关。

3.2　元素、分子、原子与物质

3.2.1　元素

认识物质是由元素组成的，知道质子数相同的一类原子属于同种元素，了解在化学反应中元素的种类是不变的，初步认识元素周期表。

3.2.2　分子、原子

知道物质是由分子、原子等微观粒子构成的；认识原子是由原子核和核外电子构成的；知道原子可以结合成分子，也可以转变为离子。

3.2.3　物质组成的表示

知道可以用符号表示物质的组成，认识表示分子、原子、离子的符号，知道常见元素的化合价，学习用化学式表示常见物质组成的方法，认识相对原子质量、相对分子质量的含义及应用。

3.3　认识物质的组成与结构的思路与方法

通过科学史实体会科学家探索物质的组成与结构的智慧，知道可以通过实验、想象、推理、假说、模型等方法探索物质的结构；初步学习利用物质的性质和化学反应探究物质组成的基本思路与方法。

3.4　研究物质的组成与结构的意义

了解人类对物质的组成与结构的探索是不断发展的，初步认识物质的组成、结构与性质之间的关系，了解研究物质的组成与结构对认识和创造物质的重要意义。

3.5　学生必做实验及实践活动

（1）水的组成及变化的探究。

（2）跨学科实践活动（从学习主题 5 中选择）。

【学业要求】

1. 能对元素进行简单分类，能识记并正确书写常见元素的名称和符号，能从组成物质的元素的角度判断物质的类别，能根据原子的核电荷数判断核内质子数和核外电子数，能根据元素的原子序数在元素周期表中查到该元素的名称、符号、相对原子质量等信息。

2. 能用化学式表示某些常见物质的组成，能分析常见物质中元素的化合价；能从宏观与微观、定性与定量相结合的视角说明化学式的含义；能根据化学式进行物质组成的简单计算；能根据相关标签或说明书辨识某些食品、药品的主要成分，并能比较、分析相应物质的含量。

3. 能说明分子、原子、离子的区别和联系，能用分子的观点解释生活中的某些变化或现象；能依据化学反应过程中元素不变的规律，推断反应物或生成物的元素组成。

4. 能基于真实情境，从元素、原子、分子的视角分析有关物质及其变化的简单问题，并作出合理的解释和判断。

可见，2022 版初中课标中主题 3 "物质的组成与结构" 的 4 条学业要求大致可以分为三个层次：第一层次为学业要求 1，主要考查学生对元素、分子、原子等核心知识的基本理解；第二层次包括学业要求 2 和 3，主要考查学生是否建立了相关知识间的联系，是否初步形成认识物质及其变化的化学视角和观点，从而能够分析和解释生活中一些简单的化学现象，属于简单应用层次；第三层次则是基于真实情境，考查学生从元素、原子和分子的视角去分析和解释物质及其变化的简单问题，侧重于对学生该主题素养的综合考查，对应的是学业要求 4。

三、学业质量要求

学业质量是学生在完成课程学习后的学业成就表现，反映了核心素养的培养要求。化学课程学业质量标准是以化学课程对核心素养的目标要求为依据、结合课程内容对学生学业成就的具体表现特征进行的整体刻画，用于反映课程目标的达成程度。学业质量标准是化学学业水平考试命题的重要依据，对化学教材编写、教学和评价实施具有重要的指导作用。

（一）初中化学学业质量

2022 版初中课标学业质量共 4 条，分别聚焦于学生通过 5 个一级主题内容的学习，在

"说明物质组成与性质""解释化学变化与规律""参与实验探究与实践""探索问题解决与应用"等 4 个方面的学业成就,既体现了课程核心素养目标的达成要求,也融合了化学课程内容的学习要求,故在表达上与课程目标或内容不是一一对应的,它们之间的逻辑关系如图 2-7 所示。一方面,学业质量基于发展学生核心素养所确定的课程内容,回答"学生学习课程内容后能做什么"的问题;另一方面,学业质量是核心素养表现的刻画,通过界定学生经过课程学习后应达到的基本能力水平和程度要求体现核心素养水平❶。因此,化学课程核心素养目标、课程内容和学业质量,三者虽然内涵和功能不同,但在目标和本质上是一致的,都是为了在化学课程中落实立德树人的根本任务,促进学生全面发展。

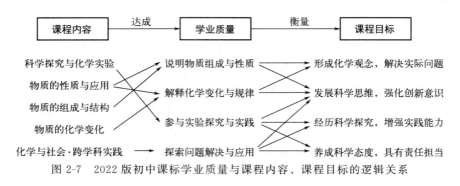

图 2-7 2022 版初中课标学业质量与课程内容、课程目标的逻辑关系

1. 说明物质组成与性质

物质结构决定性质是化学学科的核心观念之一。物质结构主要回答三个基本问题:①物质是由哪些微观粒子构成的?②微观粒子是怎样相互作用的?③微观粒子究竟是如何分布的?由于义务教育化学课程的基础性特点,对构成物质的微观粒子间作用力和微观粒子在空间的分布并不过多涉及,仅要求学生了解:物质是由原子、分子、离子等微观粒子构成的,原子通过核内质子与核外电子间相互作用维系在一起并构成物质。因而初中化学课程对物质结构的讨论,主要涉及科学家建构的原子结构模型和原子核外电子排布等内容,回避"物质结构的专业术语"。如,教授"物质是由元素组成的"时,明确指出"元素是具有相同质子数的一类原子的总称",不同元素组成的物质,即核电荷数不同的原子组成的物质,其性质一定是不同的,这同样可理解成物质结构决定性质;教授"物质的化学式"时讨论元素的化合价,并指出"化合价是一种元素的一个原子与其他元素的原子化合时表现出来的性质",该性质是由原子的核外电子(特别是最外层电子和次外层电子)排布所决定的,虽然物质的组成元素相同,但元素的化合价不同的物质同样具有不同的性质。这些都属于物质结构的内容。

2022 版初中课标在核心素养部分提出的化学观念包括"物质是由分子、原子构成的,物质结构决定性质",在课程内容部分提出"知道物质的性质与组成、结构有关",在学业质量中提出"能举例说明物质组成、性质和用途的关系"。

2. 解释化学变化与规律

化学学科对化学反应的讨论主要回答五个问题:①化学反应能否自发进行(反应方向)?

❶ 吴星. 对义务教育化学学业质量标准的认识 [J]. 化学教学,2022(10):3-8.

②反应中的能量是如何转化的（能量转化）？③化学反应是怎么进行的（反应机理）？④化学反应是快还是慢（反应速率）？⑤化学反应能进行到什么程度（化学平衡）？在初中化学课程中，虽然没有出现"反应方向""反应机理""反应速率""化学平衡"等专业术语，但提出了以下大概念的学习要求：化学变化有新物质生成，其本质是原子的重新组合，且伴随着能量变化；化学反应需要一定的条件；化学反应遵守质量守恒定律。在学业质量中对"解释化学变化与规律"给出了以下学业成就衡量标准：能基于化学变化中元素种类不变、有新物质生成且伴随着能量变化的特征，从宏观、微观、符号相结合的视角说明物质变化的现象和本质；能依据质量守恒定律，用化学方程式表征简单的化学反应；能结合简单的实例说明反应条件对物质变化的影响；能依据物质类别及变化特征、元素守恒、金属活动性顺序等，预测、判断与分析常见物质的性质和物质转化的产物；等等。

3. 参与实验探究与实践

化学实验探究与实践既是义务教育化学课程的学习内容，又是学习化学课程的主要方法，还是义务教育化学学习中科学探究的主要途径。在义务教育化学课程中，无论是核心素养、课程目标，还是课程内容，都将"科学探究与实践"作为重要的内容之一，因而，学业质量建构了"参与实验探究与实践"的学业成就表现标准。

以实验为主的科学探究过程一般为：基于实际问题情境提出问题并形成假设，依据探究目标设计并实施实验方案，通过观察和实验等方法获取证据，基于证据进行分析推理，形成结论或建构模型，对探究结果进行反思评价，在实验探究过程中要进行合作与交流。依据核心素养课程目标，学生在"参与实验探究与实践"方面的学业成就表现标准为：能根据解决与化学相关的简单问题的需要，运用混合物分离、常见物质制备、物质检验和性质探究等实验探究的一般思路与方法，设计简单的实验探究方案；能根据实验目的选择必要的试剂、常见的实验仪器和装置，运用实验基本操作技能和条件控制的方法，安全、顺利地实施实验探究方案；能对观察、记录的实验现象和数据进行分析、处理，对实验证据进行分析和推理，得出合理的结论；能用规范的语言呈现探究结果，并与他人交流、讨论；能基于物质及其反应的规律和跨学科知识，运用实验等手段，完成简单的作品制作、社会调查等跨学科实验活动；能体会实验在化学学科发展、解决与物质转化及应用的相关实际问题中的重要作用，意识到协同创新对解决跨学科复杂问题的重要性。

案例分析 》》》

【案例2-4】 **2023年扬州中考化学试题**

请解答以下化学中考试题，并分析其与化学学业质量的关系。

（2023 扬州中考-23）CO_2 可用于灭火。

（1）①实验室用块状石灰石和稀盐酸制备 CO_2，该反应的化学方程式为_____▲_____。不使用块状石灰石和稀硫酸制备 CO_2，原因是_____▲_____。（已知 $CaSO_4$ 微溶于水。）

②下列仪器中，制备并收集 CO_2 时需选用的是_____▲_____（填序号），仪器 E 的名称为____▲____。

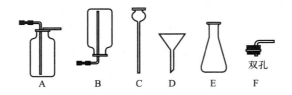

A   B   C   D   E   双孔F

③ 下列干燥剂中，可用于干燥 CO_2 的是 _____ ▲ _____ （填序号）。

A. 碱石灰   B. 浓硫酸   C. 氢氧化钠固体

（2）如题 23 图-1 所示，向燃烧器内通入 CH_4 和空气，点燃，待火焰稳定后，再从进口 A 分别通入 CO_2、N_2、He。改变通入的三种气体用量，测得火焰刚好熄灭时，通入的 CO_2、N_2、He 在混合器中的体积分数如下表所示。

气体	CO_2	N_2	He
体积分数/%	17.65	27.15	23.84

三种气体中灭火效果最好的是 _____ ▲ _____ （填化学式）。

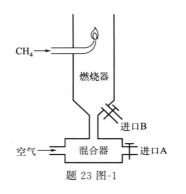

题 23 图-1

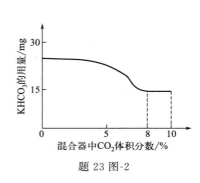

题 23 图-2

（3）研究 $KHCO_3$ 与 CO_2 联合使用时的灭火效果。

① $KHCO_3$ 灭火的原理较复杂。$KHCO_3$ 受热分解时吸收能量，反应的化学方程式为 $2KHCO_3 \xrightarrow{\triangle} K_2CO_3 + CO_2\uparrow + H_2O\uparrow$。以初中所学燃烧和灭火的原理分析，$KHCO_3$ 可用于灭火的原因有 _____ ▲ _____ 。

② 向燃烧器内通入 CH_4 和空气，点燃，待火焰稳定后，从进口 A 通入 CO_2，进口 B 加入 $KHCO_3$ 粉末。控制其他条件不变，测得火焰刚好熄灭时，$KHCO_3$ 的用量与混合器中通入的 CO_2 体积分数的关系如题 23 图-2 所示。CO_2 体积分数在 8%～10% 内，随 CO_2 体积分数的增加，使火焰熄灭所需的 $KHCO_3$ 用量不再减少，且燃烧器内残留的 $KHCO_3$ 增多，原因是 _____ ▲ _____ 。

4. 探索问题解决与应用

学生通过初中化学课程的学习，能够应用所学到的化学知识和学科观念、科学思维方法、化学实验探究的技能等，科学解释生活中的现象，正确解决与化学相关的实际问题，理性参与与之相关的社会性科学议题的讨论，是化学课程要培养的核心素养的集中表现。

依据核心素养课程目标，学生在"探索问题解决与应用"方面的学业成就评价标准为：能初步运用化学观念解释与化学相关的现象和事实，参与相关的简单的实践活动；能够将化学知识与生产生活实际相结合，主动关注有关空气和水资源保护、资源回收再利用、健康安全、化学品妥善保存与合理使用等实际问题，并参与讨论；能从科学、技术、社会、环境的相互关系，安全环保和科学伦理等角度，辩证分析与化学相关的简单的社会性科学议题，尝试提出自己的见解和建议，作出合理的价值判断，初步形成节能低碳、节约资源、保护环境的态度和绿色出行的健康生活方式；等等。

需要说明的是，学业质量是依据核心素养制订的，但学业质量中并没有单独列出"科学思维"的学业成就表现，这并不表明对科学思维没有要求，而是因为科学思维是化学课程学业质量的基础，"说明物质组成与性质""解释化学反应与规律""参与科学探究与实践""探索问题解决与应用"的过程都离不开科学思维。因此，科学思维的课程目标要求在4个学业质量标准中都有体现，其要点如表2-4所示❶。

表 2-4 2022 版初中课标科学思维核心素养、课程目标与学业质量的对应关系

核心素养	课程目标(要点)	学业质量(要点)
科学思维	• 初步学会运用观察、实验、调查等手段获取化学事实，能初步运用比较、分类、分析、综合、归纳等方法认识物质及其变化，形成一定的证据推理能力	• 能对观察、记录的实验现象和数据进行分析、处理，对实验证据进行分析和推理，得出合理的结论，能用规范的语言呈现探究结果
	• 能从变化和联系的视角分析常见的化学现象，能以宏观、微观、符号相结合的方式认识和表征化学变化；初步建立物质及其变化的相关模型，能根据物质的类别和信息提示预测其性质，并能解释一些简单的化学问题	• 能根据科学家建立的模型认识原子的结构，能说明分子、原子、离子的区别与联系 • 能基于化学变化中元素种类不变、有新物质生成且伴随着能量变化的特征，从宏观、微观、符号相结合的视角说明物质变化的现象和本质 • 能依据化学变化的特征对常见化学反应进行分类，说明不同类型反应的特征及在生活中的应用
	• 能从跨学科角度初步分析和解决简单的开放性问题，体会系统思维的意义 • 能对不同的观点和方案提出自己的见解，发展创新思维能力，逐步学会辩证唯物主义方法论	• 能从科学、技术、社会、环境的相互关系，安全环保和科学伦理等角度，辩证分析与化学相关的简单的社会性科学议题，尝试提出自己的见解和建议，作出合理的价值判断

（二）高中化学学业质量

2017版高中课标将高中化学学业质量依据不同水平学业成就表现的关键特征，划分为4级水平，并描述了不同水平学习结果的具体表现。学业质量水平2是高中毕业生在本学科应该达到的合格要求，是化学学业水平合格性考试的命题依据；学业质量水平4则是化学学业水平等级性考试的命题依据。在每一级水平的描述中均包含化学学科核心素养的5个方面，依据侧重的内容将其划分为四个条目（每个条目前面的数字代表水平，后面的数字代表条目

❶ 房喻，王磊. 义务教育化学课程标准（2022年版）解读［M］.北京：高等教育出版社，2022：288-244.

序号）。每个条目（按数字表示）分别对应于一定的化学学科核心素养。如序号1侧重对应"素养1宏观辨识与微观探析"和"素养3证据推理与模型认知"；序号2侧重对应"素养2变化观念与平衡思想"；序号3侧重对应"素养4科学探究与创新意识"；序号4侧重对应"素养5科学态度与社会责任"。

高中化学学业质量设置的4个水平等级的差异和提升，反映了随着学习的深入，学生必备知识深广度、关键能力水平的进阶，化学学业水平的提高和化学学科核心素养的发展。在教学中，要认真研究、领会不同水平的差异和提升。

 案例分析 》》》

【案例2-5】 "科学探究与创新意识"学业质量水平

比较2017版高中课标学业质量水平1-3、2-3、3-3、4-3对"科学探究与创新意识"的4级质量水平的描述，从描述表现水平所使用的行为动词及其指向的不同，分析水平的差异。

水平1-3：能依据化学问题解决的需要，选择常见的实验仪器、装置和试剂，完成简单的物质性质、物质制备、物质检验等实验；能与同伴合作进行实验探究，如实观察、记录实验现象，能根据实验现象形成初步结论。

水平2-3：能通过实验探究物质的性质和变化规律，能提出有意义的实验探究问题，根据已有经验和资料作出预测和假设，能设计简单实验方案，能运用适当的方法控制反应条件并顺利完成实验；能收集和表述实验证据，基于实验事实得出结论。

水平3-3：能根据解决问题的需要提出实验探究课题；能设计实验方案探究物质和能量的转化、影响反应速率和化学平衡的因素、有机化合物的主要性质等；能选择合适的实验试剂和仪器装置，控制实验条件，安全、顺利地完成实验；能收集并用数据、图表等多种方式描述实验证据，能基于现象和数据进行分析推理得出合理结论。

水平4-3：能列举测定物质组成和结构的实验方法，能根据仪器分析的数据或图表推测简单物质的组成和结构；能在复杂的化学问题情境中提出有价值的实验探究课题，能设计有关物质转化、分离提纯、性质应用等的综合实验方案；能运用变量控制的方法探究并确定合适的反应条件，安全、顺利地完成实验；能用数据、图表、符号等描述实验证据并据此进行分析推理形成结论；能对实验方案、实验过程和实验结论进行评价，提出进一步探究的设想。

比较上述4级水平的要求可以看到，完成必修课程和选择性必修课程的学习后，学业质量水平有显著提升。所涉及的"科学探究与创新意识"的提升不仅表现在对化学实验仪器识别、选择、操作和实验探究等能力的广度和深度上，还表现为对化学实验原理性知识的理解、应用、表征能力的提升，以及实验探究一般思路和方法的形成。例如，对化学实验探究从"与同伴合作进行实验探究，如实观察、记录实验现象，能根据实验现象形成初步结论"，逐渐提升到"能在复杂的化学问题情境中提出有价值的实验探究课题，能设计有关物质转化、分离提纯、性质应用等的综合实验方案；能运用变量控制的方法探究并确定合适的反应条件，安全、顺利地完成实验；能用数据、图表、符号等描述实验证据并据此进行分析推理形成结论"，从基于实验事实得到结论，到选择、设计、综合分析、评估与优化上，水平要求拾级而上。在教学和评价中，要利用学业质量水平进阶合理规划和发展学生的核心素养，评价学生的学业成就表现❶。

案例分析 >>>

【案例 2-6】 普通高中化学学业水平合格性考试题和等级性考试题比较

以下两道试题分别是普通高中学业水平合格性考试题和等级性考试题，试分析试题与 2017 版高中课标中化学学业质量要求的关系。

【案例 2-6-1】 2020 年江苏省普通高中学业水平合格性考试化学样卷第 29 题

水体中常含 Na_2S、H_2S 等可溶性硫化物。为测定某水样中可溶性硫化物的硫含量 $\rho\left(\rho = \dfrac{可溶性硫化物中硫元素的质量}{水样的体积}\right)$，设计了以下试验方案，装置如下图所示（夹持类仪器省略）。

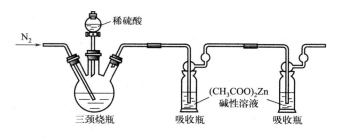

步骤 1：检查装置的气密性。通 N_2，并维持一段时间。

步骤 2：取 100mL 水样加入三颈烧瓶，再将烧瓶置于 60℃ 水浴中，滴加足量稀硫酸，充分反应，生成 H_2S。再次通 N_2，将 H_2S 赶至吸收瓶中，使其完全转化成 ZnS 沉淀。

步骤 3：过滤，洗涤，将 ZnS 沉淀转入锥形瓶中，加入 15.00mL 0.0100mol·L^{-1} I_2 溶液，控制溶液 pH，充分反应（-2 价的硫元素被 I_2 完全氧化为 S）。

步骤 4：向锥形瓶中滴加少量淀粉溶液，再滴加 0.0100mol·L^{-1} $Na_2S_2O_3$ 溶液，发生反应：$I_2 + 2S_2O_3^{2-} = 2I^- + S_4O_6^{2-}$。恰好完全反应时，消耗 $Na_2S_2O_3$ 溶液的体积为 20.00mL。

（1）步骤 1 中，通 N_2 的目的是___▲___。

（2）步骤 3 中，反应的 I_2 的物质的量用 $n(I_2)$ 表示，生成的 S 的物质的量用 $n(S)$ 表示，则 $\dfrac{n(I_2)}{n(S)} = $___▲___。

---

❶ 房喻，徐瑞钧. 普通高中化学课程标准（2017 年版）解读［M］. 北京：高等教育出版社，2020：171-173.

（3）步骤 4 中，恰好完全反应时的实验现象为 ____▲____。

（4）计算该水样中可溶性硫化物的硫含量 ρ（以 $mg \cdot L^{-1}$ 表示），并写出计算过程。

____▲____。

【案例 2-6-2】 2021 年江苏省普通高中学业水平等级性考试化学卷第 17 题

以软锰矿粉（含 MnO_2 及少量 Fe、Al、Si、Ca、Mg 等的氧化物）为原料制备电池级 MnO_2。

（1）浸取。将一定量软锰矿粉与 Na_2SO_3、H_2SO_4 溶液中的一种配成悬浊液，加入三颈瓶中（装置见题 17 图-1），70℃ 下通过滴液漏斗缓慢滴加另一种溶液，充分反应，过滤。滴液漏斗中的溶液是 ____▲____；MnO_2 转化为 Mn^{2+} 的离子方程式为 ____▲____。

题 17 图-1

（2）除杂。向已经除去 Fe、Al、Si 的 $MnSO_4$ 溶液（pH 约为 5）中加入 NH_4F 溶液，溶液中的 Ca^{2+}、Mg^{2+} 形成氟化物沉淀。若沉淀后上层清液中 $c(F^-) = 0.05 mol \cdot L^{-1}$，则 $c(Ca^{2+})/c(Mg^{2+}) =$ ____▲____。$[K_{sp}(MgF_2) = 5 \times 10^{-11}, K_{sp}(CaF_2) = 5 \times 10^{-9}]$

（3）制备 $MnCO_3$。在搅拌下向 100mL $1mol \cdot L^{-1} MnSO_4$ 溶液中缓慢滴加 $1mol \cdot L^{-1} NH_4HCO_3$ 溶液，过滤、洗涤、干燥，得到 $MnCO_3$ 固体。需加入 NH_4HCO_3 溶液的体积约为 ____▲____。

（4）制备 MnO_2。$MnCO_3$ 经热解、酸浸等步骤可制备 MnO_2。$MnCO_3$ 在空气气流中热解得到三种价态锰的氧化物，锰元素所占比例 $\left(\dfrac{某价态锰的氧化物中锰元素质量}{锰元素总质量} \times 100\%\right)$ 随热解温度变化的曲线如题 17 图-2 所示。已知：MnO 与酸反应生成 Mn^{2+}；Mn_2O_3 氧化性强于 Cl_2，加热条件下 Mn_2O_3 在酸性溶液中转化 MnO_2 和 Mn^{2+}。为获得较高产率的 MnO_2，请补充实验方案：取一定量 $MnCO_3$ 置于热解装置中，通空气气流，____▲____，固体干燥，得到 MnO_2。（可选用的试剂：$1mol \cdot L^{-1} H_2SO_4$ 溶液、$2mol \cdot L^{-1} HCl$ 溶液、$BaCl_2$ 溶液、$AgNO_3$ 溶液。）

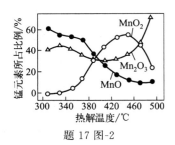
题 17 图-2

这两道题考查的维度都侧重"科学探究与创新意识"素养。2020 年江苏省普通高中学业水平合格性考试化学样卷第 29 题以测定某水样中可溶性硫化物的硫含量为情境载体，将实验条件的控制、物质检验、实验现象的描述和数据的处理应用进行综合，该题的学业质量水平为 1～2 级；2021 年江苏省普通高中学业水平等级性考试化学卷第 17 题是以"软锰矿粉制备电池级 MnO_2"为情境载体，将"化学实验原理、实验条件控制、实验操作和实验方案设计"融为一体的实验探究综合题，主要考查学生对实验装置和操作的认识、实验原理的理解、实验条件控制的方法和实验方案设计的水平，更考查学生从图像获取信息的能力、运用化学实验方法解决实验探究综合问题的能力，解决陌生情境问题中的创新思维和实践能力，该题的学业质量水平为 3～4 级。

四、课程标准中不同目标要求的一致性

不同目标要求尽管描述的角度不一样，但具有内在一致性。以 2022 版初中课标课程目标要求 1"形成化学观念，解决实际问题"中的要求之一"初步认识物质的多样性，能对物质及其变化进行分类"为例，在目标体系中的不同表述如表 2-5 所示。可见，课程目标具有总括性，起着指引的作用，通过具体的主题内容要求承载课程目标、通过具体的学业要求一步步达成学业质量，通过学业质量评估课程目标达成的程度。学业要求（即某主题内容的学业质量）和学业质量描述的都是学生的核心素养表现，这就使得核心素养目标"可见""可评"，因此，学业质量是化学学业水平考试命题的重要依据。素养目标导向下的学业质量标准，关注学生的学习结果，基于"质量驱动"规范学生"学会什么"，有助于促进教、学、评的有机衔接，形成育人合力❶。

表 2-5　同一目标在"目标体系"中的不同表述示例

课程目标 1（部分）		初步认识物质的多样性,能对物质及其变化进行分类
主题 2	内容要求 2.1　物质的多样性（部分）	认识依据物质的组成和性质可以对物质进行分类,知道物质可以分为纯净物和混合物、单质和化合物等
	学业要求 1	能依据物质的组成对物质进行分类,并能识别纯净物和混合物、单质和化合物;能依据物质的类别列举一些简单的单质、氧化物、酸、碱、盐及生活中常见的有机物
	学业质量 1（部分）	能从元素与分子视角辨识常见物质,结合实例区分混合物与纯净物、单质与化合物

案例分析 >>>

【案例 2-7】　"金属和金属材料"单元建构与教学目标设计

请分析如下案例，说明课程标准对于教学单元建构及教学目标设计的作用。

人教版九年级化学下册第八单元"金属和金属材料"由"金属材料""金属的化学性质""金属资源的利用和保护"3 个课题组成，其知识逻辑为"金属的物理性质与用途→金属的化学性质→金属（铁）的制备、利用和保护"，隐含了"物质具有广泛的应用价值，物质的性质决定用途"等大概念，3 个课题之间逻辑递进关系清晰，整个单元相对完整、独立，具有方向上的一致性，因此，适宜作为一个教学单元进行整体性设计。但教材情境素材较为琐碎，缺乏整体连贯性，与学生日常生活经验联系的

---

❶　崔允漷，郭洪瑞．试论我国学科课程标准在新课程时期的发展［J］．全球教育展望，2021（9）：3-14.

紧密度还不够。基于2022版初中课标要求，在"物质的多样性"主题大概念下，凝练出该单元的相关大概念（见图2-8），选择与学生生活联系较为密切又富有时代感的"高铁建设中的金属和金属材料"作为单元大情境，对教材单元进行二次开发，重构为"课题1　高铁建设中金属材料的选择""课题2　高铁建设中金属材料的获取""课题3　高铁建设中金属材料的保护"和"课题4　我为列车蚀刻车牌"4个课题。将核心知识巧妙地镶嵌在由情境衍生的问题解决任务中，学生在完整的探究与实践情境中，建构起对金属和金属材料较为整体的认识，强化学科观念。大概念统领下的单元结构如图2-8所示。

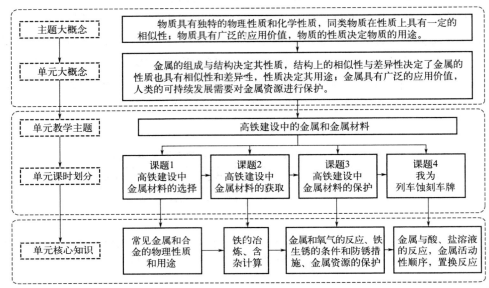

图2-8　基于大概念的"高铁建设中的金属和金属材料"单元整体架构

根据2022版初中课标学习主题2"物质的性质与应用"中"2.1　物质的多样性""2.2.3　金属与金属矿物"及"2.4　物质性质的广泛应用及化学品的合理使用"等相关内容要求，结合教材内容分析，在图2-8所示的大概念统领下，结合该主题学业要求和单元情境，以"合课标、可观测和可达成"为目标设计原则，设计该单元教学目标及分课时目标，如表2-6所示。

表2-6　"金属和金属材料"单元目标和课时目标

单元目标	课时目标
金属的组成决定其性质,性质决定其用途:会利用实验探究归纳金属的主要性质及活动性顺序,会用化学方程式表示金属的主要化学变化;能举例说明金属的广泛应用及其性质与用途的关系;能用化学方程式表示从铁矿石到金属铁的转化,说明废弃金属对环境的影响及其回收利用价值	**课时1**:1.1　能从金属的用途分析出金属的主要物理性质,会综合多种因素选用金属;1.2　能通过实例分析得出合金的概念,形成元素组成不同合金性能不同的认识视角;1.3　能通过实验探究得出合金不同于纯金属的特性,会根据需求选用合金;1.4　能说出金属材料的重要价值

续表

单元目标	课时目标
金属的组成决定其性质,性质决定其用途:会利用实验探究归纳金属的主要性质及活动性顺序,会用化学方程式表示金属的主要化学变化;能举例说明金属的广泛应用及其性质与用途的关系;能用化学方程式表示从铁矿石到金属铁的转化,说明废弃金属对环境的影响及其回收利用价值	**课时 2**:2.1　能根据当地矿产资源描述出金属在自然界的存在形式,初步形成铁元素的存在形式与其化学性质密切相关的认识视角,会综合多种因素选择炼铁原料;2.2　能分析说明工业炼铁的原理,会写相关化学方程式,能分析实验室制法与工业生产的异同;2.3　会利用真实生产数据进行含杂质的计算
	课时 3:3.1　能根据实验探究,归纳出金属和氧气反应的化学性质,会正确书写化学方程式;3.2　能根据已有经验和元素守恒,分析铁生锈条件,会运用控制变量法,设计实验并验证;3.3　能根据具体情况选择防锈措施,解释防锈原理;3.4　能举例说明废弃金属对环境的影响和金属回收再利用的价值
	课时 4:4.1　能根据实验探究归纳出金属与酸、与盐溶液反应的化学性质及金属活动性顺序,会正确书写化学方程式;4.2　能从反应中物质类属角度建构置换反应模型;4.3　能用金属活动性顺序表预测反应和设计实验方案验证

第三节　大概念统领下的课程内容结构

化学课程标准重视内容的系统化设计。2022 版初中化学课标在课程理念中提出"构建大概念统领的化学课程内容体系",要求"精心选择促进学生核心素养发展的化学课程内容,注重结合学生已有生活经验,反映化学科学发展的新成就,体现化学课程内容的基础性、时代性和实践性,注重学科内的融合及学科间的联系,明确学习主题,凝练大概念,反映核心素养在各学习主题下的特质化内容要求。"《普通高中化学课程标准(2017 年版 2020 年修订)》对课程内容的设计提出的要求是:进一步精选学科内容,重视以学科大概念为核心,使课程内容结构化,以主题为引领,使课程内容情境化,促进学科核心素养的落实。用"大概念"来构建基础教育课程已经成为当代课程内容设计的重要特点和标志。

一、化学学科大概念

大概念(big ideas)研究起源于美国教育研究领域,布鲁纳在对教育过程讨论时指出,要使学生理解学科的基本结构,学习这种基本结构就是学习事物之间是怎样相互关联起来的。掌握事物的基本结构,有助于学生解决课堂内外所遇到的各类问题。在随后的大概念研究中,学者们从不同视角对大概念进行了界定性表述。如,克拉克认为观念是理解和联结小观念的大概念(大概念等同于观念);奥尔森认为大概念是在忘记具体的经验和事实之后还能够长久保留的核心概念,是学生可带走的信息;埃里克森认为大概念是指向学科中的核心概念,是基于事实基础上抽象出来的深层次的、可迁移的概念;温·哈伦认为大概念是能用于解释和预测较大范围内物体与现象的概念;等等。这就导致在当今文献中,经常会见到大概念、核心概念、基本概念、中心概念、重要概念甚至学科观念并存和混用的现象。但学者们都认同,大概念具有中心性、概括性、统摄性、可持久性、可迁移性等特征。

第二章　化学课程标准的结构化解读 —————— 043

化学学科大概念是大概念理念在化学学科体系结构中的特殊表达。化学学科大概念是以化学家为代表的学术共同体，在认识和研究物质世界过程中逐渐积淀和凝练形成的、反映化学科学本质的思想和观念（从学科视角出发，化学学科大概念与化学学科观念本质上是一致的）。化学学科大概念是对化学学科本源问题的基本认识，具有普遍基础性、高度概括性、广泛联系性和最强解释性；化学学科大概念处于化学学科结构的中心位置，有限的化学学科大概念集中体现了化学的结构特征，大概念之间通过相互交织联结，共同构成了化学学科的整体结构。由于化学科学是不断发展的，因而化学大概念也在不断发展中。

化学学科大概念是能反映化学本质的思想和观念，但由于建构和理解的视角存在差异，就必然存在对化学学科大概念的内涵和结构的不同表达。但绝大多数学者认为化学大概念既代表了化学学科知识体系中处于核心地位的概念和原理，又反映了人类在认识和改造物质世界时所运用的最基本的化学科学方法，还体现了化学科学服务于人类社会发展的价值追求——科学态度和社会责任。因而对化学学科大概念的内涵的系统阐述，应从基本知识、基本思想方法和作用与价值等方面进行。上述观念可以简单表述为：任何一个化学学科大概念，都有知识、方法和价值维度的内涵和功能。

从本体论、认识论和价值论视角分析化学本源，化学主题包括化学知识主题、化学方法主题和化学价值主题。主题引领的化学课程内容设计，就是在化学学科大概念统摄的结构化化学课程内容的基础上，结合化学学科主题、学生的认知发展规律和学生核心素养发展的需求，设计化学课程学习主题及模块，中学化学课程整体结构如表 2-7 所示。化学是在原子、分子水平上研究物质的组成、结构、性质、转化及其应用的一门基础学科，其特征是从微观层次认识物质，以符号形式描述物质，在不同层面创造物质。因此，初中化学课程学习主题2、3、4 就是体现了化学学科本体论的大概念，蕴含了物质的组成、结构决定物质的性质，物质的性质决定了物质用途的观念；而化学是一门以实验为基础的科学，无论是化学科学的发展还是学生的化学学习，都必须通过科学探究和化学实验，因此，主题 1 "科学探究与化学实验"侧重于化学学科的方法论；化学在促进社会发展、人类文明进步中具有重要作用，故 "化学与社会发展"体现了化学学科的价值论。初中化学课程的 5 个一级主题在高中化学必修课程及选择性必修课程和选修课程中都有相应的主题或学习模块（系列）与之对应，中学化学不同阶段的学科大概念具有一致性和进阶性，呈螺旋上升关系。

表 2-7　大概念统领下的中学化学课程结构

大概念类型	初中化学课程学习主题	高中化学必修课程学习主题	高中化学选择性必修课程学习模块	高中化学选修课程学习系列
学科方法论	1　科学探究与化学实验	1　化学科学与实验探究		1　实验化学
学科本体论	2　物质的性质与应用 3　物质的组成与结构 4　物质的化学变化	2　常见的无机物及其应用 3　物质结构基础与化学反应规律 4　简单的有机化合物及其应用	1　化学反应原理 2　物质结构与性质 3　有机化学基础	
学科价值论	5　化学与社会·跨学科实践	5　化学与社会发展		2　化学与社会 3　发展中的化学科学

2022版初中课标将"化学观念"作为课程核心素养之一，界定为"是人类探索物质的组成与结构、性质与应用、化学反应及其规律所形成的基本观念，是化学概念、原理和规律的提炼与升华，是认识物质及其变化，以及解决实际问题的基础"。主要包括：物质是由元素组成的；物质具有多样性，可以分为不同的类别；物质是由分子、原子构成的，物质结构决定性质，物质性质决定用途；化学变化有新物质生成，其本质是原子的重新组合，且伴随着能量变化，并遵循一定的规律；在一定条件下通过化学反应可以实现物质转化；等等。

二、化学主题大概念

化学学科大概念的形成，必须以主题大概念的建构为基础。因此，素养导向的化学课程，倡导基于主题大概念来选择和组织化学课程内容，充分发挥主题大概念对主题内容的统领作用。2022版初中课标的5大学习主题，分别以"化学科学本质""物质的多样性""物质的组成""物质的变化与转化""化学与可持续发展"为主题大概念，构建了主题大概念统领下的主题内容结构，包括大概念（big idea，简称B）、核心知识（core knowledge，简称C）、基本思路与方法（method，简称M）、重要应用与态度（application and attitude，简称A）、必做实验及实践活动（practice，简称P），形成主题大概念统摄下的BCMAP结构。以主题2为例，主题内容结构与课程目标的侧重对应关系如图2-9所示，鲜明地表明了在每个主题中不仅要教知识，更要教大概念、科学思维方法和学科价值，而且要通过实验和实践"教"，使得每个维度的核心素养在各学习主题中都有相应的内容和学业要求，由此实现课程内容体系的结构化、功能化和素养化❶。

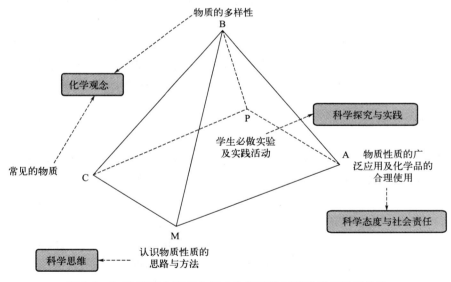

图2-9 2022版初中课标主题2内容结构与课程目标对应关系

---

❶ 杨玉琴，倪娟 . 新课标的结构化理解与教学转化：基于课程与教学的基本问题 [J]. 化学教学，2024（06）：3-9.

【案例 2-8】　　"物质的多样性"大概念课程标准要求

比较 2022 版初中课标主题 2 大概念"物质的多样性"和 2017 版高中课标主题 2 大概念"元素与物质"内容（表2-8），你有何发现？在教学实践中应如何处理？

表 2-8　2022 版初中课标主题 2 大概念与 2017 版高中课标主题 2 大概念比较

2022 版初中课标主题 2.1　物质的多样性	2017 版高中课标主题 2.1　元素与物质
认识物质是多样的，知道物质既有天然存在的也有人工创造的，既有无机物也有有机物；认识依据物质的组成和性质可以对物质进行分类，知道物质可以分为纯净物和混合物、单质和化合物等；知道物质具有独特的物理性质和化学性质，同类物质在性质上具有一定的相似性；知道物质具有广泛的应用价值，物质的性质决定用途	认识元素可以组成不同种类的物质，根据物质的组成和性质可以对物质进行分类；同类物质具有相似的性质，一定条件下各类物质可以相互转化；认识元素在物质中可以具有不同价态，可通过氧化还原反应实现含有不同价态同种元素的物质的相互转化。认识胶体是一种常见的分散系

化学主题大概念是化学学科大概念与课程学习主题内容结合的产物，是化学学科大概念在不同学段化学课程学习主题内容维度的特殊表达，是从属于化学学科大概念的次级大概念。不同学段化学课程学习主题内容的不同，导致不同学段学生所学习的化学主题大概念的内涵和要求存在差异。如在 2022 版初中课标中，只要求知道"同类物质在性质上具有一定的相似性"，而 2017 版高中课标则不仅要求认识"同类物质具有相似的性质"，还要求认识"一定条件下各类物质可以相互转化；认识元素在物质中可以具有不同价态，可通过氧化还原反应实现含有不同价态同种元素的物质的相互转化"，即要求学生形成基于"价—类"二维的元素观。与初中化学相比，高中化学必修课程对学生元素及其化合物的认识方式的发展进阶要求如下：（1）基于具体物质的具体性质和反应的类比思维；（2）基于一类物质的一般性质的概括思维；（3）基于离子的性质和反应的微观概括思维；（4）基于化合价升降的氧化还原思维；（5）综合类别通性和化合价升降的氧化还原反应的多角度思维。

三、化学单元大概念

《义务教育化学课程标准（2022 年版）》在教学建议中指出：基于大概念能够帮助学生建构化学观念，形成化学学科思维方式和方法，树立正确的价值观。应注重基于大概念来组织单元教学内容，发挥大概念的统摄作用。基于大概念组织初中化学单元教学，首先需要凝练化学单元大概念。由于无论是基于课程标准所编写的化学教材，还是实际教学中的单元整体教学，都不是以课程标准中的学习主题内容为架构和顺序进行的。从大概念视角分析，教学实践中的"化学科学—化学课程主题内容—化学单元教学内容"转变，一定会产生"化学学科大概念—化学主题大概念—化学单元大概念"的演化❶。

化学单元教学内容通常具有综合性和结构化的特点，任何一个单元整体教学内容，都会

---

❶　吴星. 以大概念统领设计义务教育化学课程内容——《义务教育化学课程标准（2022 年版）》解读（二）[J]. 化学教学，2022（11）：3-8.

聚焦多个化学基本问题，学生通过单元整体内容的学习，都会在化学知识、方法和价值等方面得到发展。因而化学单元大概念在主要围绕某一化学主题大概念的基础上，会涉及多个化学主题大概念，化学单元大概念需要经过化学学科大概念、化学主题大概念和化学单元整体教学内容相融合的凝练过程。化学单元教学内容包括一定量的化学事实性知识，学生在进行单元整体学习时，在教师的引导下通过观察和实验探究等手段，获取化学事实性知识，通过分析、推理等方法形成一般概念，再通过理性分析建立一般概念之间的联系，通过抽象、概括形成化学单元大概念，并运用所理解的化学单元大概念，通过演绎、迁移应用等方法，解释生活中的现象和解决与化学相关的实际问题。因而化学单元大概念的学习和形成离不开化学事实知识、一般概念等化学基础知识的学习，离不开通过观察和实验探究化学现象和事实，离不开分析、推理、抽象、概括、演绎、迁移等思维方法运用。

例如，《义务教育化学课程标准（2022 年版）》中将"物质的性质与应用"设计为一个学习主题，该化学主题大概念标识为"物质多样性"。"水和溶液"属于"物质的性质与应用"学习主题，由于初中化学课程中主要讨论水溶液，水之所以具有广泛的应用是由于水具有很强的溶解物质的能力，水容易被污染也是由于其很强的溶解物质的能力，因而"水和溶液"可作为整体内容进行单元教学。在"水和溶液"单元教学中，需要回答下列问题："人类是如何认识水的组成的，水的广泛应用与水的哪些性质有关？""物质溶解的本质是什么？如何从溶液的组成分析溶液性质？""如何通过实验探究物质溶解的影响因素和定量测定物质的溶解能力？""如何从溶解和溶液视角认识水的净化和水资源保护？"等等。在探究解决上述问题的过程中，可以形成"水和溶液"单元大概念：物质的溶解是构成物质的分子或离子在溶剂中均匀分散的过程，物质在一定量溶剂中的溶解是有限度的；溶液的组成决定溶液的性质，实验是探究影响物质溶解的因素、溶液组成和性质的常用方法；水和溶液在生活和生产中有着广泛应用，需要增强节约用水和保护水资源的意识。

因而，化学单元大概念是化学学科大概念、主题大概念与单元教学内容结合的产物。化学单元大概念是学生进行单元整体学习的重要内容，也是学生形成和运用化学学科大概念的最基础内容。

国家课程标准作为高度概括化、专业化的纲领性文件，为教师的日常教学和评价实践提供了重要参照与指引。2022 版初中课标凝练了义务教育化学课程核心素养，构建了大概念统领的课程内容体系，对教学与评价提出了新要求。这需要化学教师充分理解课程标准中的大概念体系，深入剖析教材逻辑及其与课程标准的依存关系，基于大概念建构与实施单元教学，实现大概念从课程标准到教材再到教学的转化。

第四节　课程标准中"课程实施"的逻辑结构

在课程逻辑环中，课程实施回答的是"如何有效地组织这些经验"，即如何通过教材编写、教学以及评价等路径有效地将课程内容组织起来并转化为学生能体验到的课程。2022版初中课标文本中"课程实施"虽然写在最后，但它在课程逻辑环中是连接课程目标、内容与评价的中间环节（见图 2-10 左），教学则是课程实施的最基本路径。当从课程逻辑转向教学逻辑时，需要解决的仍然是泰勒的 4 个基本问题，只不过解决课程问题的主体是课程开发者，解决教学问题的主体是教师。所以，2022 版初中课标从教学建议、评价建议、教材编写建议、课程资源开发与利用以及教师培训与教学研究 5 个部分给出建议。其中，教材是将课程理念、目标、内容及评价等具体化的重要载体，也是教师选择和组织教学内容的重要依据；评价是教学系统不可或缺的重要组成部分，主要功能是诊断学习效果、改进教学，促进目标的落实；课程资源开发与利用是支持教学的物质保障；教师培训与教学研究则是提升教学效果、提高课程实施质量的重要专业保障；教学建议部分从目标研制、内容组织、科学探究与实践（验）教学的实施、学生学习方式的转变展开，与评价部分共同构成了教学的逻辑环（见图 2-10 右）。

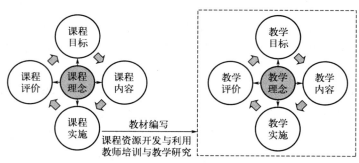

图 2-10　2022 版初中课标"课程实施"逻辑结构

2022 版初中课标对于"教学"的要求亦是一个结构化体系。课程理念中提出"重视开展核心素养导向的化学教学"和"倡导实施促进发展的评价"，指明了"教—学—评"的方向；在一级主题中通过"BCMAP"的二级主题结构告诉教师教学内容的组织需要在大概念统摄下，形成知识、观念、方法、实践和价值观的统一；"教学提示"则通过"教学策略建议""情境素材建议""学习活动建议"告诉教师"如何教"，学生"如何学"，提供了指向具体内容的清晰的教学路径。

一、教学策略建议

教学策略建议主要针对本主题教学通常存在的问题或困难，围绕本主题大概念的形成、研究思路和方法的提炼以及实践活动等提出具体的建议。

以 2022 版初中课标学习主题 3"物质的组成与结构"为例，该主题的核心知识（元素，分子、原子，物质组成的表示）涉及宏观、微观和符号三种不同的表征方式，特别是在微观表征方面，学生表现出较大的困难，存在较多的相异构想，如：学生认为物质是连续的，或分子、原子等微观粒子内嵌于连续的物质中（如气体分子微观图示中的间隔代表的是空气）；学生认为原子具有和宏观物质一样的物理或化学性质（如铜原子具有金属铜一样的金属光泽，氧原子是易燃的，铁原子会生锈，氢原子显酸性，原子的半径会随压强、温度的改变而发生变化，原子的半径会因为它所构成的物质的状态的不同而不同等）；学生不清楚原子和分子的形状和大小（如原子是圆形或球形，分子比原子大得多）。另外，教师教学时过分依赖"告知学生如何书写",未能让学生理解元素符号、化学式和化合价等化学用语的含义,导致学生在学习该部分时易依赖死记硬背的方式,易造成学生不能建立起"宏观—微观—符号"三重表征思维方式,在化学方程式等后续内容的学习中出现认知困难,同时也导致部分学生降低了学习化学的兴趣。针对这些问题,2022 版初中课标提出了 3 个教学策略建议。

　　教学策略建议 1"结合学生熟悉的现象和已有的经验,通过实验探究、模型拼插等活动或动画模拟等可视化手段,充分发挥学生的想象力,引导学生从分子、原子等微观视角认识物质及其变化,帮助学生建立宏观与微观间的联系。"该建议重点引导学生从微观视角认识物质及其变化,不论是设计实验探究、模型拼插等活动,还是采用动画模拟等可视化手段,都意在将抽象概念形象化。如案例 2-9"分子和原子"的教学片段中,教师通过引导学生多次进行"画水"的模型建构活动,不断深化学生对"分子"模型的认识。

案例分析 >>>

【案例 2-9】 初中化学"分子和原子"教学片段

　　请研读"分子和原子"教学片段,说明该教学过程的 **4 次"画水"活动对学生建构"分子"概念所起的作用。**

　　环节 1:宏观"眼"中的水

　　教师布置"画水"任务 1:在桌上的烧杯中,有半杯水,请同学们画画这杯水。

　　环节 2:初步建立构成水的微粒模型

　　问题:若过几天再看这杯水,水面的位置还在现在的位置上吗?为什么?

　　学生回答:不在,因为水蒸发了。

　　教师追问:蒸发也就是"水跑了",你能否看到"水跑了"?这又说明了什么?

　　学生回答:水由看不见的微粒构成。

　　教师追问:我们能不能通过实验获取证据来证明?

　　学生活动:

　　①分组实验 1:将品红放到烧杯里的水中,观察现象;②观看视频:布朗运动。

　　学生分析现象,获得结论:水由看不见的微粒构成。

　　教师布置"画水"任务 2:请同学们用"微粒"示意图(可随意选择圆点、三角等表示微粒)再来画画这杯水。

　　环节 3:修正构成水的微粒模型

　　实验事实:科学家将水分解得到了氢气和氧气,且体积比为 2∶1。

　　实验结论:科学家提出,水是由水分子构成的,每个水分子由 2 个氢原子和 1 个氧原子构成,每个氢分子由 2 个氢原子构成,每个氧分子由 2 个氧原子构成。

　　展示模型:水分子模型、氢分子模型、氧分子模型。

　　展示并提问:金属铜模型,硅芯片模型,这两种物质的模型与水分子、氢分子、氧分子模型有何不同?

　　归纳:物质由分子、原子等微观粒子构成,分子由原子构成。

教师布置"画水"任务 3：请同学们修正这杯水的构成微粒模型。

环节 4：深化构成水的微粒模型

教师提问：同学们回顾分组实验 1 的现象，品红扩散到水中不见了，也就是构成品红的分子扩散到水分子中去了，这又说明了什么呢？

学生讨论回答：说明①分子很小，肉眼看不见；②分子是不断运动的；③水分子之间是有空隙的。

教师提问：有没有证据可以证明？

学生回答：①湿衣服可以晾干；②酒香不怕巷子深；③液化气可以压缩成液体贮存在钢瓶中。

教师提供数据：1 滴水中约含有 1.67×10^{21} 个水分子，充分证明了分子的质量和体积都很小。

教师演示教材实验：氨水使酚酞溶液变红（①将两者直接接触，②将两者盖在一个大烧杯中不接触）。

归纳：分子是不断运动的，且温度越高，分子运动速率越快。

学生分组实验：分别挤压一针筒的水和空气。

归纳：分子之间有空隙，且气体分子间的间隙大于液体分子大于固体分子。

教师布置"画水"任务 4：请同学们再画画桌上的这半杯水，说说你画的这杯"水"的含义。

教学策略建议 2"利用科学家探索原子结构的科学史实，启发学生根据实验现象，学习运用类比、推理、模型等思维方法认识原子的结构，了解科学家严谨求实的科学态度，增进对科学本质的理解。"物质结构理论过于抽象，人们对物质微观结构的认识建立在实验事实基础之上，通过严密的推理、归纳等思维方法形成科学的结论。该教学建议重在强调认识物质微观结构的思维方法，重视典型化学史实的运用，让学生展开分析推理，充分讨论，进而了解人类对物质微观结构的探索过程，增进科学本质认识。如，教师以卢瑟福 α 粒子散射实验史实为例，鼓励学生依据史实进行推理，建构原子的结构模型，注重学生科学思维的培养。

教学策略建议 3"基于'宏观—微观—符号'多重表征设计学习活动，促进学生形成化学思维方式，引导学生认识物质的组成、结构与性质之间的关系。"从宏观、微观和符号相结合的视角认识物质是化学学科独特的思维方式。该教学策略建议从多重表征的视角出发，旨在帮助学生形成化学学科思维方式，增进对化学知识的理解。学生并不能自发形成多重表征的认识视角，教师在教学中应注重加强宏观、微观和符号之间的联系，并帮助学生在不同表征之间建立联系。以探究水的组成实验为例，教师需引导学生不仅能通过生成物的性质辨别出反应产物分别是氧气和氢气，还能够从微观视角解释化学变化过程中分子的变化情况，理解水的化学式的含义，进而帮助学生实现从"宏观—微观—符号"多重表征认识水的组成和变化。

整体而言，"物质的组成与结构"学习主题内容较为抽象，教师需要通过情境创设、实验探究、可视化呈现等方式帮助学生减轻认知负担。教师应以元素、分子、原子等核心知识为依托，选取日常生活中熟悉的现象作为情境素材，指导学生建构基于元素和分子视角认识物质变化的化学观念；加强实验教学，引导学生动手实验，增强实践能力，同时引导学生运用比较、分析、综合、归纳等方法，掌握研究物质的组成与结构的基本思路方法；了解人类对于物质组成与结构的探索历程，帮助学生形成正确的情感、态度和价值观，整体促进学生核心素养的协同发展。

二、情境素材建议

情境素材建议为教学策略建议的实施提供了具体的、可选择的学习情境，这些情境素材有利于提示知识产生的背景和条件，引发学生积极的思维活动，并产生具有迁移价值的一般性知识。

以"物质的组成与结构"为例，2022版初中课程标准提供了如下情境素材建议：

"（1）不同尺度的微观粒子图示，布朗运动，扫描隧道显微镜（STM）与原子操纵技术，简单物理变化、化学变化的微观图示。"此类素材属于表征性素材，旨在帮助学生从宏观世界进入微观世界，在认识到分子和原子的存在后，能从微观视角理解简单的物理变化和化学变化。教师在使用相关情境素材时，需要深入分析素材的教学价值。以"布朗运动"为例，从化学科学发展的角度来看，布朗运动的价值在于为证明分子的存在提供确凿的证据；从化学教学的角度来看，布朗运动的发现过程对学生具有较大启发意义，教师可利用这一情境素材帮助学生在宏观现象和微观本质之间建立桥梁，同时引导学生理解分子的运动特征。

"（2）人类对物质组成的认识的发展，科学家对分子、原子的认识历程，卢瑟福α粒子散射实验史实，科学家探究水的组成的历史，我国化学家张青莲等人对相对原子质量测定的贡献。"此类素材为化学史素材。在历史发展过程中，由于人类无法直接感知微观粒子的存在及其运动规律，科学家为建立对微观世界的认识历经了十分漫长和曲折的道路。教师在教学中充分运用化学史素材不仅有利于学生深度理解学科知识的形成、发展和应用历程，还有助于培养学生科学态度和精神。以科学家探究水的组成为例，从中国古代的"五行说"和古希腊时期的"四元素说"产生的思辨性认识——"水是组成世间万物的基本元素"，到18世纪至19世纪普里斯特利、卡文迪许、拉瓦锡和尼科尔森等科学家进行的一系列实验逐渐证实"水是由氢元素和氧元素组成的"，这一历史发展过程既有利于促进学生对"水的组成"相关知识的深度理解，又能让学生感受到科学家严谨求实、批判质疑的科学态度，增进学生对科学本质的理解。

"（3）农作物生长必需的化学元素，人体必需的微量元素和常量元素，地壳中的元素分布，药品、食品标签上相应物质的成分及含量，国家规定的饮用水标准。"此类素材为生活类素材，即与日常生活紧密联系的情境素材。此类素材的使用有利于学生对理论知识的理解从化学课堂走向生活实际，在生活应用中实现知识的深化。例如，了解药品、食品标签的含义，能读懂标签上的内容，是学生生活中应具备的基本能力。当学生对药品、食品上相应物质的成分及含量进行计算时，学生便成为质量检测员，运用化学知识判断该药品或食品是否存在质量问题或不当宣传问题，有利于学生体会化学学科的价值。教师在教学过程中可选择生活类情境作为课堂导入的素材，与学生探讨真实的化学问题以激发学生的学习兴趣，以便在解决问题的过程中建构知识和应用知识，学生在成功解决与日常生活有关的化学问题时产生的成就感会激励学生更加积极主动地学习化学。

除了上述 3 种素材，课程标准中还有自然现象类、科学研究类、实验探究类、社会议题类、优秀传统文化类等多种类型的情境素材，为学生学科核心素养的发展提供了重要的载体。教师在教学时要了解课程标准情境素材建议特点，把握课程标准对情境素材的指导，结合学生已有经验，构建情境—问题—活动—知识建构的逻辑结构，促进学生学科核心素养的形成和发展。

三、学习活动建议

学习本身就作为一种活动性任务存在，"学习"就是"学习活动"的简称。2022 版初中课程标准提供了"实验探究活动""调查与交流活动""项目式学习活动"三种类型的学习活动。这三类活动本质上都属于实践活动，旨在让学生"做中学""用中学""创中学"。三类学习活动的功能价值不尽相同，教师在教学时可依据目的有选择性地提供学习活动。以学习主题 3"物质的组成和性质"中的学习活动建议为例，2022 版初中课标中提供的学习活动如下：

（1）实验探究活动

观察并解释氨水挥发使酚酞溶液变红，红墨水分别在冷水和热水中扩散的实验现象；观察水的三态变化和水分解的实验现象，并用图示表征变化的微观过程；通过蜡烛、甲烷、乙醇的燃烧实验了解探究物质元素组成的方法。

（2）调查与交流活动

查找常见食品的元素组成，并列表说明；收集关于人体必需的微量元素的资料；根据某种氮肥的包装袋上或产品说明书中标示的含氮量推算肥料的纯度；查阅元素概念的发展史，交流对物质组成"基本成分"的认识；以金刚石和石墨为例，探讨物质组成、结构与物质性质的关系。

（3）项目式学习活动

查阅相关资料，写一篇科普文章或创编一个情景剧剧本，如"我是一个水分子""水分子漫游记"等。

实验探究活动的功能不是仅仅培养学生的实验基本操作技能，而是通过实验观察获得化学事实，培养学生的证据推理能力。教师在实施实验探究活动时需注意充分发挥学生的能动性，培养学生比较、分类、分析、综合、归纳等认识物质的基本思维方法。原子、分子等概念相对抽象，在教学时除了采用视频、动图等多媒体形式帮助学生理解，还可以采用其他表征形式引导学生主动建构对概念的理解。作图作为一种可视化表征形式，在学生学习过程中有助于实现抽象内容形象化，它不仅是一种学习策略，也是一种交流方式，能够提高学生参与度，帮助知识表征，并促进学生推理能力的发展。当学生参与"观察水的三态变化和水分解的实验现象，并用图示表征变化的微观过程"这一活动时，他们需要在分子水平思考，在物理变化和化学变化过程中水分子发生了怎样的变化。作图过程有助于学生通过推理积极协商头脑中的知识，呈现出的图示是学生在分子水平构建的对物理变化和化学变化的理解结果。整个作图活动将学生隐性的理解显性化，教师可根据学生的表现及时调整教学策略。

　　调查与交流活动鼓励学生通过网络等手段获取信息，在提升学生自主获取和加工信息的学习能力的同时，还有助于促进学校学习和生活的融合。该学习主题涉及的内容虽然抽象，但并不是完全脱离学生的生活经验。学生参与该学习主题的调查与交流活动时，他们能够认识到理论性化学知识中也体现着化学与日常生活的紧密联系。教师在教学中可鼓励学生积极寻找与本学习主题相关的化学知识在生活中的应用，如可以从化学的视角对生活中最常见的"元素""含量"等词语进行解释。学生通过查阅元素概念的发展史，交流对物质组成"基本成分"的认识，可进一步深化对"元素是物质组成的基本成分"的认识。教师还可以引导学生思考社会中广泛使用的"元素"与化学学习中使用的"元素"含义是否相同，说一说"中国元素"的含义，这样的活动有助于增强学生的跨学科理解能力。

　　项目式学习为核心素养导向的教学提供了一种新的育人途径。它是一种建构性的教与学方式，在项目式学习中，教师将学生的学习任务项目化，指导学生基于真实情境提出问题，并利用相关知识与信息资料开展研究、设计和实践操作，最终解决问题并展示和分享项目成果。项目式学习活动强调学生运用简单的技术与工程方法设计、制作与使用相关模型和作品的能力，同样也强调学生对相关概念和原理的应用能力。本学习主题建议的项目式学习活动是让学生查阅相关材料，写一篇科普文章或创编一个情景剧剧本，如"我是一个水分子"或"水分子漫游记"等。这一活动更注重强调在实践活动中理解与"物质的组成和结构"相关的理论知识。考虑到本主题内容较为抽象，教师在实施时要调动学生的学习兴趣，引导学生充分发挥想象力，积极主动地参与科普文献撰写或情景剧剧本的创编，并在成果展示环节给予学生积极的反馈。

　　课程标准不仅在每个学习主题的"教学提示"部分给出了教学策略建议、情境素材建议和学习活动建议，还在"课程实施"部分的"教学建议"和"评价建议"中围绕教学要解决的基本问题，给出了科学研制化学教学目标策略、合理组织化学教学内容策略、积极开展科学探究和实践活动策略、有效促进学习方式转变策略、日常学习评价策略以及相应的教学与评价案例等。可见，课程标准通过课程理念、教学提示、教学建议、评价建议等多层次的规定与指导，对教师的教学进行了方向引领和操作指导，使教师按照课程标准的基本理念，沿着课程标准规定的目标，以特定的方法与过程设计和实施教学，根据课程内容"量身定做"教学活动，从而实现课程内容的素养培育价值，实现"教什么"与"怎么教"的统一、目标与手段的统一以及过程与结果的统一❶。

　　可见，课程标准文本是一个高度结构化的体系，该体系体现了基于课程与教学基本问题的严密逻辑。从结构化视角看，课程标准从整体上指明化学课程"为什么学""学什么""怎么学""学到什么程度"，为教学实施的"结构化"奠定基础。教学同样也需处理好目标、内容、过程和评价之间的逻辑关系，需要基于大概念进行整体设计和实施单元教学，需要处理好情境、问题、活动与知识能力建构一体化设计的关系以及"教—学—评"一体化设计的关系，还需关注化学学科与其他学科整合的关系，这些都需要在结构化思维下进行。

---

❶　房喻，王磊. 义务教育化学课程标准（2022年版）解读［M］. 北京：高等教育出版社，2022：160-166.

第五节　化学课程标准的功能和分析思路

国家课程标准是国家对基础教育课程的基本规范和要求，是教材编写、教学、评估和考试命题的依据，是国家管理和评价课程的基础。在具体制订某个教学课题的教学目标、教学内容，以及考试和评价时，都必须以课程标准的相关要求为出发点和落脚点，遵从课程标准的有关规定，否则就难以达到国家规定的课程目标和质量要求。准确理解和把握课程标准的理念、内容和要求，是实施化学课程的关键，因此，在进行教学设计之前，必须对化学课程标准进行认真的研读和分析。

一、化学课程标准的功能

化学课程标准以发展学生的学科核心素养为宗旨，精选具有基础性和时代性的课程内容，重视以学科大概念为核心，使课程内容结构化，以主题为引领，使课程内容情境化，通过内容要求和学业要求等明确学习要求，指导教学设计，提出考试评价和教材编写建议。具体来说，课程标准对于教师的教学发挥着如下的功能。

（一）有助于整体把握课程理念

课程理念对课程目标、课程内容、课程教学和课程评价进行了提纲挈领的阐明，是课程标准的灵魂，有助于教师从整体上把握课程要领，指导教学实践。化学课程标准将"课程理念"单独列出，其后的"课程目标""课程内容""学业质量"以及"课程实施"部分都紧密围绕课程理念而展开，充分彰显课程理念。因此，教师在教学设计之前，对课程标准进行整体深入的研读和分析，有助于教师深刻理解课程理念内涵，从而更好地进行教学设计。

（二）有助于科学研制教学目标

在基于课程标准的教学中，教学目标制订的直接依据是课程标准。在化学课程标准中，涉及目标的部分主要有"课程目标""内容要求""学业要求"和"学业质量"，每部分的侧重点和功能不一样，有助于教师统筹规划教学目标。在教学设计时，教师需要理解课程标准，把握对学生的总体目标期望，依据具体的内容要求、学业要求和学业质量要求，结合学生的已有经验，对学段、模块或主题、单元和课时教学目标进行整体规划和设计，使得教学的目标与课程的目标保持一致。

（三）为"用教材教"提供具体方向

教材编写和教学的依据都是课程标准，教材以一定的内容和形式具体体现了课程标准的内容和目标要求，这意味着教材并不是对课程内容的具体规定，只是教材编写者为实现课程目标而选择的一个范例。既然是范例，就可能不止一个。且不同的教材编写者对课程标准的理解不同，编写的视角不同，从而造成不同教材的编写内容、组织方式和呈现方式不同。这就需要教师在深入理解课程标准相关要求的基础上，依据学生的实际情况，灵活使用包括教材在内的多种课程资源实现"用教材教"，使得教学内容成为教材内容的持续生成和意义建构的过程，成为学生学会学习和形成正确价值观的过程。

案例分析 »»

【案例 2-10】 九年级化学"金属材料"教学流程❶

研读"高铁建设中金属材料的选择"教学流程图（图 2-11），分析：①与教材中的教学素材有何不同？②教师以"高铁建设中的金属材料"为情境素材体现了怎样的课程理念？

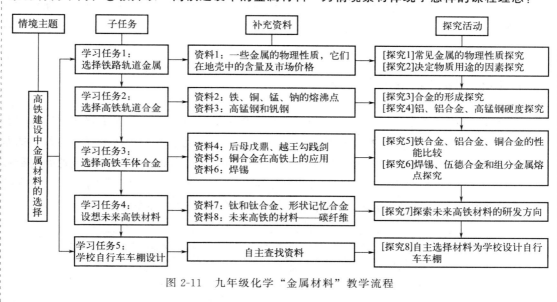

图 2-11　九年级化学"金属材料"教学流程

（四）为教学活动的设计提供可行思路

化学课程标准在每个主题中除具体规定了内容要求和学业要求外，还提供了"教学提示"，包括教学策略建议、情境素材建议和学习活动建议，如"物质的性质与应用"主题下，教学策略建议提出"通过典型实例，帮助学生认识物质性质与用途的关系，展现丰富、鲜活的物质应用事实，引导学生基于物质性质对物质应用进行分析、解释和创意设计，促进学生'性质决定用途'观念的形成"等，情境素材建议提出"我国在金属及金属材料领域的研究和应用成就，现代交通、航空航天、国防科技等领域使用的合金材料及其发展"等，学习活动建议提出"调查改革开放以来我国重要金属材料生产和使用的有关数据，并分析原因"等，为教师设计丰富多彩的教学活动提供了线索和帮助。化学课程标准中的教学提示不是硬性要求，在教学时可依据实际情况选择应用，也可以另外选择更适当的策略、情境或活动，但课程标准的导向功能不可忽略。

❶ 李学玲，杨玉琴，周志源，等.基于真实情境的任务驱动式学习设计——高铁建设中金属材料的选择［J］.化学教学，2021（11）：54-59.

（五）为化学日常学习评价提供明确方向

评价是教学系统不可或缺的重要组成部分。以发展学生学科核心素养为宗旨的化学课程改革，必然要求建立相应的评价体系以保障素养导向的教学实施。化学课程标准在"课程实施"部分明确提出了"评价建议"，分别对日常学习评价和学业水平考试提出要求。日常学习评价的形式包括活动表现评价、单元作业、学习档案、纸笔测试等，要求注重"教—学—评"一体化，倡导基于证据诊断和发展学生的核心素养，依据学习主题的内容要求、学业要求以及学业质量描述，确定具体的评价内容和水平要求；学业水平考试由纸笔测试、实验操作性考试和跨学科实践活动组成，命题要求依据课程标准、坚持核心素养立意、保证科学性和规范性。通过评价建议强化考试评价与课程标准、教学的一致性，促进"教—学—评"有机衔接。这些都为教师的日常学习评价提供了明确的方向。

二、分析化学课程标准的基本思路

课程标准中蕴含了丰富的信息。教师在进行课程标准分析时，应首先了解课程标准的基本理念和课程目标，从宏观上对化学课程进行整体把握，在此基础上，基于课程与教学的基本问题把握课程标准的整体结构和不同部分之间的逻辑关系。具体到某一单元或课题进行教学设计时，则需具体到课程标准的主题或模块下面的"内容要求""学业要求"和"教学提示"，需要教师对其进行深入分析。分析化学课程标准的基本思路如图 2-12 所示。

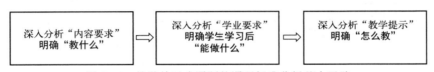

图 2-12　教学单元或课题的课程标准分析基本思路

以案例 2-1"金属和金属材料"教学单元为例说明分析思路。

（一）深入分析"内容要求"，明确"教什么"

"金属和金属材料"教学单元在主题上属于 2022 版初中课标的学习主题 2"物质的性质与应用"。第一，找到"2.2　常见的物质"下的"2.2.3　金属与金属矿物"，从中可以明确"金属和金属材料"教学中的核心知识，如：金属的存在形态和冶炼方法，金属的物理性质、化学性质，金属活动性顺序，金属的用途，废弃金属对环境的影响及金属再回收利用的价值等。第二，分析该主题下的大概念"2.1　物质的多样性"，与"金属和金属材料"相关的大概念有：从组成上金属属于单质，金属在性质上具有一定的相似性，又具有一定的差异性；金属的性质决定其具有广泛用途。第三，分析"2.3　认识物质性质的思路与方法"，其中的内容都可用于"金属和金属材料"单元，重要的是"从物质的存在、组成、变化和用途"等多角度认识金属的性质，以及通过观察、实验、分析、归纳等方法探究金属性质的方法，与2.1 部分的相关描述有一定程度的重合。第四，基于"2.4　物质性质的广泛应用及化学品的合理使用"主要分析该主题的社会价值，如金属性质在生活、生产、科技发展等方面的广泛应用、结合实例体会金属的选择和使用与物质性质的重要关系、认识金属矿物是宝贵的自然资源等，该部分与"2.1 物质的多样性"中"金属的性质决定其具有广泛用途"也具有一定程度的重合。第五，从"2.5 学生必做实验及实践活动"中找出该单元相关的实验"常见金属的物理性质和化学性质"。

从以上的分析中可以得出在"金属和金属材料"单元中的教学内容包括相关的核心知识、大概念、思路方法、学科价值以及必做的实验活动。这样的分析有助于教师明确素养导向的教学内容成分，在教学中，一方面，能发挥大概念的统领作用，将单元教学内容结构化、功能化、价值化，从而素养化；另一方面，能创建多维动态建构式的学习结构，从而能够避免学生孤立静态地学习大概念结论或具体的知识与技能，引导学生面对真实的研究对象和应用场景，经历科学探究、学科实践活动，学习核心知识，形成科学思维方法，树立情感、态度与价值观。

（二）深入分析"学业要求"，明确学生学习后"能做什么"

"学业要求"是预期学生学完学习主题内容后的素养表现要求，是化学课程要培养的核心素养在学习主题层面的具体化，是学习某主题相关内容后学生应达成的学习表现，也是学业质量要求在本学习主题的具体化表现期望。

2022版初中课标的学习主题2"物质的性质与应用"中共有5条学业要求，分为三个层次：一是基本理解层次，考查学生对常见物质的基本认识。二是简单应用层次，考查学生是否对物质性质与应用及其相互关系形成基本认识、建立物质性质决定用途的基本观念；考查学生是否能运用本主题相关的知识和方法设计简单实验方案进行实验和探究，以及分析、解释化学现象和事实。三是综合问题解决层次，考查学生运用物质的性质与应用等化学学科及跨学科知识、方法解决真实情况问题的能力。

如学业要求1具体针对"依据物质的组成对物质进行分类"这一大概念内涵，要求学生基本理解物质分类的依据、方法及物质的几种类别，对应于"金属和金属材料"单元的要求则是：能列举常见的金属单质。学业要求2中则是对具体物质的知识的基本理解和简单应用层次的要求，对应于"金属和金属材料"单元的要求是：能通过实验说明常见金属的主要性质，并能用化学方程式表示；能利用常见金属的性质，分析、解释一些简单的化学现象和事实；能举例说明金属性质的广泛应用及性质与用途的关系。学业要求3属于简单应用层次，要求学生能从物质类别的视角，依据金属活动性顺序，设计实验方案，分析、解释有关的实验现象，进行证据推理，获得合理的结论。学业要求4主要针对"2.2.2 水和溶液"的内容，与"金属和金属材料"单元关联不大。学业要求5属于综合问题解决层次的要求，对应于"金属和金属材料"单元的要求是：能基于真实问题情境，依据常见物质的性质，初步分析和解决相关的综合问题；对金属材料使用与金属资源开发等社会性科学议题展开讨论。上述学业要求与内容要求的关系见表2-1，每项学业要求与各项内容要求紧密相关，但不是简单的一一对应关系。学业要求体现了大概念统领下的核心知识、基本思路与方法、重要态度、必做实验及实践活动等各维度内容要求的有机融合，明确了主题下核心素养的具体化表现要求。

具体教学单元或课题所对应的课程标准内容要求和学业要求的分析为单元大概念的建构及教学目标的科学研制提供了最直接的依据，具体见案例2-7。

（三）深入分析"教学提示"，明确"怎么教"

为了更好地指导教师实施课程教学，课程标准的每一个主题都提供了"教学提示"，为教师设计多样化的教学提供参考。

"教学策略建议"部分，围绕本学习主题大概念的形成、学科观念的建构、研究思路和方法的提炼、应用相关知识进行实践活动提出了具体的建议。如对应于"金属和金属材料"的相关教学策略有：联系学生常见的金属，引导学生感受物质的多样性；结合元素、原子等核心概念，引导学生进行比较、分类、概括，建立物质分类的认识；"通过典型实例，帮助学生认识物质性质与用途的关系，展开丰富、鲜活的物质应用事实，引导学生基于物质性质对物质应用进行分析、解释和创意设计，促进学生'性质决定用途'观念的形成"；"充分发挥学生必做实验的功能，给学生提供充分的动手实践和动脑思考的机会，经历完整的探究过程；引导学生在反思和交流的基础上，提炼研究物质性质的一般思路与方法"；等等。

"情境素材建议"部分给出的与"金属和金属材料"相关的情境素材有"我国重要的金属矿产资源及其分布，《天工开物》中对我国古代金属冶炼成就的描述，我国古代合金材料的制造（如铸造钱币、青铜器等），我国在金属及金属材料领域的研究和应用成就，现代交通、航空航天、国防科技等领域使用的合金材料及其发展，废弃金属的分类回收和再利用"，教师可从中选择利用。教师在分析相应的情境素材时，要着重分析情境素材中蕴含了哪些学科知识，可提出哪些可探究的问题，引导学生在真实情境问题的解决中建构知识、发展素养。如案例 2-7 中，教师利用"高铁建设中的金属材料"为情境载体时，首先引导学生思考"高铁建设中哪些方面要用到金属材料？如何选择金属材料？"从而引入到对金属的物理性质及其物理性质决定金属用途等核心知识的学习中。

"学习活动建议"中与"金属和金属材料"相关的有"探究铁钉生锈的条件""调查改革开放以来我国重要金属材料生产和使用的有关数据，并分析原因；收集有关钢铁锈蚀造成经济损失的资料；调查日常生活中金属废弃物的种类及回收价值""合理选择金属易拉罐使用的材料"等，引导教师设计相应的学习活动，让学生"做中学""用中学""创中学"。

对标整理 >>>

学完本单元你应该能够：

1. 用概念图形式表达课程标准的整体结构及其与课程、教学基本问题的逻辑关系。

2. 用概念图形式表达课程标准中课程目标、主题内容要求、主题学业要求及学业质量之间的逻辑关系。

3. 说明学科大概念、主题大概念和单元大概念的含义及相互间的逻辑关系。

4. 用概念图形式表达主题大概念统领下的主题内容结构。

5. 说明教学策略建议、情境素材建议、学习活动建议对课程实施的价值。

6. 分析某一课题相应的课程标准要求和教学提示，并能将其恰当用于教学设计中。

练习与实践 》》》

1. 请分别查阅人教版九年级化学教材"溶液"单元、高中化学必修教材"氯及其化合物"课题所对应的课程标准内容要求和学业要求,并说明其与课程目标及学业质量的对应关系。

2. 请依据课程标准要求分别说明人教版九年级化学教材"溶液"单元、高中化学必修教材"氯及其化合物"课题所对应的单元大概念。

3. 2022版初中课标对于人教版九年级化学教材"溶液"单元的教学策略、情境素材及学习活动建议分别是什么?试选择某一情境素材建议,说明你将如何将其运用于"溶液"单元的教学中?

4. 2017版高中课标对于人教版高中化学必修教材"氯及其化合物"课题的教学策略、情境素材及学习活动建议分别是什么?试以某一教学策略为例说明你将如何将其运用于"氯及其化合物"课题教学中。

第三章
中学化学教材分析的层次与方法

 学习准备 >>>

　　请分析比较人教版（2019 年）❶、山东科学技术出版社（简称鲁科版，2019 年）❷ 和江苏凤凰教育出版社（简称苏教版，2019 年）❸ 高中化学必修教材目录，有何异同点？教材中章—节（或专题—单元）内容与课程标准有何关系？

案例分析 >>>

【案例 3-1】　不同版本教材中的"氧化还原反应"内容编排

　　研读不同版本教材中"氧化还原反应"相关内容编排，比较编排内容和位置的异同点（如表 3-1），思考以下问题：①教材编写与课程标准要求是何关系？②为何不同教材对于同一内容的处理不尽相同？③面对不同的教材编写思路，一线教师如何使用教材？

表 3-1　不同版本教材（2019 年）中的氧化还原反应内容编排

人教版	鲁科版	苏教版
第一章　物质及其变化 第三节　氧化还原反应 一、氧化还原反应 二、氧化剂和还原剂	第 2 章　元素与物质世界 第 3 节　氧化还原反应 一、认识氧化还原反应 二、氧化剂和还原剂 三、氧化还原反应的应用	专题 1　物质的分类及计量 　第一单元　物质及其反应的分类（化学反应的分类中涉及从化合价变化角度进行分类） 专题 3　从海水中获得的化学物质 　第一单元　氯气及氯的化合物（氧化还原反应中电子的转移及守恒，安排在氯气的性质及应用后） 专题 4　硫与环境保护 　第二单元　硫及其化合物的相互转化（氧化还原方程式的配平、氧化剂和还原剂的判断，安排在含硫物质之间的转化后）

❶ 王晶，毕华林．普通高中教科书·化学（必修）第一册［M］．北京：人民教育出版社，2019．
❷ 王磊．普通高中教科书·化学（必修）第一册［M］．济南：山东科学技术出版社，2019．
❸ 王祖浩．普通高中教科书·化学（必修）第一册［M］．南京：江苏凤凰教育出版社，2019．

060　————————　素养导向的中学化学教学设计

古德莱德（J. I. Goodlad）认为，从"正式课程（formal curriculum）"到"经验课程（experimental curriculum）"需要经由教师对课程进行理解、实施，形成"领悟课程（perceived curriculum）"和"运作课程（operational curriculum）"❶。教师的课程理解具体体现为教师基于自身知识、经验等对课程计划、课程标准及教材等正式课程文本进行的理性分析，运作课程就是教师将其理解的课程转化为教学设计并在课堂当中实施的课程。可见，要将"学科核心素养"真正落实到课堂教学中并转化为学生的素养，教师对课程的理解尤为重要。

教材是课程的核心，也是课程的载体。广义地说，教材是指教师在教学活动中所使用的一切材料，包括教科书（课本）、教学参考书、练习册、实验手册等纸质材料及光盘、课件、网络资源等多媒体材料。其中，教科书是以课程目标为指导，将课程理念与课程内容按照一定的逻辑体系和一定的呈现方式加以展开和具体化、系统化的材料。它是课程标准的物化形式，是传递和承载课程理念、选择和表达课程内容的最重要工具。狭义上的教材即教科书，也是本书所指教材之义。我国第八次课程改革以来，人们对教材的认识经历了从"教教材"到"用教材教"的转变，但"用教材教"不是对教材的随意加工，而是在深入理解教材编写意图的基础上，适度加工使之更好地适应具体的教学情境和学生的学习需求，更好地实现课程标准相关要求。当前，"一标多本"的推行，既为中学老师提供了选择，又为"用教材教"提供了物质载体，也对教师理解课程、理解教材提出了挑战。

第一节　中学化学教材与课程标准的关系分析

教材是课程标准规定下的课程内容转化的产物，是课程标准规定的质量要求的内容载体。如果说课程标准是课程的"灵魂"，那么教材就是课程的"肉体"。且教材往往由学科专家、课程专家及一线教师等基于理论研究成果和先进教学理念进行编写，从某种意义上来说，教材既是课程标准的具体化，又是教学理论的具体化，教师可借助教材理解课程标准及实践教学理论。因此，教师首先要分析和把握课程标准，这样才能读懂教材的意图、结构和思想等，将教材内容恰当地转化为教学内容。否则，就有可能陷入照本宣科式"教教材"或是不尊重教材式随意加工教材的泥淖。依据 2022 版初中课标、2017 版高中课标，当前的中学化学教材包括《义务教育教科书·化学》（九年级上册、下册）、《普通高中教科书·化学》（必修第一册、第二册）、《普通高中教科书·化学》（选择性必修 1 化学反应原理）、《普通高中教科书·化学》（选择性必修 2 物质结构与性质）、《普通高中教科书·化学》（选择性必修 3 化学反应原理）以及选修教材。分析化学教材时，首先需要从整体上把握中学化学教材编写理念、目标、体系等，才能在教学中做到胸中有丘壑。

一、教材编写充分承载课程理念与目标

2017 版高中课标提出了"以发展化学学科核心素养为主旨""设置满足学生多元发展需

---

❶ 杨玉琴. 化学教学论 [M]. 北京：化学工业出版社，2023：25-26.

求的高中化学课程""选择体现基础性和时代性的化学课程内容""重视开展'素养为本'的教学""倡导基于化学学科核心素养的评价"等基本理念，且根据化学学科核心素养对高中学生发展的具体要求，提出高中化学的课程目标。作为课程标准的物化形式，教材必须承载课程理念和目标，体现课程结构与内容，有利于教学与评价。如图 3-1 所示，2017 版高中课标规定的课程结构与鲁科版（2019 年版）教材结构之间具有一致性。

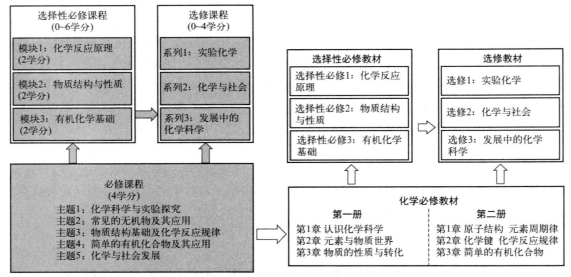

图 3-1　2017 版高中课标课程结构与教材（鲁科版）结构对应关系

　　以鲁科版（2019 年版）高中化学必修教材为例，教材根据课程标准理念，引导全体高中生在初中化学课程的基础上，进一步理解化学科学与科学探究的本质和方法，认识常见的无机物及应用，研究物质结构基础和化学反应基本规律，了解简单的有机化合物，体会化学与社会发展的关系，全面发展"宏观辨识与微观探析""变化观念与平衡思想""证据推理与模型认知""科学探究与创新意识""科学态度与社会责任"的化学学科核心素养。根据 2017 版高中课标规定的课程结构（见图 3-1），《普通高中教科书·化学》（必修第一册）是学生化学学科核心素养的第 1 个发展阶段。该教材中，第 1 章引导学生走进化学科学，学习研究物质性质的基本方法，第 2 章初步建构元素观、微粒观和变化观等化学核心观念及重要概念，第 3 章认识和研究《课程标准》要求的具体元素及化合物，另一方面也促进研究物质性质的方法及核心观念的进一步发展。

　　《普通高中教科书·化学》（必修第二册）是学生化学学科核心素养的第 2 个发展阶段。其中，第 1 章基于原子结构，学习元素周期律、元素周期表，探究不同元素之间的联系及其规律，建立"位—构—性"认识系统，侧重发展学生的"宏观辨识与微观探析""证据推理与模型认知"等核心素养。第 2 章基于化学键这一核心概念，让学生重新认识物质的构成及分类，理解化学反应的物质变化和能量变化的本质，初步构建化学反应的快慢和限度的认识角度，重点发展学生的"变化观念与平衡思想"核心素养。第 3 章介绍重要的有机化合物，引导学生认识有机化合物的分子结构特点，初步构建官能团认识框架，基于石油和煤、饮食和健康等真实情境具体探讨乙烯、乙醇和乙酸等典型代表物的性质，了解甲烷、苯、糖类、油脂、蛋白质及合成高分子的重要应用❶。

选择性必修教材，在化学必修教材全面发展学生化学学科核心素养的基础上，各有侧重地促进学生化学学科核心素养的进阶发展，聚焦核心认识主题，构建大概念，反映学科本质，彰显知识的功能价值。

教材设置"联想·质疑""活动·探究""交流·研讨""迁移·应用""概括·整合"等学习活动栏目，遵循学习科学和科学学习规律，引导学生转变学习方式，发展学科能力；系列化设置了"方法导引"栏目，将陈述性知识转化为程序性知识和策略，外显化学学科的关键能力及核心素养的思维方法内涵；每章设置一个"微项目"，每个项目下设项目学习目标、2～3个重点项目活动任务，以及项目成果展示等。"微项目"旨在引导学生综合应用本章的知识和方法，分析、解决社会实际和科技发展的真实问题，融合发展学科核心素养，倡导教师以多种形式开展项目式教学。这些栏目承载教材落实学科核心素养培养的重要功能价值。教材整体规划、精心设计了核心素养发展导向的学生能力活动任务体系，能力要求体现从"学习·理解"到"应用·实践"再到"迁移·创新"的进阶梯度，问题情境也从简单到综合复杂，从熟悉到陌生，从提示角度到不提示角度即从直接到间接。教材的习题系统也按照"学习·理解""应用·实践""迁移·创新"的能力素养学习进阶设计，实现"教—学—评"一体化。

二、教材内容具体体现课程标准要求

2017版高中课标的内容要求按照必修课程的5个主题、选择性必修课程的3个模块及选修课程的3个系列进行陈述。内容要求作为学科核心素养培养的载体，整合了学科的专业知识与技能、学科学习和研究的方法与价值，体现了学科的大概念。课程标准从认知性学习目标、技能性学习目标和体验性学习目标等方面，侧重于从"学什么"、"怎么学"来描述学习的内容要求。如，化学必修课程设置化学科学与实验探究、常见的无机物及其应用、物质结构基础与化学反应规律、简单的有机化合物及其应用、化学与社会发展5个主题，按各主题列出内容要求。教材中的各个章节虽与课程标准的内容主题不是一一对应关系，但教材必须涵盖课程标准所规定的内容要求，课程标准的某个主题可以相对集中编排在教材某一章当中，也可分散编排，还可贯穿在整个教材体系中。以"主题2：常见的无机物及其应用"为例，其内容要求与鲁科版《普通高中教科书·化学》（必修第一册）章节内容的对应关系如表3-2所示。

表3-2　2017版高中课标主题2内容要求与鲁科版《普通高中教科书·化学》（必修第一册）对应关系

课程标准主题及要求		教材对应主要章节
二级主题	内容要求	
2.1　元素与物质	认识元素可以组成不同种类的物质，根据物质的组成和性质可以对物质进行分类；同类物质具有相似的性质，一定条件下各类物质可以相互转化；认识元素在物质中可以具有不同价态，可通过氧化还原反应实现含有不同价态同种元素的物质的相互转化。认识胶体是一种常见的分散系	第2章　元素与物质世界 第1节　元素与物质分类 第3节　氧化还原反应 微项目　科学使用含氯消毒剂

---

❶ 王磊，陈光巨.外显学科核心素养促进知识向能力和素养的转化——北京师范大学"新世纪"鲁科版高中化学新教材的特点［J］.化学教育（中英文），2019（17）：9-19.

课程标准主题及要求		教材对应主要章节
二级主题	内容要求	
2.2　氧化还原反应	认识有化合价变化的反应是氧化还原反应，了解氧化还原反应的本质是电子的转移，知道常见的氧化剂和还原剂	**第2章　元素与物质世界** 第3节　氧化还原反应 微项目　科学使用含氯消毒剂
2.3　电离与离子反应	认识酸、碱、盐等电解质在水溶液中或熔融状态下能发生电离。通过实验事实认识离子反应及其发生的条件，了解常见离子的检验方法	**第2章　元素与物质世界** 第2节　电解质的电离　离子反应
2.4　金属及其化合物	结合真实情境中的应用实例或通过实验探究，了解钠、铁及其重要化合物的主要性质，了解这些物质在生产、生活中的应用	**第1章　认识化学科学** 第2节　研究物质性质的方法和程序 微项目　探秘膨松剂 **第3章　物质的性质与转化** 第1节　铁的多样性
2.5　非金属及其化合物	结合真实情境中的应用实例或通过实验探究，了解氯、氮、硫及其重要化合物的主要性质，认识这些物质在生产中的应用和对生态环境的影响	**第1章　认识化学科学** 第2节　研究物质性质的方法和程序 **第2章　元素与物质世界** 微项目　科学使用含氯消毒剂 **第3章　物质的性质与转化** 第2节　硫的转化 第3节　氮的循环
2.6　物质性质及物质转化的价值	结合实例认识金属、非金属及其化合物的多样性，了解通过化学反应可以探索物质性质、实现物质转化，认识物质及其转化在促进社会文明进步、自然资源综合利用和环境保护中的重要价值	**第1章　认识化学科学** **第2章　元素与物质世界** **第3章　物质的性质与转化**
2.7　学生必做实验	铁及其化合物的性质。 不同价态含硫物质的转化。 用化学沉淀法去除粗盐中的杂质离子	**第3章　物质的性质与转化** 第1节　铁的多样性 第2节　硫的转化 **第2章　元素与物质世界** 第2节　电解质的电离　离子反应

　　由表3-2可见，鲁科版高中化学必修教材（2019年）将无机物内容与概念原理内容合理组织编排，相辅相成，共同促进学生对无机物的认识方式的持续进阶。如图3-2所示[1]，该教材将课程标准规定的钠、氯及其化合物编排在第一册第1章，巩固和发展基于具体物质类比的认识方式；第一册第2章编排元素与物质分类、电解质的电离和离子反应、氧化还原反应内容，借助物质分类和氧化还原反应概念学习，初步引导学生建立基于物质类别、元素化合价的认识方式；第一册第3章集中编排铁、硫、氮及其化合物，促进学生形成"价—类"二维认识方式；第二册第1章将硅、铝及其化合物置于元素周期表应用的背景下，帮助发展学生的无机物认识方式。

---

❶　胡久华，王磊. 促进学生无机物认识方式的持续进阶——鲁科版高中化学必修新教材无机物主题编写思路及使用建议［J］. 化学教育（中英文），2021，42（01）：2-8.

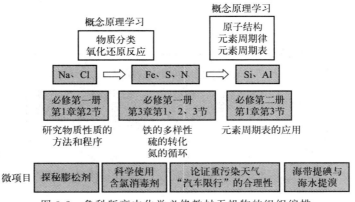

图 3-2 鲁科版高中化学必修教材无机物的组织编排

三、教材呈现方式重视引导"素养为本"的教学

2017 版高中课标要求重视开展"素养为本"的教学，倡导真实问题情境的创设，开展以化学实验为主的多种探究活动，重视教学内容的结构化设计，激发学生学习化学的兴趣，促进学生学习方式的转变，培养他们的创新精神和实践能力。"教材的本质特性是作为教学资源尤其是学习资源而存在的，其基本功能是教学功能"，因此，教材编写应凸显其素养发展的教学功能，为教师提供丰富的教学素材和可供借鉴的教学策略和方法，注重学生自主建构、实验探究和问题解决等学习活动的设计及学习方法引导，以促进教师教学方式和学生学习方式的转变。

如，将学科核心素养具体化为分析问题和解决问题的角度、思路和方法，设置"方法导引"等栏目，贯穿教材始终，外显思维过程和方法，促进核心知识向能力和素养的转化。例如，鲁科版《普通高中教科书·化学》（必修第一册）第 1 章第 1 节的"交流·研讨"结合屠呦呦等科学家的研究过程，启发学生初步认识化学科学研究的内容和方法；第 2 节以钠和氯的性质探究为载体，展示研究物质性质的基本方法和程序。第 2 章第 1 节结合物质分类和各类物质性质探究活动，提供"根据物质类别预测陌生物质性质"的"方法导引"（见图 3-3）；第 2 节结合"食盐的精制"的学生必做实验给出利用离子反应除去杂质的思路方法，根据电解质电离和离子反应的知识，归纳总结分析溶液体系的基本思路；第 3 节在认识氧化还原反应、氧化剂和还原剂之后设置探究双氧水性质的"活动·探究"并给出"方法导引"——"研究物质氧化性或还原性的思路"（见图 3-4）；在该章微项目"科学使用含氯消毒剂——运用氧化还原反应原理解决实际问题"中，建立"方法导引"——"分析和解决与化学相关的实际问题的思路和方法"。第 3 章物质的性质与转化中，第 1 节"铁的多样性"结合"铁盐和亚铁盐的性质"探究活动，给出"方法导引"——"研究物质性质的两个基本角度"，引导学生将化合价与物质类别通性这两个角度相互联系起来去研究物质的性质；第 2 节"硫的转化"提出"探究不同价态硫元素之间相互转化的思路"，引导学生运用"价—类"二维认识模型研究物质转化；第 3 节"氮的循环"，综合多角度分析和探讨氮循环中物质的性质及物质之间的转化（氮的固定、氨的转化与生成和硝酸的性质），以及人类活动对氮循环和环境的影响，进而完成微项目"论证重污染天气'汽车限行'的合理性——探讨社会性科学议题"。

方法导引

根据物质类别预测陌生物质的性质

首先，判断陌生物质所属物质类别，根据该类别物质的一般性质及相关反应规律预测该物质可能会与哪些类别的物质发生反应；然后，选择可能与该物质反应的各类物质的代表物，推断可能发生的具体反应。预测是否正确，需要用实验验证。

图 3-3　鲁科版高中化学必修教材（第一册）第 2 章第 1 节"方法导引"栏目：
根据物质类别预测陌生物质的性质

方法导引

研究物质氧化性或还原性的思路

1.根据物质所含元素化合价升高或降低的可能性，预测物质可能具有还原性或氧化性。若所含某元素的化合价有升高的趋势，说明该物质可能具有还原性；反之，若所含某元素的化合价有降低的趋势，说明该物质可能具有氧化性。
2.如果预测某物质具有氧化性，就需要寻找具有还原性的另一物质，通过实验检验两者能否发生氧化还原反应，以验证预测是否正确。相应地，如果预测某物质具有还原性，就需要寻找具有氧化性的另一物质，通过实验来验证预测是否正确。

图 3-4　鲁科版高中化学必修教材（第一册）第 2 章第 3 节"方法导引"栏目：
研究物质氧化性或还原性的思路

第二节　中学化学教材整体结构的分析

对于教师和学生来说，教材犹如一张地图，规划了课程内容和进程，并给予一种结构，使课题与课题之间以及与课程整体保持连贯。教材包括知识要素、技能要素、能力要素、必要的思想教育要素以及审美要素和心理要素等，这些要素以合乎规律的形式组织起来即为教材结构，体现为"深层结构"和"表层结构"的统一。教材的深层结构是指包括基本概念、基本原理、基本技能、基本价值等更加根本的、普遍的文化要素的选择与组织。这个体系决定了教师"教什么"和学生"学什么"，体现了教材的内容特性；表层结构是为了使学生更有效地内化深层结构而赋予教材的表现形式。表层结构的要素是指各种各样精心设计的教材的"功能模块"以及相应的文字与图表的呈现形式，如导言、课文、栏目、图表、习题等。教材的表层结构为教学提供了依托和框架，体现了教科书的教学特性，在很大程度上引导教师的教学方式和学生的学习方式。

一、初中化学教材整体内容结构分析

2022 版初中课标的 5 个一级主题体现了化学学术共同体对化学学科本质、学科方法及学科价值的基本观念，但"学科"的理论内容只有以适合学生智能发展的方式加以组织和教授才能被学生所接受。教材编写一方面要依据课程标准，另一方面需综合考虑学科知识的逻辑顺序、学生的认知顺序和学生的心理发展顺序。以人教版九年级化学教材（2024 年第 1 版）为例，教材单元与 2022 版初中课标一级主题的关系如表 3-3 所示。

表 3-3   人教版九年级化学教材单元与 2022 版初中课标一级主题的对应关系

2022 版初中课标	人教版九年级化学教材"单元-课题"
1. 科学探究与化学实验	第一单元 走进化学世界 课题 2 化学实验与科学探究 贯穿编排于其他单元
2. 物质的性质与应用	第二单元 空气和氧气 第四单元 自然界的水 课题 1 水资源及其利用 课题 2 水的组成 第六单元 碳和碳的氧化物 第八单元 金属和金属材料 第九单元 溶液 第十单元 常见的酸、碱、盐
3. 物质的组成与结构	第三单元 物质构成的奥秘 第四单元 自然界的水 课题 3 物质组成的表示
4. 物质的化学变化	第一单元 走进化学世界 课题 1 物质的变化和性质 第五单元 化学反应的定量关系 第七单元 能源的合理利用与开发
5. 化学与社会·跨学科实践	第十一单元 化学与社会 贯穿编排于其他单元

由表 3-3 所示教材体系可见，教材内容涵盖了课程标准的内容要求，但其编排顺序不同于课标主题顺序。对于每个课标一级主题，教材中既有集中编排，如主题 3 "物质的组成与结构"；又有分散编排，如主题 2 "物质的性质与应用"和主题 4 "物质的化学变化"；还有相对集中的同时还贯穿编排于其他主题的内容，如主题 1 "科学探究与化学实验"和主题 5 "化学与社会"。人教版九年级化学教材在编排体系上具有如下特点。

（一）整体组织上，体现从生活走进化学、从化学走向社会的线索

针对初中化学的启蒙特点和初中生的认知特点，教材将学生日常生活中最熟悉的"我们周围的空气"作为学生首先学习的物质，从学生已有的生活经验出发，将化学知识的学习与社会生活实际紧密联系起来。始终将"化学与生活"作为一条暗线贯穿教材，从不同角度彰显学科应用价值，再以"化学与社会"结束，体现了教材编写"从生活走进化学，从化学走向社会"的整体线索。

（二）内容编排上，力求符合初中生的认知发展规律

教材编写时需要将学科知识的逻辑顺序、学生的认知顺序和心理发展顺序（"三序"）有机结合。对于刚刚学习化学的初中生而言，其思维正处于由经验型、直观型向抽象型过渡

的阶段，所以在教材内容的安排上，力求符合学生学习从感知到理解、从已知到未知、从特殊到一般和从一般到特殊的认知顺序，遵循由易到难、由简到繁的认识规律。

因此，人教版九年级化学教材的内容编排通常采取如下方法：第一，将"物质的组成与结构""物质的化学变化"等较为抽象的理论内容与"物质的性质与应用"等元素化学内容穿插编排，让学生在认识常见物质的性质与应用的基础上，深入探讨常见物质的组成、结构及变化的规律，再利用理论性知识进一步指导学生对元素及其化合物的学习。第二，对抽象的概念、理论等采取分阶段螺旋式上升编排。如对于物质的类别，人教版九年级化学教材先在"我们周围的空气"课题中安排学习"混合物、纯净物"，再在"水的组成"课题中，安排学习"单质和化合物"，后在"碳的氧化物"课题中安排学习"氧化物"，最后在"常见的酸、碱、盐"单元中让学生完整地建构起物质的分类。第三，分散难点，合理设计知识的梯度。如人教版九年级化学教材在第三单元集中编排了关于"物质的组成与结构"的内容，但该部分内容抽象、难度较大，因此，将"化学式与化合价"置于第四单元课题3，既让学生以"水的组成"为载体进一步强化"物质由元素组成""元素在化学变化前后不变"等大概念，又在"水的组成"基础上探讨物质组成的一般规律和学习用化学式表示物质。虽然这样的编排从学科逻辑角度来看不够紧密，但分散了难点，让学生拾级而上。第四，淡化某些概念的严密性。对于知识本身，考虑学生的心理发展特点，不过分强调知识呈现的逻辑顺序，对于某些抽象概念，也不强调严密的定义。如对于"化合价"概念，只说明化合价用来表示原子间相互化合的数目，注重的是化合价的运用；对于"酸""碱"等概念也只从使指示剂变色去认识；等等。

（三）方法引导上，突出化学以实验为基础的学科特征

"科学探究与化学实验"既是义务教育化学课程的学习内容，又是学习化学课程的主要方法。所以人教版九年级化学教材在第一单元中开宗明义，既告诉学生化学研究"物质的性质和变化"，又让学生知道"化学是一门以实验为基础的科学"，并让学生"走进实验室"认识一些常用仪器、学会一些基本实验操作。在后续所有的课程内容中，实验作为科学探究的主要方式始终伴随着学生的化学学习。

例如，人教版九年级化学教材安排了系列化、多样化的科学探究活动，包括探究、实验、思考与讨论、练习与应用、调查与研究、跨学科实践活动等栏目。探究的方法是多种多样的，既有实验的方法，也有调查研究、观察或讨论的方法。像燃烧的条件、金属活动性顺序、溶解时的吸热和放热现象、酸和碱的化学性质等许多知识，都是通过自主探究活动而习得的。这样使学生在探究过程中学习知识，对学生科学情感的体验、科学态度的养成以及正确价值观的树立都有很大的帮助，起到了促进学生学习方式转变的作用，使学生成为学习的主体，从而为他们的终身学习打好基础。

二、高中化学必修教材整体内容结构分析

2017版高中课标为不同阶段的化学课程精心选取了内容主题，提炼了每个主题的大概念，选取了具有素养发展价值的核心知识。教材需要将这些核心知识按照一定的逻辑或线索组织编排，形成教与学的序列结构。以高中化学必修课程为例，2019年版不同版本的教材

章节结构（表 3-4）虽然不同，但其内容体系涵盖 2017 版高中课标内容要求，在组织编写上也呈现出一些共同特征。

表 3-4 三个版本的高中化学必修教材章节结构

分册	人教版(2019 年版)	鲁科版(2019 年版)	苏教版(2019 年版)
第一册	绪言 **第一章 物质及其变化** 第一节 物质的分类及转化 第二节 离子反应 第三节 氧化还原反应 整理与提升 **第二章 海水中的重要元素——钠和氯** 第一节 钠及其化合物 第二节 氯及其化合物 第三节 物质的量 整理与提升 实验活动 1 配制一定物质的量浓度的溶液 **第三章 铁 金属材料** 第一节 铁及其化合物 第二节 金属材料 整理与提升 实验活动 2 铁及其化合物的性质 **第四章 物质结构 元素周期律** 第一节 原子结构与元素周期表 第二节 元素周期律 第三节 化学键 整理与提升 实验活动 3 同周期、同主族元素性质的递变	**第 1 章 认识化学科学** 第 1 节 走进化学科学 第 2 节 研究物质性质的方法和程序 第 3 节 化学中常用的物理量——物质的量 微项目 探秘膨松剂——体会研究物质性质的方法和程序的实用价值 本章自我评价 **第 2 章 元素与物质世界** 第 1 节 元素与物质分类 第 2 节 电解质的电离 离子反应 第 3 节 氧化还原反应 微项目 科学使用含氯消毒剂——运用氧化还原反应原理解决实际问题 本章自我评价 **第 3 章 物质的性质与转化** 第 1 节 铁的多样性 第 2 节 硫的转化 第 3 节 氮的循环 微项目 论证重污染天气"汽车限行"的合理性——探讨社会性科学议题 本章自我评价	**专题 1 物质的分类及计量** 第一单元 物质及其反应的分类 第二单元 物质的化学计量 第三单元 物质的分散系 **专题 2 研究物质的基本方法** 第一单元 研究物质的实验方法 第二单元 溶液组成的定量研究 第三单元 人类对原子结构的认识 **专题 3 从海水中获得的化学物质** 第一单元 氯气及氯的化合物 第二单元 金属钠及钠的化合物 第三单元 海洋化学资源的综合利用 **专题 4 硫与环境保护** 第一单元 含硫化合物的性质 第二单元 硫及其化合物的相互转化 第三单元 防治二氧化硫对环境的污染 **专题 5 微观结构与物质的多样性** 第一单元 元素周期律和元素周期表 第二单元 微粒之间的相互作用力 第三单元 从微观结构看物质的多样性
第二册	**第五章 化工生产中的重要非金属元素** 第一节 硫及其化合物 第二节 氮及其化合物 第三节 无机非金属材料 整理与提升 实验活动 4 用化学沉淀法去除粗盐中的杂质离子 实验活动 5 不同价态含硫物质的转化 **第六章 化学反应与能量** 第一节 化学反应与能量变化 第二节 化学反应的速率与限度 整理与提升 实验活动 6 化学能转化成电能	**第 1 章 原子结构 元素周期律** 第 1 节 原子结构与元素性质 第 2 节 元素周期律和元素周期表 第 3 节 元素周期表的应用 微项目 海带提碘与海水提溴——体验元素性质递变规律的实际应用 本章自我评价 **第 2 章 化学键 化学反应规律** 第 1 节 化学键与物质构成 第 2 节 化学反应与能量转化 第 3 节 化学反应的快慢和限度	**专题 6 化学反应与能量变化** 第一单元 化学反应速率与反应限度 第二单元 化学反应中的热 第三单元 化学能与电能的转化 **专题 7 氮与社会可持续发展** 第一单元 氮的固定 第二单元 重要的含氮化工原料 第三单元 含氮化合物的合理使用 **专题 8 有机化合物的获得与应用** 第一单元 化石燃料与有机化合物 第二单元 食品中的有机化合物 第三单元 人工合成有机化合物 **专题 9 金属与人类文明** 第一单元 金属的冶炼方法 第二单元 探究铁及其化合物的转化 第三单元 金属材料的性能及应用

分册	人教版（2019年版）	鲁科版（2019年版）	苏教版（2019年版）
第二册	实验活动7 化学反应速率的影响因素 **第七章 有机化合物** 第一节 认识有机化合物 第二节 乙烯与有机高分子材料 第三节 乙醇与乙酸 第四节 基本营养物质 整理与提升 实验活动8 搭建球棍模型认识有机化合物分子结构的特点 实验活动9 乙醇、乙酸的主要性质 **第八章 化学与可持续发展** 第一节 自然资源的开发利用 第二节 化学品的合理使用 第三节 环境保护与绿色化学 整理与提升	微项目 研究车用燃料及安全气囊——利用化学反应解决实际问题 本章自我评价 **第3章 简单的有机化合物** 第1节 认识有机化合物 第2节 从化石燃料中获取有机化合物 第3节 饮食中的有机化合物 微项目 自制米酒——领略我国传统酿造工艺的魅力 本章自我评价	—

（一）以研究物质的基本观念和方法统领必修课程的学习

由表3-4可见，不同版本的教材都是将"物质及反应的分类"以及"研究物质的方法"等内容置于教材的起始章，以此作为连接初中化学和高中化学的纽带，使学生对物质的分类及氧化还原反应的知识既源于初中，又高于初中，突出了化学学科的基本观念和方法对整个必修课程的统领作用。通过学习"物质及反应的分类"，让学生认识到：根据物质的组成和性质可以对物质进行分类，同类物质具有相似的性质，一定条件下各类物质可以相互转化；元素在物质中可以具有不同价态，可通过氧化还原反应实现含有不同价态同种元素的物质的相互转化；化学实验是研究和学习物质及其变化的基本方法，是科学探究的一种重要途径。这样的"价—类"二维元素观的初步建立使得学生对后续元素及其化合物知识的学习有了具体的思路和探究方法，也能使学生从反应本质和结构化的转化关系的角度系统认识元素及其化合物的性质，并通过元素及其化合物学习不断深化"价—类"二维元素观。

（二）穿插编排理论知识和元素及其化合物知识

将理论知识与元素及其化合物知识穿插编排，使元素及其化合物知识的学习能在一定的理论指导下进行，也使理论知识的学习能建立在元素及其化合物知识的基础之上，是我国多年中学化学教材编写的成功经验。如人教版、鲁科版教材皆将"氧化还原反应"作为独立的一节置于元素及其化合物课题之前，这样在学习金属钠或氯气的性质时，则可从金属或非金属元素的原子结构特点出发，分析其在化学反应中的得失电子趋势，预测其可能具备的氧化性或还原性，再设计相应的实验进行验证，使得学生对这些物质性质的学习不是停留在表面的反应现象的描述或方程式的书写上，而是从本质的角度去理解。

三个版本的高中化学必修教材在物质结构和元素周期律之前，都安排了部分元素及其化合物知识。尤其是通过对钠等金属以及氯、溴、碘等非金属的学习，学生对它们性质的研究方法以及它们性质的相似性和递变性已经有了初步的感知，从知识观念、科学方法等方面为学习元素周期律奠定了基础。在元素周期律后，也适当编排了元素及其化合物的内容，充分发挥物质结构、元素周期律以及氧化还原反应、离子反应等理论的指导作用。有机化合物内容基本置于物质结构内容之后，这样的编排让学生能够从化学键、官能团等角度形成结构决定性质、性质决定用途的有机物认识思路。

（三）合理设计核心内容主题的学习进阶

2017 版高中课标在必修和选择性必修课程中围绕无机化合物（元素及其化合物）、有机化合物、物质结构、化学反应规律、化学反应原理等核心内容主题，明确了内容要求和学业要求，教材需要据此设计好各核心内容主题的学习进阶。

以元素及其化合物内容主题为例，鲁科版高中化学必修教材针对课程标准要求的五种元素及其化合物知识内容，设计了如下学习进阶：必修第一册聚焦元素与物质的大概念，将钠和氯放在第 1 章第 2 节，重点承载引导学生学习研究物质性质的基本方法和程序的功能，并为第 2 章元素观、分类观、微粒观和氧化还原变化观的建立补充具体的、感性的知识基础，同时具有衔接初、高中的作用；铁、硫、氮三种元素及其化合物依次编排在第 3 章的第 1、2、3 节，引导学生从初步学习应用“价—类”二维元素观认识具体物质的性质，进阶到学习如何探究不同价态物质之间的转化，再进阶到能自主运用氧化还原和类别通性等概念原理，研究物质性质和物质转化，多角度分析和解决实际问题，呈现由简单到复杂、由孤立到系统的学习进阶。这种编排方式，既是对第 2 章核心概念和学科观念的应用实践，又对其进行了迁移、创新和发展。必修第二册依托元素周期律/表的核心知识，进一步将学生的元素观发展到“位—构—性”的系统认识水平，在此基础上，教材设置硅及其化合物的性质探究活动，引导学生体会如何认识“陌生”元素及其化合物的性质。这样的学习进阶设计需要合理协调和平衡处理具体的元素及其化合物知识的学习与物质分类和氧化还原等抽象的核心概念的学习关系，典型代表性元素及其化合物知识的学习与规律性的元素周期律表的学习关系，旨在充分体现钠、氯、铁、硫、氮各元素及其化合物的学习价值和水平梯度；凸显物质分类、氧化还原核心概念对于单一元素及其物质的化学性质的认识功能，发挥钠、氯、硫、氮典型族的代表性元素对于建构和应用元素周期律（表）模型的基础作用，适应学生从感性到理性、从孤立到系统的一般认知规律。

（四）凸显“学生必做实验”活动

以实验为基础是化学学科的重要特征之一，化学实验有助于激发学生学习化学的兴趣。创设生动活泼的教学情境，帮助学生理解和掌握化学知识和技能，启迪学生的科学思维，训练学生的科学方法，培养学生的科学态度和价值观，对于全面发展学生的化学学科核心素养有着极为重要的作用。2017 版高中课标明确规定了 9 个必修课程“学生必做实验”，人教版高中化学必修教材将每章的“实验活动”明确置于目录中，这些实验既为高中生掌握化学实验安全知识提供了指导，也训练了学生的化学实验基本操作技能，更是学生综合运用所学化学知识和技能，开展实验设计和操作，分析和解决与化学有关实际问题的优秀素材。

鲁科版高中化学必修教材对"学生必做实验"采取的是分散编排结合特殊标记的方式，如表 3-5 所示。这样，一方面有利于发挥这些学生必做实验的探究教学功能，帮助学生深度学习和理解有关的核心知识；另一方面有利于调动学生的积极性，避免照方抓药式地做实验和重复实验。采取特殊标记是为了与其他的活动探究栏目相区别，也方便教师根据本校的实际情况灵活安排实验教学，或集中开展，或分散进行。

如何实现"科学实践及探究活动"与"科学概念理解及核心观念建构"的相互融合统一，是当今国际科学教育研究的热点。每个学生必做实验都承载发展学生科学探究与创新意识核心素养、支持核心知识观念建构、引导核心探究活动经验获得和培养动手实践能力等多方面的功能价值。教材精心设计问题任务，提供学习支架、方法导引、记录表格，避免了学生照方抓药式地做实验，兼顾探究思维与动手实践，兼顾专业规范与低成本现实可行❶。

表 3-5　鲁科版高中化学必修教材学生必做实验编排

教材	必做实验名称	所处教材章节	核心活动经验及核心观念发展重点
《普通高中教科书·化学》（必修第一册）	配制一定物质的量浓度的溶液	第 1 册　第 1 章　第 3 节　化学中常用的物理量——物质的量	溶液配制、微粒观
	食盐的精制	第 1 册　第 2 章　第 2 节　电解质的电离　离子反应	物质分离、微粒观及变化观
	探究亚铁盐和铁盐的性质	第 1 册　第 3 章　第 1 节　铁的多样性	物质性质探究、"价—类"元素观
	补铁剂中铁元素价态的检验	第 1 册　第 3 章　第 1 节　铁的多样性	物质检验探究、"价—类"元素观
	不同价态硫元素之间的转化	第 1 册　第 3 章　第 2 节　硫的转化	物质转化探究、变化观
《普通高中教科书·化学》（必修第二册）	第 3 周期元素原子得失电子能力的比较	第 2 册　第 1 章　第 3 节　元素周期表的应用	规律探究、"位—构—性"元素观
	探究卤族元素性质的相似性和递变性	第 2 册　第 1 章　第 3 节　元素周期表的应用	规律探究、"位—构—性"元素观
	设计一个简单的原电池	第 2 册　第 2 章　第 2 节　化学反应与能量转化	设计探究、能量—变化观
	探究化学反应速率的影响因素	第 2 册　第 2 章　第 3 节　化学反应的快慢和限度	规律探究、变量控制、反应条件—变化观
	搭建有机化合物分子的球棍模型	第 2 册　第 3 章　第 1 节　认识有机化合物	结构模拟、价键—结构观
	探究乙醇的化学性质	第 2 册　第 3 章　第 3 节　饮食中的有机化合物	有机物性质探究、官能团—性质—用途
	探究乙酸的化学性质	第 2 册　第 3 章　第 3 节　饮食中的有机化合物	有机物性质探究、官能团—性质—用途

❶　王磊，陈光巨．外显学科核心素养促进知识向能力和素养的转化——北京师范大学"新世纪"鲁科版高中化学新教材的特点 [J]．化学教育（中英文），2019，40（17）：9-19.

（五）设计项目式学习促进学科核心素养的融合发展

核心素养是学生在面对真实、陌生和不确定的问题任务时所需要的关键能力、必备品格和正确态度价值观。化学学科核心素养一方面需要在真实问题情境下才能表现出来，另一方面也只有在分析和解决真实问题任务的过程中才能得到培养和发展。目前，项目式教学被认为是最具有核心素养融合发展效力的教学方式。鲁科版高中化学教材一方面在教材正文、"交流·研讨"、"活动·探究"以及"身边的化学"、"化学与技术"等资料性栏目中精心选取了丰富多样的真实情境素材；另一方面，特别在每章的最后设置了"微项目"，其中化学必修教材2册共6个项目，选择性必修化学教材每册3个项目，全套教材共计15个微项目。

项目式教学具有很多优势，体现了核心素养导向的先进教学理念，但是考虑到高中教学课时紧、任务重、升学压力大等实际情况，编写者特别创意设计了这些"微项目"。"麻雀虽小，五脏俱全"，"微项目"体现了项目式学习的核心要素和特征，又与每章的核心知识紧密关联，"轻便灵巧"，便于组织实施，适应我国国情。"微项目"兼具开放生成性和引导示范性。教材选择项目素材时精心处理真实复杂性与学生学习阶段性（所学知识的有限性）的关系；特别精心地设问，通过控制设问点和提供信息资料与学习支架，努力做到既符合实际又与学生所学的知识内容密切相关❶。

三、教材栏目体系特点分析

教材"章-节"或"专题-单元"内容的组织通常由正文、栏目和助读系统所组成，图 3-5 展示了苏教版高中化学教材中每个专题的编写体例❷。可见，栏目是教科书的组成部分，在知识的承载过程中起着重要的作用。它隐含着课程基本理念，凝聚着编写者的设计思想，同时也在很大程度上影响着教师的教学设计。教科书作为向学生传递学科知识和学科素养的重要载体，其知识呈现的逻辑顺序是否符合学生的认知发展顺序，对实际教学效果有很大影响。化学教科书的栏目设计通常以学科知识的逻辑顺序为基础，并符合现阶段学生的认知规律。

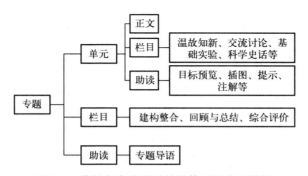

图 3-5　苏教版高中化学教材体系的编写结构

❶　王磊，陈光巨. 外显学科核心素养促进知识向能力和素养的转化——北京师范大学"新世纪"鲁科版高中化学新教材的特点 [J]. 化学教育（中英文），2019，40（17）：9-19.

❷　万盈盈，严文法，姜森，等. 新苏教版高中化学教材栏目分析及使用建议 [J]. 化学教育（中英文），2023，44（15）：13-18.

由于编写者的设计理念不同，不同版本高中化学教科书的栏目设计也大不相同。根据栏目功能及其对学生认知发展的作用，可将"节（单元）"栏目类型分为经验感知类、主动建构类、概括应用类和认知拓展类（表3-6）。其中，经验感知类栏目强调学生的知识基础和生活经验，是学生获取新知识的首要步骤；主动建构类栏目关注学生的自主性和主动性，学生通过自主参与探究活动，引发认知冲突，继而又从资料性栏目中获得可使用的数据、资料、方法等，实现对知识的主动建构；概括应用类栏目则是帮助学生实现知识的概括性同化，更完整地建立起知识之间的联系，形成组织更严密的知识体系；认知拓展类栏目着重发展学生的问题解决能力和创造能力，属于拓展性栏目，不要求学生掌握[1]。

表3-6   三个版本高中化学教材栏目分类

版本	经验感知类	主动建构类	概括应用类	认知拓展类
人教版	"思考与交流""学与问"	"实验""科学探究""实践活动"	"归纳与整理""习题"	"资料卡片""科学史话""科学视野"
鲁科版	"联想·质疑""交流·研讨"	"观察·思考""活动·探究""工具栏""方法导引""知识支持"	"概括·整合""迁移·应用""练习与活动"	"知识点击""资料在线""追根寻源""身边的化学""化学前沿""化学与技术"
苏教版	"你知道吗""交流与讨论"	"观察与思考""活动与探究""回顾与总结""信息提示"	"问题解决""整理与归纳""练习与实践"	"化学史话""拓展视野""资料卡"

（一）教材栏目为教学设计提供了一般思路

教材栏目的设计为教师课堂教学的设计提供了一般思路。如教材每节（或单元）通常都以"你知道吗""联想·质疑"等栏目启动，调动学生的先前经验和已有知识，创设联系实际的问题情境，制造认知冲突，激发学习动机，驱动学生开始新的学习和理解活动；随后，通过"观察·思考""活动·探究""交流·研讨"等活动栏目以及教材正文，引导学生辨识和提取宏观现象和事实信息，对信息进行抽象、概括、关联等思维加工，运用实验及探究方法或基于已有知识对核心知识结论进行说明、阐述和论证；进而适当开展简单的应用实践活动，引导学生迁移运用所建构的认识角度和推理思路，初步体会知识的思维功能和价值，形成自己的认识方式；最后进行概括整合，完善已有认知结构，促进经验类化。

（二）教材栏目为教学设计提供了丰富的情境素材

教材选择的素材，具有重要的立德树人和发展核心素养的教育功能。教材通过"思考与交流""化学史话""身边的化学""化学前沿""化学与技术"等栏目为教师的教学设计提供情境载体。如鲁科版《普通高中教科书·化学》（必修第一册）（2019年）第1章第1节"走进化学科学"中，设置"交流·研讨"活动，引导学生欣赏诺贝尔生理学或医学奖获得者屠呦呦及中国化学家们对青蒿素的分离提取、结构测定和性质研究过程，展示我国国家科学技术最高奖中与化学有关的研究成果。此外，鲁科版高中化学教材设置微项目"自制米酒——领略我国传统酿造工艺的魅力"，展示我国"复兴号"动车、"神舟号"飞船，介绍化

---

[1] 杨小燕，王世存. 基于学生认知逻辑的高中化学教科书栏目分析［J］. 化学教育（中英文），2019（5）：17-21.

学科学技术在建设"美丽中国"过程中的作用和贡献，等等；在选择性必修教材中，介绍徐光宪和唐敖庆对于物质结构研究领域的贡献，引导学生通过项目式学习深入体会侯德榜对纯碱制造技术的创造性贡献，感受强烈的社会责任感和真切的科学精神。此外，教材特别重视体现化学科学技术的新近发展。例如，低碳行动——利用二氧化碳合成甲醇，航天科技——载人航天器的化学电池，制药科技——医用胶设计优化，信息技术——手机电池有机化合物离子导体的设计与合成，先进科研手段——利用多种波谱仪及晶体 X 射线衍射测定分子结构，以及神奇的分子器件和分子机器等。这些内容素材既体现时代性又具有中国特色，应用于教学中，一方面引导学生真切地感受和赞赏化学科学对于社会发展和科学技术进步的重大贡献，另一方面切实增强学生对国家和民族的科技自信，培养学生的"科学态度与社会责任"，使化学教育富有生命力、感染力与时代感。

（三）教材栏目为学科素养的发展提供了明确方向

已有的研究表明，核心知识具有重要的认识功能，因此具有发展学生素养的价值，但需要通过教学将知识结论变为学生的认识角度、思路和方法策略。教材通过"方法导引""活动与探究""学科提炼"等栏目结构化建构学科知识、外显思维过程和方法，有利于彰显核心知识的素养发展价值，促进知识向能力和素养的转化。如鲁科版高中化学必修教材（2019年）将"方法导引"贯穿教材始终：第一册第 1 章第 1 节的"交流·研讨"结合屠呦呦的研究过程，启发学生初步认识化学科学研究的内容和方法；第 2 节以钠和氯的性质探究为载体，展示研究物质性质的基本方法和程序。第 2 章第 1 节结合物质分类和各类物质性质探究活动，提供"根据物质类别预测陌生物质的性质"的方法导引；第 2 节结合"食盐的精制"的学生必做实验给出利用离子反应除去杂质的思路方法，根据电解质电离和离子反应的知识，归纳总结分析溶液体系的基本思路；第 3 节在氧化还原反应、氧化剂和还原剂之后设置探究双氧水性质的"活动·探究"，并给出"方法导引"——"研究物质氧化性或还原性的思路"；在第 2 章微项目"科学使用含氯消毒剂——运用氧化还原反应原理解决实际问题"中，建立"方法导引"——"分析和解决与化学相关的实际问题的思路和方法"。第 3 章物质的性质与物质转化中，第 1 节"铁的多样性"结合"铁盐和亚铁盐的性质"探究活动，给出"方法导引"——"研究物质性质的两个基本角度（图 3-6 左）"，引导学生将化合价与物质类别通性这两个角度相互联系起来去研究物质的性质；第 2 节"硫的转化"提出"探究不同价态硫元素之间相互转化的思路（图 3-6 右）"，引导学生运用"价—类"二维认识模型研究物质转化；第 3 节"氮的循环"，综合多角度分析和探讨氮

方法导引	方法导引
研究物质性质的两个基本角度 在研究物质的性质时，可以从物质类别，物质所含核心元素的化合价这两个基本角度预测物质可能具有的性质，并通过实验进行验证。	探究不同价态硫元素之间相互转化的思路 探究不同价态硫元素之间的相互转化，实际上是探究含有不同价态硫元素的物质之间的相互转化。 首先，要选择含有不同价态硫元素的物质，如含+4价硫元素的物质可以选择二氧化硫或亚硫酸钠。 其次，实现不同价态硫元素之间的相互转化，依据的是氧化还原理论，需要寻找合适的氧化剂或还原剂。 再次，提供表明相应转化实际发生的证据。

图 3-6　鲁科版高中化学必修教材（第一册）第 3 章"方法导引"栏目

循环中物质的性质及物质之间的转化（氮的固定、氨的转化与生成和硝酸的性质），以及人类活动对氮循环和环境的影响，进而完成微项目"论证重污染天气'汽车限行'的合理性——探讨社会性科学议题"。

第三节　中学化学教材单元的分析

"核心素养→课程标准（学科/跨学科核心素养）→单元教学设计与实施→课时教学设计与实施"，是课程与教学实践中环环相扣的链条，也是发展学生核心素养的必然路径。课程标准不仅要求教材编写注重化学知识的结构化，突出单元主题的价值导向，同时要求教学应注重基于大概念来组织单元教学内容，发挥大概念的统摄作用，以此改变通常教学中教师以知识点为导向的碎片化教学形式。教材单元与单元教学既密切相关又存在差异。教材单元是教师进行单元教学的重要参考依据，单元教学则是教师对课程标准与教材单元进行深入的学科理解之后进行整合规划设计的教学实践活动。教材单元是静态的，而单元教学是动态的，单元教学取决于教师对教材的架构能力，体现教师的智慧与创造性，更契合教学实际[1]。由表 3-4 可见，高中化学教材主要按"章-节"或"专题-单元"的体例进行编写。教师进行单元整体教学设计时，首先要对教材单元进行整体分析，在此基础上建构教学单元。

一、什么是"单元"

《现代汉语大词典》中将单元解释为"相对独立自成系统的单位"；《辞海》中将其界定为"教材、楼房等自成段落、系统，自为一组的单位"，即一门学科中性质相同、相近或有内在联系的内容组成的一个相对完整的部分，一个单元一般安排在一段时间内连续进行教学，不同教学单元之间既相对独立又相互联系。王磊等认为，单元指教师在对课程标准、教材等教学指导性资源进行深入的解读和剖析后，根据自己对教学内容的理解，以及学生的情况和特点，对教学内容进行分析、整合、重组后形成的相对完整的教学主题。一个单元可以由多个课时组成，不同的课时从不同的角度、深度，用不同的教学/学习方式，对同一主题进行多元化解析。

由此可见，定义单元的视角可以不同，但作为一个"教学单元"，都具有如下几个基本属性：①相对完整性。即自成系统，内部各要素形成一个有机整体，能够发挥整体效应。②相对独立性。即与其他教学单元之间具有较明确的边界。③内在关联性。即构成整体的各个部分之间具有内在的逻辑关联，且都指向共同的教学主题。④目标一致性。即单元中的每个部分皆指向且服务于共同目标的实现。一个教学单元就是一个指向素养的、相对独立的、体现完整教学过程的课程细胞[2]。

---

❶　洪清娟. 化学学科理解视域下的教材单元整体备课 [J]. 化学教育（中英文），2021，42（19）：49-55.
❷　杨玉琴. 核心素养视域下的单元教学设计：内涵解析及基本框架 [J]. 化学教学，2020，000（005）：3-8，15.

对于一个教学单元应该有多大，并没有严格的规定，关键在于是否能够满足上述基本属性。当教材中的某个单元符合以上属性时，则教材单元即为教学单元，如 2019 年出版的各版本高中化学教材中，"硫及其化合物"的相关内容虽然在各版本教材中的单元名称及呈现方式不尽相同，如以节的形式出现的"硫的转化"（鲁科版）、"硫及其化合物"（人教版），以专题形式出现的"硫与环境保护"（苏教版），但都围绕着含硫物质的性质及相互之间的转化与利用，内容相对完整、独立并具有内在关联性，因此，教材单元可作为一个教学单元来处理。案例 3-1 中对于"氧化还原反应"内容的编排，三个版本教材的明显区别是苏教版将氧化还原反应内容分散，与元素及其化合物知识穿插编排；而人教版和鲁科版则将其集中编排且置于元素及其化合物内容之前，皆以节的形式呈现，鲁科版还将"氧化还原反应的应用"作为一个部分呈现。分散编排或是出于认为刚进入高一的学生化学基础知识储备及抽象思维水平仍不足以支持复杂化学概念的学习，故以螺旋上升的编排方式分散难点。但这样也造成了知识的碎片化，弱化了氧化还原反应理论对元素及其化合物知识学习的指导作用。如果并不涉及复杂的氧化还原反应，也不强化氧化还原方程式的配平，而只是让学生从氧化还原反应角度去认识化学反应、能从元素价态变化角度认识物质性质及转化的路径并理解这种转化的价值，既发挥了该主题在发展学生化学学科核心素养上的作用，又为理解性学习元素及其化合物知识奠定了基础，并且在学习元素及其化合物性质时还能继续深化对氧化还原反应的认识，则氧化还原反应作为一个独立的教学单元是合理的。因此，教师在使用苏教版教材教学时，可以综合人教版或鲁科版的编排思路，重新构建教学单元。

二、单元教材分析的基本思路与方法

由表 3-3 和表 3-4 可见，由于"三序"结合的需要，教材在整体设计上会采取元素及其化合物与概念原理穿插编排、抽象概念原理分散编排或螺旋编排等方式。但教材某章或某专题仍然是关联性相对较大的内容的集合，可以是某个学科主题下的内容集合，如"有机化合物""原子结构 元素周期律"等，也可以用 STSE[科学（science）、技术（technology）、社会（society）、环境（environment）] 相关主题进行结合，如"从海水中获得的化学物质""化工生产中的重要非金属元素"等。这些章或专题的主题下，通常还包括几个节或单元，这些节或单元之间的内容联系可能是紧密的，也可能是松散的。如人教版高中化学必修教材"第五章 化工生产中的重要非金属元素"下的"第一节 硫及其化合物""第二节 氮及其化合物""第三节 无机非金属材料"互相之间虽然有某种关联，但也可以相互独立；苏教版高中化学必修教材中将"硫与环境保护""氮与社会可持续发展"分开编排，独立成专题；而鲁科版高中化学必修教材第二册"第 1 章 原子结构 元素周期律"下的 3 个小节"第 1 节 原子结构与元素性质""第 2 节 元素周期律和元素周期表""第 3 节 元素周期表的应用"联系紧密，具有逻辑递进关系，则不宜分开。人教版和苏教版对于该主题尽管编排方式不完全相同，但都采取了相对集中编排的方式。

本书所探讨的教材单元指的是一个相对完整和独立的且需要用几个逻辑相关的课时（或小课题）去完成的内容，其分析的具体思路如图 3-7 所示，以苏教版《普通高中教科书·化学》（必修第一册）专题 5"第二单元 微粒之间的相互作用力"为例具体说明。

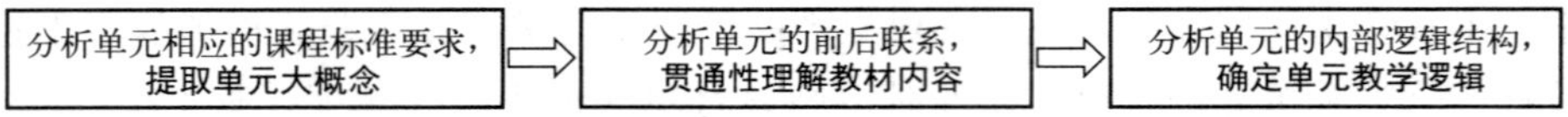

图 3-7　教材单元分析思路

（一）分析单元相应的课程标准要求，提取单元大概念

"微粒之间的相互作用力"单元对应于 2017 版高中课标必修课程"主题 3：物质结构基础与化学反应规律"的相关内容，教材内容主要包括离子键、共价键和分子间作用力三个部分，对应的课程标准要求如表 3-7 所示。

表 3-7　"微粒之间的相互作用力"单元对应的课程标准要求

内容要求	学业要求	学业质量
3.2　化学键 认识构成物质的微粒之间存在相互作用，结合典型实例认识离子键和共价键的形成，建立化学键概念。知道分子存在一定的空间结构。认识化学键的断裂和形成是化学反应中物质变化的实质及能量变化的主要原因	2. 能利用原子结构，分析、预测、比较元素及其化合物的性质。 3. 能判断简单离子化合物和共价化合物中的化学键类型，能基于化学键解释某些化学反应的热效应	3-1　能从物质的构成微粒和微粒间作用力等多个视角对物质进行分类；能说明微粒间作用力的差异对物质性质的影响。 4-1　能根据微粒的结构、微粒间作用力等说明或预测物质的性质，评估所做说明或预测的合理性

从课程标准相关要求可见，该单元主要学习内容包括离子键、共价键和化学键的概念，分子间的作用力和分子的空间结构，要求学生基于微粒间的相互作用力对物质进行分类，分析比较微粒间作用力对物质性质的影响。因此，可将该单元的大概念确定为：构成物质的微粒间存在相互作用力，微粒间的相互作用力影响了物质的性质与变化。

（二）分析单元的前后联系，贯通性理解教材内容

每一个单元的学习，必然要建立在已有知识的基础上，也会为后续的学习奠定基础。分析教材单元的前后联系，有助于教师形成对单元内容的贯通性理解，"既见树木，又见森林"地进行教学设计，有利于学生结构化知识体系的建构。苏教版高中化学教材体系中，在"微粒之间的相互作用力"单元之前，与该单元相关的单元知识有：专题 1"第三单元　物质的分散系"中的电解质与非电解质；"专题 3　从海水中获得的化学物质"中钠在氯气中燃烧的实验，金属钠及氯气的性质；专题 5"第一单元　元素周期律和元素周期表"中同周期、同主族元素金属性与非金属性、原子得失电子能力的递变规律，让学生初步建立起对元素性质与原子结构关系的认识。这些都是专题 5 第二单元中学生建立化学键概念的重要认知储备，而该单元"微粒之间的相互作用力"的学习则为后续"第三单元　从微观结构看物质的多样性"以及专题 6"化学反应与能量变化"提供了一个更本质的视角与微观解释的基础。专题 5 中 3 个单元的结构关系如图 3-8 所示❶。

（三）分析单元的内部逻辑结构，确定单元教学逻辑

教材单元内部的逻辑结构是建构单元教学逻辑的基础，也是决定是否需要对教材顺序进

---

❶　洪清娟. 化学学科理解视域下的教材单元整体备课 [J]. 化学教育（中英文），2021，42（19）：49-55.

行重构的关键因素。一个好的教学逻辑体现了学科逻辑和学生认知逻辑的统一，单元教学的标志之一即为教学内容的关联性和递进性。"微粒之间的相互作用力"教材单元的组成及逻辑关系如图 3-9 所示。

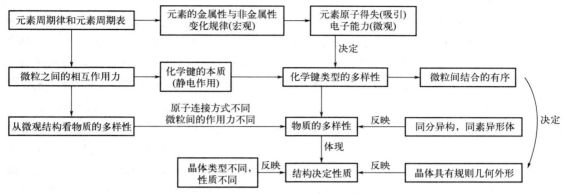

图 3-8　苏教版高中化学必修教材"专题 5　微观结构与物质的多样性"结构图

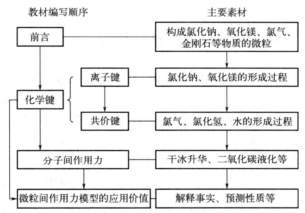

图 3-9　苏教版高中化学必修教材"微粒之间的相互作用力"单元结构图

　　教材通过图片素材呈现学生熟悉的氯化钠、氧化镁、氯气、金刚石等物质，这些物质都由微粒构成。由此，提出"构成物质的微粒间的相互作用有什么特点？为什么这些物质在形态和性质上具有差异？"的问题，自然引入"化学键"概念。

　　接着，"温故知新"栏目"在氯化钠和氯化镁的形成过程中，钠、镁原子失去电子，氯、氧原子得到电子，它们通过电子转移分别形成阳离子和阴离子而彼此结合。哪类元素的原子能以这种方式相结合？这种结合方式与它们的原子结构有什么关系？"问题的提出仍然建立在学生已有认知基础上，在分析归纳的基础上自然形成"离子键""离子化合物"概念，进而介绍用电子式表示原子、离子和离子化合物的方法。

　　再以前言中的氯气及学生熟悉的氯化氢为载体提出问题，"这些由分子构成的物质，原子之间又是通过怎样的作用力形成分子的呢？"自然引入对"共价键""共价分子"的讨论，归纳出"共价化合物"的概念，并介绍分子的空间结构模型，分析有机物种类繁多的原因之一。

　　从"化学键"这一"微粒间的强烈相互作用"过渡到"分子间作用力"，教材依然紧扣学生熟悉的物质，如干冰、氯气等，引导学生思考"这些物质的状态变化为什么也伴随着能量的变化？"，从而自然让学生认识到分子间也存在着相互作用力，并讨论水分子间的氢键。基于实验事实分析微粒间作用力的类型与物质性质的关系，之后用"学科提炼"栏目总结"微粒间作用力模型的应用价值"。

由上述分析可知，该部分教材编写学科知识发展的逻辑清晰，且充分遵循了从已知到未知，从感知到抽象的一般认知规律。因此该教材单元可以作为一个自然单元进行教学，既可以按教材顺序进行教学，也可对教材顺序进行适当调整，凸显大概念统领，加强与前述单元"元素周期表"的联系。如，第1课时调整为"微粒间相互作用力及类型"，通过展示元素周期表，介绍元素种类与物质种类的数目差异，让学生感知物质的多样性，提供氯化钠、干冰、氧化镁、氯气、金刚石5种物质的图片，水的三态变化和水分解所需的温度，一些常见物质的熔沸点数据，让学生基于实验事实自然认识到构成物质的微粒不同，微粒间的相互作用不同，物质的性质不同，化学键、分子间作用力等概念也建立在实验事实基础上。第2课时、第3课时再分别探讨"离子键""共价键"❶。如此，大概念统领下的单元教学逻辑基本形成，再结合相应的课程标准内容要求、学业要求、学业质量标准以及学情等分析即可确定本单元的教学目标。

三、单元整体下的"节"教材分析思路与方法

学期（或学年）教学系统设计之前要研究教材，以便了解全部教材内容，做到心中有全局。在单元教学设计之前研究教材，目的是掌握单元与单元间的内在联系，确定本单元大概念及教学目标。而在单元整体视域下的课题/时教学设计之前，同样需要研究教材，这是为确定本节教材的教学目标、难点、重点、研究本节教学方法等问题打下基础。这样从全局到局部地钻研教材，可以对每一节教材的教学，从整体上加以认识，使整个教学过程的教学任务体现在各级教学之内，前后自然衔接，实现教学内容的结构化。一课一课地完成各节教学目标之后，达成素养导向的单元教学目标，最终达成核心素养课程目标。

对于每一节教材的分析、研究，要在单元整体视域下，深入分析教材的正文、插图、栏目、练习与评价等，准确把握教材内容的逻辑结构、活动结构，明确每一部分的编排意图，以便将教材的编排意图更好地通过教学设计进行有效落实。单元整体下的每节教材的分析角度通常包括六个方面，以"微粒之间的相互作用力"单元的第一部分"离子键（含前言）"为例具体说明。

（一）分析本节教材的前后联系，明确其地位与作用

分析本节教材的前后联系，以便把握本节教学的已有知识基础，并为后续相关内容的教学做好铺垫。

对于"离子键"这一节内容，教材的已有知识基础是：已认识了丰富多彩的化学物质，知道物质是由分子、原子、离子等微粒构成的；通过"氯气及氯的化合物""金属钠及钠的化合物"等单元的学习，已经知道典型的金属或非金属元素的单质及化合物的性质。该专题

❶ 洪清娟. 化学学科理解视域下的教材单元整体备课［J］. 化学教育（中英文），2021，42（19）：49-55.

"第一单元　元素周期律和元素周期表"从原子结构的角度探讨了金属性和非金属性的本质原因。这些都为本节内容"化学键"和"离子键"概念的形成奠定了坚实的基础。通过本节内容教学，学生可通过化学键、离子键概念的学习进一步深化"微粒及其相互作用对其性质的影响"即"结构决定性质"的学科观念的理解，由于"离子键"探讨的是典型的金属元素和非金属元素形成化合物时的本质，学生自然会产生"两种非金属元素如何结合/化合？"的疑问，既为"共价键"的学习埋下伏笔，也为该专题"第三单元　从微观结构看物质的多样性"、专题6"第二单元　化学反应中的热"奠定基础。

（二）分析本节教材的科学内容，增进学科理解

科学性是学科教学的底线，对教材科学内容的分析和理解是保证教学科学性的基础。分析教材的科学内容通常需要做到：第一，逐字逐句地推敲定义、定律，做到准确理解；第二，全面掌握物质的性质、变化等，能从性质预测变化，从变化推理性质；第三，避免在教学中单纯强调科学性而忽视学生的接受能力，或只注意学生的接受能力而忽视了科学性的两种倾向，前者会使学生学习困难甚至失去信心，后者会使学生形成模糊的甚至错误的概念。

例如，推敲化学键的定义："物质中直接相邻的原子或离子之间存在的强烈的相互作用叫作化学键"，其中"直接相邻""强烈的""相互作用"是关键词。物质中微粒间的相互作用是多种的，不仅存在于直接相邻的微粒间，还存在于相距较远的微粒间；既有强烈的，又有较弱的；相互作用既包括相互吸引又包括相互排斥。化学键的定义将分子间作用力（含氢键）排除在外，因此，本单元中微粒间的相互作用力实质上包括了"化学键"（直接相邻，相互作用强烈）和"分子间作用力"（相距较远，相互作用较弱）。这样，可避免学生将"分子间作用力"也归类为化学键。相应地，在理解"阴、阳离子之间存在的强烈的相互作用，称为离子键"时则需强调"相互作用"的含义。

再如，对于"电子式"的理解，要注意是"为了方便表示原子、离子的最外层电子的排布"，因此，电子式只是表示原子、离子、离子化合物及共价分子的一种模型，是表达化学键形成过程的符号工具，通过观察常见原子、离子及离子化合物的表达方式可发现其一般规律，如对于不是1∶1型的离子化合物电子式的书写，一般将多个阳离子或阴离子对称分布在化合价数值较高的离子周围。

（三）分析本节教材中各段内容间的联系，确定教学的重点

分析本节（或课题）教材中各段内容间的联系及本节教材的中心内容，可以为教学中合理地组织教材，加强系统性，抓住主要矛盾，突出重点打下基础。例如，教材"离子键（含前言）"包含两部分，即前言部分和离子键部分，知识逻辑是微粒间相互作用力→化学键→离子键的逐步下位的编排方式，是一种下位学习，即新学概念从属于旧概念。教材在前言部分通过学生熟悉的物质及其性质自然地让学生建立起"物质是由分子、原子、离子等微粒构成的，这些微粒间是有相互作用的"的观念，自然地提出问题"微粒间的这些相互作用有什么特点？我们看到的物质为什么外在形态和功能有所差异？"揭示"化学键"的定义后，由氯化钠、氧化镁的形成过程，揭示离子键和离子化合物的概念，再在用原子核外电子排布示意图表达离子键形成过程的基础上学习电子式。可见，教材对新概念的学习采取的是由已知

到未知、由感知到理解、由具体到抽象、由简单到复杂的过程，符合学生的一般认知规律。

很显然，微粒间相互作用力和化学键在该部分主要起到了"引子"的作用，即提供上位概念的作用，离子键以及用电子式表示离子键的形成和离子化合物是该部分的重点内容。

（四）分析本节教材与单元大概念的联系，为建构大概念提供支持

以大概念建构为核心目标的单元教学作为桥梁连接了课程目标要求和课时教学，是落实学科核心素养目标的基本单位。大概念的形成是螺旋上升的过程。学生的学习往往以事实性知识、具体问题或具体情境为起点，从基本概念开始，在不断积累中自下而上逐渐形成属性更一般、范围更广泛、起统摄作用的大概念，逐渐深化看待世界的核心思想观念与思维方式。因此，在分析单元下的每"节"教材时，需要剖析本节教材哪些内容与大概念密切相关，能够为大概念的建构和深化提供支持。如，根据课程标准相关要求及本单元教材的整体分析已经确定了单元大概念为"构成物质的微粒间存在相互作用力，微粒间的相互作用力影响了物质的性质与变化"，在"离子键（含前言）"一节教材的前言中，实质上就隐含了这一大概念，在教学中就需要进一步通过实验事实或学生已知的物质性质等强化"物质是由微粒构成的"认识，并让学生意识到物质不同，其性质或变化也不同，这是由"微粒间的相互作用力"不同所引起的，进而进入新概念的学习，并通过进一步的分析来构建和发展大概念。

 案例分析 »»»

【案例3-2】 苏教版高中化学必修教材专题5"第二单元　微粒之间的相互作用力"第1课时教学片段❶

阅读以下教学过程，分析：①该教学设计与教材编排顺序有何不同；②每一步教学设计的目的；③此教学过程将会揭示哪些基本概念，如此编排的优点是什么？

① 展示元素周期表，介绍元素种类与物质种类的数目差异；提供氯化钠、干冰、氧化镁、氯气、金刚石5种物质的图片。

② 提供资料：a. 水的三态变化；b. 水在温度超过2200℃时才会分解。

③ 提供几种物质的性质数据。

组别	物质	熔点/℃	沸点/℃	液态时导电性
甲组	NaCl	801	1465	导电
	LiCl	605	1350	导电
	NaF	993	1695	导电
	Na_2O	1132	1950	导电
乙组	Cl_2	−101.0	−34.0	不导电
	HCl	−114.2	−84.9	不导电
	NH_3	−77.7	−33.3	不导电
	CH_4	−182.0	−128.1	不导电

❶ 洪清娟. 化学学科理解视域下的教材单元整体备课 [J]. 化学教育（中英文），2021，42（19）：49-55.

提问：①构成这些物质对应的微粒是什么，这些微粒是如何彼此结合而构成物质的？②画出水的三态变化和水的分解的微观示意图，这两种变化的微观本质有何不同？从水的沸点与分解的温度数据你能得到什么结论？③为什么表中甲组物质的熔沸点那么高，液态时可以导电，而乙组物质熔沸点低，液态时不能导电？说出判断依据。

（五）分析本节教材的科学思维，为教学中发展素养奠定方法论基础

在化学科学发展的过程中，无论是经验认识方法，还是理性认识方法，都离不开科学思维，学生的化学学习同样如此。无论是元素及其化合物的学习还是化学原理性知识的学习，通常都需要经历实验观察、分析综合、抽象概括等过程才能理解。科学思维是化学课程核心素养的重要组成部分，是化学学习中基于事实与逻辑进行独立思考和判断，对不同信息、观点和结论进行质疑和批判，提出创造性见解的能力；是从宏观、微观、符号相结合的视角探究物质及其变化规律的认识方法。科学思维主要包括：在解决化学问题中所运用的比较、分类、分析、综合、归纳等科学方法，基于实验事实进行证据推理、建构模型并推测物质性质及其变化的思维能力，在解决与化学相关的真实问题中形成的质疑能力、批判能力和创新意识。

教材中蕴含着丰富的科学思维。例如，"离子键"这一节中，需要学生基于物质多样性的事实从微观角度去分析推理；对"微粒间相互作用力""化学键""离子键"等概念的建立都建立在事实的分析、归纳等基础上；对氯化钠的形成过程首先从宏观上分析钠与氯气反应的现象，再从微观上去探讨其本质，并用电子式去表示其形成过程，显示了"宏—微—符"三重表征的思维方式。这些都为本节课的教学实现掌握基础知识和基本技能（双基）与发展素养的统一奠定了方法论基础。

（六）分析本节教材与实际相联系的内容，为教学中弘扬学科价值提供载体

化学与生产、生活、社会、自然、环境以及科学技术等具有密切联系。分析和利用教材与实际相联系的相关素材创设情境，可以引导学生关注生活中的化学现象、从化学的视角认识生活中的自然科学知识，让学生感受到化学与生产生活密切相关，弘扬化学学科价值，进一步激发学生学习和探究化学的兴趣。

本节教材虽然是抽象的概念理论内容，但微粒之间的相互作用力是宏观物质存在形态及其性质的微观本质。对化学键、离子键等概念的认识需要建立在宏观物质性质的事实基础之上。所以，与常见物质的性质具有密切联系，如水的三态变化、干冰用作制冷剂、食盐的熔点高、水和食盐通常条件下都很难分解等现象或事实都为本节课建立宏观与微观之间的联系提供了非常好的事实载体。

同一单元或不同单元下的不同"节"内容不同，但教材分析的基本思路是相同的。单元整体视域下的"节"内容分析重在单元整体教学目标下设计该"节"内容的教学目标、教学重难点以及如何"用教材教"。当然，具体教学目标及教学策略的确定，在课程标准与教材分析的基础上，还需结合具体的学生情况，使得教学位于学生的"最近发展区"内。

对标整理 》》》

学完本单元你应该能够：

1. 描述中学化学教材与课程标准的关系。

2. 对中学化学教材的整体内容结构和栏目特点进行分析。

3. 对教材中某个单元进行分析。

4. 在单元整体视域下对某"节"内容进行深入分析。

 练习与实践 》》》

1. 为什么人教版和苏教版高中化学教材都将"物质的分类"置于教材起始部分？

2. 请用表格形式表示 2017 版高中课标必修课程主题 3 与人教版高中化学教材章节的对应关系。

3. 请比较分析人教版、鲁科版高中化学必修教材"化学键"相应单元的编写思路，与苏教版有何异同点？你认为该单元的教学逻辑应该如何设计，为什么？

4. 请比较分析人教版、鲁科版高中化学必修教材"化学键"相应单元的栏目设计，对教学设计具有何启示作用？

5. 请比较分析人教版和苏教版高中化学教材对"氯及其化合物"单元的编排思路。请设计该单元大概念统领下的各个课时内容，说明其基本的教学逻辑。

第四章
中学化学教学之学情分析

 学习准备 >>>

　　回顾第一章案例1-4"利用化学方程式的简单计算",教师在教学目标设计之前主要分析了哪些内容?分析这些内容对于教学目标的设计有何帮助?其中的"学生分析"主要分析了什么?这些分析对于教学过程的设计有何帮助?

案例分析 >>>

【案例 4-1】 初中"氧气的化学性质"和高中"氯气的化学性质"教学比较

　　请研读初中"氧气的化学性质"教学片段和高中"氯气的化学性质"教学片段,比较分析两种教学的异同点?为什么会有所不同?

　　(一)"氧气的化学性质"教学片段

　　【教师】演示实验1:将带火星的木条伸入到氧气集气瓶中,请同学们观察实验现象。

　　【学生】观察并描述实验现象,获得结论:氧气能使带火星的木条复燃。

　　【教师】过渡:我们可以利用这一实验来检验氧气。氧气能支持木条的燃烧,那能支持其他物质的燃烧吗?

　　【教师】演示实验2～4,学生观察并描述实验现象,完成表格。

实验序号	实验内容	实验现象	文字表达式	实验结论
2	木炭与氧气			
3	硫与氧气			
4	铁与氧气			

　　分析讨论:①为什么实验3与4中集气瓶底部需要预先放少量水?②为什么实验4中铁丝要绕成螺旋状?③为什么物质在氧气中的燃烧比在空气中的燃烧更剧烈?④从实验中你能得出什么结论?

【归纳】许多物质都可以在氧气中燃烧，说明氧气的化学性质比较活泼；物质在空气中燃烧实际上也是与空气中的氧气发生反应，由于空气中的氧气含量相对较少，所以物质在空气中的燃烧不如在氧气中剧烈。

（二）"氯气的化学性质"教学片段

【教师】请同学们根据氯原子的结构预测氯气可能的化学性质是什么？

【学生】氯原子核外最外层为 7 个电子，在化学变化中体现出易获得 1 个电子达到稳定结构的趋势，所以氯气很可能与易失电子的金属单质发生反应，表现出氧化性。

【教师提示】还有没有其他方式形成稳定结构？

【学生】还可以与其他原子共用电子形成稳定结构，所以氯气也可能与氢气发生反应。

【教师演示】同学们的预测对不对呢？我们通过实验来验证。请同学们仔细观察演示实验，完成学案上的表格。

实验序号	实验内容	实验现象	化学方程式	实验结论
1	钠与氯气			
2	铁与氯气			
3	铜与氯气			
4	氢气与氯气			

【分析讨论】同学们在实验 2 的方程式书写中，出现了 2 种产物：$FeCl_2$ 和 $FeCl_3$，那究竟是哪种产物？

【教师演示】在实验 2 的集气瓶中再倒入少量水，观察溶液颜色，与实验室 $FeCl_2$ 和 $FeCl_3$ 溶液颜色对比，比较铁在氧气中的燃烧产物，分析氧气和氯气哪个性质更活泼？

【结论】氯气是一种氧化性比氧气更强的气体，在一定条件下能与钠、铁、铜、氢气等反应。

美国著名认知心理学家奥苏伯尔在其名著《教育心理学》的扉页写道："如果我不得不将教育心理学还原为一条原理的话，我将会说，影响学习的最重要的因素是学生已经知道了什么，我们应当根据学生原有的知识状况去进行教学。"这里的"学生已经知道了什么"即学情。早在春秋时期孔子便提出要根据学生间个体的差异，因材施教。"教"是为了"学"，教师只有在充分了解学情的基础上，才能确立学生的"出发点"，制定恰当的教学目标、评价目标，选择合适的教学方法，合理安排教学内容的先后顺序，确保学生能顺利克服认知与思维障碍，从而达到有效教学的目的。

第一节　学情分析的内涵与价值

一、什么是学情分析

教学设计中的学情分析通常指对学生学习情况的分析，在备课中也常常被称为"备学生"。

而在西方教学设计的研究语境中，学情分析通常被称为"学习者分析""教学设计前提条件分析""教学对象分析""学习者特征"等等。分析（analysis）是将事物、现象的整体分为各个部分，并分别加以考察，找出它们的共同本质和彼此之间联系的认知活动。分析的意义在于探索能够解决问题的关键，并基于此解决问题。随着系统工程学被引入教学设计领域，越来越多的系统思维被应用到教学设计的过程中，分析成为了教学设计的有机组成部分，如前面章节所讨论的课程标准分析、教材分析等。伴随着教学设计的历史演进，学情分析的内涵也在不断更新与发展，已从关注课前的学情发展到关注整个教学过程中的学情。按照教学过程，可将学情分析分为课前学习起点分析、课中学习状态分析和课后学习结果分析。

（一）课前学习起点分析

学习起点分析是课前对"学生已经知道了什么"即学习起点的分析，也是传统意义上的学情分析。此类分析通常包括学生已有的知识经验基础、能力基础、态度基础以及达到教学目标可能存在的学习困难等。

奥苏伯尔提出了影响新的学习与保持的三个认知结构变量：①原有知识的可利用性。当学习新的知识时，如果在学生认知结构中能找到适当的可以用于同化新知识的原有知识（包括概念、命题或具体例子等），那么该学生的认知结构就具有原有知识的可利用性。反之，当学习新知识时，如果在学生原有知识结构中找不到用于同化新知识的原有知识，那么该学生的认知结构就缺乏原有知识的可利用性。奥苏伯尔认为，原有知识的可利用性是影响新的学习和迁移的最重要因素，也是最重要的认知结构变量。他更强调上位、包容范围更大和概括程度高的原有观念的作用。如果在学习新知识时，学生认知结构中缺乏这样的上位观念，教师就可以从外部给学生的认知结构中嵌入一个这样的观念，使之起到吸收与同化新知识的作用，这样从外部嵌入的观念通常称为先行组织者。②原有知识的巩固性。原有知识影响新的学习与保持的第二个变量是同化新知识的原有知识的巩固性。原有知识越巩固，越易促进新的学习。③新旧知识的可辨别性。这是指利用旧知识同化新知识时，学习者意识到旧知识与新知识之间的异同点。

📖 案例分析 »»»

【案例 4-2】 人教版高中化学必修教材（第一册）"分散系"的教学片段

请用奥苏伯尔影响新的学习与保持的三个认知结构变量分析以下教学片段中每个教学环节的设计意图。

【教师提问】展示实物：盐水、盐汽水、泥水、油水。提问：这 4 种混合体系分别属于哪种混合物？是如何形成的？有什么共同特征？

【学生回答】①盐水是由氯化钠固体分散到水中所形成的，属于溶液。②盐汽水是由氯化钠、二氧化碳等物质分散到水中所形成的，属于溶液。③泥水是由泥的小颗粒分散到水中所形成的，属于浊液。④油水是由油的小液滴分散到水中所形成的，属于浊液。

【归纳】无论是溶液还是浊液，都是由一种或一种以上的物质分散到另一种物质当中所形成的混合物，我们称之为分散系。其中，被分散的物质，如氯化钠、二氧化碳、泥土、油等，称为分散质，分散其他物质的物质，如水等，称为分散剂。

【教师提问】刚才我们分析了溶液和浊液的共同特征，那溶液和浊液又有什么不同特征？不同特征的决定因素又是什么？

【学生分析归纳】溶液中的分散质粒子看不见，且具有均一、稳定性，这是由于分散质粒子是分子、离子等；浊液不均一、不稳定，是由于其中分散质粒子较大，可见。

【教师讲解】同学们分析得很对，溶液中的分散质粒子小于1nm，而浊液中的分散质粒子大于100nm。分散质粒子在1~100nm之间的分散系称之为胶体，它又具有什么特征呢？我们先来看一个演示实验。

【教师演示】氢氧化铁胶体制备实验。

【引导观察】从外观上来看，制出的这杯胶体与溶液有区别吗？

【学生】看上去都是均一、透明的。

【教师演示】用激光笔同时照射氯化铁溶液和氢氧化铁胶体。

【学生观察】氯化铁溶液中无光亮的通路，氢氧化铁胶体中有光亮的通路。

【教师归纳】光束通过时，在垂直于光线的方向看到一条光亮通路的现象称为丁达尔效应，这是由物质中粒子的大小所决定的。

【教师演示】继续稍加热或用玻璃棒搅拌氢氧化铁胶体，出现沉淀现象。

【学生】说明胶体的稳定性较弱。

【整理归纳】

分散系	分散质粒子直径/nm	宏观特征
溶液	<1	均一、透明、稳定
胶体	1~100	均一、透明,稳定性介于溶液、浊液之间
浊液	100	不均一、不透明、不稳定

维果茨基认为，在儿童的发展中，有两种发展水平：一种是现实发展水平，是呈现出来的显见的发展水平；另一种是可能发展水平，在这种水平之间有一个区域，即"最近发展区"。在教学设计前，对学生的现实发展水平（即已有知识、能力、态度等）的分析能够为教学目标即"学生能够跳多高"的确定提供依据。

（二）课中学习状态分析

课中学习状态的分析主要是指教师在课堂教学过程中对学生"学"的基本状态的分析，包括学生听课状态、回答问题、小组讨论、合作探究、课堂练习等课堂活动中的外显行为表现，以及与外显行为相关联的内隐学习状态。对这一阶段的学情考查需要收集学生学习的证据和学生对"教"的反应数据。课中学情分析重塑了教学有效性的评价依据，那就是教学的有效性只取决于"学"的有效性，如果学生的学习状态体现了预设的教学目标正在实现中，则说明教学是有效的。课中的学情分析是"为了学习的评价（assessment for learning）"和"作为学习的评价（assessment as learning）"理念的具体体现，它最集中地展现了"教—学—评"一体化的现实形态。

在传统教学理论中，教学与考试评价之间的关系，往往是一种区分相对清晰、功能相对独立和操作相对分离的关系。评价主要是为了总结学生在一定的阶段所学到的知识和掌握的技能，以便汇报学生的学业成就和进步。此即关于学习的评价（assessment of learning）。这通常发生在教学之后，对教师的教学效果和学生的学习结果做出判断。在学校层面往往被异化为通过考试对学生进行成绩排名，并以此来评价教师的教学水平。这种评价范式下，取得好的考试分数成了课堂教学的目标，课堂变成了一个"黑箱"。人们只管将标准、管理规则、教师、学生以及高利害的测验等投放到黑箱中，期望产出更好的学生测验成绩，却不关注黑箱中发生了什么。这是一种静态的结果性评价，无法为教学和学习提供即时有效的决策信息，对促进学生的学习没有直接的意义，在某种程度上导致了应付考试的机械学习和肤浅学习。

"为了学习的评价（assessment for learning）"则是及时诊断与学习目标相关的内容并对教与学进行反馈，进而做出改进的评价。这种评价不再是游离于教学过程之外的一个孤立环节，其本身就是教学的有机组成部分。评价在课堂层面持续地进行，采用各种正式或非正式的评价方法收集关于学生理解与表现的证据，这些证据被用来确定学习者达到目标的程度如何、需要做出什么调整、还需要哪些努力等。这是一种动态的形成性评价，这种评价范式下，评价的目标是改进教学以使学生最大程度地获得进步，而不仅仅是划分等级或选拔学生。

"作为学习的评价（assessment as learning）"意味着学生学会利用评价信息来管理自己的学习。学生作为评价的利益相关者，是不可或缺的评价主体。学生的自我评价是依据学习目标主动收集信息来持续监控自己达成目标的过程，并充分运用评价结果的信息来进行自我反馈和自我调整。学生清楚地知道自己学到了什么、是如何学习的、学习能得到哪些支持以及什么是高质量的学习，能够监控、调节、控制自己的认知、动机和行为。在此过程中，学生逐渐发展自我效能感和元认知能力。

（三）课后学习结果分析

课后学情分析指向于对学生学习结果的考查，旨在为判断"学生最终学到了什么"提供信息。课后学情分析为教师的教学反思与改进提供了依据。通过分析"学生最终学到了什么"，教师进一步对教学设计的适切性和教学实施的有效性进行评估，最终在修正原有教学方式的基础上做出新的教学决策。

总之，学情分析渗透于教学全过程，所分析的三个基本单位：学习起点、学习状态、学习结果构成了一个基本的学情分析连续体，教学的设计、实施与改进由学情而不是预定的教学内容所引导和推动。如图 4-1 所示，表面上看，课前、课中和课后的学情分析各有指向，但正如图中虚线所示意的，这三个阶段的划分只具有相对的独立性，实际上是相互关联的。要确定学生的"学习起点"，不仅需要考查以往课后学情分析所得到的学生学习结果，而且需要回顾以往教师在课堂上所观察到的学生学习状态。而学生的学习状态既是落实课前学情分析的结果，又是课后学情分析的维度之一。对学习结果的分析又成为新

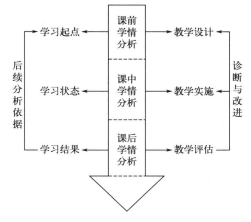

图 4-1 学情分析连续体

一次教学课前学情分析确定学生学习起点的重要参考。学情分析即是在这样的循环往复中实现与教学过程的整合的。其整合的实质就在于使评价贯穿教学的始终，实现"教—学—评"的一体化。

二、为什么需要学情分析

学情分析是教学设计的关键环节，也是有效教学的重要保障。它决定着教学过程的优化，又制约着教学效果的达成。在以学生为主体的课堂改革理念下，学情分析更成为关键性的教学要素，贯穿于教学过程，引导和推动着整个教学活动。学情分析的价值，可以归纳为以下几点。

（一）以学定教：有效教学设计的逻辑起点

"所有关于教的问题的思考和设计，都应以对学的理解和把握为基础。"学情分析的"以学定教"价值具体体现在以下三个方面。

第一，确保教学目标定位在学生的最近发展区。按照"最近发展区"理论，教学实际上就是引导和推动学生由可能发展水平向现实发展水平转变的过程。通过学情分析，教师可以准确把握学生的现实发展水平，有效预测其可能发展水平，从而精准定位教学目标于学生的"最近发展区"内。第二，确保教学重点、难点的精准预设。教学重点和教学难点在教学设计中形影相随。无论是教学重点还是教学难点都是一个相对的概念，即相对于具体的教学目标与真实的学生学情而做出的预设。借助学情分析，教师可以超越单纯依据学科逻辑判断教学重难点的做法，确保预设的教学重难点真正吻合学生的学习实态。第三，确保教学策略选择与教学活动设计的精准匹配。立足学情分析，综合考虑学生在知识、能力、态度与学习风格等方面的准备水平，合理选择教学策略、设计教学活动，才能确保教学有的放矢，满足学生学习需要，激发学生学习动机，调动学生学习兴趣，有效促进学生学习，达成既定教学目标。

（二）因学施教：教学有效生成的动力杠杆

因学施教，即依循学生学情而展开教学。现代教学论认为，教学本质上是教师的"教"与学生的"学"相互融合而形成的交往互动过程，"生成"是教学活动的基本特征。从教学生成的视角来看，教学目标的实现及教学任务的顺利完成在很大程度上取决于教师对学生学情的掌握程度和利用程度。学情分析的"因学施教"价值具体包含三重意蕴。

第一，教学要契合学生的学习需要。学习需要是学生学习的源动力，是学习动机产生的基础，也是影响学习积极性与学习参与程度的关键因素。当教学的内容、形式、手段与学生的学习需要相契合时，就能唤起学生的学习欲望，促使其积极主动地参与到教学过程中去；反之，则会导致学生应付了事甚至厌倦学习。只有认真分析并善于利用学生学习需要，有效引发学习动机，才能引导学生积极参与到教学过程中。第二，教学要尊重并利用学生学习差异。从教学生成的视角看，学生差异是一种教学资源，而不是教学障碍。学生在生活经验、知识背景和思维方式等方面的差异，正是教学对话得以开展的条件。因学施教，意味着教师要精准识别并针对学生差异设计讨论、探究等活动，通过真正的教学交往与对话，促成意义的生成与主体性的发展。第三，教学要随着学生学情变化而调整。教学过程不是一成不变的方案执行，而是由学生学情来推动的。学情的复杂性、发展性决定了教学的不确定性和变迁性。因学施教，意味着通过对学情的即时判断与反馈，随时调整教学策略，促使教学活动向着教学目标不断地动态推进。

（三）依学评教：发展性教学评价的判断基准

基础教育课程改革提出了发展性的评价理念，即评价要发挥促进学生发展、教师提高和改进教学实践的功能。发展性评价实质上是一种重视起点、关注过程的增值性评价，通过多元的评价方式，关注学生在教学中的发展与进步。学情分析为发展性教学评价提供了判断基准，其"依学评教"价值具体表现为以下几个方面。

第一，学情分析本质上是对学生学习的发展性评价。动态的学情分析通过对学习起点、学习状态和学习结果的全过程把握，将整个教学过程纳入评价的视野，不断确认并反馈学生在教学中的生成状态和发展状态，从而促使教师和学生关注教学的每一个环节，重视学生的每一点进步，不断改进和提高学生的学习和教师的教学。这本身就体现了发展性评价的思想精髓。第二，学情分析为合理评价教学效能提供更为客观的判断基准。长期以来，我国学校的教学评价多是一种终结性评价，即以学生最终的考试成绩来作为评价教学效能的绝对标准。这种评价方法忽略了学生在原有起点上的差异，是一种不准确、不公平的评价。依据学情分析，通过对学生一段时间内不同时间点上学习状态的纵向追踪分析与比较，考查学校教学对学生学业成绩与发展水平的增值净效应，是一种更加合理、更加公平的评价方式。

（四）由学研教：教学研究与教师成长的有效着力点

学情分析是建立在调查研究基础上的一种评价研究、预测研究、决策研究，其关键在调查，核心在分析，目的在预测和决策。学情分析是教师借助测验、观察、访谈、问卷、作业分析等调查研究手段搜集多方信息，并基于此对学生学情状况做出评判，而不是主观臆断；它不止于学情描述，而是基于学情继续探索学生学情与教学设计、教学策略的关系，做出适应学生学习需要和个性特点的教学决策。通过研究学生学情的动态发展来思考教学问题、检视教学实践，通过提升学情分析的技术含量来实现教学研究的科学化，通过追求学情分析的专业化来丰富自身的实践性智慧，促进自身专业成长❶。

第二节 学生已有知识经验的分析

本节所讨论的学情分析是为教学设计服务的，故分析的范围主要是学生课前学习起点的分析。影响课堂教学设计及效果的学情因素较多，主要有学生的已有知识储备、生活经验、认知发展水平、认知特点、认知风格，以及学习动机、学习态度等，这些因素可分为三种类型：已有知识经验类、认知类和情感类。

---

❶ 刘岗，田静. 学情分析的价值意蕴、实践困境与改进路径［J］. 教学与管理，2020，（27）：18-21.

一、学生已有知识经验的分类

学生已有知识经验具有多样化和个性化特征。从是否有利于新知识的获得以及已有知识经验的主要来源两个维度（如图 4-2）可对学生的已有知识经验进行分类。有利于新知识获得的知识经验是指这类知识经验是正确的，其结构是清晰的，能够为新知识的获得提供有利的支撑点，可对学生的学习起到积极促进的作用；不利于新知识获得的知识经验指的是这类知识经验是模糊不清的甚至是错误的，它们与科学知识、科学概念不一致，与新知识存在着矛盾冲突，会阻碍新知识的获得，不利于学生学习。正式途径获得的知识经验主要是指学生在学校，通过教师课堂教学或书本知识的学习、正式的网络学习、与教师或经验丰富的学长交流、通过身边表现优秀同学的影响等途径获得知识经验；非正式途径获得的知识经验指的是学生通过正式途径以外的其他途径获得的知识经验，包括日常生活中的经验积累以及学生根据已有知识经验对一些日常现象做出的解释和推论等。根据这两个维度来分析，学生的已有知识经验可以分为 4 类❶。

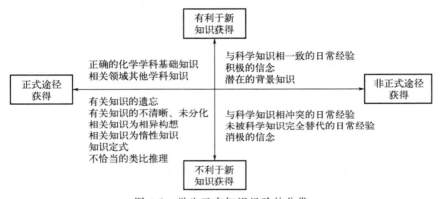

图 4-2　学生已有知识经验的分类

（一）正式途径获得的有利于新知识获得的知识经验

学校是学生获取知识的主要场所，学生通过学校各种学习情境中所获得的知识经验多数情况下是有利于新知识的获得的，它们可以与新知识构成上位关系、下位关系或并列结合关系，帮助学习者理解新知识，这就是奥苏伯尔所说的可以作为新知识固着点的先前知识。这类知识在进入学生头脑之前，已经以科学的形式存在于教科书、教师的教学设计、学习参考资料或学生的日常生活经验中。这些知识经验不仅包括学生学习新知识所需要的化学学科基础知识，也包括相关领域其他学科的知识，比如相关的物理学知识、生物学知识等等。如苏教版高中化学必修教材第一册专题 5 "第二单元　微粒之间的相互作用力"，学生在之前的化学学习中已认识了丰富多彩的化学物质，知道物质是由分子、原子、离子等微粒构成的，通过"氯气及氯的化合物""金属钠及钠的化合物"等单元的学习，已经知道典型的金属或非金属元素的单质及化合物的性质，这些就可以成为此单元教学的先行组织者。除了相关知识外，学生在日常生活

---

❶ 毕华林，亓英丽．化学教学设计——任务、策略与实践［M］. 北京：北京师范大学出版社，2013，50-65.

092 ————————— 素养导向的中学化学教学设计

中积累的经验也可以成为支持新知识学习的基础，如初中化学学习"燃烧"概念时，学生在生活中已经积累了许多相关知识经验，如知道钻木取火，看见过蜂窝煤燃烧，奥运会转播中看见过"水下点火"等，这些都可以为"燃烧的条件"的建构提供经验基础。

（二）正式途径获得的不利于新知识获得的知识经验

学生在学校学习中通过正式途径所获得的知识经验并非都有利于新知识的获得，即这些知识并非以科学的形式整合到学生的认知结构中。这类知识经验通常由以下因素所造成。

1. 有关知识的遗忘

有的知识经验虽然先前已学过，但是随着时间的推移，由于长时间得不到应用或当时学习得并不牢固等会发生遗忘，而这些知识又是习得新知识的前提。例如，高中学习"氧化还原反应"时，初中时已习得的关于化学反应的分类，如"四大基本反应类型"以及"氧化反应""还原反应"是新课学习的先备知识，如学生已遗忘，则对于新知识也难以理解。

 案例分析 >>>

【案例 4-3】 高中化学必修"氧化还原反应"教学片段

研读以下案例，分析：①教师在引入新课时为什么先复习初中所学过的四大基本反应类型？②教师让学生回顾书写初中所学的高炉炼铁中的化学反应的目的是什么？

新课导入：

【教师提问】同学们，在初中阶段我们已经学习过许多化学反应，这些反应是如何分类的？请举例说明。

【学生回忆】四大基本反应类型。

反应类型	定义	举例
化合反应	由两种或两种以上的物质生成一种物质	$C+O_2 \xrightarrow{\text{高温}} CO_2$
分解反应	由一种物质生成两种或两种以上的物质	$2KClO_3 \xrightarrow[\triangle]{MnO_2} 2KCl+3O_2\uparrow$
置换反应	由一种单质和一种化合物生成另一种单质和另一种化合物	$Fe+CuSO_4 == Cu+FeSO_4$
复分解反应	由两种化合物相互交换成分生成另外两种化合物	$2NaOH+CuSO_4 == Cu(OH)_2\downarrow +Na_2SO_4$

【教师布置】请写出高炉炼铁中的化学反应，说出各属于哪一种基本反应类型。

【学生书写】$C+O_2 \xrightarrow{\text{高温}} CO_2$　　　化合反应

　　　　　　$C+CO_2 \xrightarrow{\text{高温}} 2CO$　　　化合反应

　　　　　　$3CO+Fe_2O_3 \xrightarrow{\text{高温}} 2Fe+3CO_2$　？

【教师提示】是否还学过其他反应类型，能将上述反应归类吗？

【学生回答】氧化反应：物质与氧气发生的反应，如上述反应 $C+O_2 \xrightarrow{\text{高温}} CO_2$；还原反应：含氧化合物里的氧被夺走的反应，如上述反应 $3CO+Fe_2O_3 \xrightarrow{\text{高温}} 2Fe+3CO_2$。

【教师提问】氧化反应可以看作是物质得到氧的反应，还原反应可以看作是物质失去氧的反应。那氧化反应和还原反应是分开进行的吗？以反应 $3CO + Fe_2O_3 \xrightarrow{\text{高温}} 2Fe + 3CO_2$ 为例，氧化铁失去了氧，那它失去的氧去了哪里呢？

【学生分析】从三个反应看，有得氧必有失氧，有失氧必有得氧。

【归纳】一种物质被氧化，同时另一种物质被还原的反应称为氧化还原反应。

【教师提问】请同学们继续观察上述三个反应，伴随着得氧失氧的发生，元素的存在形态有何变化？伴随着元素存在形态的变化，什么一定发生变化？

【学生分析】元素有从游离态变为化合态的，也有从化合态变为游离态的，这时，元素的化合价一定发生变化。

【教师布置】那就请同学们标出上述反应中各元素的化合价，看看化合价是否变化，变化有什么规律。

……

2. 有关知识的不清晰、未分化

现代认知心理学的有关研究表明，如果学习者的认知结构中与新知识相关的已有知识经验不稳定、不清晰、未分化，则不仅不能为新知识的获得提供适当的联系和有力的支点，而且原有知识通常会先入为主，或者新旧知识产生混淆。如，当学生学习过离子键和共价键后，再学习分子间作用力，可能会将分子间作用力也作为化学键的一种类型。

 案例分析 >>>

【案例 4-4】 "微粒之间的相互作用力"第 3 课时课堂小结

某教师在"微粒之间的相互作用力"单元教学的最后一课时结束时，引导学生整理归纳微粒之间的相互作用力的类型和区别（如表 4-1），并讲述："实际上微粒之间的作用力不仅有离子键和共价键，构成金属的原子与原子之间其实也存在着强烈的相互作用力，我们将在选择性必修课程中进一步学习"。请分析教师如此设计的目的。

表 4-1　"微粒之间的相互作用力"的类型和区别

区别	微粒之间的相互作用力		
	化学键		分子间作用力（含氢键）
	离子键	共价键	
微粒	阴、阳离子之间	非金属原子与原子之间	分子与分子之间
微粒间距	邻近	邻近	较大
是否强烈	强烈	强烈	较弱
实例	构成 $NaCl$、$MgCl_2$、MgO 等物质的阴、阳离子之间	构成 Cl_2、HCl、H_2O、CO_2 等分子的原子之间	构成氯气、水、二氧化碳等物质的分子之间（水中水分子之间的作用力为氢键）
对物质性质的影响	影响物理性质、化学性质		主要影响物理性质

3. 相关知识为"相异构想"

"相异构想（alternative framework）"是学生头脑中存在的与科学概念不相同的一种"结构性的想法"，是学生在对周围世界经验的理性认知基础上所建构的用于描述和解释自然现象和事件的方法。相异构想可能会产生在正式学习之前也可能产生在正式学习过程中，甚至在正式学习之后也有可能产生，它的产生具有长期性和复杂性。例如，铜锌（稀硫酸）单液原电池通常是高中必修阶段大多数教师使用的教学模型，这一模型本身的某些特点，如电极材料为金属、锌既是电极反应物又是电极材料、稀硫酸参与电极反应等，导致学生产生了各种相异构想：学生将电极反应物等同于电极材料，认为电极材料必须为 2 种活泼性不同的金属，电解质溶液必须参与电极反应，将电流产生的原因归结为电极材料存在活泼性差异，且电极材料与电解质溶液要发生反应等。由于这些偏差认识出现在概念建立阶段，一旦形成将非常顽固，严重干扰后续学习。例如，很多学生质疑：氢氧燃料电池中，氢气和氧气没有直接接触为什么发生反应了？电极材料不是金属，没有活泼性差异，为什么能够产生电流？这些问题不仅妨碍学生观念性认识的形成，而且让学生难以形成分析、解决原电池问题的思路和方法，导致概念难以功能化。

案例分析 》》》

【案例 4-5】　高中化学必修"原电池"教学设计[1]

为了解决学生通过铜锌（稀硫酸）单液原电池学习可能产生的相异构想，徐老师尝试用 H_2（石墨）—NaCl 溶液—（石墨）氯气单液原电池作为新授课教学模型，教学过程见表 4-2。试分析：该模型有哪些优势？可能存在哪些教学问题？

表 4-2　"原电池"教学过程

核心活动	教学问题	学生认识发展
探究化学能转化为电能的条件	1. 你是怎样理解化学能与电能的含义的	将化学能与化学反应，电能与定向移动的电子建立起联系
	2. 如果你是设计师，将选择哪种化学反应来制造电流	将电子转移与氧化还原反应建立起联系
	3. 氢气在氯气中燃烧的反应存在电子转移，为什么化学能转化为热能而不是电能呢	当氧化剂与还原剂混合接触时，电子转移的方向是无序的，化学能转化为热能
	4. 如何使电子的转移由无序变为有序呢	将氧化剂与还原剂分开，导线一端为失电子物质，另一端为得电子物质。电子转移方向是有序的，可形成电流

---

[1]　徐敏，燕丹丹. 促进能量观功能化的教学策略研究——以高中必修"原电池"教学为例 [J]. 化学教育，2016，37（09）：4-7.

核心活动	教学问题	学生认识发展
设计原电池装置	5. 为什么电流计指针没有偏转？电路本身是否存在问题？如何改进 未形成闭合回路，无电流　用金属导线形成回路，无电流　用电解质(NaCl)形成回路，有电流	用金属导线连接两极，无法产生电流。借助于电解质可以形成闭合回路，产生电流
探究原电池原理	6. 氢气与氯气分开了，为什么仍然能够形成电流？请首先分析电极周围的物质发生的变化，然后加以解释 石蕊　H_2　Cl_2　NaCl溶液 实验证明H_2转化为H^+	从氧化剂、还原剂得失电子能力不同，2个电极材料上带电量不同，形成电势差的角度认识电流形成的原因
	7. 电流回路是如何形成的？电子能否在电解质溶液中定向移动	形成外电路依靠电子，溶液内部依靠离子导电的认识

4. 相关知识为惰性知识

惰性知识是指已经习得但在新的情境中不能正确提取和用于解决实际问题的知识。惰性知识的主要来源为：一是这些知识没有形成一定的知识网络或图式，遇到实际问题，零散而非结构化保存的知识，不利于访问和提取；二是即便知识的组织方式是结构化的，但由于这些结构多是以学科逻辑链接在一起，缺乏情境脉络的支持，因而在遇到问题时无法与问题情境对接，找到有针对性的解决策略，这种图式是僵化、无效的。在教学过程中，教师非结构化或去情境化的教学，以及学生缺乏对知识合理、有效的组织，都有可能导致所学知识转化为惰性知识。这些惰性知识虽然被习得并储存在学生头脑中，但在新情境中学生却不能将其提取出来应用，因此，它们对学习者学习新知识来说也是不利的。

5. 知识定式

定式是一种特殊的心理准备状态或学习心向，是由先前学习引起的，对以后的学习活动能产生影响的心理准备状态。定式可以帮助学习者解决一些问题，但当问题情境有所变化时，学生有时表现出按照自己已有的思维模式理解新知识的倾向，造成对新知识理解上的干扰和阻碍。

6. 不恰当的类比推理

类比推理是一种重要的逻辑思维方式，在化学教学中，从物质所属类别入手，根据已知同类物质的性质去推理新的物质的性质是一种重要的教学方法。如，学习二氧化硫的性质时，根据同类物质二氧化碳所具有的性质去进行推理：二氧化硫能与水反应生成酸、与碱反应生成盐和水，与碱性氧化物反应生成盐。但类比推理有时有可能导致错误的结论。例如，利用稀盐酸、稀硫酸所具有的性质推理稀硝酸所具有的性质时，就会出现错误；再如，微观物质的不可视性和抽象性使得学生缺少感性认识，这时，学生就会自觉或不自觉地把对宏观事物、现象的知识和认识方法套用于微观世界，用宏观的原理来解释微观的现象。很多学生无法理解物质的粒子性，他们经常将各种宏观的性质类推到微观的粒子上，如认为硫原子是黄色的，铜原子具有延展性等。

（三）非正式途径获得的有利于新知识获得的知识经验

这类知识经验的主要来源是学生在日常生活中，通过与他人交流、观察别人、自己亲身体验等积累的生活经验。这类知识经验若与科学知识相一致，对学生的学习会起到积极的促进作用。这类知识主要包括如下三种。

1. 与科学知识相一致的日常经验

学生在正式学习化学课程之前，在日常生活中就已经接触了空气、水、二氧化碳、金属、食盐、食醋等物质，对这些物质的日常应用都有了一些了解，教学时利用学生的相关知识经验可促进教学，如金属铁在潮湿的空气中易生锈、铝不易生锈，二氧化碳灭火器、碳酸饮料中溶有二氧化碳气体，夏天食物易腐败、冬天不易腐败，等等。

📖 **案例分析** >>> ------------------------------

【案例 4-6】 **人教版九年级化学教材"分子和原子"引言**

　　人教版九年级化学教材"第三单元　物质构成的奥秘""课题1　分子和原子"的第一部分"物质由微观粒子构成"用以下一段话作为引言，请分析这一段话的作用是什么。

　　走过花圃会闻到花香；湿的衣服经过晾晒会变干；蔗糖放到水里会逐渐"消失"，而水却有了甜味。

2. 积极的信念

学生在日常生活中除了对具体的事物和现象有一定的理解之外，他们还会逐步对世界、对活动、对自己等形成一定的基本信念，这些信念中有一些对学生的学习起着积极的作用，它们能够帮助学生对其学习进行自我调节，影响学生对知识的加工理解方式以及学习的效果，例如辩证法、认识论等信念。

3. 潜在的背景知识

学习者已有的知识经验既包括直接以现实的表征方式存在于记忆中的知识经验，也包括一些潜在的观念。有些知识经验是学习者在日常生活中接触到的，可能当时对学习者来说并没有什么太大的作用，但一旦面对一些学习者从来没有接触过的问题时，他们就能以自己的知识经验为背景，依靠自己的推理和判断能力，对当前的问题进行猜想和假设做出合理的解释。

（四）非正式途径获得的不利于新知识获得的知识经验

1. 与科学知识相冲突的日常经验

学生在日常生活中，已经从大量的化学现象中获得了不少化学方面的感性知识，积累了许多生活经验，但由于学生的化学知识基础有限，辩证思维还不发达，思维的独立性和批判性还不成熟，考虑问题易表面化，看不到事物的本质，从而会形成一些错误的经验。例如，学生在日常生活中看到通常蜡烛燃烧、酒精灯燃烧、木柴燃烧等都需要火柴或打火机等"点火"，学生便会潜在地、无意识地得出"物质燃烧需要点燃"的结论。

维果茨基将概念分为科学概念和前概念（也称日常概念），前概念通常与学生通过生活经验或学习经验所引起的对事物发展的自我理解有关，泛指所有学生在学习某个新概念之前的想法。正确的前概念可能有助于在学生的认知结构中发展新概念，而错误的前概念则可能会干扰学生的思维方法和认知模型，并对学习产生负面影响。在概念的学习中，错误的前概念会对学生产生重大影响，致使他们可能无法在概念与概念之间建立联系或建立错误的联结。

2. 未被科学知识完全替代的日常经验

这种情况出现的原因，通常是学生在学习新知识的时候，未能达成真正的、深刻的理解，使得一些日常经验先入为主，没有被科学知识完全替代，而是部分或全部保留下来；或者是在学习科学知识的过程中，因缺乏对科学知识正确的、全面的认识，又结合一些不科学的知识经验或不正确的日常经验，从而形成了新的误解。

3. 消极的信念

这些消极的信念会干扰或阻碍学生对学习进行自我调节，作为潜在的影响因素，它们会对学生的学习产生不利的影响。例如，某次考试成绩不理想被老师批评后，对化学学习失去信心。

学习者的认知结构就是在新旧知识经验的相互作用过程中，不断得到丰富、提高、发展和完善的。综上所述，在教学设计中，不仅要分析学习者具备哪些有利于新知识获得的已有知识经验，以其为固着点吸收和整合新知识，从而使原有的认知结构得到"量"的扩充；更要重视分析那些妨碍学生新知识获得的已有知识经验，引导学生对它们做出积极调整或改变，从而使认知结构发生"质"的变化。

二、学生已有知识经验的探查方法

学生已有的知识经验对学习新知识有着非常重要的影响。因此，教师在进行教学设计前必须分析学情，在学生已有知识经验的基础上进行有效教学。学生的已有知识经验非常复杂，形式多样，因人而异。教师需要掌握一定的学情探查方法，才能比较有效且高效地分析出学生的已有知识经验。

（一）诊断性测验

教学诊断即教师看到学生学习中存在着困难，精确地找到这个困难是什么，并发现产生困难的原因。教学诊断的方法有多种，如观察法、作业法、调查法等，诊断性测验是较为常用的一种方式，通常发生在新课教学之前，如课前小练习。教师通过诊断结果可了解学生学习新知识所需要的基础知识和基本技能的掌握情况，探明学生可能存在的各种学习障碍，从而为确定教学的起点提供依据。

诊断性测验题的设计需要针对性强，即考查的是学习新知识所必备的知识经验基础，教师可以在日常观察及教学经验积累的基础上，针对性地设计能够诊断学生已有知识经验的掌握情况的问题进行检测，或者以前面相关知识学习时的作业结果为依据，分析诊断学生是否具备相关知识。当发现多数学生确实存在学习"症结"时，则应查找原因，并进行适当的补救教学，以使学生具备学习新知识的基础。

（二）课堂提问

课堂提问是教师在课堂教学中有计划地提出问题，引导学生思维、实现教学反馈的一种重要方法。教师合理地设计课堂提问，通过学生对问题的回答情况获得反馈信息，可以考查学生对相关知识的掌握情况，了解学生当前的学习状态，判断学生的学习进展以及与目标的差距，及时调整教学策略，从而更好地引导学生对新知识的学习。

旨在学情诊断的提问，应重点考查学生已有相关知识经验的掌握和应用情况，通过提问将知识置于一定的问题情境中，给学生提供"通过解决问题来学习"的机会，使学生更主动、更广泛、更深入地激活自己的原有知识经验，通过积极地分析、推理等活动，来丰富、充实，甚至调整、改造原有知识经验，对问题中所蕴含的关系和规律形成新的理解，实现新知识的建构。

案例分析 >>>

【案例 4-7】 人教版九年级化学"元素"课题教学片段

以下是教师在"元素"课题中的教学片段，请分析提问 1、提问 2、提问 3、提问 4 分别具有怎样的作用？在元素概念形成后教师为什么要设置"练习"环节？

【提问 1】同学们在前面的学习中已经知道了物质由微粒构成，请说明以下物质分别由什么微粒构成：氧气、水、二氧化碳、金属钠、氯气、氯化钠。

【学生回答】氧气、二氧化碳、水、氯气由分子构成，金属钠由原子构成，氯化钠由离子构成。

【提问 2】分子、原子、离子还可以再往下细分吗？也就是说，它们是否由更小的微粒所构成呢？

【学生回顾整理】

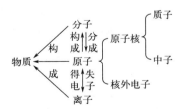

【提问 3】请分析水（H_2O）、氧气（O_2）、二氧化碳（CO_2）三种物质的分子中共同点是什么？构成金属钠的钠原子和构成氯化钠的钠离子的共同点是什么？构成氯气的氯原子和构成氯化钠的氯离子的共同点是什么？

【学生分析】水（H_2O）、二氧化碳（CO_2）、氧气（O_2）三种物质的分子都含氧原子，其核电荷数都为 8，构成金属钠的钠原子和构成氯化钠的钠离子的核电荷数都为 11，构成氯气的氯原子和构成氯化钠的氯离子的核电荷数都为 17。

【概括】具有相同核电荷数（即质子数）的同类原子称为元素。即核电荷数都为 8 的氧原子统称为氧元素，核电荷数都为 11 的钠原子统称为钠元素，核电荷数都为 17 的氯原子统称为氯元素。

【讲解】我们可以用元素来描述物质的宏观组成，如氧气由氧元素组成，水由氢元素和氧元素组成，二氧化碳由碳元素和氧元素组成。大千世界所有的物质都由元素组成，同学们可以翻看教材最后的元素周期表，表中列出了目前科学家已经发现的自然界存在的以及人造的元素 118 种。

【展示】①地壳中的元素含量；②生物细胞中的元素组成。

【练习】请分别从元素和微粒视角描述下列物质的组成和构成。

氢气（H_2），过氧化氢（H_2O_2），氯化钾（KCl），金属钾（K）

【整理归纳】

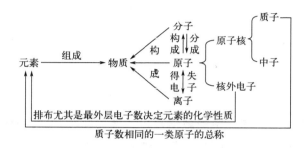

【提问 4】物质是由元素组成的。我们已经知道，在化学变化中，物质一定会发生改变，那么，组成物质的元素是否会发生改变呢？

……

（三）布置作业

作业是课堂教学的延伸和补充，是学生巩固和应用知识、发展化学学科素养的重要途径，也是教师探查学生已有知识经验的方法之一。如果前后课的联系非常密切，则前一节课的作业结果可作为后一节课学情分析的重要依据；如果前后课的联系不太密切，已有相关知识经验的学习与新课教学相距时间较远，教师可在新授课之前布置相应的作业，让学生在已有知识经验的基础上完成，然后通过批改、统计，分析学生的知识结构是否能支持相应的学习，采取怎样的教学策略让学生进行概念转变等。

（四）深度访谈法

深度访谈法是教师就有关元素及其化合物知识、概念、原理等知识领域，采用"演示—观察—解释"法、"思维过程展示"法、概念图绘制等方法选取典型学生进行访谈，鼓励学生对相关知识做出详尽的解释，通过记录学生思考问题的过程和结果，编制学生的认知结构概念图，推测学生头脑中对教学具有干扰作用的错误概念（或相异构想）。这种方法虽然可以详尽、深刻地揭示出学生已有知识经验的状况，但是需要花费较多的时间，且只能对部分学生进行访谈研究。教师可以依据实际情况，在一些非常重要且容易产生错误概念的化学主题（如原电池、化学平衡等）教学中，进行相应的学情分析研究。

 案例分析 >>> ···

【案例 4-8】　教师对"电解质"概念的访谈

研读以下概念访谈过程与结构，教师从中可发现什么？对教师的教学设计有何启示？

某教师对学生进行访谈前制定了采访的提纲。具体的指导步骤包括：①陈述目的；②引出学生概念；③关注学生对概念的想法。采访之前首先创造了轻松的谈话环境，让学生能够自由表达自己的想法。该教师期望学生从对有关问题的思考转向使用概念，接下来了解学生所说概念和想表达的想法之间的关系。下面是对一名高二理科生采访的片段：

（轻松谈话阶段）……

师：你觉得高中阶段哪一部分知识比较难学？

生：就是电解质、离子反应、水解那一部分，都混了。

师：那先谈一下你对电解质的认识吧。（引向学生对概念的想法）

生：就是在水中或是……能导电的化合物。哪一个条件记不清楚了，反正是两个。

师：课本（鲁科版）上的定义是"在水溶液中或熔融状态下能够导电的化合物称为电解质"。

生：哦，对。那什么是熔融状态啊？

师：你是如何理解这个状态的呢？（从学生对概念的使用转向对概念的理解）

生：我感觉就是固体不断加热熔成液体的状态吧。

师：为什么电解质变成液体后就能导电了呢？

生：是因为发生了电离。

师：为什么电解质发生电离就可以导电呢？

生：不知道。

师：那你刚才为何说发生电离就导电呢？

生：记住的。

……

第三节　学生认知特征和情感特征的分析

学习者的学习过程既是一个认知过程，同时也是一个情感过程。认知是指那些能使主体获得知识和解决问题的操作和能力，习惯上将认知与情感、意志相对应。认知过程影响着学生获得信息、做出计划以及解决问题等学习环节，学习者的情感对学习活动起着激励、定向等重要作用。

一、学生认知特征分析

学生的认知特征包括多种，对学习具有重要影响的认知因素主要有认知发展水平、认知风格及认知策略等。

（一）学生认知发展水平分析

化学是一门对学生认知发展水平要求比较高的学科，如果学生不具备相应的思维水平和认知能力，就很难达到理想的学习效果。因此，教师在教学之间研究分析学生在不同阶段的认知水平及认知基础，遵循学生的认知发展规律进行教学，则会取得很好的教学效果。

皮亚杰认为，儿童的认知发展实质上是其行为和思维被不断地组织为有机的整体结构，这种结构被称为图式（scheme），可以说，认知发展就是图式的发展。当学习者能利用已有的图式来理解和解决新情境中的问题时，学习者与情境之间处于一种平衡状态；当遇到新的情境问题刺激，而学习者不能用已有的图式加以理解和应对时，就打破了这种平衡。为了重新达到平衡，学习者要么将情境刺激纳入其已有的某个图式中（即同化），要么改变已有的图式适应新的情境（即顺应）。通过同化和顺应，图式有了发展，学习者与情境之间达到新的平衡。这种平衡化的过程一直持续下去，学习者的认知能力就不断得到发展。如案例 4-3 氧化还原反应的教学，基于学生的认知发展特点，初中将氧化反应、还原反应分开进行教学，到了高中阶段，要让学生从整体上认识氧化还原反应，教师通过高炉炼铁中学生熟悉的三个化学反应，先让学生从四大基本反应类型去分类，当学生对"$3CO + Fe_2O_3 \xrightarrow{\text{高温}} 2Fe + 3CO_2$"无法归类时，则调用已有认知中另一种分类法，即根据"含氧化合物里的氧被夺走的反应"将该反应划分为"还原反应"，教师再提出问题"'还原反应'与'氧化反应'是两种分开进行的反应吗？"引起学生的认知矛盾，经过顺应过程，学生对氧化还原反应的认识就得到了发展。

从初三到高三均开设化学课，学生的年龄在 16～18 岁，其认知发展的一般特征是：思维由经验型、直观型逻辑思维向理论型、辩证型逻辑思维转化，记忆由半机械和形象记忆向理解和抽象记忆转化。在思维发展方面，初中生虽具备了抽象逻辑思维，但很大程度上还属经验型，需要感性经验的直接支持。高中生的抽象逻辑思维属于理论型，他们能够用理论作指导来分析、综合各种事实材料从而不断扩大自己的知识领域。他们基本上可以掌握辩证思维（一般到特殊的演绎过程、特殊到一般的归纳过程），学生从经验型水平向理论型水平转化是从初二年级开始的，这是一个关键阶段，到高二则趋向定型，思维趋向成熟。

因此，初三化学教学中，提倡"做中学"，即让学生通过做实验、观察实验，在丰富的感知基础上，获得对物质性质与变化的认识，如案例 4-1 中初中"氧气的化学性质"的教学；在高一必修课程教学中，学生已具有了一定的化学基础知识，抽象逻辑思维得到了一定的发展，教学中可以让学生利用一定的理论思维进行预测、实验设计，再通过实验观察获得证据支持，将形象思维与抽象思维结合，实现从现象到本质、从感性到理性的转化，如案例 4-1 中高中"氯气的化学性质"的教学；在选择性必修阶段的教学中，则侧重从"化学反应原理""物质结构与性质"等抽象的理论知识出发，让学生通过抽象思维认识化学反应的本质。

（二）学生认知风格分析

认知风格（cognitive style），又称认知方式，是指个体在感知、记忆、思维和问题解决等认知活动中加工和组织信息时所显示出来的独特而稳定的风格。不同学生具有不同的认知风格。如：有些学生喜欢听教师讲解，有些学生喜欢自己独立去思考；有些学生喜欢动手操作实验，有些学生更喜欢看别人操作；有些学生喜欢与别的同学合作完成，有的学生却更愿意一个人独立完成……在化学教学中，教师分析学生的认知风格，有利于帮助每个学生充分发挥他们在学习方面的特点和潜力，同时，通过对不同认知风格的学生在化学学习中所呈现的不同特点进行研究，教师可以更深刻地认识学生学习的个性差异，并据此寻找合适的教学策略，为优化教学提供直接依据。

学生在进行学习活动时离不开注意、知识、记忆、思维等认知活动，它们是认知的操作系统，其各自进行方式将影响学生的认知风格，影响学生的认知活动。因此，对于认知风格的研究，主要集中在认知风格维度的确定及分析上，如表 4-3 所示。

表 4-3　认知风格的多种维度

认知风格	认知维度
知觉风格	场依存—场独立型、拘泥—变通型
记忆风格	平稳—敏锐型、复杂认知—简约认知型
解决问题风格	冲动—沉思型、概念—知觉型
逻辑推理风格	跳跃—渐进型、扫描—聚焦型、广视分类—狭视分类型
思维风格	聚合思维—发散思维型、分析考量—非分析考量型
策略风格	整体—系列型
信息加工风格	同时加工—继时加工型

以上认知风格中，场依存—场独立型、冲动—沉思型、聚合思维—发散思维型、整体—系列型等几种认知风格对学生化学学习的影响较大。认知风格不同，学生的表现特点不同。教师可以通过观察学生在日常学习、解决问题的过程中是否表现出这些特点，分析出学生所偏爱的认知风格，从而采取相应的教学策略进行有效教学。

1. 场依存—场独立型

① 化学学习内容方面：场独立型学生更加擅长抽象性的、需要认知改组的化学知识（如化学基本概念和基本理论）；而场依存型学生更喜欢学习元素及其化合物、化学实验等具体的可感知的知识。②化学学习能力方面：在自学能力以及实验设计方面，场独立型学生较场依存型学生表现更佳。③抗环境干扰能力方面：场独立型学生倾向于以内在参照作为心理活动的依据，较少受外界环境的影响，注意力比较稳定，而教学方式、教学方法的改变对场依存型学生会有较多干扰。④记忆、学习效果方面：场独立型学生对缺乏组织的材料，记忆和学习效果比场依存型学生要好。场独立型学生更善于自学，场依存型学生更擅长记忆。⑤化学问题解决方面：场独立型学生喜欢从常规的解题模式中跳脱出来，采用新的解题方法，喜欢尝试新颖的题目和化学实验设计题，而场依存型学生易墨守成规。

2. 冲动—沉思型

① 反应速度、正确率方面：冲动型学生面对问题时总是急于给出问题的答案，他们不

习惯对解决问题的各种可能性进行全面考虑，甚至会在尚未搞清问题要求时就开始对问题进行解答，因此出错率较高。沉思型的学生在解决问题时，总是谨慎、全面地检查各种假设，在确认没有问题的情况下才给出答案。②信息加工能力方面：冲动型认知风格的学生具备能够抓住整体和快速概念化相结合的特点。沉思型学生却能够根据事物之间共同的关键特征进行分类。

3. 聚合思维—发散思维型

在信息加工模式上，聚合思维型学生在解决问题时表现为搜索或综合信息与知识，运用逻辑规律，指向一个方向，逐步缩小解题范围，直至找到答案；发散思维型学生在解决问题过程中通常使自己的思维沿着许多不同的方向扩展，最终产生多种不同的解题策略或答案，容易产生新颖的想法。

4. 整体—系列型

在学习策略上，整体型的学生倾向于将情境作为一个整体来看，重视情境的全部，学习时先根据理解来构建总的意义框架，然后再分析细节以及细节与整体的关系；系列型学生则通过连续地注意材料，把握材料的各个部分，从而把握整体的意义。

（三）学生认知策略分析

认知策略是一种特殊的智慧技能，关系到学生的"学会学习""自主学习"。可以从两个方面认识认知策略的性质。第一，从学习的信息加工过程来看，信息加工心理学家一般将学习的信息加工过程区分为加工过程和执行控制过程，前者如信息的输入、短时记忆、长时贮存和提取等过程，后者是对信息加工过程起监测与控制作用的过程，如通过复述、精加工和归类组织等活动，使短时记忆中的信息在长时记忆中持久保存。所以，从过程来看，认知策略是学习者用来选择和调整其注意、学习、记忆与思维的内容控制过程。第二，从学习的结果来看，信息加工的结果是学习者获得的广义的知识，包括陈述性知识和程序性知识。认知策略的知识在本质上是一种特殊的程序性知识，指向的对象是学习者自身的内部认知过程。

1. 认知策略与学习策略、元认知策略

元认知（metacognition，又译为反省认知）是个体对自己的注意、记忆、思维等活动的认知。如在实验设计活动中，学生在设计实验方案的同时，对实验方案进行分析，评估其合理性并进行及时的调整。学生对自己思维的这种反思就叫元认知。元认知策略是指学习者用来设置学习目的、评估达成目的的进展情况、选择调整其他策略运用的策略，它使学习者知道何时、何地、在什么条件使用什么策略。如，内容结构化策略有"基于知识关联的结构化""基于认知思路的结构化""基于核心观念的结构化"等，学生在学习"硫及其化合物"时自主选择从"价—类"二维的认识思路对硫及其化合物之间的转化关系进行整理，在如案例4-7的学习时则选择依据"基于知识关联的结构化"策略整理元素与物质、构成物质的微粒之间的关系。学生在面对不同知识时对知识结构化策略适用条件的识别和判断就属于元认知策略。元认知策略是一种"执行的""高级的"认知策略。认知策略和元认知策略在本质上都是对内调控，所不同的是元认知策略负责完成对内调控中的设置目标、监督进展情况及调整策略运用的功能。

学习策略是指学习者为成功完成学习任务而制定的认知计划。学习策略有时又简称为策

略或策略性知识，它们可使学习者对信息加工有更好的控制。在这一点上，学习策略与认知策略是一致的。但学习策略包括的内容更多，认知策略、元认知策略都被包括在内，如图4-3所示。其中：复述策略指为保持信息对信息进行多次重复；精加工策略指对记忆的材料补充细节、举出例子、做出推论或使之与其他观念形成联想，以达到长期保持的目的；组织策略指将学习材料形成有组织的结构以便长时间保持；资源管理策略（或情感策略）主要涉及学习者自我激发动机的策略。

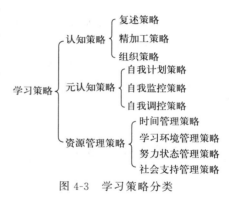

图 4-3　学习策略分类

2. 认知策略的分类分析

认知策略可以根据不同标准划分为许多类型。如，可以根据信息加工过程的阶段进行分类（表4-4），在教学时可以根据不同的学习过程选择相应的支持策略[1]。

表 4-4　基于信息加工阶段的认知策略分类分析

学习过程	选择性知觉	复述	语义编码	提取	执行控制
支持策略	突出；划线；先行组织者；附加问题；列提纲	释义；做笔记；表象；列提纲；组块	概念地图；分类学习法；类比法；规则/产生式；图式	记忆术表象	元认知策略

认知策略可分为专门领域的和一般的认知策略。专门领域的认知策略是指适合特殊领域的认知策略，如适合元素化学知识学习的"价—类"二维策略、实验探究策略等。一般的认知策略是指广泛适用于多种学科的认知策略，如概念地图策略、先行组织者策略等。

认知策略可以经由学习者的独立发现或有指导的发现而习得。如在许多学习、记忆活动的例子中，学习者在没有或只有极少指导的情况下自己可以发现复述、分类记忆、将问题分解成几部分等认知策略。但能够通过自主归纳发现认知策略的只是极少数的优秀学生，对于大多数学生来说，发现认知策略是很困难的，需要教师结合具体的内容来教授。学习者自身对内部学习过程的调节控制属于认知策略，而教师、教科书等外部主体对学习者内部学习过程的调节控制属于教学策略。因而从其作用来看，教学策略与认知策略是一样的，都是调节、促进学习者的内部学习过程。教师在教学设计时，需要有意识地思考自己所用的教学策略如何为学生所用，变成学生自己能够运用的认知策略，进而达到"教是为了不教"的境界。

 案例分析 >>>

【案例 4-9】 **2017 版高中课标"主题 4：简单的有机化合物及其应用"教学策略**

试分析以下课程标准所建议的教学策略旨在帮助学生形成哪些认知策略。

- 以典型简单有机化合物为例，引导学生建立官能团与有机化合物分类的初步认识。

---

❶ 皮连生．教育心理学［M］．上海：上海教育出版社，2011：124-127．

- 通过模型拼插等活动引导学生认识有机化合物中碳原子的成键特点、价键类型及简单分子的空间结构。
- 提倡采用观察实验现象、联系生产生活实际、归纳总结等策略对典型的有机化合物的结构、性质及应用进行教学。

二、学生情感特征分析

学生的情感特征通常指学生的情感发展情况及在特定条件下进行各种活动的情感倾向性，其包含内容宽泛。从化学学习特点出发，对学生的情感特征分析主要分析学习兴趣、情绪与焦虑、自我效能感及学习动机等对学习影响较大的情感因素。

（一）学习兴趣

心理学把兴趣定义为个体对某人或某事物的选择性注意的倾向。兴趣是由内外两个因素构成的：一是个体内在的需要，如学生通常都有求知的需要、追求感官刺激的需要；二是外界的人或事物具有满足个体内在需要的价值，如在化学学习中，实验中的新奇现象及对新奇现象背后原因的探索都能满足学生的内在需要。

兴趣可以分为直接兴趣、间接兴趣。直接兴趣是由外界事物或活动本身的性质引起的，如学生喜欢听化学家的故事，喜欢动手做实验；间接兴趣是由活动结果的工具性价值引起的，如学习了金属的化学性质后可以解释"为什么铁在潮湿的空气中生锈，而铝不易生锈"的现象。低年级学生因认知发展的制约，其学习兴趣主要是直接兴趣，间接兴趣随年龄的增长而提高。

人们凡是从事与自己兴趣一致的活动便感到轻松和愉快，凡是从事与自己兴趣不一致的活动便容易觉得厌烦和劳累。常言道："兴趣是最好的老师"。在培养学生的化学学习兴趣时需注意两点：第一，人的学习兴趣总是与人的能力密不可分。只要仔细观察不难发现，凡是学生感兴趣的活动，学生通常在这方面表现出某种潜在能力。在某项活动中由于表现较好，得到老师的赞扬，他将对该活动表现出兴趣，如此良性循环，因能力而导致兴趣，因兴趣而导致满足和能力提高。第二，培养学生的兴趣主要指间接兴趣。学生年龄小时不易认识活动结果的价值，包括它们对个人和对社会的价值。因此，间接兴趣的培养是一个逐渐发展的过程。

（二）情绪与焦虑

现代学习心理学认为，学习不是一个思维与解决的冷认知（cold cognition）过程，而是一个伴有情绪的热认知（hot cognition）过程。如上述所说的兴趣与人的情绪是分不开的。人们从事有兴趣的活动会感到愉快与轻松，在活动中得到满足，即情绪对学习起到了促进作用。但人的情绪对学习也可能起抑制作用。早在 20 世纪初，叶克斯和多德森（R. M. Yearkes & J. D. Dodson，1908）研究发现，焦虑或动机等情绪唤醒水平过高或过低都不利于学习，中等唤醒水平学习效果最好，此即叶克斯-多德森定律。

焦虑是指个体预感到其身心可能受到威胁而产生的紧张不安、担心害怕等综合性情绪，通常包括状态焦虑和特质焦虑。每个人都会体会到焦虑，如不少人在考试前都会感到焦虑，有些人当众发言时会紧张。这种焦虑是暂时的，随着引起焦虑情境的消失而消失，这属于状态焦虑。然而，有一些学生在轻松状态下或绝对安全的情况下也会出现焦虑现象，这就属于特质焦虑，如当考试试题很简单，考试也不具有高利害性时，也会表现得非常焦虑。

教师在运用叶克斯-多德森定律调动学生的学习积极性时应注意如下几点：第一，对于高焦虑的学生应尽量减少给他们学习上的压力，而对于低焦虑的学生应适当施加压力，使两者的唤醒趋向于中等水平，从而能够有效调动学习积极性。第二，对于简单任务，如背元素符号、元素周期表等，可以通过竞赛等方式提高学生的动机水平，从而提高积极性和学习效果；对于带有挑战性或创新性的问题解决任务，不宜用比赛等活动来施加压力，而应放宽时限，让学生在轻松的环境下开动脑筋，效果更好。

（三）自我效能感

自我效能感（self-efficacy）指对产生一定的结果所需要的组织和执行行为过程的能力的信念。自我效能感从属于自我观念（self-concept）。自我观念是关于自我的一般观念，是个人对自己多方面知觉的总和，如对个人的情感、能力、兴趣、欲望以及个人与他人的关系的了解等，也包括自我效能感。自我观念是通过内外比较而发展起来的，它需要利用其他人或自我的其他方面作为参照框架。自我效能感只涉及成功完成某任务的能力，不需要比较。它涉及的问题是个体自己能否完成任务，而不涉及他人是否成功。自我效能感对行为有很强的预测作用，而其他自我观念没有这样的预测作用。

自我效能感通过确立目标来影响动机。如果某人在某一领域有较高的自我效能感，他将确立较高的目标，而且较少担心失败，最后影响其策略的选择。如果某人自我效能感较低，他将不仅不可能确立高目标，而且可能回避困难任务。

自我效能感与归因有密切关系。如果把成功归因于内部的或可以控制的因素，如能力或努力，则自我效能感会提高。自我效能感也影响归因。自我效能感强的学生经常会把失败归因于内部的可控因素，如考试没有审清题意、缺乏必要的知识技能或者仅仅是努力程度还不够，等等。这样的结果是，下一次他们通常会把重点放在成功的策略上，这种反应也通常会导致成功、自豪和更强的自我效能感。而自我效能感差的学生可能会将失败归因于能力不足或自己不够聪明等，从而不做努力。作为化学教师，一是首先要把课教好，使不同层次的学生都学有所得，使他们感到自己是有能力学好化学的，学生有了这样的自信，才会投入学习的努力；二是要多给学生积极的心理暗示，多肯定成绩，逐步引导学生建立良好的效能感。

（四）学习动机

学习动机是直接推动学生进行学习的一种内部动力，是激励和指引学生进行学习的一种需要，对学习过程具有催化作用。对于学生而言，学习动机决定其学习方向、学习进程和学习效果，同时影响着其个性和心理的发展，因此，具备良好的学习动机是促进学生全面和可持续发展的关键因素。调查研究显示，目前中学生化学学习现状并不乐观，不少学生认为化学学习的目标仅仅是为了中、高考，化学学习动机的不足是导致学生产生化学学习困难的重要因素之一。

学习动机可分为内部动机和外部动机。内部动机指由个体内在兴趣、好奇心或成就需要等内部原因引起的动机。如，学生由于对化学实验现象很好奇，从而喜欢学习化学。内部动机所引发的活动本身可以使人得到某种满足（如知识的获得、自我实现等），推动力量较大，维持的时间较长，而且活动本身就是对活动者的一种奖励或报酬，无须外力推动。外部动机是指主要由外在条件（即诱因）诱发而来的动机，如父母的奖赏、老师的表扬、同伴的认可等都是激发外部动机的条件。一般情况下，外部动机的推动力量较小，持续作用的时间也较短。

内部动机是源于兴趣、好奇心、求知的需要或自信心等个人特征的动机，所以教师在进行教学设计时，需要分析如何通过教学去激发学生的学习兴趣和求知欲，通过成功的学习经验增强他们的学习自信心和自我效能感；还需采取一定的策略激发和维持外部动机，如教师及时提供反馈信息帮助学生及时发现、纠正错误，调整学习的进度，使用合适的学习策略来完成学习任务。如果学生在学习很长时间之后，仍不能知道其进展情况和取得的成就水平，则很难保持巨大的学习热情。这也是课程标准强调"教—学—评"一体化设计的重要原因。此外，教师可适当地利用表扬和批评，一般来说，表扬、鼓励、奖励要比批评、指责、惩罚更有效地激发学习动机。当然，奖励并非越多越好，尤其是外部的物质性奖励应该慎用，使用不当时会损害对活动本身的兴趣，其产生的危害可能比滥用表扬更大。

学生的学情内涵丰富，既有一般规律，也会因学习课题的不同而不同。因此，对某个课题进行教学设计时的学情分析不可能包罗万象、面面俱到。本书中的学情分析主要指课前学习起点分析，教师在把握一般学情规律（如学生的一般认知发展水平、动机兴趣等影响因素）的基础上，针对具体课题的特点，重点从以下几个方面进行分析：①分析学生已有知识、经验、能力、态度等，以便设计先行组织者，让新知识的学习在学生原有认知结构中找到固着点，为设计符合学生认知特点的教学策略找到依据；②分析相关前概念、相异构想或错误认识等，以便设计相应的概念转变策略；③分析学生可能的学习困难，以便找到相应的难点突破策略，使得学生在学习时并不会感到"难"，即学生可能的学习困难是教师教学设计时的难点，但不应成为学生学习时的难点。表 4-5 为高中化学必修课程"氧化还原反应"教学单元的学情分析●。

表 4-5　"氧化还原反应"教学单元学情（即教学起点）分析

学情（教学起点）	相应的利用策略
①已有相关知识经验：初中所有的氧化反应（如燃烧等）、还原反应（如一氧化碳还原氧化铁等）；氧气具有氧化性，碳、一氧化碳等物质具有还原性	单元教学起始阶段可设计相应的教学情境，如高炉炼铁中的化学反应，激活学生头脑中的已有相关知识经验
②前概念：氧化反应有氧气参加，还原反应是氧被夺走的反应，氧化反应、还原反应是两种反应类型	这些概念在初中是"科学"概念，但对于高中而言却是错误概念。可利用一氧化碳还原氧化铁的反应激发认知冲突，进行概念转变教学
③可能的学习困难：从电子转移角度分析氧化还原反应	采取动画模拟建立认知模型，利用实验验证氧化还原反应中的电子转移，让学生直观感知

● 杨玉琴. 核心素养视域下的单元教学设计：内涵解析及基本框架［J］. 化学教学，2020，（5）：3-8，15.

对标整理 »»»

学完本单元你应该能够:
1. 描述学情分析连续体及其意义。
2. 举例说明学情分析的类型及相应的分析方法。
3. 掌握初三至高三学生的一般认知特征和情感特征,并能在教学中有效利用。
4. 对某个具体的教学内容进行有针对性的学情分析并设计相应的教学策略。

练习与实践 »»»

1. 表4-6为教师对于"金属和金属材料"单元的学情分析。①请以学情分析为依据,设计"实验探究铁生锈的条件"的简要教学过程;②以学情分析中"知道金属在生活中的广泛应用,尚不清晰性质和用途的关联"为基础,具体说明在该单元教学中如何进行教学能让学生建构用途与性质的映射关系;③分析说明"蚀刻Logo"项目制作活动如何让学生理解和应用金属活动性顺序表。

表 4-6 "金属和金属材料"单元学情及相应利用策略

学情		相应的利用策略
已有知识基础	知道氢气、碳、一氧化碳等物质具有还原性	在真实生产情境下,综合多种因素选择工业生产原料
	会用控制变量法设计"燃烧的条件"探究实验,会根据燃烧条件分析灭火原理	小组设计并完成"铁生锈的条件"探究实验,分析防锈原理
	知道铁、镁等金属和氧气的反应	回顾、类比假设,探究其他金属与氧气的反应
	知道元素守恒	根据铁锈、铜锈的主要成分猜想生锈的因素
生活经验基础	知道金属在生活中的广泛应用,尚不清晰性质和用途的关联	分析具体用途与对应的性质,建构用途与性质之间的映射关系
	知道当地矿产资源和钢铁厂的零散事实,未见过真实生产过程	拍摄生产视频,让学生以"企业工程师"角色分析和解决真实的工业生产问题
可能的学习困难	合金与金属的区别	设置"合金的形成"探究活动和合金与纯金属性能对比实验,让学生在"做中学""做中悟"
	含杂质的物质在化学反应中的计算	以钢铁厂真实生产数据计算为例,建构含杂质计算模型,选择同类习题,加强训练
	铁生锈的条件探究	类比燃烧条件探究,小组合作,教师提前拍摄实验视频支持
	金属活动性顺序表的理解和应用	设置多个实验探究和"蚀刻Logo"项目制作活动,在"做"中理解、"做"中应用

2. 请查阅文献资料,结合自己的教学经验,分析以下化学概念学习时学生可能存在的相异构想及消除这些相异构想的教学策略:①燃烧;②电解质;③化学平衡。

3. 举例说明在化学教学中,激发学生化学学习动机的方法有哪些。

4. 请对以下课题进行课前学情分析:①分子和原子(人教版九年级化学上册);②二氧化碳(人教版九年级化学上册);③氨气(苏教版高中化学必修教材第二册);④化学能转化为电能(人教版高中化学必修教材第二册)。

第五章
从课程标准目标要求到教学目标的转化

 学习准备 ≫≫≫

请回顾第二章所述课程标准的目标结构。查阅 2022 版初中课标关于"溶液"主题的目标要求有哪些，这些要求对你进行教学目标的设计有何帮助？

📖 案例分析 ≫≫≫

【案例 5-1】 "溶解度"（九年级化学）教学目标与练习（摘自某教师上课课件）

研读以下某教师设计的"溶解度"教学目标及练习。思考：①该教学目标的设计与课程标准要求之间是否具有一致性？②练习设计与教学目标的一致性如何？

【教学目标】

通过对饱和溶液的定量分析，了解溶解度的含义，培育和发展学生证据推理和模型认知等化学学科核心素养。

通过绘制溶解度曲线，学习数据处理的方法；能够利用溶解度曲线查阅有关物质的溶解度、获取信息解决实际问题，培育和发展学生的科学态度与社会责任感。

知道气体的溶解度及影响因素，能利用溶解度的知识解释生活中的一些常见现象。

【练习】

［课堂练习 1］甲、乙、丙三种固体物质的溶解度曲线如右图所示。

回答下列问题：

（1）a_3 ℃时，三种物质的溶解度由大到小的顺序是____；

（2）a_2 ℃时，____和____的溶解度大小相等；

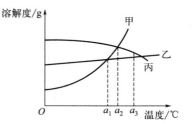

（3）三种物质中，____的溶解度受温度的影响最大，____的溶解度受温度的影响最小，____的溶解度随温度的升高而减小。

［课堂练习2］右图为硝酸钾和氯化钠两种物质的溶解度曲线示意图，其中曲线____（填"a"或"b"）表示 KNO_3 的溶解度随温度变化的趋势。欲将接近饱和的 KNO_3 溶液变成饱和溶液，可采取的方法有____、____（列举两种）。

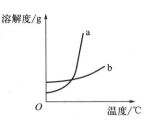

［课后作业］请同学们完成课本第 39 页的课外实验"自制白糖晶体"，完成实验报告并进行评价。

国家课程标准规定课程性质、课程理念、课程目标、课程内容、学业质量和课程实施等，是教材编写、教学、考试评价以及课程实施管理的直接依据。课程标准所规定的正式课程、教师理解和运作的课程和学生体验的课程之间存在着一定的"落差"，减少这种落差的关键是"教—学—评"一致性。课程意义上的"教—学—评"一致性强调以课程标准为指引，系统推进基于课标的教材编写、教学与考试评估，落实课程标准所承载的核心素养目标，由此在课程改革的路径建构上形成"教材—教学—考试与评估"一致性的"大闭环"；课堂意义上的"教—学—评"一致性强调以从课程标准中转化而来的教学目标为指引，系统推进课堂教学层面的教学、学习与评价的一致性，由此形成"小闭环"❶。教学目标承接于"大闭环"中的课程标准，成为"教—学—评"一致性的前提，为实现素养导向的教学提供方向指引。因此，教学目标的科学精准设计尤为重要。

第一节　目标统领下的"教—学—评"一致性

课程与教学的 4 个基本问题——①要达到何种目标？②要为学生提供怎样的经验，才能达到这些目标？③如何有效地组织好这些经验？④如何才能确定这些目标正在得以实现？其中，问题②与③是内容的选择与组织，即"课程和教学"问题，问题④则为"评价"问题。教学与评价皆服务于"目标"的达成，显然，二者必须保证与目标的一致性。布卢姆教育目标分类学认为，教学的理性涉及教师为学生选择"什么"目标，教学的目的性则关系到教师"如何"帮助学生达到目标，明确提出"确保目标、教学和测评的彼此一致"❷。即需要在目标统领下一致性地思考教学、学习和评价的问题，而不是在备课时只思考教材处理或教学方法的问题。人们对"教—学—评"一致性的理解包括两种：一是指教师在特定的课堂教学活动中，教师的教、学生的学以及对学习的评价应该具有目标的一致性；二是指教师的教、学

❶　崔允漷. 教—学—评一致性：深化课程教学改革之关键 ［J］. 中国基础教育，2024（1）：1-5.
❷　Anderson L W. 布卢姆教育目标分类学：分类学视野下的学与教测评（完整版）［M］. 蒋小平，等译. 北京：外语教学与研究出版社，2009：3-5.

生的学与命题专家的命题应保持目标的一致性❶。本章所指为前者。

一、教学、学习、评价及教学目标的内涵

"学习"是人们常用的日常词汇，人的学习行为无处不在，且不一定是由教师的"教"所引起的，如学生自己看书学习。行为主义心理学家认为学习是由经验引起的行为相对持久的变化，即学习活动发生后，学习者要有可观察、可测量的外在变化。认知心理学家则认为：学习是人的倾向或能力的变化，但这种变化要能保持一定时期，且不能单纯归因于生长过程，由于内在变化难以直接观察，必须依据外部行为变化来推测。而内在变化和外显行为有时是一致的，有时则不完全一致，必须经过多次观察和测量（即评价手段）才能对内在变化做出恰当的推测。依据行为主义和认知心理学对于学习的定义，可以归纳出"学习"概念的三大要点：①学习体现为变化。即因学习类型的不同而表现出不同的变化，如有某种动作技能（如会进行某种实验操作），有认知能力的提高（如会用相关知识解释铁为什么在潮湿的空气中易生锈），有某种态度的获得（如具有家国情怀）等。这些变化的实质是内在能力或倾向的变化，内隐的变化一般由外显行为表现出来。②学习者的某种变化是后天习得的，不是先天的反应倾向或成熟导致的。在一个较长的学习期内，学习者身上会有许多变化，有些变化不是单纯由后天经验引起的，也有生理成熟的作用，如儿童从不会走路到会走路。但学生对化学实验技能的习得一定是通过在化学学习过程中的练习所获得的。③学习者的某种变化必须能保持一定的时期。如化学实验技能习得后短暂时间内不会忘记❷。

在学校语境中，通常意义上的"教学"指的是教师教、学生学的统一活动。在这个活动中，教师"教"的活动引发学生"学"的活动，学生通过学习活动掌握一定的知识和能力，同时，身心获得一定的发展，形成一定的思想品德。为了将教师"教"的行为和学生"学"的行为区分开来，本章中的"教学"主要指教师的"教"，是教师引起、维持与促进学生学习的所有行为。判断一种活动是不是"教学"，需要满足三个基本条件：①引起学生学习的意向，即教学意味着教师有目地引起学习；②明释学生所学的内容，即教师通过某种手段确切地呈现要学习的内容，如说明、演示、描述、解释等；③采用易于学生觉知的方式，即用适合学生发展水平、易于习得的方式明释学生所学内容❸。

教学评价是以教学目标为依据，运用可操作的科学手段，通过系统地收集有关教学的信息，对教学活动的过程和结果做出价值上的判断，并为被评价者的自我完善和有关部门的科学决策提供依据的过程。教学评价是整个教学过程不可缺少的环节。从图 1-2 教学系统设计的一般模式可见，从教学的准备到课堂教学的具体实施，若没有评价这一重要环节参与其中，就不能完成整个教学的"周闭环"。同时，教学准备与实施过程本身也包含着各种评价因素。评价是查明已形成和已组织的学习经验在实际上带来多少预期结果的过程，而且，评价过程总是包含鉴别计划的长处和短处，这有助于分析评估已组织和已编制的教学计划的基本假设的效度，也评估了特定的手段——也就是教师和用于实施课堂教学计划的其他条件的

---

❶ 崔允漷，夏雪梅."教—学—评—致性"：意义与含义［J］. 中小学管理，2013（1）：4-6.
❷ 皮连生. 学与教的心理学［M］. 上海：华东师范大学出版社，2000：93-94.
❸ 施良方，崔允漷. 课堂教学的原理、策略与研究［M］. 上海：华东师范大学出版社，2000：13-17.

有效性。教学评价贯穿整个教学过程，它发挥了预测、监控功能，又起到了反馈、管理的作用。

教学目标是通过一定的教学活动所预期的学生学习结果，即教学目标是教师预设的，在具体的情境中学生行为变化的结果，是用"学生学会了什么"来表达的，通常是可观察、可明确界说、可测量及可评价的。根据预期学生学习之后所发生变化的行为领域和学习水平，可对教学目标进行分类。国内外有许多教育目标分类的尝试，其中影响较大的是布卢姆等人的教育目标分类学，表5-1是对布卢姆等人的目标修正的框架之一❶。

表 5-1　布卢姆教育目标分类学领域、学习水平及其定义

领域	学习水平	内涵
认知领域	1. 记忆	从长时记忆中提取相关的知识
	2. 理解	从口头、书面和图像等交流形式的教学信息中建构意义
	3. 应用	在给定的情境中执行或使用程序
	4. 分析	将材料分解为它的组成部分,确定部分之间的相互关系,以及各部分与总体结构之间的关系
	5. 评价	基于准则和标准作出判断
	6. 创造	将要素组成内在一致的整体或功能性整体;将要素重新组织成新的模型或体系
情感领域	1. 接受	自在地面对刺激
	2. 反应	自愿地对刺激作出回应
	3. 价值判断	对刺激形成一种态度
	4. 信奉	一贯地按照内发的、稳定的价值体系行事
动作技能领域	1. 模仿	按照指示和在指导下从事简单的技能
	2. 操作	能独立地完成一项技能
	3. 熟练	能准确地、自动化地完成一项技能

二、目标统领下"教—学—评"一体化的涵义

对于评价，经历了从"关于学习的评价（assessment of learning）"到"为了学习的评价（assessment for learning）"以及"作为学习的评价（assessment as learning）"的范式转变。"关于学习的评价"通过发生在教学之后，采用测验或考试等形式总结学生在一定阶段所学到的知识和技能，对教师的教学效果和学生的学习结果做出判断。这种范式下，取得好的考试分数成了教学的目标，课堂变成了一个"黑箱"，评价不能为教学和学习提供即时有效的决策信息，对促进学习没有直接的意义，在某种程度上导致了应付考试的机械学习和肤浅学习。"为了学习的评价"不再是游离于教学过程之外的一个孤立环节，本身就是教学的有机组成部分。评价在课堂层面持续地进行，采用各种正式或非正式的评价方法收集关于学生理解与表现的证据，这些证据被用来确定学习者达到目标的程度如何、需要做出什么调整，还需要哪些努力等。"作为学习的评价"是学生作为积极主动的评价者，能够对自己的学习过程与结果进行自我监控、自我纠正和自我调节，进而建构新的学习意义。

---

❶　Anderson L W. 布卢姆教育目标分类学：分类学视野下的学与教测评（完整版）［M］. 蒋小平，等译. 北京：外语教学与研究出版社，2009：23-24.

"教—学—评"一体化秉持"为了学习的评价"和"作为学习的评价"的理念，意指在教学过程中，教师的"教"、学生的"学"和对教学的评价是目标一致、相互交融、"三位一体"的关系，在共同的教学目标引领下，评价任务镶嵌于"教"与"学"的过程中，为教学目标的达成和教学策略的改进提供证据。"教—学—评"一体化建立在"教—学—评"一致性的基础上，即教学、学习、评价三者共享目标。当目标确定后，目标指引着"教""学""评"，"教"与"学"皆为了达成目标，评价则贯穿于教学过程中，由教学的主体（教师与学生）采用多种方法收集证据以判断"教"与"学"是否在为达成目标服务、目标达成得如何以及"教"与"学"还可做哪些改进等❶。其关系如图 5-1 所示。

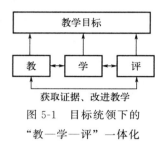

图 5-1　目标统领下的
"教—学—评"一体化

教学评价包括对教师"教"的评价和对学生"学"的评价，而对"教"的评价建立在对学生"学"的评价的基础上，即需要通过学生"学得如何"的评价判断教师"教得如何"。教学评价的最终目的不仅仅是对教学活动的有效与否作出判断，更重要的是使教学活动的价值达到最大。即通过评价活动，教师和学生都可以获取具有说服力的反馈信息，对自己的"教"的活动或"学"的活动进行有效的反思与调节，达到改进和完善"教"与"学"的目的。日常教学中的任务与活动、提问与点评、练习与作业、复习与考试等都是进行"教—学—评"一体化设计的基本途径和方法。

可见，"教—学—评"三者指向共同的目标，其一致性及一体化皆由目标所决定。泰勒认为，"评价必须建立在清晰地陈述目标的基础上，根据目标来评价教育效果，促进目标的实现"。故清晰的目标是"教—学—评"一体化的前提和灵魂。没有清晰的目标，就无所谓"教""学""评"的活动；没有清晰的目标，也无所谓一致性，因为判断"教—学—评"是否一致的依据就是，教学、学习与评价是否都是围绕共享的目标展开的。如案例 5-1 的教学目标不够清晰，直接导致了教师的课堂"教—学—评"活动与教学目标不具有一致性。案例 5-1 所示教师课堂呈现的练习，所评价的是学生对溶解度数据图的辨识，课后作业只是一个"动手做"的活动，未能考查学生解决实际问题的能力，也未能体现科学态度与社会责任。教师所预设的"培育和发展学生证据推理和模型认知等化学学科核心素养"以及"获取信息解决实际问题，培育和发展学生科学态度与社会责任感"等目标虚设，课堂中既没有相应的教学活动也没有相应的评价。

第二节　基于课标目标要求的教学目标设计

教学是一项有目的的理性行为，教师总是为了一定目的而教。在教学过程中，"教"的过程、"学"的过程和"评"的过程三管齐下，都为达成教学目标服务。"评价"评的是

---

❶ 杨玉琴 ."教—学—评一体化"下的目标设计与达成——基于 2017 版课标附录案例的批判性思考 [J]. 化学教学，2020（9）：3-9.

"教"与"学"是否在为达成教学目标服务以及教学目标是否达成，所以在教学实践中无需另设评价目标，只需将教学目标执行到底。教学目标的"预期学习结果"是由课程标准所规定的，但课程标准中的目标要求有层次性和阶段性，教师在教学设计时，需要恰当地将课程标准中的目标要求转化为相应的教学目标。

一、课程目标与教学目标的逻辑关系

课程目标规定了学生通过课程学习所要达到的最终结果，并具体化为一级主题的内容要求、学业要求，最终依据学业质量标准来衡量其达成情况。教学目标是学生通过一定的教学活动后要达到的预期学习结果（也称为"学习目标"），由教师制定，但表达为学生的学习结果。教师的"教"、学生的"学"以及对"教"与"学"的评价是课程实施的最基本和最重要的路径，即学校中的一切教学活动都是为学生最终能达成课程目标服务的。由于教学具有阶段性，从课题/时到单元再到学期逐步进阶，相应地，教学目标也可分为不同层次，它们的层级关系如图5-2所示。

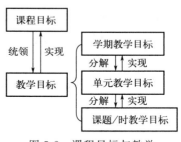

图 5-2　课程目标与教学目标的层级关系

可见，课程目标与教学目标虽然内涵不同、制定主体也不同，但两者具有内在关联，即课程目标是教学目标的统领，课程目标需通过若干课时到单元再到学期教学目标的累积实现才能达成。这就意味着，教师在设计教学目标时，一方面不宜将课程目标简单下移到课题/时中，将教学目标与核心素养的几个维度进行简单对应或生搬硬套，更无须囊括所有的核心素养；另一方面，每节课乃至每个单元教学目标的制定都要做到胸中有丘壑，保持与核心素养课程目标方向上的一致性，使得每节课及每个单元的教学都能成为通向课程目标之路上的"铺路石"。如此，核心素养这一终极目标就可以"有着落"而不会被悬置。以案例5-1"溶解度"的教学为例，教学目标的设计存在着将课程目标简单下移且生搬硬套的现象，如，"培育和发展学生证据推理和模型认知等化学学科核心素养""培育和发展学生科学态度和社会责任感"。每个课题/时的教学不应也无法承载课程的宏远目标，而应专注于与本课题密切相关的核心知识、方法思路或态度价值观等小目标（与课标一级主题下的内容要求和学业要求直接相关），这样每节课、每个单元才会实实在在地为课程目标的实现做贡献。

二、基于大概念建构和设计单元教学目标

课程标准要求基于大概念的建构，整体设计和合理实施单元教学，这就需要在单元整体建构的基础上，设计单元教学目标再分解到各个课题/时教学目标中。

（一）基于大概念建构教学单元

单元教学上承课程目标，下接课时目标，是落实课程核心素养的基本单位。教师教学通常以教材单元为参照。教材编写一方面要依据课程标准，另一方面需综合学科知识的逻辑顺序、学生的认知顺序和学生的心理发展顺序，故教材会将课标主题进行分解或重组。面对某

一教材单元，需找到对应主题的大概念内容要求，分析教材单元下的各个课题之间是否具有逻辑关联、能否用大概念进行统整，从而构建适宜的教学单元。教师既可以直接采纳教材单元为一个教学单元，如人教版九年级化学教材"第九单元　溶液"❶；也可将教材单元进行拆解重组，重构一个教学单元，如将人教版九年级化学教材"第四单元　自然界的水"的"课题3　物质组成的表示"独立出来，形成独立的教学单元❷；还可以基于大情境对教材单元内部结构进行适当调整，如选择与学生生活联系较为密切又富有时代感的"高铁建设中的金属和金属材料"作为情境载体，对"金属和金属材料"教材单元进行二次开发，重构为"课题1　高铁建设中金属材料的选择""课题2　高铁建设中金属材料的获取""课题3　高铁建设中金属材料的保护"和"课题4　我为列车蚀刻车牌"4个内在逻辑关联密切的课题❸。

　　以人教版九年级化学教材"第九单元　溶液"为例，其对应的2022版初中课标的主题为"（二）物质的性质与应用"中的"2.2.2　水和溶液"，其中人教版九年级化学教材将"水"编排在"第四单元　自然界的水"。"溶液"作为典型的混合物独立编排，由"课题1　溶液及其应用""课题2　溶解度""课题3　溶质的质量分数"组成，3个课题层层递进，体现了从定性到定量的学科逻辑，对应着2022版初中课标"2.1　物质的多样性"中"认识依据物质的组成和性质可以对物质进行分类，知道物质可以分为纯净物和混合物、单质和化合物等""知道物质具有广泛的应用价值，物质的性质决定用途"以及"3.1　物质的组成"中"建立认识物质的宏观和微观视角之间的关联，知道物质的性质与组成、结构有关"等大概念。该单元大概念统领下的逻辑结构如图5-3所示。

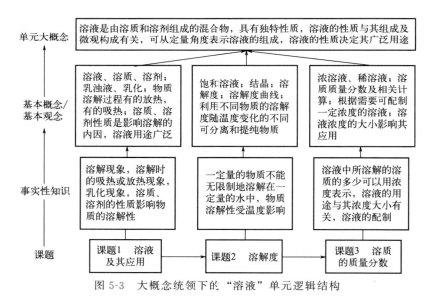

图 5-3　大概念统领下的 "溶液" 单元逻辑结构

　　❶　人民教育出版社. 义务教育教科书·化学（九年级下册）[M]. 北京：人民教育出版社，2024：29-46.
　　❷　杨玉琴，陆海燕，吕荣冠. 学科大概念：从课标到教材到教学的转化——基于《义务教育化学课程标准（2022年版）》的分析 [J]. 化学教学，2022（10）：3-9.
　　❸　李学玲，杨玉琴，孙玉明，等. 大概念统领下的单元教学整体设计与实践——以"高铁建设中的金属和金属材料"为例 [J]. 化学教学，2023（7）：44-51.

（二）基于课程标准主题要求设计单元教学目标

在图 5-2 所示的目标层级关系图中，由上到下具体性、操作性增强，由下至上概括性、可迁移性增强。课程标准中的内容要求是学科核心素养形成的载体，学业要求是依据学业质量标准的水平和内容要求编写的，集中体现了该主题的素养能力表现要求，可以帮助教师更好地把握主题的教学目标，落实"教—学—评"的一致性和一体化。单元教学目标设计的基本逻辑是：保持与课程目标方向上的一致性，依据该单元对应的主题相关内容要求和学业要求，参考教材内容，分析提炼出该单元的大概念、核心知识、关键方法和重要态度价值观，将它们整合表述为该单元的总目标，再分解到各个课题/时中。以"溶液"单元为例，其对应的课程标准内容要求和学业要求如表 5-2 所示。

表 5-2 "溶液"单元所对应的课程标准要求

二级主题	内容要求	学业要求
2.2 常见的物质 2.2.2 水和溶液	认识溶解和结晶现象；知道溶液是由溶质和溶剂组成的，具有均一性和稳定性；知道绝大多数物质在溶剂中的溶解是有限的，了解饱和溶液和溶解度的含义 知道溶质质量分数可表示浓度，认识溶质质量分数的含义，学习计算溶质质量分数和配制一定溶质质量分数的溶液的基本方法，初步感受定量研究的意义；体会溶液在生产生活中的应用价值	能从定性和定量的视角，说明饱和溶液、溶解度和溶质质量分数的含义；能进行溶质质量分数的简单计算；能根据需要配制一定溶质质量分数的溶液；能利用物质的溶解性，设计粗盐提纯等物质分离的方案
2.1 物质的多样性 3.1 物质的组成	建立认识物质的宏观和微观视角之间的关联，知道物质的性质与组成、结构有关	能依据物质的组成对物质进行分类，并能识别混合物
2.3 认识物质性质的思路与方法	知道可以从物质的存在、组成、变化和用途等视角认识物质的性质 了解观察、实验，以及对事实进行归纳概括、分析解释等认识物质性质的基本方法	能分析、解释有关的实验现象，进行证据推理，得出合理的结论 能利用物质的溶解性，设计粗盐提纯等物质分离的方案
2.4 物质性质的广泛应用及化学品的合理使用	认识物质性质在生活、生产、科技发展等方面的广泛应用，体会科学地利用物质性质对提高人们的生活质量具有重要作用	能基于真实问题情境，依据常见物质的性质，初步分析和解决相关的综合问题
2.5 学生必做实验及实践活动	一定溶质质量分数的氯化钠溶液的配制	能根据需要配制一定溶质质量分数的溶液

注：二级主题列的序号与课程标准该主题下的内容要求一致。

课程标准中，与某个具体单元相关的课程标准内容要求分散在体现 BCMAP 内容结构的小点中。既有明确的针对具体学习主题的内容要求和学业要求表述，如表 5-2 中"2.2.2 水和溶液"，相应的学业要求即是该内容的学习表现要求，又有通用的该主题的大概念、思路方法和态度价值观要求。这时，需要将与具体主题相关的内容要求找出来并恰当表达为该主题的教学目标。如，"溶液"作为一个典型的混合物体系，从相应的内容要求可见，本单元所聚焦的大概念主要是从分类视角，从宏观与微观的视角、定性与定量的视角认识溶液组成、性质与用途之间的关系，在思路与方法层面是"了解观察、实验，以及对事实进行归纳概括、分析解释等认识物质性质的基本方法"，在态度价值观层面主要是"认识物质性质在生活、生产、科技发展等方面的广泛应用，体会科学地利用物质性质对提高人们的生活质量具有重要作用"，可将这些内容要求结合相应的学业要求设计出在这些方面学生应表现出的学习结果。综合课程标准要求、参考教材内容，"溶液"单元教学目标的设计如案例5-2所示。表达时，可将知识内容相对集中，如案例5-2目标①主要聚焦"溶液及其应用"课题，目标②主要聚焦"饱和溶液、溶解度"课题，目标③主要聚焦"溶质的质量分数"课题，采取知识、方法、态度整合表达的方式。如，目标①中既包括了"溶液的组成和宏观性质"等知识，还包括学习这些知识的方法"基于实验事实归纳"，以及"溶液性质决定溶液用途"的学科观念。

 案例分析 »»

【案例5-2】 "溶液"单元教学目标

① 能基于实验事实归纳溶液的组成和性质特征，从宏观和微观、定性和定量视角说明溶液组成和性质的关系，能举例说明由溶液性质决定的溶液的广泛用途。

② 能基于实验事实归纳饱和溶液的特征及其与不饱和溶液的相互转化关系，分析推理常用的结晶方法；能利用物质的溶解度及其影响因素初步设计物质分离和提纯的方法，解释说明生产生活中有关溶解和结晶的现象。

③ 会运用溶质质量分数表示和计算溶液的浓度，会根据需要配制一定溶质质量分数的溶液，能举例说明不同浓度的溶液在生产生活和科学实验中的应用。

三、将单元教学目标有机分解为课题/时目标

单元教学目标指向的是该单元中最重要的知识、观念、方法和价值观等，需要通过单元下每个课题/时的持续建构才能达成，如案例5-2"从宏观和微观、定性和定量视角说明溶液组成和性质的关系，能举例说明由溶液性质决定的溶液的广泛用途"这一目标在3个课题中都有侧重点不同的体现。在分解单元教学目标时，仍需要结合课程标准中与该课题相应的内容要求、学业要求以及教材的编排意图进行具体设计和表述，如案例5-3所示。

 案例分析 »»

【案例5-3】 "溶液"单元各课题教学目标

课题1 溶液及其应用

1-1 能够基于实验现象的观察归纳出溶液的定义、特征等，会初步运用模型示意图表示溶液的宏观特征与微观本质的关联。

1-2 能够判断溶液中的溶质、溶剂，列举常见的溶剂，会从对比实验分析归纳出溶质、溶剂本身的性质影响物质的溶解性。

1-3 能够列举溶液在生产、生活及科学实验中的应用，说明与性质的关系，通过屠呦呦利用乙醚提取青蒿素的实例体悟学科价值、增强民族自豪感和自信心。

课题2 溶解度

2-1 能够基于实验现象的观察归纳出饱和溶液和不饱和溶液的含义，推理两者相互转化的方法以及结晶方法。

2-2　能够说明溶解度的含义，根据溶解度的大小对物质进行分类。

2-3　会利用图表处理不同温度下的溶解度数据，能根据物质的溶解性初步设计物质分离和提纯的方法。

2-4　能够利用溶解度知识解释生产生活中的一些现象。

课题 3　溶质的质量分数

3-1　能够利用质量分数表示物质的浓度，会依据质量分数公式进行相关计算。

3-2　会配制一定溶质质量分数的溶液。

3-3　能够举例说明不同浓度的溶液在生产生活及科学实验中的应用，进一步体悟溶液的应用价值。

由案例 5-2 和案例 5-3 的比较可见，课题/时的教学目标是单元教学目标的具体化，单元教学目标比课题/时教学目标概括性强。需要说明的是，一些体验性目标难以观测，这时可附加诸如情景、工具、时间或空间等限制条件。如案例 5-3 的目标 1-3 和目标 3-3，对应课标内容要求中"体会溶液在生活中的应用价值"，在教学目标中增加了情景"通过屠呦呦利用乙醚提取青蒿素的实例"，或前提条件"能够举例说明不同浓度的溶液在生产生活及科学实验中的应用"，以确保体验性目标不落空。

第三节　教学目标设计与表达的基本要求

 案例分析 ▶▶▶

【案例 5-4】　高中化学选择性必修 3 "羧酸"教学目标

以下是某教师设计的高中化学选择性必修课程"羧酸"教学目标，请对照课程标准要求分析该教学目标的设计与表述是否恰当？

① 通过分析苯甲酸类防腐剂的使用条件及机制，预测羧酸具有酸性并以实验验证，发展学生证据推理与模型认知素养。

② 通过分析苯甲酸乙酯的制备原理，以实验探究苯甲酸酯化反应，掌握羧酸的酯化反应，发展学生科学探究与创新意识素养。

③ 围绕苯甲酸类防腐剂在食醋中的应用，提出问题、分析预测、设计方案、实验验证、合作讨论、解决问题，理解结构决定性质的内涵，辩证地认识食品添加剂对人类生活和环境的影响，发展学生的科学态度和社会责任素养。

教学目标是教学的起点和归宿，规定"教"与"学"的进程与方向，引领教学的全过程，其重要性不言自明。但在实际教学中，教学目标的设计却存在着一些误区，如"主语混乱""过于宏大""不可观测""条目过多""表述复杂"等现象，甚至教学目标被"悬置"的现象较为普遍，即存在教学目标写在教案中，但教学过程及作业布置时却并不关注教学目标的情况。将学科核心素养课程目标落到每一节课的教学中，必须解决如何科学研制并准确表达教学目标的问题。

一、教学目标符合课程标准相关要求

课题/时教学目标设计的直接依据是课程标准，同时可参考相应教材的编写以具体化理解课程标准的要求，将课程标准相关主题的内容要求和学业要求转化为教学目标。

首先，要准确把握课程目标和教学目标的内涵，不宜将课程目标中的核心素养直接下移成为课题/时的教学目标或与核心素养简单对应，而应每节课聚焦于与具体教学内容相适切的目标，使每节课都成为达成核心素养目标的阶梯，这样，核心素养这一终极目标就会"着落"而不会被悬置。如案例 5-1、案例 5-4 中皆出现了较多的"素养"目标，诸如"预测羧酸具有酸性并以实验验证"的确是指向"证据推理"的素养的，但通过一节课很难确定学生的某一素养是否发展以及发展到何种程度，所以在教学目标中只需列出与课程标准要求相应的该课题/时的学生学习结果，无须将培养了什么素养写在教学目标中。如案例 5-2 中虽然没有核心素养"大词儿"，但却指向核心素养，如"能举例说明由溶液性质决定的溶液的广泛用途"指向"化学观念"素养，"能利用物质的溶解度及其影响因素初步设计物质分离和提纯的方法"指向"科学探究与实践"素养等。

其次，需聚焦于与具体课题/时相关的内容要求和学业要求，如表 5-3 所示，在选择性必修模块 3　有机化学基础"主题 2：烃及其衍生物的性质与应用"中，与"羧酸"相关的内容要求有"2.2　烃的衍生物的性质与应用"，学业要求中直接相关的有 1、2、3。但在案例 5-4 中缺失了表 5-3 中学业要求 1、2 和 3 中"书写相应的反应式"的要求。

表 5-3　选择性必修模块 3"羧酸"相关课程标准内容要求和学业要求

内容要求	学业要求
2.2　烃的衍生物的性质与应用 　　认识羧酸的组成和结构特点、性质、转化关系及其在生产、生活中的重要应用	1. 能写出烃及其衍生物的官能团、简单代表物的结构简式和名称；能够列举各类有机化合物的典型代表物的主要物理性质。 2. 能描述和分析各类有机化合物的典型代表物的重要反应，能书写相应的反应式。 3. 能基于官能团、化学键的特点与反应规律分析和推断含有典型官能团的有机化合物的化学性质。根据有关信息书写相应的反应式

二、教学目标位于学生最近发展区内

满足课程标准要求是基本要求。在此基础之上，可以准确把握学生知识能力水平起点，对学生要达到的学习结果的水平要求有适当的提高，但必须位于学生的最近发展区内，即通过一定的教学活动后学生能够达成教学目标。如案例 5-3 目标 2-1 学生在观察人教版九年级化学教材实验 9-5、实验 9-6 及结合"海水晒盐"的基础上，能够"归纳饱和溶液的特征及其与不饱和溶液的相互转化关系，分析推理常用的结晶方法"。根据表 5-3 中学业要求 3 可以制订相应的教学目标"能基于羧基官能团特点分析和推断羧酸的化学性质，能设计简单的实验证明羧酸的化学性质，写出相应的反应式。"但目标"通过分析苯甲酸乙酯的制备原理，以实验探究苯甲酸酯化反应，掌握羧酸的酯化反应，发展学生科学探究与创新意识素养"中，显然，通过一个酯化反应就能发展学生科学探究与创新意识素养是有些不切实际的。

三、教学目标描述清晰且可观测

学习的本质虽是心理变化，但必须依据外部行为变化来推测有没有发生心理变化。教学目标描述的是预期的学生学习结果，因为"教—学—评"一体化的需要，这些目标不仅要可教、可学，而且要可评，即在课堂教学中，可通过观察学生的活动表现判断目标的达成情况，课后通过作业或测验可进一步强化目标及评估目标。所以，教学目标的表达宜用"学生学习后表现出什么"的清晰的可观测的方式来表达。

如案例5-2目标①中"能举例说明由溶液性质决定的溶液的广泛用途"，通过一定的课堂教学活动后，学生能列举出"某些金属置换出较不活泼金属的反应是在溶液中进行的""医疗中所用的生理盐水、葡萄糖水等都是溶液""屠呦呦用乙醚提取青蒿素利用的是较低温度下，青蒿素在乙醚中的溶解能力比在水中强"等，则说明了该目标的达成。通过课后作业"请用所学知识解释如下现象：在实验室里，常常将固体药品配制成溶液进行化学反应；生活中用汽油能除去衣服上的油污"可评价案例5-2目标②"解释说明生产生活中有关溶解的现象"的达成情况。而案例5-1"通过对饱和溶液的定量分析，了解溶解度的含义，培育和发展学生证据推理和模型认知等化学学科核心素养"，首先在表达上存在主语混乱的现象，其次"了解""培育和发展"等动词较为抽象，不知学生表现出什么行为才能说明其"证据推理和模型认知"的素养得到了发展，这种空洞、抽象的目标表达方式易导致目标的悬置。

教师在考虑如何开展"教"与"学"活动之前，先要想清楚学习要达到的目的到底是什么（目标），以及哪些证据表明学习达到了目的（评价）。只有先关注学习期望，才有可能产生适合的教学行为。这种以学习结果及其评价开始的逆向思考也被称为"逆向教学设计"❶。当依据课程标准、教材编写意图、结合学情等设计好教学目标之后，则需思考在教学中如何达成这些目标以及通过哪些证据可以表明这些目标已达成，这实质上就是围绕目标的"教—学—评"一体化设计。如果目标没有适宜的达成路径及评价方法，可能就需要思考目标的设计是否科学可行。如案例5-1中"培育和发展学生证据推理和模型认知等化学学科核心素养"，很显然这一目标通过本课题难以达成，也无从评价，则需要依据课程标准再修正。以案例5-3课题2教学目标为例，其对应的评价方法如表5-4所示。

表5-4 "溶解度"课题教学目标与评价

教学目标	教学评价	
	课中评价	课后作业评价(示例)
2-1	学习活动表现：①学生完成教材实验9-5、实验9-6的实验观察记录、现象分析和结论汇报；②学生对海水晒盐原理的分析推理表现	教材练习与应用题1、6

---

❶ Grant Wiggins. 追求理解的教学设计 [M]. 闫寒冰，等译. 上海：华东师范大学出版社：序1.

教学目标	教学评价	
	课中评价	课后作业评价(示例)
2-2	课堂练习表现:①关于溶解度含义的判断题;②给出 $CaCO_3$、$Ca(OH)_2$、$NaCl$、Na_2CO_3、$NaHCO_3$、NH_4Cl 等物质在 20℃的溶解度,让学生进行分类	教材练习与应用题 2
2-3	课堂活动表现:①依据教材表 9-1 数据,尽可能多地读出相关信息;②教材"溶解度曲线"探究活动	教材练习与应用题 3、4、5
2-4	课堂讨论活动:①北方人民"夏天晒盐、冬天捞碱";②教材关于汽水的讨论题;如何增加养鱼池水的含氧量;③根据 $NaCl$、$NaHCO_3$、NH_4Cl 等物质在 20℃的溶解度解释侯氏制碱法中物质的分离与提纯问题	教材练习与应用题 7、8、9

四、多维度整合式精要表达教学目标

首先,不要将素养的多个维度割裂开来设计目标,而是将知识、方法、观念和价值观等进行整合设计。如案例 5-1 目标①中既包含了溶液的组成、性质、用途等知识,也包括了"实验""归纳"等科学方法,还包括"性质决定用途"的学科观念及"溶液具有广泛应用"的学科价值。其次,目标的表达需简洁明了,让人一目了然好把握,条目不宜多,表达句式不宜复杂,这是因为目标要在整个教学过程中作为方向标,若目标太多、太复杂以致自己都无法记住或把握,又怎么用来指引教学呢?

在"教学目标"的表述中,有一种"通过……活动,能……"的句式。《布卢姆教育目标分类学》指出,"一些教育者有将方法与目的相混淆的倾向。目标描述目的——预期的结果、预期的成果及预期的变化;而教学活动如阅读课文、进行实验和野外考察等都是达到目标的方法。简言之,经过明智的选择并适当使用的教学活动使教学目标得以实现"[1]。案例 5-1"通过绘制溶解度曲线,学习数据处理的方法"描述的其实是学习活动,并非学习结果;"通过对饱和溶液的定量分析,了解溶解度的含义"中"了解溶解度的含义"是学习结果,但诸如"了解""认识""理解""掌握""感受""体验"之类的动词描述的是内在心理的变化,虽是学习结果,但不能直接进行观察和测量,心理学家称这种目标是用"不可捉摸的词(magic word)"陈述的目标,很难指导学生的学习。为了使这些内在变化可以观察和测量,应该用相应的行为动词来表达,如改为"能够说明溶解度的含义"则是可观测的结果,"通过对饱和溶液的定量分析"只是达到该目标的一种方法,且不是唯一方法或最佳方法,如还可以"通过实验"或"通过讨论"等等。教学设计是一个系统工程,不仅包括目标设计,还有达到目标的方法、活动及过程等的设计,所以没有必要在教学目标中进行方法、手段等的设计,应让教学目标回归"目标"本身。而目标本身对后续教学方法等的选择是具有规约性的,因为,想要达到的目标不同,教学方法或手段也会不同。如,"能辨识溶解度曲线"这一目标可通过教师讲授达成,而"会用图表处理不同温度下的溶解度数据"这一目标则很难

---

[1] Anderson L W. 布卢姆教育目标分类学:分类学视野下的学与教测评(完整版)[M]. 蒋小平,等译. 北京:外语教学与研究出版社,2009:14.

用讲授方法达成，必然要求学生在课堂中通过对不同温度下的溶解度数据进行整理、将数据表转化为数据图、读出图表中的数据意义等活动才能达成。

📖 案例分析 ≫≫≫

【案例 5-5】 "羧酸"教学目标设计

以下是根据课程标准相关内容要求和学业要求对案例 5-4 所示教学目标进行修改后的教学目标，请依据教学目标设计与表达的基本要求分析修改是否恰当。

① 能写出羧酸的官能团、羧酸代表物的结构，能列举羧酸代表物的主要物理性质。

② 能基于羧基官能团特点分析和推断羧酸的化学性质，能设计简单的实验证明羧酸的化学性质，写出相应的反应式。

③ 能写出羧酸代表物与醇发生酯化反应的化学方程式，分析其脱水方式。

④ 能根据羧酸的典型性质说明其重要用途。

"一开始就在头脑中想好目标结果，这意味着你对目的地有清晰的了解，这意味着你知道要去哪里，从而能更好地知道你现在的位置以及如何走能保证你一直朝着正确的方向前进。"[1] 教学是教师带着学生去探索未知知识世界的旅程，作为教师需要清晰地知道把学生带到哪里、学生从哪里出发以及如何才能保证带领学生走在正确的路上，最终达成预设的目标。教师只有能够将课标中的目标要求科学地转化为教学目标，且能够依据目标进行"教—学—评"一体化设计，才能带领学生一步一步通向素养的彼岸。最后需说明的是，本章主要关注的是基于课程标准要求的教学目标设计，在实际操作中还需关注具体的学情，目标既需符合课标要求，又需位于学生的最近发展区内；本章所探讨的是新授课教学目标，复习课教学目标的设计有所不同，需更关注知识的结构化要求及迁移到新情境中解决问题的能力要求，还要结合学业质量相关要求；另外，课堂教学对学生发展所产生的效果并不都是可测的，教学效果通常大于教学目标，但预设的教学目标是教学要守住的底线。

📚 对标整理 ≫≫≫

学完本单元你应该能够：

1. 描述教学、学习、评价及教学目标的内涵。

2. 描述"教—学—评"一致性与一体化的涵义，说明教学目标对于"教—学—评"一体化设计的意义。

3. 通过课程标准和教材分析设计单元教学目标，并分解为课题/时目标。

4. 根据教学目标设计与表达的基本要求分析具体的教学目标设计是否恰当。

---

❶ Grant Wiggings. 追求理解的教学设计 [M]. 闫寒冰，等译. 上海：华东师范大学出版社，2017.

1. 请分析如下课题的教学文献，分析其教学目标设计是否恰当。若有不恰当之处，请在分析课程标准与教材的基础上进行修改，并依据课例中课时的划分将单元教学目标进一步分解为课时教学目标。

【案例 5-6】 **教学目标设计**

（1）基于职业情境的"酸和碱"单元教学目标❶

① 学生通过扮演化学实验员，体验实验员的工作，发展学生的分类、节约资源、绿色化学的观念，从职业情境入手，建构基于物质类别认识物质性质的方法，并在解决职业任务中旧知新用，提高分析、解决实际问题的能力。

② 通过分类、对比、实验的方法再深度学习酸、碱的性质并归纳整理形成酸、碱性质的结构化认识，提升学生的化学学科理解能力。

③ 通过完成实验员的工作任务，感受作为化学从业者的专业知识与技能，以及化学对社会生产生活的重要贡献，增强学生对化学相关职业的认同感。

（2）"盐类的水解"（鲁科版高中化学选择性必修 1）单元教学目标❷

① 通过实验归纳盐的类型与溶液酸碱性之间的关系，运用化学平衡原理和分析水溶液问题的基本思路，对盐溶液呈现不同酸碱性的原因进行分析，自主建立水解模型。

② 通过分析解释等浓度强碱弱酸盐碱性的差异，归纳影响盐类水解的主要因素，以 $MgCl_2$ 和 $FeCl_3$ 为例，设计实验证明反应物性质和反应条件对水解平衡的影响。

③ 通过设计实验除去酸性 $MgCl_2$ 溶液中的 Fe^{3+}，学生感受化学原理的应用价值；通过设计泡沫灭火器，从物质、反应、粒子、平衡、变化等角度分析水溶液问题，初步建立水溶液问题的分析框架（体系），从物质制备与纯化角度认识离子反应的应用价值。

2. 请分组合作完成以下单元的逻辑结构设计、教学目标及相应的评价设计。

（1）分子和原子（人教版九年级化学教材）

（2）二氧化碳（人教版九年级化学教材）

（3）氨气（苏教版高中化学必修教材第二册）

（4）化学能转化成电能（人教版高中化学必修教材第二册）

---

❶ 尉忠，舍梅. 基于职业情境的"酸和碱"单元教学设计——让我来做化学实验员［J］. 化学教育（中英文），2023，44（7）：65-75.

❷ 王晓军，刘子沐，郑华，等. 化学学科核心素养引领下的水溶液大单元教学设计与实践［J］. 化学教育（中英文），2021，42（17）：50-56.

第六章
大概念统领下的单元整体教学设计

 学习准备 >>>

　　请回顾第一章所述单元教学设计、第二章所述大概念统领下的课程内容结构以及第五章所述单元大概念的建构与教学目标设计方法。查阅 2022 版初中课标关于"物质组成的表示"主题的目标要求和相应教材内容，思考如何结合课程标准要求和教学内容进行该主题的教学设计。

案例分析 >>>

【案例 6-1】　"物质组成的表示"教学单元建构●

　　以"元素的原子在相互化合时遵循一定的规律""用化学式可以表示物质组成及其量的关系"为单元大概念，将"物质组成的表示（化学式与化合价）"从人教版九年级化学教材上册"第四单元　自然界的水"独立出来，重构一个相对独立的教学单元（图 6-1），置于"自然界的水"单元之后，调整教材先教化学式意义再教化合价、化学式书写的顺序，在第 1 课时探讨物质组成的规律，第 2 课时学习化学式书写及其"质的意义"，第 3 课时探讨化学式"量的意义"。

　　请依据 2022 版初中课标相关要求以及教学单元的属性（见第四章）分析上述教学单元的重构是否合理。

●　杨玉琴，陆海燕，吕荣冠. 学科大概念：从课标到教材到教学的转化——基于《义务教育化学课程标准（2022年版）》的分析 [J]. 化学教学，2022（10）：3-9.

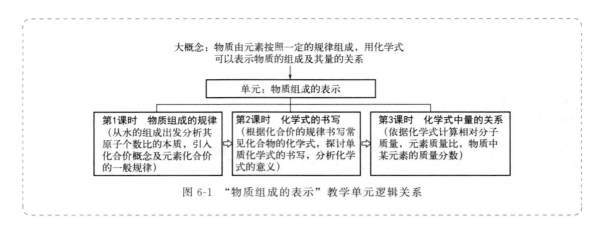

图 6-1 "物质组成的表示"教学单元逻辑关系

2022 版初中课标在课程理念部分要求"基于大概念的建构,整体设计和合理实施单元教学",在课程实施部分提出"教师应注重基于大概念来组织单元教学内容,发挥大概念的统摄作用"。"核心素养→课程标准(学科/跨学科核心素养)→单元教学设计与实施→课时教学设计与实施",是课程与教学实践中环环相扣的链条。单元教学设计是以"单元"——一个完整的教学主题为单位进行的教学设计,是介于宏观课程设计与微观课时设计之间所展开的中观教学设计,向上可以较好地兼顾课程整体目标和知识结构,向下可以合理协调课时之间的教学逻辑。单元教学设计作为桥梁连接了课程标准要求和课时教学,突出教学的方向性和结构性,有助于教师连贯地理解目标,灵活地整合教材,是落实学科核心素养目标的基本单位。

第一节　大概念统领下的教学单元建构与目标设计

化学教材并不是化学课程本身,而是基于化学课程理念和课程标准要求,按照一定的逻辑体系和一定的呈现形式加以展开和具体化、系统化的材料。一定的逻辑体系并不意味着只有一种逻辑体系,这从"一标多本"的教材中已得到诠释。而教师在面对不同版本教材"章-节"或"专题-单元"的研读中,需要在把握前述单元属性的基础上,深入分析课程标准要求,基于大概念对教材结构进行理性分析,将教材单元转化为教学单元,设计相应的单元教学目标。

一、大概念统领下的教学单元建构

由第二章的分析可知,学科大概念、主题大概念和单元大概念等具有不同层级。课程标准对每个一级主题的大概念都有明确的要求,主题大概念通常需要通过多个单元大概念的持续建构而形成。如 2017 版高中课标"主题 2:常见的无机物及其应用"中关于"元素与物质"的大概念学习要求——"认识元素可以组成不同种类的物质,根据物质的组成和性质可以对物质进行分类;同类物质具有相似的性质,一定条件下各类物质可以相互转化;认识元素在物质中可以具有不同价态,可通过氧化还原反应实现含有不同价态同种元素的物质的相互转化"需要经过"氧化还原反应""钠及其化合物""氯及其化合物""铁及其化合物""硫及其化合物""氮及其化合物"等多个教学单元的持续建构。教师在构建教学单元时，一方面依据教师对课程标准、教材的理解和应用，另一方面取决于学生认知特点和教学实际。

（一）直接采纳教材单元

教材依据课程标准编写，充分体现了课程标准理念要求以及内容的结构化要求。故教师教学时，首先应充分分析、理解教材的编排意图，对于课题之间逻辑紧密、大概念指向明确的单元，可以直接采纳教材单元为教学单元。如，人教版九年级化学教材"第三单元　物质构成的奥秘"由"分子和原子""原子的结构""元素"3个课题组成，整个单元指向"物质由分子、原子等微观粒子构成""物质由元素组成，元素在化学变化前后不变"等大概念的建构，且3个课题之间具有紧密的逻辑递进关系：在实验事实基础上形成物质由分子、原子等微观粒子的认识，再深入解剖原子的结构；在对原子结构认识的基础上，形成"具有相同质子数的同一类原子为元素"以及"物质由元素组成，元素在化学变化前后不变"等大概念。这一逻辑虽然与化学史上科学家对物质的认识顺序不同，但符合学生的认知规律。整个课题相对完整、独立，具有方向上的一致性，因此，可作为一个教学单元。

（二）对教材内容适当重组建构教学单元

一个有效的教学单元通常围绕着一个主题，依据学生认知规律，由浅入深、层层递进地展开。当教材单元内部的逻辑不够紧密，大概念的指向也不够聚焦时，可以根据大概念统整需求，结合学生认知规律对教材内容适当重组来建构一个教学单元。如，2024年版人教版九年级化学教材"第四单元　自然界的水"，课题1和课题2都在讲"水"的故事，而"课题3　物质组成的表示"虽然建立在对"水的组成"的感性认识基础上，但主体内容并非"水"，而是对"物质的组成"一般规律和符号表达的探索，形成"元素的原子在相互化合时遵循一定的规律""用化学式可以表示物质组成及其量的关系"等单元大概念。在课程标准中，"水"属于主题2"物质的性质与应用"，"物质组成的表示"属于主题3"物质的组成与结构"，该教材单元的大概念不够聚焦。所以，可将课题3从第四单元中独立出来，重构一个相对独立的教学单元（见图6-1），置于"自然界的水"单元之后，将"水的组成"作为该单元的事实性知识基础，进一步深化对"物质构成的奥秘"的认识。并且，调整教材先教化学式意义再教化合价再教化学式书写的顺序，使三个课时之间的逻辑紧密，知识结构清晰。指向化学式的本质大概念的建构，也使得化学式书写的学习有规律可循、有据可依，而不是一种死记硬背的行为。

从课程标准到教材的大概念分析，是两者双向互动的过程。这要求教师既要从课程标准出发寻找教材落实课程标准理念、目标和内容要求的思路线索；又要从教材本身出发分析其单元建构的目标、逻辑及其与课程标准要求的对应关系。随后在此基础上，对教材"二次开发"形成具有内在逻辑的教学单元，结合课程标准主题大概念内容要求及具体教学内容，对单元大概念进行具体化表达。大概念的表达要站在学生的立场，从便于理解、易于建立概念之间联系的角度去表达，这种表达也是学生在探究性学习活动中经过分析、反思、综合等思维活动能够提炼或揭示出来的结论。如此，可为后续的教学设计与实施奠定基础。

（三）以项目式学习主题组织教学单元

项目式学习（project-based learning，简称 PBL）是一种"教"与"学"的模式，关注学科的核心概念和原理，要求学生进行问题解决，基于现实世界的探究活动，以及其他的一些有意义的工作，要求学生主动学习并通过制作最终作品的形式来自主完成知识意义的建构，促进素养的发展。课程标准要求提高学生综合运用知识解决实际问题的能力，注重学科内的融合及学科间的联系，明确学习主题，凝练大概念，帮助学生对知识、问题及社会形成整体性认识。项目式学习，是促进学生解决陌生复杂情境中实际问题的能力发展的重要方式之一。化学与生产、生活的联系非常密切，也可以通过设立项目式学习主题进行单元整体的教学设计。如高中化学"基于碳中和理念设计碳捕获协同转化"项目式教学单元的构建（图 6-2）[1]。

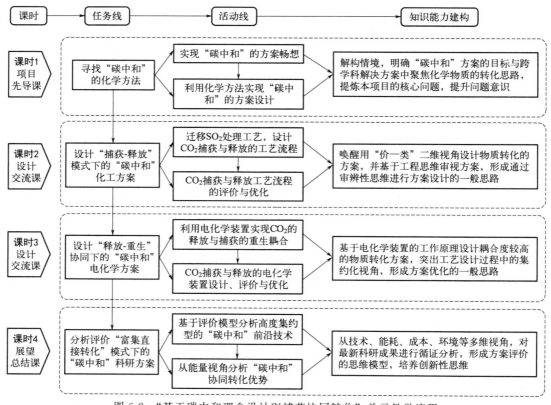

图 6-2 "基于碳中和理念设计碳捕获协同转化"单元教学流程

"基于碳中和理念设计碳捕获协同转化"项目式教学单元的构建，基于《中华人民共和国国民经济和社会发展第十四个五年规划和 2035 年远景目标纲要》（简称"十四五"规划）提出要在 2030 年实现"碳达峰"，在 2060 年实现"碳中和"的背景。面对该社会性科学议题，作为当代中学生，若能运用所学知识开展"助力碳中和"等真实问题解决的学科实践，将推进认识化学发展对促进社会文明进步的重要性，强化社会责任意识。该项目式教学单元

---

❶　陈寒与，江合佩. 学科融合视域下高中化学项目式学习——以"基于碳中和理念设计碳捕获协同转化"为例[J]. 化学教学，2024（05）：61-67.

建立在学生已初步具备"价—类"二维物质转化模型、电化学模型、热力学—动力学综合视角等学科大概念知识基础之上。学习目标为：①能从物质类别和元素价态等视角设计 CO_2 捕获和转化的方案。能有意识地从工程思维和绿色化学等角度评价与优化 CO_2 捕获转化的工艺流程，建构真实意义上的工业方案的设计与优化的思维模型。②能分析、解释 CO_2 转化的电化学装置工作原理，并能围绕工艺流程，设计与优化 CO_2 转化的电化学装置。能综合考虑电化学装置中的物质变化、能量变化以及工艺优化等进行方案决策，解决实际问题。③能根据具体的 CO_2 转化的科研成果，有意识地从技术、能耗、成本、环境等多维视角收集证据，进行循证分析，合理评价与交流。④通过"碳中和"方案的迭代优化设计、展示与交流，认识化学科学与技术的不断创新是解决人类社会发展中遇到的问题、实现可持续发展的有效途径，进一步唤醒学习化学科学的兴趣和激发探索未知世界的热情。

二、单元教学目标的设计

无论哪一层次的教学都要以清晰的目标为导向，否则会落入知识点或内容导向而非素养导向的教学。在确定大概念统摄的教学单元后，需结合课程标准的内容要求、学业要求和学业质量将大概念转化为具体、易把握、可观测、可达成的教学目标。

以案例 6-1 所示教学单元"物质组成的表示"为例，其课程标准相关要求如表 6-1 所示。

表 6-1 "物质组成的表示"单元所对应的课程标准要求

一级主题	内容要求	学业要求
物质的组成与结构	3.1 物质的组成 初步形成基于元素认识物质的视角。 3.2 元素、分子、原子与物质 3.2.3 物质组成的表示 知道可以用符号表示物质的组成，知道常见元素的化合价，学习用化学式表示常见物质组成的方法	2. 能用化学式表示某些常见物质的组成，能分析常见物质中元素的化合价；能从宏观与微观、定性与定量相结合的视角说明化学式的含义；能根据化学式进行物质组成的简单计算；能根据相关标签或说明书辨识某些食品、药品的主要成分，并能比较、分析相应物质的含量

依据课程标准要求，结合教材具体内容，将该单元的大概念转化为单元中心目标"从元素组成角度认识和表示物质"，再将单元目标有机分解到课时目标中，确定教学重、难点，如表 6-2 所示。如此一来，单元教学大方向明确，课时小目标具体，便可"步步为营"地实现大概念的建构。

表 6-2 "物质组成的表示"单元教学目标

单元目标	课时目标	教学重、难点
从元素组成角度认识和表示物质：会从元素原子相互化合的角度分析物质组成规律及化合价数值，能根据化合价书写常见化合物的化学式，会依据化学式计算元素的质量比和元素的质量分数，能读懂有关标签	课时 1：1.1 能从常见原子的结构特点分析不同元素原子之间相互化合的个数比，说明化学式中数字的含义； 1.2 能根据原子结构推理常见元素化合价，记住特殊元素化合价； 1.3 能够归纳元素化合价的一般特征	**重、难点**：根据原子结构推理不同元素原子化合的个数比
	课时 2：2.1 能根据元素化合价写出化合物的化学式或根据化学式推算化合价； 2.2 能归纳出单质化学式书写的一般规律； 2.3 会读、写常见物质的化学式，能够描述化学式的含义	**重点**：根据元素化合价书写化合物化学式 **难点**：化学式的含义

单元目标	课时目标	教学重、难点
从元素组成角度认识和表示物质:会从元素原子相互化合的角度分析物质组成规律及化合价数值,能根据化合价书写常见化合物的化学式,会依据化学式计算元素的质量比和元素的质量分数,能读懂有关标签	**课时 3**:3.1 会根据化学式计算物质的相对分子质量、组成元素的质量比及物质中某元素的质量分数; 3.2 会分析说明生产生活中常见元素质量分数的意义,能读懂药品、饮料和食品的标签中的成分和含量	**重点**:物质中元素质量分数的计算 **难点**:读懂标签中的化学信息

三、单元学情的分析

如果说目标是学生所要到达的终点,教师还需厘清学生从哪里出发即对学生学习起点这一学情,以便恰当利用学情分析结果,让新知识的学习建立在已知基础上,并通过有效的教学策略帮助学生进行概念转变,突破学习难点。表 6-3 为基于"物质组成的表示"相关学情的分析,在单元教学导入阶段,即提出问题"通过前面的学习,我们已经知道可用符号来表示物质,如水的符号为 H_2O,那这一符号是怎么来的? 为什么不能写成 H_3O 或其他?"这样既激活学生的已有认知基础——水的符号是通过实验测定的,也改变已有认知结构中"符号是人为规定的"的前概念。针对学生可能存在的难以从原子结构推理不同元素原子化合的个数比的学习难点,可采取动画模拟的策略化抽象为形象,让学生从本质上认识化合价的意义。

表 6-3 "物质组成的表示"单元学情分析

学情	相应的利用策略
已有相关知识经验:物质由元素组成,水的组成的研究方法,1~20 号元素的原子结构	在单元教学导入阶段,提出问题:水的符号 H_2O 是怎么来的? 为什么不能写成 H_3O 或其他? 激活学生已有认知,引导学生通过原子结构特点来分析不同元素的原子结合时的个数比关系
前概念:每种物质的固定符号是规定的	回顾研究水的组成的实验,建立起表示物质组成的符号都是经过精确的实验所测定的认识
可能的学习困难:根据原子结构推理不同元素原子化合的个数比	采取动画模拟不同元素的原子化合时达到稳定结构的过程

第二节 单元教学情境、问题、活动的一体化设计

教学过程的设计解决的是如何带领学生从起点到终点的问题,情境的创设、内容的组织、方法的选择等都蕴含其中。如果说,一个单元就是一个完整的学习事件或故事,那么就需要一个事件发生的背景(情境),从中发现问题,引导学生在完成问题解决任务的各种探

究活动中，实现知识的自主建构，达成学习目标。即通过情境、问题（任务）、活动一体化设计（如图6-3所示），将单元教学组织成一个围绕目标、内容、过程实施与评价的完整的探究故事。

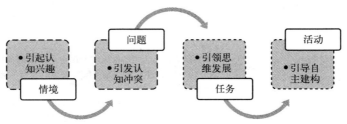

图6-3　情境、问题、任务与活动之间的逻辑关系

一、单元教学情境的设计

　　课程标准在教学建议中明确提出"创设真实问题情境，促进学习方式转变"，并在各部分内容要求中都给出了具体的情境素材建议。教学情境的核心价值在于它是学生知识建构的载体，在整个学习过程中都能激发、推动、维持、强化和调整学生的认知活动、情感活动和实践活动等。也就是说，教学情境的创设并不等同于传统意义上的导入新课，教学情境并不只在课堂导入阶段发生作用，而是具有全程性，可以分阶段设计，逐步地扩展、深入、充实、明晰，既能成为课堂问题产生的源头，又能使整个单元教学围绕情境展开。基于真实情境载体展开的单元教学，是一个知识由发生、发展的线索串联起来的连贯整体，依托"故事链"，不仅知识点与知识点之间形成了结构化联系，且知识与解决问题的情境脉络之间也建立了联系。学生通晓知识的来龙去脉，既可以从整体上把握知识的结构，又清晰地感知所学知识能解决什么类型的问题，从而能灵活地迁移和应用所学知识，使得单元教学真正成为核心素养形成与发展的基本单位。

　　以案例6-1"物质组成的表示"单元教学为例，导入阶段，让学生展示课前收集的家中所用的药品、饮料或食品等标签，寻找其中物质的相关信息，如名称、符号、含量等，学生不难找到水（H_2O）、食盐（NaCl）等，教师再展示自己从网上购买家用除湿剂时所看到的厂家宣传标签，引导学生关注生石灰粉对应的化学符号（CaO）及"含钙可高达99%"的信息（图6-4）。

图6-4　家用除湿剂标签

随后，以图 6-4 中标签信息作为贯穿单元的大情境，提出本单元要解决的基本问题，如表 6-4 所示。

表 6-4　"物质组成的表示"单元教学情境与问题

单元大情境	课时问题	课堂问题链
大情境： 日常生活中食品、药品或饮料标签中的物质和符号 **基本问题：** 为什么这些物质具有固定符号？这些符号（包括含量）具有什么意义？	**课时 1　物质组成的规律** 问题：为什么物质都有特定的符号？	问题 1.1：水的符号 H_2O 是怎么来的？为什么不能写成 H_3O 或其他？ 问题 1.2：化学式是根据实验测定的结果确定的，表示了元素原子之间的化合的数目关系。这种数目关系有没有一定的规律？（以氯化钠、氧化钙、氯化氢、水等为例） 问题 1.3：是否可以根据原子结构推理氟、氯、硫、钾、镁、铝等元素的常见化合价？能否据此写出氯化钾、氯化镁、氟化钙、硫化钠、氧化铝等物质的化学式？ 问题 1.4：能否小结出元素化合价的一般规律？
	课时 2　化学式的书写 问题：化学式表达了什么含义？如何既快又准地写出物质的化学式？	问题 2.1：从 H_2O、$NaCl$、CaO 等化学式能获取什么信息呢？ 问题 2.2：能否小结出化合物化学式书写及读法的一般规律？ 问题 2.3：如何已知元素化合价书写化学式？ 问题 2.4：我们前面讨论的都是化合物的化学式书写，那么单质化学式如何书写？
	课时 3　化学式中量的关系 问题：高纯度生石灰中含钙高达 99% 是真的吗？	问题 3.1：化学式有没有量的关系？根据相互化合时原子个数比我们还可以知道什么？ 问题 3.2：是否可以计算某物质中某元素的质量分数？如 CaO 中钙元素的质量分数？ 问题 3.3：可否求得 5000g CaO 中的含钙量？如果 5000g 生石灰中含 CaO 99%，则其中含钙量又是多少？ 问题 3.4：能否帮助厂家修改标签？

二、基于情境载体的"问题链"设计

具有内在逻辑关系的"问题链"对单元整体学习具有关键作用，它连接了情境中的事件与具体的学习任务与活动，体现了知识建构的历程与思路，可促进学生结构化知识与观念的建构。如表 6-4 所示，单元大情境所引发的基本问题指向单元大概念的建构，课时问题则是对单元基本问题的展开，每一课时又按学生的认知规律、知识的发展逻辑建构了具有内在逻辑关联的、与具体事实性知识连接的"问题链"。

如表 6-4 所示，课时 1 中，基于情境载体"日常生活中食品、药品或饮料标签中的物质和符号"提出单元的基本问题"为什么这些物质具有固定符号？这些符号（包括含量）具有什么意义？"后，承接学生已有认知中水的化学符号"H_2O"提出"问题 1.1：水的符号 H_2O 是怎么来的？为什么不能写成 H_3O 或其他？"学生通过回顾水的组成的探究，不难得出"物质的组成是通过实验测定的，化学式的书写必须依据实验的结果"。之后顺势提出"问题 1.2：化学式是根据实验测定的结果确定的，表示了元素原子之间的化合的数目关系。这种数目关系有没有一定的规律？"引导学生先从不同元素原子结构的特征分析 $NaCl$、CaO 的形成，再分析 HCl 和 H_2O 的形成。值得注意的是，此分析过程的重点是让学生认识不同元素原子相互化合时的个数比关系与原子结构有着密切的联系，并且发现其中的数目比规律，并不涉及离子键、共价键等概念。当分析了这 4 种化合物的形成规律后，自然揭示可以用化合价来表示元素化合时的原子数目比规律，学生也能够理解通常 Na 显＋1 价，Ca 显＋2 价，Cl 显－1 价，O 显－2 价等，于是，"问题 1.3：是否可以根据原子结构推理氟、氯、硫、钾、镁、铝等元素的常见化合价？能否据此写出氯化钾、氯化镁、氟化钙、硫化钠、氧化铝等物质的化学式？"就自然产生了，最终让学生解决"问题 1.4：能否小结出元素化合价的一般规律？"，学生通过解决前面的问题，再结合教材中的化合价数值不难得出"通常情况下，金属显正价，且最高正价数值与其最外层电子数相同；非金属元素与金属元素或氢元素化合时显负价，其最低负价数值是 8－最外层电子数"以及"通常氢为＋1 价，氧为－2 价"等规律。这样的设计通过连续的、有逻辑的"问题链"引领学习任务与活动，让学生能够理解化合价的由来及其与元素原子结构的关系，避免了学生对化合价数值的死记硬背，有利于培养学生的科学思维。整个单元从除湿剂标签这一情境出发，引发系列问题，最终通过"能否帮助厂家修改标签？"问题的解决，将单元组织成了一个围绕目标的完整的探究故事。学生在解决问题的任务与活动中，不仅建构了知识，体验到知识的效用，发现贯穿学习材料的重要联系，而且通过分析、综合、归纳等方法将事实性知识上升为大概念理解。

三、学生学习活动的设计

化学课程标准倡导学生通过自主、合作、探究等多种化学学习活动来改变学习方式，促进核心素养的发展。在 2017 版高中课标和 2022 版初中课标的"教学提示"中都专门设有"学习活动"建议。这表明在学生的化学学习过程中，不仅要学习"标准"里规定的"所要达到的最基础的学习要求"，还要经历"实验及探究活动""调查与交流活动"以及"项目式学习活动"等。学生积极主动地参与学习是促使其发展的根本途径，而教师对学习任务和学习活动的科学设计在很大程度上影响着学生的学习过程。只有当教师为学生创设了主动活动的机会时，学生才能主动地体验探究过程，在知识的形成、联系、应用过程中养成科学的态度，获得科学的方法，在"做科学"的探究实践中逐步形成终身学习的意识和能力。

化学课堂中的学习活动需要教师的精心安排和引发，不同的教学方式所引发的学生的学习活动亦不同，只有教师的教学方式转变后才能实现学生学习方式的改变。教师对学生学习活动的安排应基于明确的问题或学习任务，使其承载的化学教学内容形成一个有机的整体，才能保证或提升学习活动的有效性，为实现化学教学目标，促进学生学科素养的形成搭建平台。以表 6-4 课时 1 为例，基于"问题链"所引发的学生学习活动及相应的教师支持如表 6-5 所示。

表 6-5 "物质组成的表示"单元课时 1 学习活动与教师支持

问题	学习任务与活动	教师支持
问题 1.1：水的符号 H_2O 是怎么来的？为什么不能写成 H_3O 或其他？	**任务 1.1 探析物质符号的由来** • 回顾：水的组成的实验探究 • 分析归纳：水的符号 H_2O 是通过精确的实验测定的。化学式的书写必须依据实验结果	提供资料：一定条件下，电解水实验中的气体体积比与分子个数比的关系

问题	学习任务与活动	教师支持
问题1.2：化学式是根据实验测定的结果确定的，表示了元素原子之间的化合的数目关系。这种数目关系有没有一定的规律？（以氯化钠、氧化钙、氯化氢、水等为例）	**任务1.2　探析元素之间化合的原子数目关系** • 分别画出：钠原子、氯原子结构示意图，分析氯化钠、氧化钙形成时的原子个数比 • 分别画出：氢原子、氧原子结构示意图，分析氯化氢、水形成时的原子个数比 • 分析归纳：不同元素的原子相互化合时有一定的数目比，该数目比与原子最外层电子数密切相关 • 类推：氧化钙中，钙为+2价，氧为−2价；氯化氢中，H为+1价，氯为−1价；水中H为+1价，氧为−2价	提示：元素的性质与原子的结构密切相关 提供：不同元素的原子化合时的微观模拟动画 揭示：用化合价表示不同元素的原子相互化合时的数目比关系。钠元素与氯元素化合时，每个钠原子失去1个电子，显+1价，每个氯原子得到1个电子，显−1价 提示：当两种元素的原子以共用电子的形式达到稳定结构时，通常核电荷数大的原子所对应的元素显负价
问题1.3：是否可以根据原子结构推理氟、氯、硫、钾、镁、铝等元素的常见化合价？能否据此写出氯化钾、氯化镁、氟化钙、硫化钠、氧化铝等物质的化学式？	**任务1.3　推理常见元素的化合价及组成的物质的化学式** • 推理：氟为−1价、氯为−1价、硫为−2价、钾为+1价、镁为+2价、铝为+3价 • 书写：氯化钾—KCl、氯化镁—MgCl₂、氟化钙—CaF₂、硫化钠—Na₂S、氧化铝 Al₂O₃	提供帮助：学生在书写氧化铝等较复杂的化学式时可能会遇到困难，仍从各原子达到稳定结构所需的个数比角度引导学生分析推理
问题1.4：能否小结出元素化合价的一般规律？	**任务1.4　初步整理元素化合价的一般规律** • 交流讨论：根据之前的分析推理并结合教材常见元素的化合价表，说出对元素化合价的认识 • 归纳整理：归纳元素化合价的一般规律	引导学生观察教材常见元素的化合价表 指导学生完成整理、完善知识结构

　　基于情境衍生的问题线索，形成了教学的基本支架。通过一步一步制造悬念，引导学生通过活动一步一步完成解决问题的任务，从而完成知识能力的有意义建构。如果说情境的全程性是完成了整个教学的纵向叙事，那么情境、问题（任务）与解决问题（完成任务）的活动之间的逻辑关联则完成了教学在某一阶段的横向叙事。2017版高中课标在教学与评价建议中也提出，"教师应尽可能设计多样化的实验探究学习任务，应结合具体的化学教学内容的特点和学生的实际，引导学生开展分类与概括、证据与推理、模型与解释、符号与表征等具有学科特质的学习活动，应注意设计真实情境下不同复杂和陌生程度的问题解决活动，引导学生通过小组合作、实验探究、讨论交流等多样化方式解决问题。"正是在问题解决过程中，学生形成类似科学家看待问题的方式和解决问题的能力，从而保证知识向真实情境的迁移，这正是情境、问题、活动一体化设计的深层价值所在。

　　情境认知理论认为，学习是一个"合法的边缘性参与"过程，即作为新手的学习者在逐渐成长为专家的学习过程中，不可能完全地参与所有活动，而是需要在专家（教师）的引导和指导下参与实践，从部分参与逐渐向完全参与过渡。这就意味着教师在情境呈现后，需要在问题判断、问题表述、问题解决、结论表述，甚至包括学习过程中的交流等各环节，都分别根据学生的实际情况搭建认知"脚手架"，支持学生的学习活动，以避免学生无意义地摸索。这些"脚手架"包括信息资料的提供、教师的示范、适当的提示、明确的反馈等。

【案例 6-2】 "高铁建设中的金属和金属材料"第 3 课时"金属材料的保护"教学过程❶

研读如下教学过程，找出该教学过程中从情境中衍生出的系列问题以及相应的学生的学习任务与活动，分析其中哪些活动表现可以用于评价该节课教学目标的达成情况。

环节 1：情境引入

【资料 1】生锈（标注主要成分是 $Fe_2O_3 \cdot xH_2O$）的铁轨、较为光亮的车体、高铁弓网系统裸露的铜导线的图片。

【问题】观察这些图片，你有哪些想法？

【学生主要回答】①铁易生锈，铝、铜不易生锈；②想知道为何铁易生锈而铝、铜不易生锈。

环节 2：任务 1　探究铁轨的锈蚀原因和防锈措施

【资料 2】我国沿海地区的铁路，由于酸雨、高温、潮湿、盐雾（主要成分为氯化钠）等影响，钢轨和扣件锈蚀都十分严重。以狮子洋隧道为例，在 3 年时间内，锈蚀严重的区域，剥落厚度达 1mm。

【活动 1】探究铁生锈的条件

问题 1：铁在什么条件下会生锈？如何设计实验验证？

【学生活动表现】学生根据铁锈的成分很快猜出锈蚀因素。铁生锈的条件是铁与氧气和水同时接触，存在两个变量，需要分别验证。大部分学生起初设计不出探究方案，教师引导学生想"需要几只试管，每只试管除了铁钉还需要放什么"，学生尝试画实验设计图，以"小组讨论—组间分享评价"的形式，选出最优方案。小组完成实验，持续观察一周。

【教师支持】铁生锈的过程比较缓慢，我们提前 1 周就让学生按图 6-5 所示设计方案准备了实验并拍了视频。课上播放视频。

学生观看视频，记录现象，商讨结论，探究过程和结果见图 6-5。

【活动 2】探究醋酸、氯化钠对铁生锈的影响

问题 2：从资料 2 来看，可能是哪些物质加速了金属锈蚀？请用稀醋酸代替酸雨，设计实验验证。

【学生活动表现】学生认为潮湿、酸雨、盐雾都加速了铁的锈蚀并很快设计出探究方案。学生按方案完成实验，持续观察一周。

【教师支持】用氧气含量数字传感器演示实验

学生通过图像中氧气含量变化情况，发现铁制品在水中锈蚀相对缓慢，在食盐水中锈蚀较快，在稀醋酸中锈蚀最快，从而对盐类物质和酸能加速铁的锈蚀有了更直观、明确的认知（见图 6-6）。

---

❶ 李学玲，杨玉琴，孙玉明，等. 大概念统领下的单元教学整体设计与实践——以"高铁建设中的金属和金属材料"为例［J］. 化学教学，2023（7）：44-51.

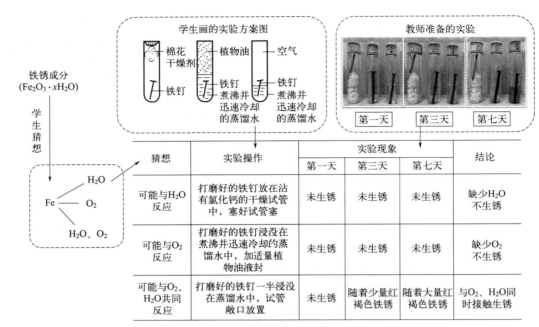

图 6-5　铁生锈条件的探究和结果

猜想	实验操作	实验现象			结论
		第一天	第三天	第七天	
可能与H_2O反应	打磨好的铁钉放在沾有氯化钙的干燥试管中，塞好试管塞	未生锈	未生锈	未生锈	缺少H_2O不生锈
可能与O_2反应	打磨好的铁钉浸没在煮沸并迅速冷却的蒸馏水中，加适量植物油液封	未生锈	未生锈	未生锈	缺少O_2不生锈
可能与O_2、H_2O共同反应	打磨好的铁钉一半浸没在蒸馏水中，试管敞口放置	未生锈	随着少量红褐色铁锈	随着大量红褐色铁锈	与O_2、H_2O同时接触生锈

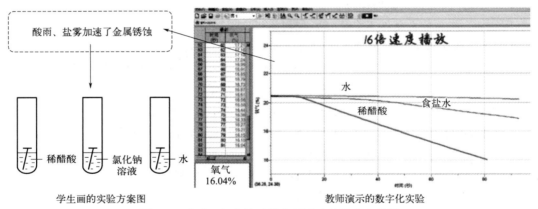

图 6-6　醋酸、氯化钠对铁生锈影响的探究和结果

【活动 3】探究自行车等铁制品防锈措施和原理

问题 3：自行车用了哪些防锈措施？你丕知道哪些防锈措施？原理分别是什么？

【教师支持】展示学生不熟悉的搪瓷、烤蓝、镀其他金属的铁制品。

【学生活动表现】学生发表看法，互相补充。活动结果见图 6-7。

【教师追问】高铁轨道用了哪种防锈措施？你认为选用防锈措施需考虑哪些因素？

【学生主要想法】①高铁轨道长期裸露在野外，且要承受剧烈的摩擦，所以选用合金；②除考虑防锈效果，还要考虑实用、美观、成本、有效防锈期等因素。

环节3：任务 2　探究车体光亮的原因

【活动 4】铝粉的燃烧和铝的自我保护实验

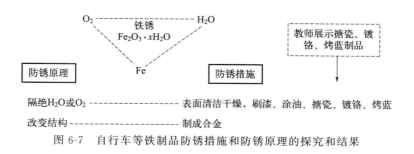

$$O_2 \text{------} \begin{array}{c} \text{铁锈} \\ Fe_2O_3 \cdot xH_2O \end{array} \text{------} H_2O$$

教师展示搪瓷、镀铬、烤蓝制品

防锈原理   Fe   防锈措施

隔绝 H_2O 或 O_2 ------------ 表面清洁干燥，刷漆、涂油、搪瓷、镀铬、烤蓝

改变结构 ------------------- 制成合金

图 6-7   自行车等铁制品防锈措施和防锈原理的探究和结果

提示：酒精灯灯温能达到 670℃，铝的熔点是 660℃，氧化铝的熔点是 2054℃。

问题 4：铝和氧气能发生反应吗？实验现象说明了什么？说说铝合金车体始终光亮如新的原因。

【教师支持】演示"铝粉的燃烧和铝的自我保护实验"

【学生活动表现】实验前，大部分学生认为铝和氧气不反应。加热后，观察到"铝片红热变软，好像包裹了什么物质，抖动铝片却不滴落，用钢针把红热的铝箔刺破，其中熔融状态的铝不滴落"实验现象时，学生开始不能正确解释，经教师引导、讨论后，认可铝在常温下表面生成致密的氧化铝膜，能正确书写化学方程式 $4Al+3O_2 \xrightarrow{\quad\quad} 2Al_2O_3$，并能从有致密的氧化铝膜和涂层，经常清洗和养护角度解释车体光亮的原因。

环节 4：任务 3   探究铜导线的锈蚀和防护

【资料 3】据建材网报道：经过重污染地区的胶济线、京沪线，部分路段列车弓网系统的接触线表面生成铜绿 $[Cu_2(OH)_2CO_3]$，强度降低，甚至开断脱落，引起弓网故障。

【活动 5】在空气中加热铜丝

问题 5：铜锈蚀的条件是什么？写出铜和氧气反应的化学方程式。高铁上如何防止铜锈蚀？

【学生活动表现】学生很快说出铜在氧气、水、二氧化碳共同作用下生成铜绿。实验前，大部分学生认为铜和氧气能反应，依据是铁、铝都能和氧气反应；少部分学生认为铜和氧气不反应，依据是常见的铜都很光亮。学生观察到加热后铜丝表面变黑，并且黑色擦拭不掉后，能正确写出化学方程式 $2Cu+O_2 \xrightarrow{\triangle} 2CuO$。学生综合多种因素认为在高铁建设中应选用铜合金减少锈蚀。

【教师追问】铁、铝、铜和氧气反应的难易和剧烈程度说明了什么？是否所有金属和氧气都能发生反应？

【学生活动表现】学生已经意识到反应的难易和剧烈程度体现着金属的活泼性，通过讨论、归纳，能判定铝比较活泼，铁、铜次之，金最不活泼。

环节 5：任务 4   探究我国金属资源的现状和保护

【资料 4】2021 年，我国科学家们用竹子做原料，研发出的竹缠绕复合材料已正式投入高铁车厢的建造中。

【活动 6】我国金属资源现状调查汇报

问题 6：竹缠绕复合材料用于高铁车厢的意义有哪些？我国金属资源现状如何？采取了哪些保护措施？

【学生活动表现】能从节约金属资源和"提速"角度分析新材料的使用意义。结合课前调查，小组互相补充，能给出关于金属资源现状和保护的完整答案。

环节 6：整理归纳

以图 6-7 为框架，与前两节内容联系，进行知识的结构化整理。

第三节 "教—学—评"一体化下单元作业的整体设计

在单元教学目标指引下，教师不仅要思考通过怎样的情境载体、问题与任务等让学生达成目标，还需考虑通过什么样的方式方法判断学生是否达成目标以及目标达成的程度如何，从而实时地对教学过程做出有利于学生学习的调整，此即"教—学—评"一体化的设计。2017 版高中课标和 2022 版初中课标皆明确要求"加强过程性评价""实现'教—学—评'一体化"，且将"化学日常学习评价"作为"教—学—评"一体化的重要链条，要求教师积极探索开展化学日常学习评价的有效途径、方式和策略等。在课堂教学中，教师可通过课堂倾听、观察学生学习活动表现、布置当堂练习等方式判断学生是否达成目标或正在为达成目标努力，及时给予学生反馈，并根据目标的达成情况决定教学的进程。课后作业则不仅是课堂教学的延伸与拓展，还是落实核心素养的重要载体。2022 版初中课标在"评价建议"中提出要"优化单元作业的整体设计与实施""减轻作业负担，科学设计单元作业，体现整体性、多样性、选择性和进阶性"。"教—学—评"一体化下，单元作业整体设计路径如下❶。

一、依据课程标准要求，明确作业目标

作为形成性"评价"重要方式的作业与"教"和"学"具有目标上的一致性，且作业目标先于作业内容而存在，教师需要根据既定目标选择和组织作业，从而保证作业设计的正确方向。从课程标准相关要求到单元教学目标再到作业目标，中间需要经过多重转换，即：依据课程标准相应的内容要求和学业要求，聚焦与该单元课题内容相适切的大概念、方法思路及学科价值等目标，再将这些目标分解为各课时目标。单元作业目标则对应于教学目标，描述在具体的作业情境中可观察到的学生表现行为或结果，以此诊断、评价并促进学生目标的达成。以案例 6-1"物质组成的表示"教学单元为例，聚焦大概念"物质由元素按照一定的规律组成，用化学式可表示物质组成及其量的关系"设计单元教学目标及其相应的作业目标，如表 6-6 所示。

---

❶ 杨玉琴，陆海燕. "教—学—评"一体化下单元作业的整体设计［J］. 化学教学，2023（05）：3-8＋24.

表 6-6　"物质组成的表示"单元教学目标与作业目标

单元及分课时	教学目标	作业目标
单元目标	U1　会从元素原子相互化合的角度分析物质组成规律及化合价数值	HU1　给出常见原子的结构,学生能分析它们化合时的原子数目比,判断元素化合价
	U2　能根据化合价书写常见化合物的化学式	HU2　给出元素化合价,学生能书写相应的化学式;或给出化学式,学生能判断其元素化合价
	U3　会依据化学式计算元素的质量比和元素的质量分数	HU3　给出某物质化学式及质量,学生能计算其各元素质量比及其中任一元素的质量分数和质量
	U4　能够解读生活中一些用品的标签	HU4　给出常见生活用品标签,学生能分析说明其中化学符号及其量的含义,判断科学性,会用化学式相关知识设计标签
课时 1 物质组成的规律	L1.1　能从常见原子结构示意图特点分析不同元素原子之间相互化合的个数比,说明化学式中数字的含义	HL1.1　给出常见原子的结构示意图,学生能分析它们化合时的数目比,并书写出相应的化学式;给出化学式,学生能说出其中数字的含义
	L1.2　能根据原子结构示意图推理常见元素化合价,能够举例说明某些元素具有可变化合价	HL1.2　给出 1~20 号元素中某一原子结构示意图,学生能推理其常见化合价;依据某些常见化合价能推理化合物中其他元素化合价,如 Fe_2O_3、FeO 中铁元素化合价
	L1.3　能够归纳元素化合价的一般特征	HL1.3　给出金属(非金属)元素原子结构,学生能够判断其通常显正价(负价)及其最高正价(最低负价)等;学生能够判断氧通常显 -2 价,氢通常显 +1 价,单质中元素化合价为 0
课时 2 化学式的书写	L2.1　能根据元素化合价写出化合物的化学式或根据化学式推算化合价	HL2.1　给出元素化合价,学生能书写化学式;或给出化学式,学生能判断其中元素的化合价
	L2.2　能归纳出单质化学式书写的一般规律	HL2.2　会书写常见单质的化学式
	L2.3　会读、写常见物质的化学式,能够描述化学式的涵义	HL2.3　给出常见物质,学生会书写相应的化学式;能够从宏观、微观角度描述化学式的含义
课时 3 化学式中量的关系	L3.1　会根据化学式计算物质的相对分子质量、组成元素的质量比及物质中某元素的质量分数	HL3.1　已知一定质量的某物质(化学式),学生能计算出相对分子质量、各元素的质量比及物质中某元素的质量分数和质量
	L3.2　会分析说明生产生活中常见元素质量分数的意义,能读懂药品、饮料和食品的标签中的成分和含量	HL3.2　学生能描述人体、食品或用品中某一元素的质量分数的意义;给出药品、饮料或食品标签,能分析说明其中化学符号的涵义,评价其科学性

　　由表 6-6 可见,"教—学—评"一体化下,作业目标与教学目标本质上是统一的,故实际操作中,并不一定需要像表 6-6 那样将教学目标转写为作业目标,以免增加教师的日常工作负担,只要布置作业时有目标意识,知道用何种作业能诊断、分析和判断学生的学习结果是否达到相应的目标即可。虽如此,仍需注意,作业目标并不完全等同于教学目标,其基本属性如下。

　　(1) 作业目标具有针对性和生成性

　　作业目标指向教学目标的评价与促进,具有明显的针对性,但作业只是形成性评价的一种形式,并非所有的教学目标都需要或只能通过作业来进行评价。作业评价需与其他形成性评价方式如课堂观察、提问及当堂练习等相互结合和补充,共同诊断和促进教学目标的达成。有些显然已在课堂当中完成的目标,则可以不布置或少布置作业。目标中的重、难点则需要通过作业进一步巩固或深化,还有些目标在课堂教学中没有完全达成,则需要通过课后作业来弥补。

即作业目标可以在教学过程中根据目标的达成情况进行灵活调整，具有较强的生成性。

（2）作业目标具有整体性和递进性

单元目标与课时目标之间并非简单的叠加关系，单元目标聚焦的是该单元最重要的核心知识、学科观念以及方法或价值，而课时目标则较为下位和具体，关注的是该课时中较为具体的知识、方法或价值等。通过各个课时的持续建构和螺旋上升会逐步建构该单元的大概念，实现单元目标。正因如此，单元作业需系统设计，考虑单元中各个课时之间作业的递进性，增强课时之间作业的关联性和进阶性以及整个单元作业的整体性。这是与课时作业设计最大的不同之处。

如，对于表 6-6 单元作业目标 HU4"给出常见生活用品标签，学生能分析说明其中化学符号及其量的含义，判断科学性，会用化学式相关知识设计标签"，该目标是通过课时作业目标 HL1.1、HL2.1、HL3.1 和 HL3.2 的不断递进而实现的，其相应的作业题例如案例 6-3 所示，4 道作业任务皆置于常见生活用品标签这一情境中，聚焦不同进阶的目标，将化学符号学习与日常应用联系起来，既体现了素养导向的学习，单元作业的关联性和递进性，又体现了作业的选择性及实践性。

 案例分析 »»

【案例 6-3】 "物质组成的表示"教学单元作业示例

试分析以下作业与目标的对应关系以及作业题特征。

【课时 1 作业题例（1）】至少找出 3 种家里食品、饮料或生活用品等标签上的化合物名称和符号。填写在如下表格中。

用品名称	所含化合物名称	化学符号	符号意义
食用盐	氯化钠	NaCl	氯化钠由氯元素和钠元素组成,它们相互化合时的原子个数比为 1:1

【课时 2 作业题例（2）】下表为常见消毒用品中所含的物质，尝试在横线上写出其未知信息。

用品				
物质	过氧化氢	二氧化氯	次氯酸钠	氯气（液）
化学式	H_2O_2	_____	NaClO	_____
化合价	H 化合价为 +1，则 O 化合价为 _____	O 化合价为 −2，则 Cl 化合价为 _____	Cl 化合价为 _____	Cl 化合价为 _____

【课时 3 作业题例（3）】图 6-8 为某品牌食用盐标签。

品名： 低钠海盐
配料： 氯化钠(以NaCl计)：75.0～90.0(g/100g)
　　　　 氯化钾(以KCl计)：10.0～25.0(g/100g)
　　　　 碘酸钾(以I计)：18～33mg/kg
规格： 320g/袋
生产日期： 见包装
营养成分表

项目	每100g
能量	0kJ
蛋白质	0g
脂肪	0g
碳水化合物	0g
钠	31453mg
碘	2250.0μg
钾	10470mg

图 6-8　某食用盐标签

请回答以下问题：

① 查阅钾原子的结构示意图，试解释钾元素与氯元素化合形成 KCl 的原子个数比为 1∶1 的原因＿＿＿＿＿＿＿＿＿＿。由此，你可推理出 K 的化合价为＿＿＿＿。

② 已知碘酸根符号为 IO_3^-，则碘酸钾的化学式为＿＿＿＿，其中 I 的化合价为＿＿＿＿。

③ 以营养成分表上的碘元素质量计算，1kg 该食盐至少需要添加碘酸钾多少 mg？通过计算，你认为该标签上的配料数据是否准确？

④ 以一袋海盐的质量为 320g 计算，该袋食盐中含钠元素和钾元素的质量范围分别是多少？世界卫生组织建议每人每天摄入钠元素不超过 2g，则每天摄入该低钠盐的质量不宜超过多少 g？

⑤（选做）查阅资料说明人体当中钠、钾、碘等元素的主要作用，以及世界卫生组织推荐的成年人每日的摄入量，填写于下表中。如果你家里有人缺钾，你会建议他（她）吃什么？为什么？

元素	主要作用	成年人每日摄入量	主要来源
钠			
钾			
碘			

【复习课作业题例（4）】市售补铁剂的调研及其标签的创新设计（实践型作业）。

① 任务 1：调查市面上常用的补铁产品，找出其中含铁物质所对应的化学式及铁元素的化合价；

二、设计多维细目表，系统规划作业

作业多维细目表来源于测验编制"目标-内容"双向细目表。除目标外，将作业的一些关键属性如题型、层次、难度、情境类型、科学性、来源及预估时间等置于表中，一方面考量作业与目标的对应关系和作业自身的质量，另一方面便于系统规划作业。以案例 6-3 的 4 道作业为例，它们在多维细目表中的对应属性如表 6-7 所示。

表 6-7　作业多维细目表示例

课时	目标编号	作业题号	作业题型	作业层次	作业难度	情境类型	科学性	作业来源	预估时间/分钟
1	HL1.2	（1） （3）①	填空	学习理解	中	生产生活	是	自编	8
2	HL2.1	（2） （3）②	填空	学习理解	易	生产生活	是	自编	2
3	HL3.1 HL3.2	（3）③	计算	应用实践	中	生产生活	是	自编	25
		（3）④	计算	应用实践	难	生产生活	是		
		（3）⑤	简答	应用实践	中	生产生活	是		
复习	HU2	（4）①	实践	迁移创新	中	生产生活	是	自编	60
	HU3	（4）②			中	生产生活	是		
	HU4	（4）③			难	生产生活	是		

表 6-7 中，作业目标由教学目标衍生而来，也可用教学目标编号替代。作业题型可分为整理类、选择题、填空题、简答题等书面作业以及实验探究、工程实践、社会调查、项目类、设计类等实践型作业，实践型作业还可根据完成时间的长短分为短期类和长周期类等。作业层次按学生完成作业所体现的学科能力分为学习理解、应用实践和迁移创新 3 个水平层次。作业难度则可根据某道作业的情境问题陌生度、完成该作业所需的知识容量和思维容量以及学生基础等综合因素分为易、中、难。情境类型根据作业情境素材来源可分为生产生活、科学实验、科技前沿、化学史实等，若没有情境载体则填写"无"。科学性即作业没有学科本体性知识错误、作业题干和设问表达清晰明确、作业答案科学等，细目表中"是"表示具有科学性，"否"则表示存在科学性问题。作业来源通常有教材、练习册、中考试题、教师改编、教师自编等，注明来源对于考量作业自身的科学性具有提示作用，教材习题和中考试题的科学性一般较高，但中考试题并不适宜过多地置于新授课中，以免造成应试导向，忽视作业自身的形成性评价功能。而来自练习册或教师自编、改编的题都需审慎分析其科学性。作业预估时间则基于教师的试做、对学生的调研分析及长期的经验判断等，"双减"背景下，对作业时间的预估尤为重要，同时对作业本身的质量也提出了更高要求。

把每一条作业所对应的属性填写于表中，则可通过后续汇总，对整个单元的作业进行理性分析，这样既可避免无目标的作业设计，又便于在单元整体视域下系统规划作业，合理平衡各目标对应的作业量，以及不同类型、难度的作业结构，合理安排作业时间等，尤其是通过对科学性、情境性等维度的有意识地评估，提升作业质量。多维细目表为单元作业的系统规划提供了框架。

三、树立质量意识，科学选编作业

单元作业的系统规划是教师根据作业多维细目表对众多作业题进行理性选择和组合的过程，进入多维细目表的每道作业题自身的质量非常关键。"教—学—评"一体化下的作业设计应在目标指引下，以高度自觉的质量意识，去选编、改编或自编高质量的作业题。作业题编制与优化的思路如图 6-9 所示。

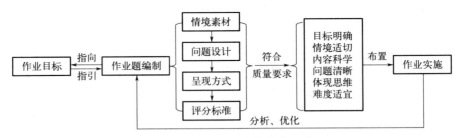

图 6-9　作业题编制与优化思路

作业题质量要求的内涵如下。

① 目标明确：指作业题应明确指向单元目标体系中的某个目标或以某个目标为主。所有作业题构成的单元作业基本覆盖单元目标体系，充分、均衡、合理地体现单元目标。

② 情境适切：指情境来源于真实的生产生活、化学实验、科技成就及科学研究等，将原始素材改编为作业情境时，应根据学生的知识经验基础，不失科学性地进行恰当简化或优化呈现方式，使情境与作业问题（任务）相匹配。

③ 内容科学：指整个作业题所包括的内容（包括评分标准）无学科本体性知识错误，语言表达规范、精练、准确，不会产生歧义等。评分标准易于把握。

④ 问题清晰：指基于情境设计的问题或任务指向明确，便于学生理解和答题。

⑤ 体现思维：指学生完成作业的过程中需要运用包括辨识记忆、概括关联、分析解释、推论预测、简单设计、综合问题解决等多种思维方式，能够体现学科知识、观念和方法的应用。

⑥ 难度适宜：根据学生的已有知识、能力基础及课堂中的活动表现分析，选择具有一定挑战性的作业题，但要避免明显超出当前目标要求，也要避免过多低层次的重复训练。可以根据学生的差异性，设计不同难度的作业题供学生选择。

基于作业质量要求基本上可以选择或编制出质量较高的作业题，但质量究竟如何还需经过作业实施的检验。通过对学生作业过程及结果的分析，教师可发现作业题尚存的问题，从而进一步优化和改进。

四、基于整体思维，结构化组织作业

设计单元作业时，即便每道作业的质量都很高，最终组合出来的作业整体质量却不一定高，原因是每一道看起来质量都很好的作业组合起来的整体结构却不一定合理。如，若一个单元的作业都是高质量的选择题，或都是中等难度的作业题，显然是失衡的、不合理的。作业整体结构的合理性是衡量单元作业质量高低的最终指标，也是关键指标。对于单元而言，作业结构主要指一个单元所有作业中不同目标、不同层次、不同类型、不同难度的比例。在表6-7多维细目表的基础上，通过汇总，可形成如表6-8所示的汇总表，通过分析整体结构并进行适当的调整、平衡，则可形成具有合理结构的单元整体作业。

表6-8 "化学式与化合价"单元作业汇总示例

目标对应题量		不同层次作业题量		不同类型作业题量		不同难度题量		总时间
HL1.1	3	学习理解	14	选择题	15	易	10	120分钟
HL1.2	2	应用实践	18	填空题	10	中	21	
HL1.3	2	迁移创新	2	简答题	4	难	3	
HL2.1	4			计算题	4			
HL2.2	2			实验题	0			
HL2.3	4			实践题	1			
HL3.1	3			长周期题	0			
HL3.2	3							
HU1	2							
HU2	4							
HU3	3							
HU4	3							

对于作业结构，很难有确定的结构比例数据标准，但可以根据课程标准要求、不同的课型、学生的学情等进行相对平衡的处理，形成相对合理的结构。如，对于目标，单元作业应该能覆盖所有目标，但对于学生明显已达成的或者不太重要的目标，作业题量可相对少一些，而对于学生在课堂中达成度不太高或者较为重要的目标则作业量可相对多一些，如表6-8中的HL2.1、HL2.3、HU2等；对于不同层次的作业，新授课中学习理解和应用实践层次的作业量可相对较多，复习课则可适当增加应用实践和迁移创新类作业；对于不同题型，则需平衡选择题和非选择题的量，既要有一定的可以覆盖多知识点的选择题，也需要有能够展现学生思维过程和问题解决过程的非选择题。而课型不同，不同类型的非选择题在题型分布上也会不同，如在"化学式与化合价"单元中，无实验题，但因涉及元素质量分数的计算，计算题则相对较多。此外，作业的难度结构也没有统一标准，一般而言，对于形成性评价，既要保证作业有一定的挑战度，又要保证大部分学生达成目标，所以高难度题应相对较少，且高难度题可设置成选做题，让不同层次的学生体验成就感。尽管作业结构没有统一的标准，但教师在设计单元作业时，却要有"作业结构"意识，对一些明显不合理的结构要进行必要的调整与改进，从而保证单元作业整体质量。

"教—学—评"一体化下的单元作业整体设计将作业置于"目标—教学—评估"体系中来思考，关注"教学—作业—评价"的一致性，构建基于课程标准、核心素养导向、循序渐进、结构合理、内容科学、类型丰富、用时适宜的高质量单元整体作业体系。而这种体系的构建，需要教师在充分研究的基础上整体思考作业目标、内容、形式、评价等问题，科学运用专业力量，做出正确的作业决策。长此以往，作业才有可能成为激活课业减负的"中间因子"，从而构建一种课程、教学与作业良性互动的"生态系统"。本文所述路径只是为老师们在单元作业整体设计时提供了一种理性思考的方向和方法，且该路径不是线性的，而是互相交错的，如作业目标始终是作业设计过程中需要坚守的方向，还可根据作业实施情况进一步修改作业目标，而多维细目表的利用、作业题的编制及结构化组织总是互动着进行的。文中的多维细目表和汇总表都需在实践检验中不断优化。

单元教学设计是教学专业性的重要体现，它是基于学生立场，对学生围绕某一单元开展的完整学习过程所做的专业设计，是从期望学生"学会什么"出发，逆向设计"学生何以学会"的过程，为学科核心素养的落地指明了清晰的路径。

对标整理 》》》

学完本单元你应该能够：

1. 在大概念统摄下进行教学单元的建构与目标设计。

2. 对某单元进行情境、问题、活动的一体化设计。

3. 设计某单元课堂教学的"问题链"。

4. 对某一单元的作业进行整体设计与优化。

练习与实践 》》》

1. 查阅以下文献：

[1] 李学玲，杨玉琴，周志源，等. 真实情境的任务驱动式学习设计——高铁建设中金属材料的选择 [J]. 化学教学，2021（11）：54-59.

[2] 孙玉明，杨玉琴，李学玲. 基于地方课程资源的任务驱动式学习设计——以"高铁建设中金属材料的获取"为例 [J]. 化学教学，2022（07）：43-48.

[3] 李学玲，杨玉琴，孙玉明，等. 大概念统领下的单元教学整体设计与实践——以"高铁建设中的金属和金属材料"为例 [J]. 化学教学，2023（7）：44-51.

分析"高铁建设中的金属和金属材料"各个课题之间的逻辑关联，列表说明该单元的情境、问题、活动的一体化设计。

2. 请基于第三章对"微粒之间的相互作用力"单元的课程标准和教材的分析，①设计该单元教学目标及其课时目标；②对该单元进行情境、问题、活动的一体化设计；③设计该单元每个课时的作业及复习课作业，并提供该单元作业的多维细目表和作业汇总表。

3. 请分组合作完成以下单元的教学过程设计。

（1）自然界的水（人教版九年级化学教材上册）

（2）能源的合理利用与开发（人教版九年级化学教材上册）

（3）金属钠及钠的化合物（苏教版高中化学必修教材第一册）

（4）元素周期律与元素周期表（鲁科版高中化学必修教材第二册）

第七章
化学基本概念课型教学设计

 学习准备 》》》

请查阅 2022 版初中课标和 2017 版高中课标，找出课程标准中的化学基本概念及其学习要求，研读相应的教材内容。

📖 案例分析 》》》

【案例 7-1】 高中化学"分散系及其分类"教学片段

研读以下教学过程，分析教师是如何引导学生形成"分散系""胶体"这两个化学基本概念的。

环节 1：情境导入

【展示、提问】教师展示实物：盐水、盐汽水、泥水、油水，提出问题：这些物质在分类上以及形成过程上有何共同特征？

环节 2："分散系"概念的形成

【学生讨论回答】都属于混合物。

　　　　　　　　盐水是由氯化钠分散到水中形成的混合物。

　　　　　　　　盐汽水是由氯化钠、二氧化碳气体分散到水中形成的混合物。

　　　　　　　　泥水是泥土的小颗粒分散到水中形成的混合物。

　　　　　　　　油水是油的小液滴分散到水中形成的混合物。

【归纳】像上述这 4 种物质，都是由一种或几种物质分散到另一种物质中所形成的混合物，称之为分散系。其中，被分散的物质叫分散质，能容纳分散质的物质叫分散剂。

【提问】上述这 4 种分散系是否还可继续分类？有什么不同点？

【学生】盐水、盐汽水属于溶液，具有均一性、稳定性；油水、泥水属于浊液，不均一，不稳定。

【追问】为什么溶液具有均一性、稳定性，而浊液没有？

【分析归纳】分散质粒子大小决定了分散系的性质。

分散系	性质	分散质粒子大小/nm
溶液	均一、稳定	<1
?	?	1～100
浊液	不均一、不稳定	>100

【追问】分散质粒子大小为 1～100nm 的分散系是什么？又有何特征？

环节 3："胶体"概念的形成

【实验演示】①分别向两个盛有 30mL 冷水、30mL 沸水的 A、B 烧杯中滴加 3～5 滴饱和的 $FeCl_3$ 溶液；②向盛有 30mL 饱和 $FeCl_3$ 溶液的 C 烧杯中滴加 5mL 的氢氧化钠溶液。观察现象。

【学生汇报】C 烧杯中出现浑浊现象，A、B 烧杯都是澄清透明的。

【实验演示】用激光笔照射 A、B 烧杯，观察现象。

【学生汇报】B 烧杯中出现光亮通路，而 A 烧杯中没有。

【教师讲解】B 烧杯中出现光亮通路的原因是 B 烧杯中分散质 $Fe(OH)_3$ 粒子大小的直径在 1～100nm 之间，对光产生散射现象，这种现象叫作丁达尔效应。粒子直径在 1～100nm 之间的分散系称为胶体。丁达尔效应可被用来区分胶体和溶液。

【提问】那胶体又具有怎样的特征呢？

……

任何概念，都是客观事物的本质属性在人脑中的反映。化学概念是在化学科学发展过程中建立起来的，是化学现象和化学事实概括化和抽象化的思维形式，能够反映同类事物的化学变化规律和本质属性。概念是形成化学知识的单体，对概念的理解不仅是学生学好基础理论、定律、公式以及元素化学的前提和基础，也是发展学生化学学科关键能力，尤其是发展逻辑思维能力的必要条件。化学基本概念指的是化学学科中广泛应用的概念，学生通过基本概念能够将化学的基础知识如元素及其化合物、化学反应原理以及物质结构理论等有机地联系起来，形成结构化知识体系，增进化学学科理解。

第一节　中学化学基本概念的类型与内涵

中学化学课程体系中的基本概念众多，在课程标准的各个主题中都有基本概念，如高中化学必修课程主题 2"常见的无机物及其应用"中就规定了关于胶体、氧化还原反应、电离与离子反应等基本概念的学习要求。概念是组成中学化学教材知识体系的基本成分，有些概念会集中编排在某一章节中，如初中化学"溶液"相关概念、高中化学"化学键"相关概念；也有一些概念随着知识发展的需要分散编排在教材各个章节中，如人教版九年级化学教材将"化合反应""氧化反应"概念编排在课题"氧气"中，"分解反应"概念编排在课题"制取氧气"中，"还原反应"概念编排在"碳和碳的氧化物"单元中，"置换反应"概念编排在"金属的化学性质"课题中，"复分解反应"概念编排在"生活中常见的盐"课题中；还有些概念采取螺旋上升式编排，如"氧化还原反应""燃烧""原子结构"等。

一、化学基本概念的分类

中学化学基本概念大体可以分为化学用语及常用计量、物质的组成及分类、物质结构及元素周期表、化学反应与能量、无机物性质与原理、有机化学基础和实验化学等，如图 7-1 所示。

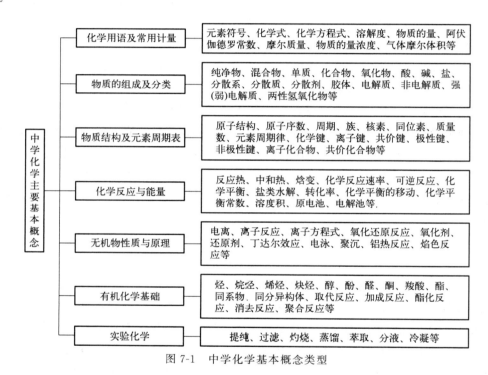

图 7-1　中学化学基本概念类型

（一）有关物质组成的概念

这类概念主要用于描述物质的种类及其组成等，图 7-2 为物质的分类中所涉及的一些概念。若从物质的组成视角来看，则涉及元素、金属元素、非金属元素等概念。这类概念通常需要在宏观事实的基础上归纳而成。

（二）有关物质结构的概念

这类概念是在物质及其组成的基础上，进一步抽象而形成的，其从微观层面揭示物质的结构，包括构成物质的微观粒子种类和它们之间的相互作用等。如，分子、原子、原子核、中子、质子、电子、离子、原子结构、分子结构、晶体结构、化学键、键能、分子间作用

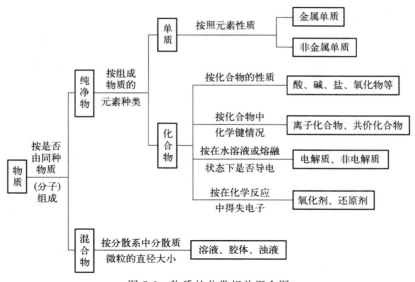

图 7-2 物质的分类相关概念图

力、氢键、同分异构等。这类概念比较抽象，需要经历从宏观到微观的思维过程，对学生的模型认知能力要求较高。

（三）有关物质性质的概念

这类概念主要反映了物质所具有的物理和化学性质的特征。如溶解性、酸性、碱性、氧化性、还原性、金属性、非金属性、稳定性、电负性、化合价、pH 等。这些概念，往往建立在对实验事实分析归纳的基础上，不仅要求学生能从质的方面对物质的性质进行辨别，而且还需要学生在量的方面对不同物质之间的性质进行比较。这类概念中有的概念还有明显的定量计算关系。

（四）有关物质变化的概念

这类概念与物质的性质密切相关，主要反映了物质变化的现象和规律。如，物理变化、化学变化、化合反应、分解反应、置换反应、复分解反应、氧化还原反应、离子反应、中和反应、放热反应、吸热反应、可逆反应、化学平衡、溶解、结晶、风化、潮解、取代反应、加成反应、聚合反应、消去反应、水解反应。这些概念也通常建立在实验事实的基础上。

（五）溶液方面的概念

这类概念通常描述物质在水溶液中的行为。如，饱和溶液、溶解度、电解质、物质的量浓度、电离、电离平衡、溶解结晶平衡等。

（六）有关化学量的概念

此类概念从量的角度对物质进行表征。如，相对原子质量、相对分子质量、物质的量、摩尔质量等。

（七）有关化学用语的概念

这类概念是用符号来表示物质组成、结构、性质、变化的一种特殊的思维形式，既是化学界的国际通用语言，也是联系宏观表征和微观表征的桥梁。如，元素符号、化学式、化学方程式、离子方程式、电极反应方程式等。

（八）有关化学实验方面的概念

这类概念主要涉及化学实验仪器、试剂、基本操作等。如试管、烧杯、容量瓶、淀粉-KI试剂、指示剂、银氨溶液、加热、称量、搅拌、溶解、过滤、结晶、蒸馏、萃取等。

二、化学概念的内涵与外延

概念的内涵是指概念所反映的事物的特有本质属性，是概念的质的方面；外延是概念的适用范围，即某一概念所包括的一切对象，是概念的量的方面，它说明概念所反映的是哪些事物。

比如"电解质"这一概念，所包含的物质范围主要是酸类、碱类、盐类，这就是电解质概念的外延；而无论是什么样的电解质，都是在溶解于水或熔融状态下能导电的化合物，这就是电解质概念的内涵。明确概念内涵的方法是下定义，即以一定的词句表达它的含义；明确概念外延的方法是通过划分与归类来明确某概念所包括的各对象和它们之间的关系。

自然科学中的概念多数是可以精确定义的，也有些概念难以定义，还有些概念受学生认知水平的影响，对概念不下定义或不强调定义的严密性，采取螺旋上升的方式进行编排。因此，中学化学概念的定义方式大致有如下几种：

第一，逻辑性定义。即通过揭示被定义概念所反映的客观事物的本质属性来下定义的方式。如溶液、电解质、离子反应、化学键等。化学键的定义为"物质中相邻的原子或离子之间强烈的相互作用"，揭示了化学键的本质属性，其外延包括离子键、共价键、金属键，而将物质中较远的微粒间、较弱的作用排除在外，如分子间作用力就不属于化学键。

第二，描述性定义。这类概念体现的并不是一类事物的本质属性，其内涵和外延无法用精确的、具有逻辑性的语言来下定义，是一种规定性概念，这时，通过语言描述来进行定义。如相对原子质量、溶解度、物质的量、摩尔质量、物质的量浓度、化学反应速率等。如"固体溶解度表示在一定温度下，某固态物质在100g溶剂里达到饱和状态时所溶解的质量。"

第三，不严格定义。考虑到学生的心理发展水平和认知发展水平，对某些概念不下定义，学生只需知道怎么用即可。如人教版九年级化学教材中对"化合价"的相关描述为"我们如何知道不同元素以什么样的原子个数比相结合呢，一般情况下，通过元素的化合价可以认识其中的规律。"对于酸、碱的描述是"酸能使紫色石蕊溶液变成红色，不能使无色酚酞溶液变色；碱能使紫色石蕊试液变成蓝色，使无色酚酞溶液变成红色。"高中阶段在学习过电离概念后，人教版高中化学必修教材第一册对酸进行了逻辑性定义"电离时生成的阳离子全部都是氢离子（H^+）的化合物叫做酸"。学生经过思考讨论，参考酸的定义可得出"电离时生成的阴离子都是氢氧根离子的化合物叫做碱"，体现了对概念认识的螺旋上升。

三、新旧概念之间的关系

在一个完整的概念体系中，各基本概念之间必然存在着一定的关系。从逻辑学的观点来看，各类概念主要存在的关系有：从属关系（即外延大的概念包括外延小的概念，如化合物包括氧化物、酸、碱、盐等）、对立关系（即两个概念的内涵相互否定、外延相互排斥，如电解质和非电解质）、交叉关系（指两个概念的外延有部分重合，它们之间有某些共同的属性，如氧化还原反应和分解反应）。学习的新概念与学习者原有认知结构中起固定作用的概念的关系可分为三种。

（一）下位关系

指学习者原有认知结构中的概念包容和概括水平高于新概念，这时，新概念吸收到原有的认知结构内，列入原有的概念系统之中时，新旧概念就形成"下位关系"。如新学习的酸、碱、盐，与学习者原有认知结构中的"化合物"概念就形成了下位关系。

（二）上位关系

当所学的新概念包含原有认知结构中几个已知的小概念时，就形成了"上位关系"。如高中学习"分散系"概念时，它包含了学生初中学过的溶液和浊液，这时新旧概念的关系就是上位关系。

（三）并列结合关系

当学习者原有认识结构中的概念与新学习的概念之间既不存在从属关系，又不存在总括关系，但两者在横向上存在某种吻合或对应关系时，所进行的学习就是并列结合学习。如案例 7-1 中学习的"胶体"概念，与"溶液""浊液"概念为并列结合关系。

第二节　化学基本概念的形成过程与教学策略

一、化学基本概念的一般学习过程

通常，化学基本概念的形成需要学习者从大量同类事物的具体例证中，以辨别、抽象、下定义等形式得出同类事物的关键特征，通常需要经过感知、加工、概念形成、联系整合、概念运用等学习过程。

（一）感知

即提供所要认识的对象的具体例证或事实等感知材料，让学习者进行充分的感知，形成对这些感知材料表象的认识。如在案例 7-1 中，教师在新课导入时，给学生提供了熟悉的 4

种实物——盐水、盐汽水、泥水、油水，并通过问题"这些物质在分类上以及形成过程上有何共同特征？"引导学生在获得表象认识的基础上，有意识、有方向地感知其共同特征。

（二）加工

学生在感知的基础上，对感知材料进行进一步加工，即通过逻辑思维发现共同特征。例如案例 7-1，教师引导学生描述 4 种混合物的形成过程，学生描述后，不难发现其共同特征。

（三）概念形成

在对感知材料深度加工的基础上，通过下定义的方式获得概念，并对概念的内涵和外延进行强调。如"电解质"概念强调其在物质类别上属于化合物，且在溶于水或熔融状态下都能够导电。

（四）联系整合

将新学概念与已有相关概念进行分析比较，并将之纳入到已有概念体系中。如对于电解质在水溶液或熔融状态下都能够导电的原因进行分析，形成"电离"概念后，引导学生将相关概念联系起来，形成概念体系，如图 7-3❶。

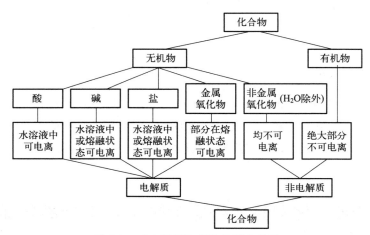

图 7-3 "电解质"相关的概念体系

（五）概念运用

将概念运用到问题解决中，进一步加深学生对概念的理解。如，用"电解质"概念解释"为什么盐水可以导电？"

虽然各类概念特征不同，其对应的形成过程不尽相同，但都需要让学生在感性认识的基础上，运用分析综合、抽象概括、归纳演绎等逻辑思维方法对感知材料进行加工从而获得概念。教师教学中不宜直接给出概念或过多依赖讲解，以免学生不理解概念而造成死记硬背。

---

❶ 吴晗清，韩蓉. 中学化学概念教学的症结与策略探析——基于"电解质"概念教学的实证研究 [J]. 化学教育（中英文），2019，40（3）：70-74.

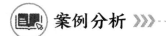

【案例7-2】 "物质的量"教学片段

研读以下教学过程，分析教师是如何引导学生形成"物质的量"这一化学基本概念的。

【引导回顾】请同学们写出水电解的化学方程式，说明该方程式的意义。

【学生书写、回答】

$$2H_2O \xrightarrow{\text{通电}} 2H_2\uparrow + O_2\uparrow$$

质量比　　36 　:　 4 　:　 32

分子个数比　2 　:　 2 　:　 1

【提出问题】从方程式中我们可以发现，物质之间既是以一定的质量比进行反应的，又是以一定的微粒个数比进行反应的，这说明了物质的质量与微观粒子数之间存在着某种联系，那如何把它们联系起来呢？

【教师引导】对于质量，同学们很熟悉，它是一个物理量，符号为 m，用 g 为单位进行计量。那么，对于微观粒子数，我们也需要给它找一个单位来计量它。那可以用什么作为单位来数微观粒子数呢？有同学可能想，可以一个个地来数。初中学习中，我们已经知道，像分子之类的微观粒子是非常非常小的，一滴水（0.05g）中就含有约 1.67×10^{21} 个水分子，对于如此庞大的数字，好数吗？同学们可以计算一下，若你1分钟数200个，要数多少年？

【学生】通过计算感知到分子数目之庞大，用"个"计量极不方便。

【设问】那怎么办呢？在日常生活中有没有数目多不方便数的情形？这些情形是如何处理的呢？如，买纸时，是一张一张地数的吗？不是，是一令（500张）一令地买的。

【举例】一令＝500张；一打＝12个；等

【教师引导】也就是说，我们可以用"打包集合"的方式来数，如500张纸打成一包，给它一个新单位"令"，这样就好数了。化学家数微观粒子时也采取了这样的思想，那化学家把多少个微观粒子打成一包，又给它一个怎样的单位呢？化学家把 $0.012kg$ ^{12}C 中所含的微粒打成一包，已知每个 ^{12}C 原子的质量为 $1.993 \times 10^{-26}kg$，请同学们计算 $0.012kg$ ^{12}C 中总共含有多少个碳原子？

【学生计算】约为 6.02×10^{23} 个。

【教师归纳】化学家把约 6.02×10^{23} 个微观粒子打成一包，给它一个新的单位摩尔（mol），这个单位对应的物理量叫作物质的量，符号为 n，$0.012kg$ ^{12}C 中所含的碳原子数称为阿伏伽德罗常数，表示为：$N_A \approx 6.02 \times 10^{23} mol^{-1}$

物理量	质量	物质的量
符号	m	n
单位	g	mol

【教师引导】请同学们试着给物质的量下一个定义。

【教师强调】物质的量用于表示微观粒子数，但这个"数"不是单个的，而是采取"集合"的方式来数的，每阿伏伽德罗常数个微粒集合为1mol。所以物质的量是表示微观粒子集合体的物理量。

　　【提问】那物质的量（n）与微观粒子总数之间的关系是什么呢？与质量之间又存在着何种联系呢？

　　……

二、化学基本概念教学策略

　　概念是从大量直观的材料中抽取出来的本质内容，具有逻辑性、概括性和抽象性，对学生逻辑思维能力要求较高。因此，在教学中，教师要根据概念形成规律及概念特征，采取恰当的教学策略引导学生主动思考、理解概念[1]。

（一）采取多种手段给学生提供感知材料

　　概念的形成一般都是从感知具体的物质和现象开始的，特别对于抽象概念的形成，一定要借助感知材料的支持。因此教学中教师可以采取多种直观手段，如联系学生生活经验、用形象生动的比喻、实验、视频录像等。世界是普遍联系的，各种概念之间也存在着内在的联系。在教学中，教师可以采用对比或类比的方法，将既有联系又有区别的概念进行比较，加深学生对概念的理解。如在案例7-2教学中，教师通过联系日常生活中"集合计数"的例子，让学生理解"摩尔"与"令""打"实际上都是将多个数目集合起来的集合单位，只不过集合的对象不一样而已；将"物质的量"与学生熟悉的"质量"对应起来进行教学，既让学生理解两者都是"物理量"，只不过描述对象不一样，又便于后续建立物质的量与质量之间的关系。

（二）重视日常概念对化学概念学习的影响

　　日常概念，是指学生未经专门学习，而在日常生活、交往、观察中所掌握的概念，又称前科学概念。这些概念常常牢固地扎根在学生的知识结构中，对学生学习化学概念有着重要影响。

　　若日常概念与化学概念的内涵基本一致，则日常概念对化学概念的学习主要产生积极作用。教师在教学中，应当充分利用学生知识结构中这些正确的概念来促进化学概念的学习。例如，在物质分类的教学中，教师可以通过学生熟知"纯净"和"混合"两个概念来帮助他们学习化学中的"纯净物"和"混合物"概念的区别。因为日常所说的"纯净"是洁净而不含杂质的意思，"混合"是将若干种物质混在一起的意思，故化学上的"纯净物"只由一种物质组成，"混合物"由两种或两种以上物质组成，学生较易理解；再如化学概念"元素"是"具有相同质子数的同一类原子的总称"，为了让学生理解"总称"只论种类、不论个数，

---

[1]　刘知新. 化学教学论（第二版）[M]. 北京：高等教育出版社，1997：236-240.

可以联想日常生活中的"蔬菜""文具"等总称概念，这样学生就容易理解为什么不能说"2个氢元素、1个氧元素"而只能说"氢元素与氧元素是两种不同的元素"。

如果某些日常概念与化学概念的内涵不一致，就会干扰化学概念的学习。对于这种情况，教师在教学中就要特别注意引导学生分清二者的区别，重点剖析化学概念的内涵，以消除日常概念对学习化学概念所带来的负面影响。例如，学生在学习"电离"概念前，已形成了"电"的概念，可能会认为"电离"需要有"电"。所以在该概念教学时，重在让学生理解"电离"的前提是"溶于水"或"熔融状态"下，可以采用电导率传感器测量电解质溶于水前后溶液中离子的浓度，让学生理解电解质的电离既不需要"电"，也不产生"电"，电解质溶液中因为存在自由移动的离子，因而可以"导电"。再如，"电子云"概念中用的"云"，会让学生以为在原子中有"云"一样的物质存在，但实际上"电子云只是用一种统计的方法，对原子核外电子出现机会多少的形象化表示"，这时就需要教师在教学中利用问题深入讨论，如"原子中真的有云存在吗？""为什么要用电子云来描述核外电子运动？""电子云的一个小黑点就代表一个电子吗？""小黑点的疏密所表示的意义是什么？""电子云的形状都相同吗？"等，让学生建立起对"电子云"的科学认识。

（三）运用变式和对比准确剖析概念的内涵与外延

是否充分而正确地提供概念所包括的事物的变式，对于学生能否正确掌握概念有显著的影响。不充分或不正确的变式，会引起两种错误：不合理地缩小概念或不合理地扩大概念。

如果在概念的内涵中不仅包括了事物的本质特性，还包括事物的非本质特性，就会不合理地缩小了概念。例如，学生往往认为 $BaSO_4$、$AgCl$ 不是强电解质，这是因为把 $BaSO_4$、$AgCl$ 难溶于水的特性（非本质特征）包括到强电解质的内涵中去了。消除这种错误的有效措施一是强调本质特性，二是多提供非本质特性的变式。例如，在"强、弱电解质"概念教学中，可以提出"判断强、弱电解质的依据是什么？""$BaSO_4$ 难溶于水所以不是电解质，$CaSO_4$ 微溶于水所以是弱电解质；浓盐酸是强电解质，稀盐酸是弱电解质。这些说法是否正确？"等让学生思考。通过对概念本质的追问，让学生明白判断是否强弱电解质的依据是其在水中"能否完全电离"，而溶液的浓度、物质的溶解性等都不是本质特性，不能用以判断电解质的强弱。

如果在概念的内涵中包括的不是事物的本质特性，而是其他特性，就有可能不合理地扩大概念。如 SO_2 与 CO_2 化学式相似，且都是酸性氧化物，有学生误认为 SO_2 也是非极性分子。这就是"非极性分子"概念的内涵中没有包括它的本质特性（电荷的空间分布对称）的结果。消除这类错误的措施是多提供具有本质特性的变式。例如，对于多原子分子中非极性分子的概念，教师可通过 3 原子分子（CO_2、CS_2）、4 原子分子（BF_3、BCl_3）、5 原子分子（CH_4、CCl_4）等各种例子的变式，说明它们的电荷的空间分布是对称的，从而突出它的本质特性。

对比是变式的一种形式，它有助于鲜明地突出本质特性。为了使学生了解概念的含义是什么，可以用它不是什么加以对比，特别是对于容易混淆的基本概念，不仅要了解概念本质有什么特征，而且要了解它没有什么特征，而这些特征又是其他概念的主要特征。例如，学习"化学键"概念时，学生易把"氢键"也认为是化学键。这时可引导学生分析化学键中的

"相互作用"是指相邻的原子或离子间，而不是指不相邻的原子或离子间；原子或离子间可以是两个之间也可以是多个之间；作用是强烈的而不是微弱的，破坏化学键需要消耗比较大的能量等。而"氢键"是一种特殊的分子间作用力，它比化学键弱，比范德华力强。在水中，水分子之间存在氢键，但水分子中的氢原子和氧原子之间是以共价键结合在一起的，水沸腾的温度为100℃，而水在超过2200℃才会分解，这就是因为水分子中的化学键与分子间作用力强弱不同。

（四）把握概念教学的阶段性和发展性

化学概念具有阶段性和发展性。基于学生的认知能力和可接受性，课程标准对概念的教学要求和教材对概念的呈现表现出阶段性。同一概念在不同教材和不同年级的教学要求是不同的。为了更好地开展概念教学，教师须全面研读掌握化学课程标准、熟知概念在课程标准中的具体要求，把握概念的深度和广度。

 案例分析 >>>

【案例 7-3】　人教版化学教材体系中"氧化还原反应"概念的编排

研读人教版不同年级化学教材中对"氧化还原反应"的处理，分析为何这样编排。相应地，应该如何进行教学设计？

【九年级化学教材】

"氧气"课题：……物质与氧气发生的反应。这类反应属于氧化反应。

"碳单质的多样性"课题：这种含氧化合物里的氧被夺去的反应属于还原反应。

【高中化学必修第一册】

"氧化还原反应"课题：氧化反应和还原反应是在一个反应中同时发生的，这样的反应称为氧化还原反应。反应前后有元素的化合价发生变化，是氧化还原反应的重要特征。氧化还原反应中一定存在着电子转移，有的是电子得失，有的是共用电子对偏移。这就是氧化还原反应的本质。元素的原子失去电子（或电子对偏离），则元素的化合价升高，物质被氧化；元素的原子得到电子（或电子对偏向），则元素的化合价降低，物质被还原。

案例 7-3 可见，初中阶段让学生从"得氧失氧"的角度初步建立氧化还原反应概念；高一阶段让学生从"化合价升降"的角度认识氧化还原反应的本质特征，此阶段教材揭示了氧化还原反应的本质是电子的转移，并通过元素及其化合物的性质教学强化学生对具体物质氧化性、还原性的认识；高三阶段的教学中要求学生从化合价升降或电子得失来配平氧化还原反应，同时还要求学生进一步认识氧化性、还原性强弱。这种螺旋上升的教材编排，符合学生的认识规律，也能激发学生持续学习化学的兴趣。

因此，教师需要掌握核心概念在整个教材知识体系中的发展过程，准确把握不同阶段概念教学的深广度。在教学过程中，根据课程标准要求和教材内容，掌握好化学概念处理的分寸，根据不同阶段，对学习提出不同的要求，由浅入深、由现象到本质，循序渐进，逐步发展。如初中阶段的氧化反应、还原反应、燃烧等概念都属于过渡性概念，教学中不能不顾学生实际能力，过分追求科学性和完整性，将概念随意扩展和深化。

📖 **案例分析** »»» --

【案例7-4】 2017版高中课标对于"化学平衡"的内容要求

分析以下课程标准对于"化学平衡"的内容要求，简要说明在高中化学必修阶段对于"化学平衡"概念的教学应如何引导学生把握概念的内涵特征。

【必修课程】

主题3：物质结构基础与化学反应规律

3.3 化学反应的限度和快慢

了解可逆反应的含义，知道可逆反应中一定条件下能达到化学平衡。

【选择性必修课程】

模块1 化学反应原理

主题2：化学反应的方向、限度和速率

2.1 化学反应的方向与限度

知道化学反应是有方向的，知道化学反应的方向与反应的焓变和熵变有关。认识化学平衡常数是表征反应限度的物理量，知道化学平衡常数的含义。了解浓度商和化学平衡常数的相对大小与反应方向间的联系。通过实验探究，了解浓度、压强、温度对化学平衡状态的影响。

（五）利用概念图引导学生建立概念间的关系

化学概念之间有着严密的逻辑关系，既包括从一般到具体的序列关系，又包括相互渗透的网状关系。学生头脑中的概念结构是影响学生化学学习的重要因素之一。概念图（concept maps）是一种用来连接概念意义的可视路径图。利用概念图可以架构概念与概念的关系，将学生头脑中的概念结构体系可视化，并随时进行调整，从而实现有意义的学习。概念图中用节点代表概念、连线表示概念间关系，它利用学生的理解与组织能力，建立概念之间的联系，并促进学生对知识、技能的反思、理解和提升。可以说，概念图是一种将隐性知识显性化、非结构化知识结构化来促进学习的有效策略。概念图的建构过程包括以下几个步骤。

① 确定关键概念。从选定的知识领域中，选出关键概念和与其相关的其他概念，列出一张"关键概念一览表"。如，化学学科关于物质的概念，先列出纯净物、混合物、化合物、单质、氧化物等概念。

② 对概念排序把概括性最强的概念置于顶层，依次向下，概括性较小的概念位于较低层次，形成概念的层次结构，如关于物质的概念图，把"物质"置于顶层，"氧化物"置于底层，形成概念层次结构（如图7-4）。

③ 进行各级连接。把每一对相关的概念用线连接，并在连线上标明二者之间"是什么"

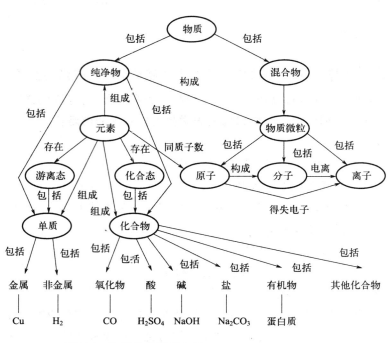

图 7-4 物质的分类概念图

或 "有怎么样" 的关系。例如，对于 "化合物" 和 "氧化物" 之间的关系，要在连线上注明 "氧化物是化合物的一种，只有两种元素，其中一种是氧元素"。

④ 反思与完善。对已初步编制好的概念图进行重新考虑和重新绘制，通过进一步学习和反思，需随时调整和充实概念图。如上例，随着学习深入，学生知道 "氧化物" 又可以分为 "酸性氧化物" "碱性氧化物" 和 "两性氧化物"，于是将其加入已编好的概念图中。学生还可以根据自己的理解，在各概念旁说明这些物质有什么性质，可以举例也可以用简洁的语言概括。在绘制概念图的过程中，"反思与完善" 在任何一个环节都发挥着作用。

概念图是一种表征、检查、修正、完善知识的认知工具，它把知识高度浓缩，将各种概念及其关系以类似于大脑对知识储存的层级结构形式排列，清晰地揭示了意义建构的实质，"溶液" 相关概念体系图如图 7-5 所示。它不仅可以作为学生学习和建构知识的工具，还可以作为评价的工具。概念图用于教学评价有两大优点：第一，层级结构可以反映学生搜索已有概念、把握知识特点、联系和产出新知识的能力；第二，从所举具体事例上可获知学生对概念意义理解的清晰性和广阔性，可用于对学生日常学习的反思与评价。让学生养成画概念图的习惯，教师可及时了解学生学习的进展并诊断学生的问题，从而改进教学，是形成性评价的良好方式。另外概念图也是学生自我评价的有用工具。学生在建造自己的概念图时遇到了困难，他会清楚地联想到自己在学习中还存在哪些不足；学生概念图中的链接缺乏合理性，就说明自己的知识储备不足，不灵活，这样就会激励他要努力去弥补不足。而且，当学生把自己的概念图跟同学或老师的概念图进行比较分析时，含糊不清的问题能够变得清晰，并能找到解决办法。另外，学生在绘制概念图时，会自然地流露出对认知的情感，会将情感以各种各样的图形或色彩表达出来，尤其是借助现代信息技术，可以创设生动、美丽的画面。因此，概念图不仅可用以评价学习者对知识理性认识的清晰性，同时也可了解其情意品质❶。

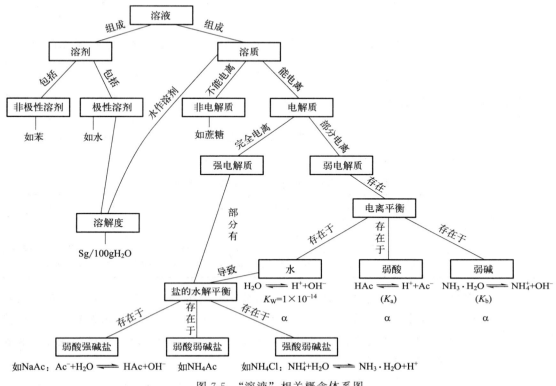

图 7-5　"溶液"相关概念体系图

（六）结合基本概念教学培养学生科学思维

化学概念将一类事物的本质属性从各种化学事实或现象中抽离出来，是一种高级的思维形态，往往需要在多种感知材料深度加工的基础上才能形成。从感知材料中获得概念需要通过观察或描述，如，通过水的沸腾、石蜡熔化、镁条在空气中燃烧、硫酸铜溶液中滴加氢氧化钠溶液等实验让学生形成物理变化和化学变化的概念，先要让学生观察和描述实验现象，还要分析反应前后物质本身有没有变化。这时，就需要培养学生的观察能力和语言表达能力，对于学生观察和描述不完善的地方教师要及时引导完善，如学生在描述镁条在空气中燃烧的现象时，只说出发出耀眼的强光，这时便要引导学生观察变化后的物质颜色、状态，与变化前有何不同。在全面描述分析、比较的基础上，再让学生尝试对这 4 种变化进行分类，让学生自主归纳出两种变化的本质特征是"是否有新物质生成"。整个教学过程中，不仅要让学生进行观察、描述等感性认识活动，还让学生经历分析、比较、归纳等理性思维活动。整个概念教学过程就是培养学生科学思维方法、促进学生素养发展的过程。

---

❶　裴新宁. 概念图及其在理科教学中的应用［J］. 全球教育展望，2001（08）：47-51.

第三节　化学基本概念单元教学设计示例

以高中化学必修课程"电离与离子反应"单元为例❶，具体说明化学基本概念课型单元教学设计的一般过程。

一、课程标准与教材分析

"电离与离子反应"属于 2017 版高中课标必修课程主题 2 "常见的无机物及其应用"中的重要内容。课程标准相关要求如表 7-1 所示。

表 7-1　"电离与离子反应"课程标准要求

内容要求	认识酸、碱、盐等电解质在水溶液中或熔融状态下能发生电离。通过实验事实认识离子反应及其发生的条件，了解常见离子的检验方法
学业要求	能利用电离、离子反应等概念对常见的反应进行分类和分析说明。能利用电离方程式表示某些酸、碱、盐的电离。能利用典型代表物的性质和反应，设计常见物质检验等简单任务的方案

在人教版教材体系中，该内容位于高中化学必修第一册第一章第二节，建立在对物质分类和初中化学四大基本反应类型认识的基础上，为后续从离子反应角度认识物质的性质与转化奠定基础，也为课程标准中选择性必修课程"模块 1：化学反应原理"中的主题 3 "水溶液中的离子反应与平衡"的学习奠定基础。

此部分教材包含电解质的电离和离子反应两部分，知识编排的逻辑顺序如图 7-6 所示。

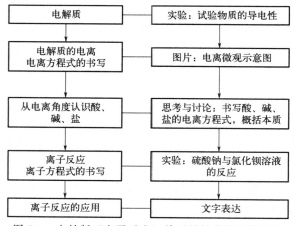

图 7-6　人教版"离子反应"单元教材编排逻辑顺序

可见，教材借助导电性实验提供感性认识材料，在对实验物质及现象分析的基础上形成

---

❶ 谭湘湘，何彩霞. 促进化学学科理解的单元教学实践——以"离子反应"单元为例 [J]. 化学教学，2022（11）：49-53.

电解质概念，在对导电现象的微观本质进行分析的基础上，给出电离概念及电离方程式的书写原则。由此，引出电解质在水溶液中的反应实际上为电解质电离出来的离子之间的反应，通过实验自然引出离子反应的概念及其方程式的书写，并由初中复分解反应发生的条件自然得出此类离子反应发生的条件。最后简要描述离子反应的应用。

  教材知识的逻辑顺序紧密。从学科知识的角度看，物质的宏观性质及变化是由其组成和结构决定的，受外界一定条件的影响。就常见的酸、碱、盐的水溶液而言，溶液的宏观性质是由溶液的组成、溶液中的微粒及微粒间相互作用所决定的，这是"物质的组成和结构决定其性质"这一学科大概念的具体体现。据此，梳理学科大概念统领下的"离子反应"单元知识层级结构（见图 7-7），可以厘清宏观的现象（事实）、概念（电离、离子反应）与学科大概念之间的关系，将外在的物质的宏观性质、反应的现象与物质内在的微观性质进行关联和分析，从而帮助学生弄清楚物质性质与反应的本质和规律，增进学生对学科知识的深刻理解。

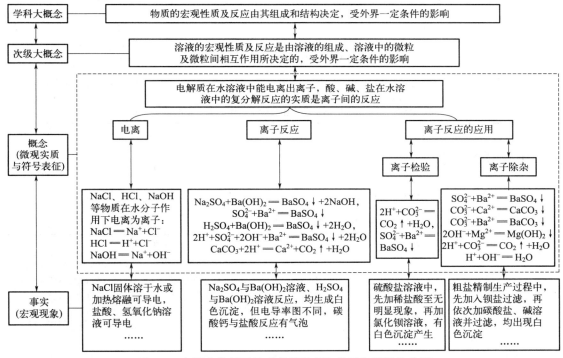

图 7-7 大概念统领下的"离子反应"单元知识结构分析

  从学科知识认识发展的功能看，"电离""离子反应"概念揭示了电解质在水溶液中的变化及反应的微观实质，其意义和价值在于提供了从微观认识电解质水溶液的组成、性质及反应的新视角和新方法，这是"离子反应"单元教学的核心，即以"电离""离子反应"概念的学习为载体，重在引导学生从微观角度认识常见的酸、碱、盐在水溶液中的变化及其微粒的存在形态，从宏观现象深入微观本质，发展学生从离子角度认识溶液中酸、碱、盐的性质与反应，建立相应的认识思路并将知识应用于解决实际问题。由于人教版教材中对于离子反应的应用内容较少，教学时可参照鲁科版高中化学必修教材第一册第 2 章第 2 节"电解质的

电离　离子反应"中第 3 部分"离子反应的应用",该部分详细说明了离子反应可以用于检验离子、除杂和分离,并提供了具体实例。

二、单元教学目标

本单元分为 3 个课时:第 1 课时　电离;第 2 课时　离子反应;第 3 课时　离子反应的应用。依据课程标准相关要求、教材编写意图,单元教学目标及教学重、难点如表 7-2 所示。

表 7-2　"离子反应"单元教学目标及重难点

单元目标	课时目标	教学重、难点
从微观角度认识酸、碱、盐在水溶液中反应的实质:能分别从电离、离子反应角度描述酸、碱、盐及其反应的本质;会书写电离方程式、离子方程式;能够举例说明离子反应的重要应用	课时 1:1.1　能够根据实验现象归纳电解质和非电解质的定义,列举常见的电解质和非电解质 1.2　能够从电离角度描述电解质在水溶液中的行为,会书写电离方程式 1.3　能够从电离的角度描述酸、碱、盐的定义	重点:电解质及其电离 难点:电解质概念的建立
	课时 2:2.1　能够从离子反应的角度描述电解质在水溶液中反应的本质 2.2　会书写离子方程式并描述其意义 2.3　会归纳复分解反应型离子反应发生的条件	重、难点:离子反应及其方程式的书写
	课时 3:3.1　会利用某些特征反应鉴定离子; 3.2　会设计实验探究水溶液中杂质离子的去除; 3.3　能够列举实例说明离子反应在实际生产中的重要作用	重点:离子反应的重要应用 难点:设计实验探究离子的转化

三、单元学情分析

对于"离子反应"单元的学情分析如表 7-3 所示。

表 7-3　"离子反应"单元学情分析

学情	相应的利用策略
已有相关知识经验:物质的分类,四大基本反应类型,常见酸、碱、盐的性质,复分解反应发生的条件	在建立电解质概念的导电性实验中,注意引导学生识别实验所用物质所属的类型,从而让学生认识到化合物可以根据其溶于水或熔融状态下能否导电进行分类;在电离、离子反应概念建立的过程中,都紧密联系初中所学的酸、碱、盐及其相互之间的反应
前概念:电解质需要"电"	利用电导率传感器,测量电解质溶液的电导率,让学生自觉进行概念转变
可能的学习困难:从电解质角度认识化合物,离子方程式的书写	充分利用比较和变式让学生准确理解电解质的内涵;利用电导率传感器,测量离子反应过程中的电导率变化,分析变化的本质原因,建立起离子方程式是"用实际参加反应的离子来表示化学反应的式子"的概念

四、单元教学流程

"离子反应"单元教学流程如图 7-8 所示。

第 1 课时,创设生活情境。根据海岛居民加入海水使 LED 灯发亮的现象,探究 NaCl 溶液能够导电的原因,以及根据 NaCl 在熔融状态也可导电的宏观现象,绘制微观图并解释导

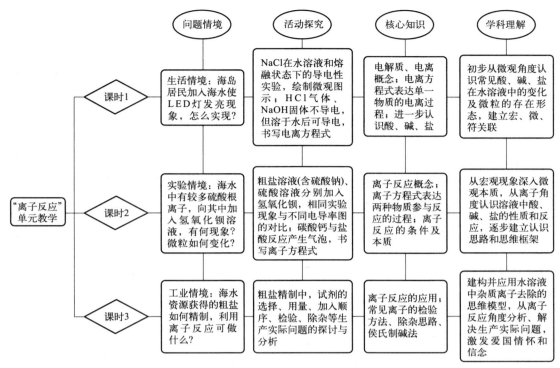

图 7-8 "离子反应"单元教学流程图

电行为；结合 HCl 气体、NaOH 固体不导电，但溶于水后可导电的现象，建立起电离的概念，能使用化学符号即电离方程式表达酸、碱、盐的电离过程；从电离的角度给酸、碱、盐进行界定，并对化合物进行分类。

第 2 课时，创设实验情境。通过氢氧化钡分别与硫酸钠、硫酸溶液反应出现白色沉淀的宏观现象，绘制微观图，分析微粒变化。考虑水溶液中离子间的相互作用，建立离子反应概念，学习离子方程式的书写方法，通过电导率的对比分析，理解离子反应的实质；通过碳酸钙与盐酸反应产生气体等实验现象，共同归纳离子反应发生的条件；从离子反应角度分析 $SO_4^{2-} + Ba^{2+} =\!=\!= BaSO_4 \downarrow$ 所能代表的物质间的反应，体会离子反应的意义。

第 3 课时，创设生产情境。海水资源中得到的粗盐一般含有多种可溶性杂质，情境设问"利用离子反应可做些什么""如何利用单一、复杂水溶液的除杂问题进行粗盐提纯"，建构思维模型并予以应用。通过实验探究杂质是否除尽等相关问题，认识离子的转化、分离、提纯、鉴定等在实际生产中的重要作用，深化对离子反应本质的认识，体会离子反应的重要性，并激发爱国情怀与信念。

五、单元教学过程示例

"离子反应"单元教学的三个课时中，第 1、2 课时重在从微观视角认识水溶液中的物质及其离子反应，第 3 课时则聚焦于应用离子反应解决具体实际问题，让所学知识转化为化学学科理解，使学生形成在新的情境中分析、解决实际问题的能力，落实立德树人的根本任务。

第 3 课时的教学实录概要如下。

（一）创设情境

【教师】介绍海水资源，重点讨论海水资源中的粗盐。粗盐中泥沙等难溶性杂质如何去除，说出主要的处理步骤。

【学生】过滤、蒸发。

【教师】粗盐中还有多种可溶性杂质离子，利用我们所学的离子反应可以做些什么？

【学生】除杂、分离、提纯、检验等。

设计意图：通过海水资源创设情境，激发学生兴趣，关注海水获得的粗盐与离子反应的关系，为后续的粗盐精制做准备。

（二）建构思维模型

【教师】粗盐中可溶性杂质较多，SO_4^{2-} 是其中一种，应该如何去除该杂质？小组讨论并设计除杂方案。

【学生 1】加氯化钡溶液，过滤。

【教师】为什么加氯化钡溶液，加多少呢？

【学生 1】钡离子可以除去硫酸根，而且不引入新的杂质。但应该适量加入。

【学生 2】工业生产时难以做到适量控制，通常都是过量加入。

【教师】确实存在这样的实际情况，如果过量加入会带来什么新的问题，怎么处理新问题？

【学生 2】加过量碳酸钠溶液，碳酸根除去多余的钡离子，过滤，最后加盐酸，氢离子除去碳酸根。

【共同小结】考虑到不同的试剂、用量、新引入杂质的去除等问题，建构简单水溶液中去除杂质离子思维模型。

【教师】思路很好。美中不足的是：工业生产时应有一定的检测机制。加入氯化钡溶液过滤后，如何检验杂质离子是否除尽？请完整描述你的操作。

【学生】取过滤后的溶液，加氯化钡溶液或硝酸钡溶液或氢氧化钡溶液，若没有白色沉淀生成，则说明溶液中硫酸根已除尽。

【整理】实验现象的操作描述，并整理微粒检验的一般思路。

设计意图：简单溶液体系中，对单个离子进行除杂。学生主动考虑试剂选择、用量等问题，初步建构简单水溶液中除杂的思维模型和微粒检验的一般思路。

（三）应用思维模型

【教师】实际粗盐中可溶性杂质较多，主要含 Ca^{2+}、Mg^{2+}、SO_4^{2-} 等，应该如何除杂？小组讨论商议。

【学生 1】先加过量氯化钡溶液，钡离子除去硫酸根离子，再加过量碳酸钠溶液，碳酸根离子除去钙离子和镁离子以及过剩的钡离子，过滤，最后加适量盐酸，除去多余碳酸根离子。

【学生 2】不对，根据课本溶解性表，应该用氢氧根离子除去镁离子，沉降更彻底。所以在加入盐酸前，加入过量的氢氧化钠溶液。

【教师】点评学生已能从微观粒子的角度思考问题，思路清晰，证据充分。

【学生 3】直接加氢氧化钡溶液可以吗？因为钡离子可以去除硫酸根，氢氧根离子又可以去除镁离子，且不引入新的杂质，节省了步骤。

【学生 4】不好，氢氧化钡溶液要同时承担两个角色，很容易加过量，增加除杂的成本。

【教师】由文献得知，从海水获取的粗盐中镁离子的含量远远大于硫酸根离子，而氢氧化钡溶液中钡离子与氢氧根离子数量比为 1：2，导致完全沉淀硫酸根离子需要消耗更多的氢氧化钡溶液，其成本比氯化钡溶液高很多，且钡离子是重金属离子，过量会导致环境污染。

【整理】每一步所用试剂的顺序和作用，让学生分别用离子方程式表示。

【教师】播放某兴趣小组的粗盐精制实验短视频，仔细观察与对照学生所预期的实验步骤的出入情况。

【学生】最后未加盐酸，每个步骤结束未检验。

【教师】大家观察很仔细，视频中依次加入了 3 种试剂并过滤，得到的溶液需要检验哪些离子呢？小组讨论。

【学生】在此情境中，主要有 Ca^{2+}、Mg^{2+}、SO_4^{2-}、Ba^{2+}、CO_3^{2-}、OH^- 等杂质离子。未加盐酸前，CO_3^{2-}、OH^- 离子过量，Ca^{2+}、Mg^{2+}、SO_4^{2-}、Ba^{2+} 离子可以依次用试剂检验。

【教师】还有其他思考吗？能否经过梳理分析，简化操作？

【学生】3 个阳离子与过量 CO_3^{2-}、OH^- 离子不可共存，均不用检验，只需检验 SO_4^{2-}。

【教师】如果大家桌前放有上述视频中过滤后的清液，如何检验杂质离子是否除尽？

【学生实验】加入氯化钡溶液后，发现有白色沉淀，说明有 SO_4^{2-}。

【教师】还有不同意见吗？白色沉淀一定是硫酸钡吗？如何进一步确认？请用实验证据证明。

【学生】试管加入稀盐酸，发现沉淀溶解，判定没 SO_4^{2-}。

【补充】真的没有 SO_4^{2-} 了吗？今后学习沉淀转化和盐效应知识，答案会不同。根据最新文献介绍，科学的除杂顺序为：在粗盐水中应先除去 SO_4^{2-}，加过量氯化钡溶液并过滤；氢氧化钠和碳酸钠溶液加入的顺序无讲究或者可同时加。

【整理】复杂环境中 SO_4^{2-} 离子的检验方法。

【共同小结】总结完善试剂加入的顺序，提炼出复杂水溶液中杂质离子去除的思维模型（见图 7-9）。

设计意图：复杂溶液体系中，对粗盐中存在的较多的杂质离子进行除杂。学生应用初建模型，主动考虑试剂、用量、顺序、检验等问题，并对杂质离子是否除尽进行推理和实验，使模型升级，形成复杂水溶液体系中如何除杂的新的思维模型。

（四）拓展思维模型

【教师】离子反应不仅可以将可溶性杂质转化为沉淀或气体，实现物质的分离、提纯、

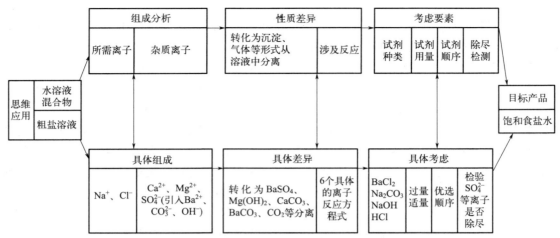

图 7-9 复杂水溶液中杂质离子去除的思维模型

鉴定，还可以制备物质。介绍侯氏制碱法。

【学生】倾听、感受、思考、记录。

【小结】历史上"侯氏制碱法"的发明是中国人的骄傲，这样的事例还有很多。从贸易制裁到孟晚舟归国，有一种色彩叫"中国红"，今天我们见证"中国红"，希望明天在座的我们都能参与其中，再续"中国红"的辉煌！

设计意图：通过侯氏制碱法等化学史实的介绍，激发学生的爱国热情及学习兴趣，体会离子反应的重要性，增强社会责任感。

六、单元教学反思

通过教学实践，包括课前课后的调研问卷对比、课堂观察、课后作业反馈等，本单元教学目标的达成情况良好，总结有两点主要体会：

第一，开展宏、微观视角的结构化单元教学，有助于发展学生微粒观的思维方式，促进学生对化学学科的理解。以学生的认识为导向，发展学生从微观角度认识溶液中的物质及其变化，将离子反应的学习、应用和学生的认识发展有机结合起来。基于生活常识和实验事实，引导学生绘制微观粒子示意图，帮助学生建立"微粒观"，围绕核心概念展开教学活动。通过试管实验，将"宏观—微观—符号"三重表征相结合，让学生体会溶液中微粒间的变化和作用，总结离子方程式的书写步骤。对比电导率图的变化，强化学生的证据推理能力，让学生重视"微粒观"的应用，形成从宏微观角度分析解决实际问题的思路和方法，提升解决新情境下的实际问题的能力。引入侯氏制碱法，让学生体会离子反应及其应用所带来的爱国情怀和信念，践行立德树人的宗旨。

第二，注重问题情境的创设和认识思路的结构化与显性化，有助于知识的自主迁移。本次教学实践中，选取的素材内容贴近生活实际，由海岛居民加入海水实现 LED 灯发光，到海水中的离子反应实验情境，再到海水中的粗盐精制问题，始终关注真实的问题情境。利用离子反应解决生产实际问题，学生面对由简单到复杂的任务，展开多次交流研讨和梳理，先初步建立简单水溶液中单一杂质的除杂模型，而后通过复杂问题的推理实验对模型进行应用，升级形成新的复杂水溶液体系的多种杂质除杂思维模型。此过程中学生逐步形成了外显的思路方法，并能自主迁移解决其他的陌生问题。

七、单元作业设计简析

将人教版高中化学必修教材第一册"离子反应"的练习与应用与本单元教学目标进行比对（表7-4），可见教材练习覆盖了大部分教学目标，可用于课后作业。但对于课时3"离子反应的应用"缺少相应课后练习，可以补充鲁科版教材该单元课后所编练习作为相应的作业。

表 7-4　教材"练习与应用"与教学目标对应关系

课时	课时目标	练习与应用
1	1.1　能够根据实验现象归纳电解质和非电解质的定义，列举常见的电解质和非电解质	人教版高中化学必修教材第一册 P18"练习与应用"：1,2
	1.2　能够从电离角度描述电解质在水溶液中的行为，会书写电离方程式	人教版高中化学必修教材第一册 P19"练习与应用"：5
	1.3　能够从电离的角度描述酸、碱、盐的定义	人教版高中化学必修教材第一册 P19"练习与应用"：10(1)
2	2.1　能够从离子反应描述电解质在水溶液中反应的本质	人教版高中化学必修教材第一册 P19"练习与应用"：9(2)
	2.2　会书写离子方程式并描述其意义	人教版高中化学必修教材第一册 P18～19"练习与应用"：3,7,8
	2.3　会归纳复分解反应型离子反应发生的条件	人教版高中化学必修教材第一册 P19"练习与应用"：6
3	3.1　会利用某些特征反应鉴定离子	鲁科版高中化学必修教材第一册 P62"应用·实践"：6
	3.2　会设计实验探究水溶液中杂质离子的去除	鲁科版高中化学必修教材第一册 P62"应用·实践"：7
	3.3　能够列举实例说明离子反应在实际生产中的重要作用	人教版高中化学必修教材第一册 P19"练习与应用"：10(3)

对标整理 》》》

学完本单元你应该能够：

1. 举例说明常用化学基本概念的内涵与外延。
2. 根据化学基本概念的一般学习过程和教学策略设计某一个概念的教学过程。
3. 对某个概念教学单元进行整体设计。

练习与实践 >>>

1. 请研读以下"分散系及其分类"教学设计案例，分析：①运用跨学科融合进行该课题的教学设计有何价值？②该教学设计中对于"胶体"概念的建构基于怎样的感性知识基础？

【案例 7-5】 "分散系及其分类"教学设计❶

（1）教材分析及跨学科主题选择

"分散系及其分类"是人教版高中化学必修教材第一册（2019 年版）第一章第一节第 2 课时的内容。与旧教材相比，新教材删去了溶液、浊液和胶体三类分散系稳定性介绍、胶体的分离方法与聚沉等性质，着重于以物质分类为线索，建立关于胶体分类的较为完整的知识体系，也让学生将常见的液体作为分散剂的认识拓展至更广泛概念的分散系认识，凸显了新教材从微观粒子尺度和宏观性质结合的角度认识物质，逐步揭示各类变化的特征及规律，发展学生宏观辨识与微观探析等核心素养。丁达尔效应不仅是检验胶体的关键手段，更是证明分散质粒子大小不同于溶液的重要宏观证据。但因丁达尔效应的微观机制需用物理光学原理解释，在实际教学过程中化学教师并不深究，导致学生对丁达尔效应的本质原因理解不清。跨学科概念的综合运用不仅有助于学生理解胶体中粒子大小与其性质的关系，还能帮助学生构建"尺度""因果关系"及"模型"等跨学科概念。

胶体金是金的微粒介于 1～100nm 的特殊聚集状态，微粒尺度不同使其呈现丰富的颜色。胶体金色谱法是目前检验新型冠状病毒的一种医学手段，胶体的吸附性使其能够与病毒抗原、抗体结合，应用胶体金的特殊颜色可使病毒抗原抗体可视化。新型冠状病毒气溶胶是胶体的种类之一。将上述涉及化学、物理、生物等学科内容的素材进行整合，以"新型冠状病毒的自我检测与防护"为本课主题，承载串联起相关知识的任务链。

（2）教学目标（表 7-5）

表 7-5　基于学情的"分散系及其分类"学科融合教学目标

学科	化学	＋物理	＋生物
已有知识基础	混合物、溶液与浊液概念，具备相关生活经验	光线、光束等概念，光的传播规律，具备绘制光路图的技能	抗原、抗体概念及特异性结合的关系
教学目标	能描述分散系及胶体的概念，会用丁达尔效应区分胶体和溶液；学会制备 $Fe(OH)_3$ 胶体	认识光的散射及发生的条件，能运用光传播规律解释现象	理解新型冠状病毒抗原检测的生物学原理
学科融合目标	1. 会利用光路图构建分散系及胶体微观模型，能从"尺度"视角对物质及其性质进行分类研究。 2. 能综合利用化学与生物知识探究胶体金法检测新型冠状病毒抗原的原理，强化"结构—性质—用途"的学科观念。 3. 会利用实验方法、优化实验条件制备胶体。 4. 能够说明新型冠状病毒自我检测与防护方法，强化科学态度与社会责任		

---

❶ 王婷. 渗透跨学科概念的学科融合教学探索——以"分散系及其分类"为例［J］. 化学教学，2023（5）：35-38.

（3）教学设计思路（图 7-10）

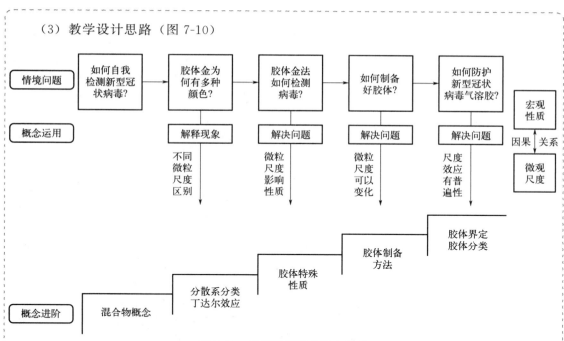

图 7-10　情境问题驱动概念构建

（4）教学过程

① 创设情境，提出问题

【情境引入】居家时如何知晓是否感染新型冠状病毒？

【教师】展示新型冠状病毒抗原检测试剂盒，请学生观察检测试剂盒，鼓励学生提出疑问。

【学生疑惑】什么是胶体金法？抗原试剂盒如何使用？……

【视频展示】胶体金的制备。

【学生疑惑】胶体金为什么不是黄色，而是呈现多种颜色。

【教师过渡】胶体金的特殊性质源于"胶体"二字，我们通过实验感受一下什么是胶体。

② 探究问题 1：为什么胶体金颜色多样

【分组实验】用激光笔分别照射 $CuSO_4$ 溶液、纯牛奶，然后在水中滴入 2 滴牛奶，激光笔照射扩散中的牛奶。

【学生汇报】描述 3 份液体中光线不同现象，并发现用激光笔照射水中扩散的纯牛奶，牛奶像流动的幕布对光线进行投射，形成断断续续的光路。

【教师】展示介绍光遇到不同微粒时传播规律的微课动画（见图 7-11），提问为什么光线在上述三种液体中传播现象不一样？

【学生讨论汇报】$CuSO_4$ 溶液中微粒很小，光直接透射；纯牛奶中微粒较大，光被反射；稀牛奶中微粒介于中间，光散射形成光路。成果展示如图 7-12 所示。

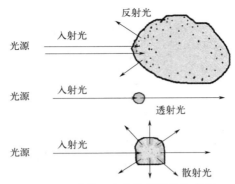

图 7-11　微课"光的传播规律"截图

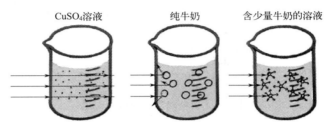

图 7-12　学生绘制不同分散系中光路图

【教师讲解】介绍"分散系"及"胶体"概念。

设计意图：运用物理学科"绘制光路图"的基本方法来解释光线照射分散系现象差别，能帮助学生自主发现分散系分类的依据——分散质粒子大小，由此形成对溶液、浊液及胶体概念的科学界定，初步构建溶液、浊液与胶体分散系的微观模型。

【教师提问】回忆初中物理知识，物体颜色不同与物体反射或透过的色光有关。你认为是什么原因导致胶体金可以呈现多种颜色呢？

【学生提出猜想】胶体金的微粒大小不同。

【教师】提供胶体金颜色与微粒大小关系，具体见表 7-6。

表 7-6　胶体金颜色与微粒大小关系

胶体金粒径/nm	胶体金特性呈色
16	橙色
24.5	橙红
41	红色
71.5	紫色

【教师】已知金原子直径约为 0.2nm，请大家画出胶体金微粒模型图。

学生绘制结果见图 7-13。

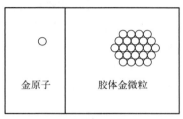

图 7-13 胶体金微粒模型图

【教师总结】当微粒处于特定范围，散射光波长位于可见光波范围内，微粒大小变化就会引起物质颜色变化。胶体金微粒是由更小的金原子聚集而成的，不同的聚集程度产生了不同颜色的胶体金。

设计意图：胶体金呈现不同颜色的原理探究是对胶粒大小影响光传播的概念更深层次迁移。不同尺度胶体金微粒的存在事实证明胶粒不是单独粒子，而是更小微粒聚集体，加深对胶体是一种物质聚集状态的准确认识。

③ 探究问题 2：胶体金如何检测病毒

【学生演示】胶体金色谱法检测新型冠状病毒抗原操作方法。

【教师展示】胶体金色谱法检测新型冠状病毒抗原原理示意图（图 7-14）。

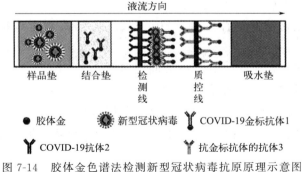

图 7-14　胶体金色谱法检测新型冠状病毒抗原原理示意图

【教师提问】检测线为什么是红色的？

【学生】胶体金聚集呈现的特征是红色。

【教师】为什么当人感染新型冠状病毒时，胶体金通过检测线会聚集？

【学生讨论】因为抗体可以特异性识别抗原，病毒抗原先与 COVID-19 金标抗体 1 结合，检测线上的 COVID-19 抗体 2 再与病毒抗原结合，使含有胶体金的微粒聚集。

【教师】胶体金不仅可与新型冠状病毒抗体结合，还可与病毒抗原等其他蛋白质结合，用于医学检验多种病毒，甚至验孕。依据以上信息猜想，科学家给分散质为 1～100nm 的分散系命名为"胶体"，体现了它的什么特点？

【学生】粒子容易吸附其他微粒，具有较好的吸附性。

【教师】胶体外观看起来黏稠吗？

【学生】不，外观像溶液一样均一稳定，"胶"字指微观粒子具有较好吸附性的特点。

设计意图：胶体金色谱法原理分析将概念的理解提升至综合应用层面，并从中认识到胶体吸附性是微观层面粒子的吸附性，避免概念受生活经验影响产生理解偏差。

④ 探究问题 3：如何制备胶体

【教师】如何通过实验方法制备胶体呢？

【学生活动】根据所给试剂（$FeCl_3$ 饱和溶液、蒸馏水、稀 $NaOH$ 溶液）设计并制备 $Fe(OH)_3$ 胶体，再依据教材实验 1-1 完成制备实验。

【引导评价】请从原料利用率与产品质量（分散质粒子均一度）的角度评价 2 套方案优劣。

【展示成果】略。

【交流评价】使用 $FeCl_3$ 溶液与极稀的 $NaOH$ 溶液混合的方案简单，但制备出的胶体不多，主要是沉淀。教材实验方案注意事项较多，但能保证生成的主要是 $Fe(OH)_3$ 胶体而非沉淀。

【引导总结】制备胶体实验的关键在于通过控制温度、反应物浓度等方式使制得的胶体粒子大小均一。

设计意图：通过"自主实验—典范实验—对比反思"的探究过程激发学生科学探究精神，并感受物质世界的复杂性，发现不同分散系之间的联系与转化规律，加深对分散系的认识层次。

⑤ 探究问题 4：如何防范新型冠状病毒气溶胶

【教师提问】新型冠状病毒直径约为 $60 \sim 140nm$，含有新型冠状病毒的空气属于胶体吗？

【学生】如果病毒直径在 $60 \sim 100nm$ 之间则属于。

【教师】胶体的界定只与分散质粒子的大小有关，与它的物质成分、状态都没有关系。依据分散剂的状态，将胶体分为液溶胶、气溶胶与固溶胶。

【学生活动】将含新型冠状病毒的空气、有色玻璃、豆浆、烟水晶、河水、雾依据分散剂状态进行分类。

【教师提问】新型冠状病毒在空气中形成气溶胶，可在空气中停留较长时间。我们如何自我防护？

【学生】佩戴口罩、喷洒酒精……

【教师追问】某同学佩戴口罩走在路上，依然闻到了路边桂花的香味。他的口罩能有效阻隔病毒吗？

【学生】可以，因为病毒由蛋白质与 RNA 等许多分子构成，比桂花香味的分子大得多。口罩的孔径可以使桂花香气分子透过，但不能使病毒气溶胶透过。

【教师】新型冠状病毒并不可怕，运用知识进行科学防护、检测与治疗，我们依然可以享受美好的生活！

设计意图：气溶胶的介绍丰富了学生对胶体的经验认识与概念应用范围，在对胶体进行分类的活动中加深学生对胶体概念的准确界定与理解，让学生认识到尺度效应是自然界普遍规律，进一步完善胶体概念模型。

（5）教学效果与反思

课堂观察发现，在真实问题驱动下，学生能够综合物理光学理论、宏观现象与金微粒粒径等信息绘制出不同分散系中光路图，反映出他们具备将光传播模型与分散系微观模型有效结合的模型认知能力。在问题探究中，学生不断运用尺度比较与变化的思维工具进行宏微结合的分析，逐渐构建起微粒大小比较、微粒大小对性质影响、微粒大小变化的尺度概念理论框架。作业结果体现学生能够将"胶体"概念迁移至河水、纳米材料等课堂未涉及的物质分析中，能运用实验优化思维对胶体制备实验操作进行深刻的逻辑分析，教学效果较好。跨学科概念的融入助推学生理解学科概念本质，促使学生高阶思维与综合素养的形成。

当然，打破学科壁垒、巧妙整合跨学科资源考验着教师的教育智慧与学科综合素养。社会资源中的跨学科素材往往涉及面较广，在学科融合过程中教师不能贪多贪全盲目拓展，要基于学生已有知识基础，把准学科横向联结的广度与纵向延伸的深度，挖掘跨学科教学的知识切入点与生长点。本课时在教学设计前首先通过翻阅物理、生物初中教材与询问相关专业教师，明确了学生已有的跨学科概念与待提供的信息资源。胶体性质丰富，应用广泛，本节课只选取吸附性作为典型性质进行任务探究，一是有助于学生对胶体概念本质的理解，并为后续学习净水剂的性质应用奠定基础，二是以吸附性为前概念，依据尺度变化视角分析粒子重量，让学生能自主理解聚沉性质的产生，形成知识生长逻辑线。

本节课最难能可贵的是学生不仅积极思考教师提出的问题，还能够自主生成许多有价值的问题。比如能不能用滤纸将自制的 $Fe(OH)_3$ 中的沉淀与胶体粒子过滤分离、胶体金色谱法为什么有 2 条红线……问题背后联结的是许多课堂上来不及触及的知识，面对不同的生成性问题教师可依据本课目标与学情选择即时解答，或设置悬疑鼓励学生课后探究。有限的课堂传授只有激发出学生无限的学习渴望，才能实现授人以渔的教育功能。

2. 请依据图 7-8 所示"离子反应"单元教学流程以及该单元第 1、2 课时的教学目标，①补充第 1、2 课时的教学过程；②画出该单元的概念图。

3. 请依据课程标准要求和教材分析完成人教版高中化学必修教材第一册"物质的量"单元教学设计。

第八章
元素及其化合物课型教学设计

 学习准备 》》》

请查阅 2022 版初中课标和 2017 版高中课标，分析关于"元素及其化合物"的内容要求以及相应的教材编写特点。

案例分析 》》》

【案例 8-1】 初中化学"氧气的化学性质"与高中化学"氯气的化学性质"教学比较

分析以下案例中"氧气的化学性质"与"氯气的化学性质"教学片段，分析教学方法有何异同点，体现了元素及其化合物教学具有怎样的特征。

（一）初中化学"氧气的化学性质"教学片段

环节 1：导入

【展示、提问】教师展示三个集气瓶。这三个集气瓶分别盛放的是空气、氧气和二氧化碳，如何区分它们？

【提示】从外观上看都是无色无味的气体，无法区分。但我们可以想办法利用化学性质区分。

环节 2：实验观察氧气的化学性质

【实验一】用一根燃着的木条分别插入到三个集气瓶中，观察现象。

【学生记录汇报】

实验现象	结论
1号瓶:燃着的木条熄灭火	1号瓶中为二氧化碳
2号瓶:燃着的木条继续燃烧，一会儿熄灭	2号瓶中为空气
3号瓶:燃着的木条燃烧得更旺	3号瓶中为氧气

【补充实验】将带火星的木条伸到另一氧气集气瓶中，观察现象。

【归纳】氧气可以使燃着的木条燃烧得更旺，可以使带火星的木条复燃。也就是说氧气能够支持燃烧。

【过渡】氧气能够支持小木条的燃烧，那能支持其他物质的燃烧吗？请同学们继续观察实验，记录描述实验现象。

【实验二】物质在空气和氧气中燃烧的比较

	实验内容	实验现象	实验结论
1	木炭在空气里燃烧	红热，放出热量	碳＋氧气 $\xrightarrow{\text{点燃}}$ 二氧化碳
	木炭在氧气里燃烧	发出白光，放出热量，生成的气体能使澄清的石灰水变浑浊	
2	硫在空气里燃烧	产生微弱的淡蓝色火焰，生成一种有刺激性气味的气体，放出热量	硫＋氧气 $\xrightarrow{\text{点燃}}$ 二氧化硫
	硫在氧气里燃烧	产生明亮的蓝紫色火焰，生成一种有刺激性气味的气体，放出热量	
3	铁丝在空气中加热	发生红热现象	铁＋氧气 $\xrightarrow{\text{点燃}}$ 四氧化三铁
	铁丝在氧气中点燃	剧烈燃烧，火星四射，放出大量的热，生成一种黑色固体	

注：实验演示过程中与学生分析讨论实验中的一些问题，如硫在氧气中燃烧集气瓶底为什么要放少量水？铁丝燃烧实验中，铁丝为什么要绕成螺旋状？为什么要系火柴？为什么预先在瓶底要放少量水？等。

【分析归纳】从上述现象中可知：①可燃物在氧气中燃烧比在空气中燃烧更为剧烈；②物质在空气里燃烧实质上也是与空气中的氧气发生反应，因为空气中的氧气含量相对较少，所以燃烧不如在氧气中剧烈；③氧气能够与许多物质发生反应，氧气的化学性质比较活泼。

【过渡】分析实验二中的三个化学反应有什么共同特点。

环节3：探讨化合反应和氧化反应

（略）

（二）高中化学"氯气的化学性质"教学片段

环节1：导入

【复习】我们已经知道了氯气是一种黄绿色的气体，那它的化学性质如何呢？同学们能否根据氯原子的结构初步预测氯气可能具有什么性质？

环节2：预测-推理

【学生分析预测】氯原子的最外层电子有7个，在化学反应中易得到1个电子，使最外电子层达到稳定结构。那它应该能够与易失电子的金属发生反应，表现出氧化性。

【提示】除了得到其他元素的原子的电子外，还可以如何达到稳定结构？

【学生】还可以与别的元素的原子共用电子，如与氢气反应。

化学研究的对象是物质。离开了具体的物质就无从学习化学，元素及其化合物知识是中学化学课程内容的基础和骨架。国内外化学教材，大多是从具体物质的性质和用途开始让学生进入化学学科学习的，在熟悉的具体物质（事实材料）和他们已具备的日常概念的基础上，让学生循序渐进地学习化学基本概念、各类物质的性质和变化规律、化学反应原理以及物质结构等知识。元素及其化合物知识是化学基本概念和理论等知识的基础，是学生赖以进行科学抽象的依据和出发点。离开了数量众多的元素知识所提供的"生动的直观"，化学理论就会变成空中楼阁，学生对于化学计算、化学实验、化学用语的学习同样难以进行，更无法体会化学与实际生产、生活的紧密联系。但也由于元素及其化合物知识本身具有庞杂、琐碎的特点，需要记忆的内容较多，而且容易混淆，导致学生"易学难记、易懂难学"，需要教师掌握恰当的教学策略，提高教学效果。

第一节　元素及其化合物内容课程标准和教材分析

中学化学课程标准对元素及其化合物内容有明确的规定，集中体现在 2022 版初中课标的主题 2 "物质的性质与应用"和 2017 版高中课标必修课程"主题 2：常见的无机物及其应用"中。初中化学课程选取学生身边最熟悉的物质，从与其日常生活联系最为密切的空气、氧气、二氧化碳和水等开始学习化学，过渡到学习一类物质如金属、酸、碱、盐等，侧重让学生感知物质的组成、性质、变化和用途，认识物质的性质和用途的关系，体会物质及其转化对人类生活和科技进步的贡献；高中化学则选取典型的两种金属元素钠和铁，三种典型的非金属元素氯、硫、氮，分别系统学习其单质和化合物，旨在让学生建立起从物质类别和元素化合价两个角度认识物质性质和变化的视角，认识金属、非金属及其化合物的多样性，了解通过反应可以探索物质性质、实现物质转化，认识物质性质及其转化的价值，将知识和认识转化成问题解决的能力、科学精神和社会责任，形成基于元素及其化合物知识和经验的学科核心素养❶。

一、初中元素及其化合物内容要求及教材编排

（一）2022版初中课标元素及其化合物相关内容要求

"物质的性质与应用"是义务教育化学课程的五大学习主题之一，其所含内容如表 8-1 所示。

表 8-1　2022 版初中课标主题 2 内容

主题 2　物质的性质与应用
2.1　物质的多样性
2.2　常见的物质
2.2.1　空气、氧气、二氧化碳
2.2.2　水和溶液
2.2.3　金属与金属矿物
2.2.4　常见的酸、碱、盐
2.3　认识物质性质的思路与方法
2.4　物质性质的广泛应用及化学品的合理使用
2.5　学生必做实验及实践活动

1. "物质的性质与应用"内容要求简析

由表 8-1 可见，课程标准不仅规定了"物质的性质与应用"的具体学习内容，还规定了主题大概念、思路与方法、重要态度和必做实验等，体现了大概念统领下的 BCMAP 多维课程内容结构（见第二章图 2-9）。在大概念"物质的多样性"统领下，以生产生活中常见的物质为核心知识，通过引导学生观察和探究常见物质，激发学生的好奇心，帮助他们了解物质的性质与用途的关系，建构物质的性质决定用途等化学观念，帮助学生学会对物质进行分类的科学方法，建立认识物质性质的一般思路与方法，形成合理利用化学物质的意识；引导学生从元素视角初步分析和解释一些与化学相关的问题，认识化学与社会的关系，体会科技进步对人类生活的影响和贡献。

2. "物质的性质与应用"主题的素养发展价值

"物质的性质与应用"学习主题涉及物质的组成、性质、变化、用途等化学学科知识及实际应用知识，是学生学习科学方法及进行实验探究和学科实践的重要内容支撑，承载全面落实发展学生核心素养的功能，如图 8-1 所示。

该主题内容是中学化学元素及其化合物的初步知识，重点落实的化学观念是物质观，其内涵包括：物质是由元素组成的，物质具有多样性，可以分为不同的类别；物质性质决定用

---

❶　房喻，徐瑞钧. 普通高中化学课程标准（2017 年版）解读［M］. 北京：高等教育出版社，2018：104-105.

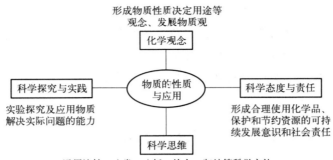

图 8-1 "物质的性质与应用"学习主题素养发展功能

途等。通过本学习主题，学生可建立对物质性质与应用的关系的初步认识，形成合理利用物质的意识；发展从元素视角初步分析和解决实际问题的能力；形成物质的性质决定用途的观念，促进物质观等化学观念的发展。

义务教育阶段，学生对物质性质的认识以具体的元素及其化合物为主要对象。从认识的层面来看，需要建立科学的认识方式，即形成科学认识的角度、思路（路径）以及推理判断等，以发展学生的科学思维。元素及其化合物的认识方式的形成包括：从对物质的存在、组成、变化、用途的认识，形成认识物质性质的化学视角；通过对具体物质性质的认识，形成从个别到一般的概括思维；通过对物质的共性与差异性的比较、分析，预测物质性质，从而形成认识物质性质的思路与方法，以及归纳概括、分析综合、证据推理等科学思维。

学生对元素知识的认识多通过化学实验及社会实践等活动形式获得。学生通过对氧气、二氧化碳、金属、酸、碱、盐及空气、溶液等的性质进行实验探究，以及针对日常生活和社会现象开展社会实践活动，提升分析和解释与化学有关的现象和事实，解决真实的综合性问题的能力，发展科学探究与实践素养。

对物质性质与应用的关系的认识，可以帮助学生认识化学与生活、生产、社会、科学、技术之间的关系，体会科学利用物质的性质对提高人们的生活质量具有重要意义。学生通过认识酸、碱及化肥等化学品的保存、选择和使用与物质性质的关系，形成安全及合理使用化学品的意识；通过认识空气、水、金属矿物等自然资源的重要作用和合理开发利用，发展保护和节约资源的可持续发展意识与社会责任。

（二）初中化学教材元素及其化合物内容编排体系

人教版九年级化学教材（2024 年第 1 版）依据 2022 版初中课标编写，2022 版初中课标以"物质的性质与应用"替换 2011 版课标主题"身边的化学物质"，突出了"物质具有广泛的应用价值，物质的性质决定用途"的大概念。课程标准中"2.2 常见的物质"与教材对应关系如表 8-2 所示。

表 8-2 2022 版初中课标元素及其化合物主题与教材对应关系

课程标准主题 2.2	2024 年人教版九年级化学教材单元
2.2.1 空气、氧气、二氧化碳	第二单元 空气和氧气 第六单元 碳和碳的氧化物

课程标准主题 2.2	2024 年人教版九年级化学教材单元
2.2.2　水和溶液	第四单元　自然界的水 第九单元　溶液
2.2.3　金属与金属矿物	第八单元　金属和金属材料
2.2.4　常见的酸、碱、盐	第十单元　酸和碱

由表 8-2 可见，人教版九年级化学教材对于某一主题内容的编写相对集中，如"空气、氧气"的内容集中编排在第二单元，"常见的酸、碱、盐"的内容集中编排在第十单元等。整体上看，人教版九年级化学教材对于元素及其化合物内容的编排主要采取的是与化学概念及理论性知识穿插编排的方式。第一单元引入"物质的变化和性质"概念，为后续学习具体物质的变化和性质奠定概念基础，突出"化学是一门以实验为基础的科学"，让学生"走进实验室"掌握必备实验技能。在此基础上，进入第一个物质单元"空气和氧气"，系统学习最熟悉、最简单的物质——氧气的性质、用途和制法等。将"物质构成的奥秘"单元编排在"空气和氧气"和"自然界的水"之间，既让学生对"元素""分子""原子"等概念的学习建立在第二单元积累的一些具体物质性质的基础上，又为第四单元研究"水的组成"奠定知识基础。在元素化学性质与变化相关知识充分铺垫的基础上，第五单元穿插编排"化学反应的定量关系"，引导学生从质量守恒的角度认识物质的化学变化；第六单元"碳和碳的氧化物"既加深对"物质构成的奥秘""质量守恒定律"的认识，同时为第七单元"能源的合理利用与开发"奠定一定的燃料性质基础。第八单元集中编排"金属和金属材料"相关知识，让学生初步建立从物质类别的角度认识一类物质的性质的相似性和差异性；而将"酸和碱"单元编排在"溶液"之后，让学生认识到酸、碱、盐相互之间的反应主要是在溶液中进行，加深对"溶液"学习价值的认识，也是进一步从物质类别角度加深对物质通性和本质的认识。可见，人教版九年级化学教材体系编排依据课程标准要求，遵循学科知识的逻辑顺序与学生的心理发展顺序及认知发展顺序"三序"结合的原则，很好地处理了元素及其化合物知识的编排与概念原理性知识编排的逻辑关系。

二、高中元素及其化合物内容要求及教材编排

（一）2017 版高中课标元素及其化合物相关内容要求

"常见的无机物及其应用"是高中化学必修课程的五大学习主题之一，其内容要求如表 8-3 所示。

表 8-3　2017 版高中课标主题 2 内容要求

主题 2：常见的无机物及其应用
2.1　元素与物质 认识元素可以组成不同种类的物质，根据物质的组成和性质可以对物质进行分类；同类物质具有相似的性质，一定条件下各类物质可以相互转化；认识元素在物质中可以具有不同价态，可通过氧化还原反应实现含有不同价态同种元素的物质的相互转化。认识胶体是一种常见的分散系。
2.2　氧化还原反应 认识有化合价变化的反应是氧化还原反应，了解氧化还原反应的本质是电子的转移，知道常见的氧化剂和还原剂。

主题 2：常见的无机物及其应用

2.3 电离与离子反应

认识酸、碱、盐等电解质在水溶液中或熔融状态下能发生电离。通过实验事实认识离子反应及其发生的条件，了解常见离子的检验方法。

2.4 金属及其化合物

结合真实情境中的应用实例或通过实验探究，了解钠、铁及其重要化合物的主要性质，了解这些物质在生产、生活中的应用。

2.5 非金属及其化合物

结合真实情境中的应用实例或通过实验探究，了解氯、氮、硫及其重要化合物的主要性质，认识这些物质在生产中的应用和对生态环境的影响。

2.6 物质性质及物质转化的价值

结合实例认识金属、非金属及其化合物的多样性，了解通过化学反应可以探索物质性质、实现物质转化，认识物质及其转化在促进社会文明进步、自然资源综合利用和环境保护中的重要价值。

2.7 学生必做实验

· 铁及其化合物的性质。

· 不同价态含硫物质的转化。

· 用化学沉淀法去除粗盐中的杂质离子。

由表 8-3 可见，本主题内容要求体现如下特征。

1. 大概念统整元素及其化合物知识

元素及其化合物知识在高中化学课程中的认识发展价值有三个方面：一是作为认识对象，促进学生迁移应用所学的概念原理知识；二是作为感性认识素材，帮助学生建立和发展概念理论；三是作为认识结果，成为知识（认知）结构的一个部分。根据元素及其化合物知识的不同认识论功能价值，2017 版高中课标选择 Na、Fe、N、S、Cl 等元素承载上述三种认识功能，作为学生在高中化学必修课程中需要系统学习和全面掌握的代表性元素；将实验版课程标准包含的 Al 和 Si 两种元素调整为只承担前两种功能，Cu 调整为仅作为认识素材的功能。这样，一方面减少了具体元素及其化合物的知识总量；另一方面，重视用大概念统整元素及其化合物知识，实现了元素及其化合物知识与相关概念原理知识的整合。

从课程标准相关内容要求可见，元素及其化合物主题大概念为基于"价—类"二维的元素观，即从物质类别和元素及其化合价角度认识物质性质以改变传统的元素及其化合物知识碎片化、浅表化的弊端。与初中化学相比，高中必修课程对学生元素及其化合物的认识发展的进阶要求如下：①基于具体物质的具体性质和反应的类比思维；②基于一类物质的一般性质的概括思维；③基于离子的性质和反应的"宏-微-符"三重表征思维；④基于化合价升降的氧化还原思维；⑤综合类别通性的酸碱盐离子反应和价态升降的氧化还原反应的多角度思维。

2. 与基本概念的学习相辅相成

元素及其化合物知识属于事实性知识，如果没有基本概念的支持，学生对该类知识的认识只能处于浅表化，也不能从一般规律上去认识与把握。如：氯气与金属、非金属的反应本质上是氧化还原反应，体现了氯气的氧化性；碳酸钠、碳酸氢钠分别与盐酸的反应本质上属于离子反应；二氧化硫具有酸性氧化物的通性，也因其中的硫元素处于中间价态，既具有还原性，又具有氧化性；等等。促进学生深入理解元素及其化合物的核心概念包括：物质分类、各类物质的一般性质、电离和离子反应、氧化还原反应，所以 2017 版高中课标将氧化还原反应、电离和离子反应也编排在主题 2 中。基于这些核心概念，学生认识和学习重要的元素及其化合物知识，结合真实情境中的应用实例或通过实验探究，了解 Na、Fe、N、S、Cl 等元素及其重要化合物的主要性质，认识它们在生产生活中的重要应用以及对生态环境的影响，体会物质性质及其转化的应用价值。

3. 重视与 STSE 知识的融合

Na、Fe、N、S、Cl 等五种核心元素除了承载学科知识价值外，还具有丰富的"科学（S）-技术（T）-社会（S）-环境（E）"及其相互作用和影响的教学价值。例如，钠和铁元素及其化合物与生产、生活的关系，氯、氮和硫等非金属元素及其化合物与自然、环境的关系。不少社会性科学议题也与这些元素及其化合物的性质和应用密切相关。所以，"常见的无机物及其应用"主题对于发展学生的科学态度和社会责任素养具有重要价值。2017 版高中课标在该主题的内容要求中明确提出"认识这些物质在生产中的应用和对生态环境的影响""认识物质及其转化在促进社会文明进步、自然资源综合利用和环境保护中的重要价值"等。

（二）高中化学教材元素及其化合物内容编排体系

依据课程标准要求，2019 年版人教版、苏教版和鲁科版高中化学必修教材对于元素及其化合物知识的编排体系如表 8-4 所示。虽然 Al、Si 元素及其化合物相关知识在 2017 版高中课标中没有明确要求，但由于这两种元素在生产、生活中具有重要应用，且其元素及其化合物知识具有重要的认知功能，所以三个版本的教材都在适当部分编写了相关内容。

表 8-4　2017 版高中课标元素及其化合物内容与三个版本高中化学必修教材对应关系

元素及其化合物内容	人教版	苏教版	鲁科版
钠及其化合物	第二章　海水中的重要元素——钠和氯 第一节　钠及其化合物	专题 3　从海水中获得的化学物质 第二单元　金属钠及钠的化合物	第一册 第 1 章　认识化学科学 第 2 节　研究物质性质的方法和程序
氯及其化合物	第二章　海水中的重要元素——钠和氯 第二节　氯及其化合物	专题 3　从海水中获得的化学物质 第一单元　氯气及氯的化合物	第一册 第 1 章　认识化学科学 第 2 节　研究物质性质的方法和程序
铁及其化合物	第三章　铁金属材料 第一节　铁及其化合物 第二节　金属材料	专题 9　金属与人类文明 第一单元　金属的冶炼方法 第二单元　探究铁及其化合物的转化 第三单元　金属材料的性能及应用	第一册 第 3 章　物质的性质与转化 第 1 节　铁的多样性
硫及其化合物	第五章　化工生产中的重要非金属元素 第一节　硫及其化合物	专题 4　硫与环境保护 第一单元　含硫化合物的性质 第二单元　硫及其化合物的相互转化 第三单元　防治二氧化硫对环境的污染	第一册 第 3 章　物质的性质与转化 第 2 节　硫的转化

元素及其化合物内容	人教版	苏教版	鲁科版
氮及其化合物	第五章 化工生产中的重要非金属元素 第二节 氮及其化合物 第三节 无机非金属材料	专题7 氮与社会可持续发展 第一单元 氮的固定 第二单元 重要的含氮化工原料 第三单元 含氮化合物的合理使用	第一册 第3章 物质的性质与转化 第3节 氮的循环
铝及其化合物	第三章 铁金属材料 第二节 金属材料	专题5 微观结构与物质的多样性 第一单元 元素周期律和元素周期表	第二册 第1章 原子结构 元素周期律 第3节 元素周期表的应用
硅及其化合物	第五章 化工生产中的重要非金属元素 第三节 无机非金属材料	专题9 金属与人类文明 第三单元 金属材料的性能及应用	第二册 第1章 原子结构 元素周期律 第3节 元素周期表的应用

　　结合第三章"表3-4 三个版本的高中化学必修教材章节结构"可见，各版本必修教材对于某一元素及其化合物主题的编排方式主要有如下几种：①单独成章型。如人教版和苏教版教材将"铁及其化合物"单独成章/专题。②组合成章型。或将紧密联系的"钠和氯"组合在一起成为一章/专题，如人教版和苏教版教材。或将非金属元素组合在一起成章，如人教版教材将硫、氮和硅元素及其化合物编排在"第五章 化工生产中的重要非金属元素"中。或将金属和非金属元素集中在一章中，如鲁科版教材将铁、硫、氮集中编排在第一册"第3章 物质的性质与转化"。③方法载体型。如鲁科版教材对于钠、氯的处理，将对钠及其化合物性质的研究作为"研究物质性质的方法和程序"的载体，编写在第一册"第1章 认识化学科学"中，在此基础上归纳出研究物质性质的基本程序，再用于研究氯气的性质，凸显研究物质的方法论，并为第一册第2章"第1节 元素与物质分类"相关概念提供感知材料。

　　从教材整体上看，与初中教材类似，元素及其化合物内容的编排也采取了与化学概念及理论性知识穿插编排的方式。如鲁科版教材在"研究物质性质的基本程序"中编排了钠、氯相关知识后，以此为基础，编排第2章"元素与物质分类""电解质的电离 离子反应""氧化还原反应"相关概念，再用这些概念原理指导铁、硫、氮等元素及其化合物的学习，引导学生从初步学习应用"价—类"二维元素观认识具体物质的性质，进阶到学习如何探究不同价态物质之间的转化，再进阶到能自主运用氧化还原和类别通性等概念原理，研究物质性质和物质转化，多角度分析和解决实际问题。这样的编排方式顺应了由简单到复杂、由孤立到系统的认知规律。以原子结构、元素周期律为分界线，人教版和苏教版教材都将元素及其化合物知识分别分布在元素周期律前和元素周期律后，人教版教材将钠、氯、铁等元素化合物的知识分布在元素周期律前，将硫、氮、硅等元素化合物的知识分布在元素周期律后，苏教版教材将钠、氯、硫等元素化合物的知识分布在元素周期律前，氮、铁等元素化合物的知识分布在元素周期律后。元素周期律前的无机物主要通过典型的金属元素和非金属元素及其化合物学习，凸显认识物质多样性的物质类别及元素价态视角，且为元素周期律的学习提供认识基础；元素周期律后的元素及其化合物学习则可以利用原子结构或元素周期律预测物质性质，深化"位—构—性"关系的认识模型。

三个版本的教材都将铝及其化合物相关内容放在元素周期律部分（鲁科版教材将 Si 相关内容也置于此），这是因为 Al 在第 3 周期中处于金属向非金属过渡处、Al_2O_3 为两性氧化物、$Al(OH)_3$ 为两性氢氧化物，有助于学生理解元素金属性向非金属性的过渡。

第二节　元素及其化合物知识的形成过程与教学策略

一、元素及其化合物知识的一般学习过程

从案例 8-1 可见，初中阶段与高中阶段对元素及其化合物知识的教学方法有所不同。在初中阶段，由于学生缺乏相关的概念、原理，对元素及其化合物性质的学习需要建立在充分的实验事实基础上，而高中阶段的学习则可先运用理论知识进行预测再通过实验获取事实证据的支持。无论哪个阶段，元素及其化合物知识的学习都需要从实验事实的归纳中获得对相关性质的认识。元素化合物知识的一般学习过程如下。

（一）推理预测

当学生具备原子结构、物质类别、氧化还原反应等知识后，可根据理论知识推理、预测物质可能的性质。如案例 8-1 中高中阶段对元素及其化合物性质的学习，学生既可根据氯原子结构分析推理氯气可能的化学性质，又可以根据其与氧气都属于非金属单质，用初中已经学习过的氧气的性质类比推理氯气可能的性质；当刚进入化学学习的初中学生不具备相关理论知识时，则可从学生熟悉的相关物质的日常应用或实验事实出发，让学生进行推理预测，如案例 8-1 中对于氧气性质的学习，先提供实验事实，氧气能够使带火星的木条复燃，初步得出结论氧气能够支持物质燃烧，继而提出问题"氧气能支持其他物质的燃烧吗"。案例 8-2 中对于二氧化碳性质的学习则利用学生生活中的雪碧、可乐为情境，让学生从常见用途推理其化学性质，进而通过实验来证明。而引入"二氧化碳不能支持燃烧"这一性质的学习，同样是利用学生生活经验中的"二氧化碳能用来灭火"让学生先进行推理。

 案例分析 ▶▶▶ ┄┄┄┄┄┄┄┄┄┄┄┄┄┄┄┄┄┄┄┄┄┄┄┄

【案例 8-2】　初中化学"二氧化碳的性质"教学片段

研读以下教学片段，分析其体现了怎样的学习规律，并与案例 8-1 进行比较。

【情境问题 1】同学们在生活中都喝过雪碧、可乐等，都知道其中有二氧化碳气体，这说明二氧化碳气体具有怎样的性质呢？

【学生】二氧化碳应该可以溶于水。

【教师】能否设计实验证明？

【学生实验】向分别装有空气和二氧化碳的矿泉水瓶中加等体积的水。

【学生观察归纳】二氧化碳可溶于水。

【补充】通常情况下，1体积的水大约可以溶解1体积的二氧化碳气体。

【提问】雪碧、可乐等被称作碳酸饮料，这又是为什么呢？

【提示】这是不是意味着二氧化碳溶于水不仅是一个物理变化，还可能发生了化学反应生成了新物质碳酸呢？

【讲述】对于酸其实我们并不陌生，在生活中我们经常用到一种调味品——醋，它的主要成分就是醋酸。

【设问】那像醋酸、碳酸这类物质具有怎样的共同性质呢？

【实验1】向醋酸中滴加紫色石蕊试剂。

【给出信息】酸能使紫色石蕊溶液变红。

【问题】利用这个信息，同学们有没有办法来证明二氧化碳和水反应会生成碳酸呢？

【实验2】向二氧化碳水溶液中滴加紫色石蕊试剂。

【追问】单凭这个实验能否证明二氧化碳和水反应会生成碳酸呢？请同学们小组讨论。

【讨论】瓶中的液体混合物中含有二氧化碳、水及可能由二氧化碳与水反应生成的碳酸，所以使溶液变红的不一定是碳酸。

【追问】如果我要证明是碳酸使紫色石蕊溶液变红的，该如何设计实验？

【方案设计】①二氧化碳＋石蕊；②水＋石蕊；③水＋二氧化碳＋石蕊

【实验3】石蕊浸泡过的干紫花对比实验

① 干紫花喷醋酸；

② 干紫花喷水；

③ 干紫花放入干燥的二氧化碳中；

④ 干紫花先喷水再放入二氧化碳中。

【归纳】$CO_2 + H_2O \mathop{=\!=\!=} H_2CO_3$

【引导观察】请同学们仔细看雪碧标签，贮存方法：禁止加热，避免阳光直晒及高温，这又是为什么呢？

【猜想】可能加热的情况下，其中的物质会发生某种变化。

【实验4】烘干4号小花。

【揭示】$H_2CO_3 \mathop{=\!=\!=} CO_2\uparrow + H_2O$

【情境问题2】二氧化碳除了用作制碳酸饮料之外，还有什么常见的用途吗？

【回答】灭火。

【追问】这又体现了二氧化碳怎样的性质呢？能否用实验进一步地证明？

（略）

（二）实验探究

设计、实施并观察实验，获得实验事实或其他事实材料，对预测的化学性质进行证实或证伪。如案例 8-2 中通过对比实验"向分别装有空气和二氧化碳的矿泉水瓶中加等体积的水",让学生通过观察获得"二氧化碳的矿泉水瓶中加水后变瘪,而空气瓶不变"的实验事实。

(三)思维加工

对获得的实验事实进行思维加工,形成理性认识——用有关的化学概念加以概括、作出判断、推测并寻找例证等,逐一揭示物质的物理性质、组成、结构、化学性质、用途、存在形式、制法等,并且跟已有经验联系、加以理解。如案例 8-3 的板书设计,不仅体现了对二氧化碳性质的系统认识,还体现了性质决定用途、用途体现性质以及化学物质利弊共存需理性利用的学科观念。

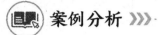 案例分析 ▶▶▶

【案例 8-3】 初中化学"二氧化碳的性质"板书设计(图 8-2)

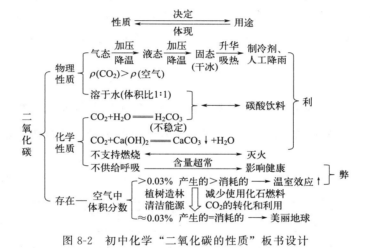

图 8-2 初中化学"二氧化碳的性质"板书设计

(四)联系整合

跟其他元素及其化合物进行比较和联系,应用已知的化学理论来说明、解释该物质,在更高的层次上概括,使新旧知识相互联系形成整体结构。如案例 8-1 中学习氯气的氧化性后,根据实验事实,与氧气的氧化性进行比较,得出结论:氯气的氧化性比氧气的氧化性强,这也是铁丝在氯气中燃烧生成三价铁的缘故。

(五)学以致用

运用物质的性质、用途、制取、检验、鉴别等方面的知识,解决实际问题,并且进一步发展和加深对该物质的认识,如学习二氧化碳的性质后,提出以下问题:①雪碧标签的贮存方法中还强调:禁止 0℃ 以下冷冻,这是为什么?②以前,建筑上常用石灰浆[$Ca(OH)_2$]抹墙,为了使石灰浆抹的墙壁快点干，常在室内生一个炭火盆。这是为什么？刚开始生炭火盆时，墙壁反而会变得更潮湿，为什么呢？③有没有其他的办法可代替灯火实验？让学生学以致用。

二、元素及其化合物知识教学策略

（一）紧密联系生产生活，创设真实问题情境

元素及其化合物知识是与学生生活及社会发展联系最紧密的知识。2022 版初中课标明确要求"认识物质性质在生活、生产、科技发展等方面的广泛应用，体会科学地利用物质性质对提高人们的生活质量具有重要作用。""结合实例体会化学品的保存、选择和使用与物质性质的重要关系，认识合理使用化学品对保护环境的重要意义，形成合理使用化学品的意识。""认识空气、水、金属矿物是宝贵的自然资源，形成保护和节约资源的可持续发展意识与社会责任。"2017 版高中课标则要求"结合实例认识金属、非金属及其化合物的多样性，了解通过化学反应可以探索物质性质、实现物质转化，认识物质及其转化在促进社会文明进步、自然资源综合利用和环境保护中的重要价值。"因此，教学中应紧密联系化学与生产、生活、环境和科学技术发展的关系创设真实的问题情境，让学生在真实问题的解决中获取有关元素及其化合物知识，认识化学学科的应用价值，形成 STSE 观。

案例分析 ▶▶▶

【案例 8-4】 高中化学必修"Fe^{2+} 和 Fe^{3+} 的相互转化"教学流程❶

图 8-3 为高中化学必修"Fe^{2+} 和 Fe^{3+} 的相互转化"的教学流程图，试分析该案例的教学有何特征。

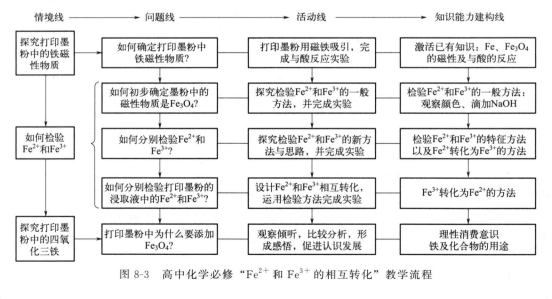

图 8-3　高中化学必修"Fe^{2+} 和 Fe^{3+} 的相互转化"教学流程

---

❶ 张丽华．"素养为本"的元素及其化合物知识教学——以"铁及其重要化合物"为例［J］．化学教学，2019（8）：57-61．

案例 8-4 利用"两种不同打印墨粉的打印效果不同"这一真实而有意义的情境来统领三个教学环节：探究打印墨粉中的磁性物质，如何检验 Fe^{2+} 和 Fe^{3+}，探究打印墨粉中的 Fe_3O_4。让学生迁移应用物质分类、氧化还原反应、离子反应等核心概念，设计方案、动手操作、合作探究，在问题解决中实现深度学习，这样不仅促进了学生认识方式的发展、思维能力的提升，还让学生深刻体会到化学知识的应用价值，实现了"素养导向"的教学。

（二）善用"价—类"二维认知模型，发挥理论指导作用

元素及其化合物相关知识具有种类多、性质碎、反应杂等特点，学生往往觉得易学难记，从而产生一定的畏难情绪。化学认知模型作为一种有效的认知工具，可以帮助学习者把化学知识高度浓缩，将次要的非本质的信息滤去，使重要的本质性知识形成清晰的知识框架，纳入学习者已有的知识体系，还能通过认知模型探索新知识。基于"价—类"二维的认知模型（如图 8-4），通常用横坐标表示该元素形成的物质类别，一般按照单质、氢化物、氧化物、酸、碱、盐等顺序依次排列。纵坐标为该元素常见化合价，往往按照由低到高的顺序依次排列。在元素价态和物质类别相对应的位置标出各物质的化学式，物质间的相互转换关系则通过箭头的方式展现出来。该模型既可以用于对已有元素及其化合物进行系统有效的梳理，又能作为预测或推理新学元素及其化合物性质的工具❶。

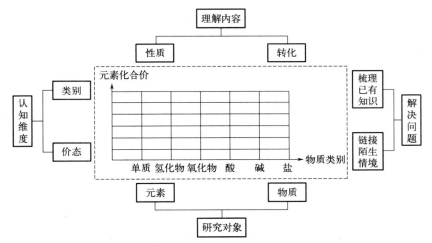

图 8-4　元素及其化合物"价—类"二维模型认知模型

"价—类"二维认知模型的研究对象是元素与物质，可以理解为核心元素能形成不同的重要物质，也可以理解为不同物质中具有相同的核心元素。一个维度是基于"分类"，另一个维度是基于"价态"。"分类"是指对于某元素及其化合物，从物质组成、物质类别、反应类别等多角度对其分类，再结合各类物质通性推演物质的性质，或结合元素周期律中同族元素相似性和递变性进行迁移，推测物质性质。在这一维度中，同一类物质在组成和性能方面往往具有一定的相似性，对物质进行合理的分类，能够帮助学习者根据物质的类别通性认识

❶　徐凯里，陈永平．基于模型认知的价—类二维图在元素及其化合物学习中的应用——以"自然界中硫氮元素的循环"教学为例［J］．化学教学，2020（7）：42-48.

物质的性质。"价态"是指从元素化合价角度出发，依据氧化还原反应规律分析判断物质的氧化性或还原性、最高价元素只有氧化性、最低价元素只有还原性、中间价态元素既有氧化性又有还原性等，进而推测物质间可能发生的氧化还原反应。图 8-5 为教师在铁及其化合物单元教学中引导学生所建构的"价—类"二维图。

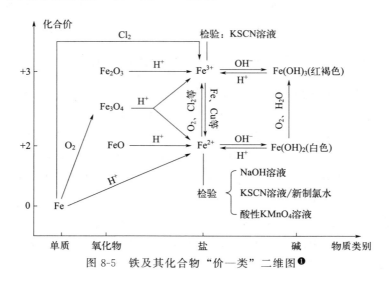

图 8-5　铁及其化合物"价—类"二维图●

（三）以实验为基础，充分发挥实验的教学功能

元素及其化合物的性质，尤其是化学性质，只有借助于一定的实验手段，在人为控制的条件下使物质发生化学变化时才能显现出来，被学生所感知。如案例 8-1 "氧气的化学性质"的教学中，学生对"氧气的化学性质比较活泼"的认识必须建立在木炭、硫粉、铁丝分别在空气、氧气中燃烧的实验事实基础上。离开了实验就谈不上元素及其化合物性质的学习。在元素及其化合物教学中，实验不仅能为物质性质的归纳提供事实基础，还是学生探究物质性质的重要方法，也是提升学生化学学习兴趣的重要手段。

📖 **案例分析** ▶▶▶

【案例 8-5】　高中化学必修"Fe^{2+} 和 Fe^{3+} 的相互转化"教学片段

在图 8-3 所示教学流程中，当教师通过打印墨粉这一情境引入课题后，设计了"探究打印墨粉中的铁磁性物质""如何检验 Fe^{2+} 和 Fe^{3+}"等问题情境。研读以下教学过程，说明教师是如何通过实验探究完成这两个环节的。

（1）探究打印墨粉中的铁磁性物质

【教师】展示两种不同品牌打印墨粉的打印效果，并提出自己的困惑。通过咨询专业人员初步得知：与打印墨粉中的铁磁性物质有关，导出本节课的主题——探究打印墨粉中的

● 张丽华．"素养为本"的元素及其化合物知识教学——以"铁及其重要化合物"为例［J］．化学教学，2019（8）：57-61.

铁元素。

【学生】观看投影，倾听教师的困惑，积极思考为什么打印效果会不同。

【教师追问】怎样确定打印墨粉中的铁磁性物质是什么？

【学生】小组合作，提出假设：铁磁性物质可能是 Fe 或 Fe_3O_4。通过讨论交流，形成进一步探究的可行性方案：先用磁铁吸引，再与酸反应观察是否有气泡。学生完成实验后，在观察与分析的基础上形成初步结论：打印墨粉中含有铁磁性物质，但不是 Fe 单质。

【教师】若铁磁性物质是 Fe_3O_4，又该如何设计实验进一步验证我们的猜想呢？

【资料卡】四氧化三铁，又称为磁性氧化铁，可以近似地看作是氧化亚铁与氧化铁组成的化合物（$FeO \cdot Fe_2O_3$），此物质能溶于酸，不溶于水。

【教师】引导学生基于 FeO、Fe_2O_3 与酸的反应形成认识：$Fe_3O_4 + 8H^+ = Fe^{2+} + 2Fe^{3+} + 4H_2O$，并追问：如何检验铁磁性物质可能是 Fe_3O_4？

【学生】小组合作交流，形成基本的探究思路（图 8-6）。

图 8-6　检验铁磁性物质可能是 Fe_3O_4 的探究思路

（2）如何检验 Fe^{2+} 和 Fe^{3+}

【教师】引导学生观察 $FeSO_4$ 和 $FeCl_3$ 溶液，从物质分类的视角提出可能的检验方案：加入碱溶液。

【学生】观察 $FeSO_4$ 和 $FeCl_3$ 溶液；分别取 1～2mL 溶液置于 2 支试管中，向其中各加入 NaOH 溶液 1～2mL，观察、记录、分析和交流实验现象。

【学生】①$FeSO_4$ 和 $FeCl_3$ 溶液分别呈浅绿色和黄色；②向 $FeCl_3$ 溶液中加入 NaOH 溶液得到红褐色沉淀 $Fe(OH)_3$；③向 $FeSO_4$ 溶液中加入 NaOH 溶液，得到的沉淀有的呈白色，有的呈灰绿色。

【教师】演示用长滴管将 NaOH 溶液注入 $FeSO_4$ 溶液中制取 $Fe(OH)_2$ 的实验，并展示前一天制取 $Fe(OH)_2$ 的试管，引导学生结合自身的实验操作，分析 $Fe(OH)_2$ 在空气中变化的原因，并用化学方程式表征变化的过程。

【过渡】由于向 $FeSO_4$ 溶液中加入 NaOH 溶液会产生特殊的现象，NaOH 溶液可用于常量下 Fe^{2+} 的检验。那么，Fe^{2+} 在微量情况下该如何检验呢？

【资料卡】向含有 Fe^{3+} 的溶液加入硫氰化钾（KSCN）溶液，溶液变成血红色，化学上常利用这一特征反应来检验 Fe^{3+} 的存在。

【学生】完成实验：①分别取 1～2mL $FeSO_4$、$FeCl_3$ 溶液于 2 支试管中，再各加 1～2 滴 KSCN 溶液，观察现象。②取打印墨粉上层浸取液 1～2mL，向其中加 1～2 滴 KSCN

溶液，观察现象，得出结论。

【学生】交流实验现象：①向 $FeCl_3$ 溶液中加 1～2 滴 KSCN 溶液，溶液呈血红色；向 $FeSO_4$ 溶液中加 1～2 滴 KSCN 溶液，无现象；②向打印墨粉上层浸取液中加 1～2 滴 KSCN 溶液，溶液呈血红色，说明打印墨粉浸取液中含有 Fe^{3+}。

【教师】继续追问：如何检验浸取液中的 Fe^{2+} 呢？引导学生从氧化还原反应的视角建构 Fe^{2+} 向 Fe^{3+} 的转化思路（图 8-7）。

$$Fe^{2+} \xrightarrow[\text{(O_2、Cl_2、$KMnO_4$溶液)}]{\text{氧化剂}} Fe^{3+}$$

图 8-7 建构 Fe^{2+} 向 Fe^{3+} 的转化思路

【学生】小组合作，讨论交流，形成 Fe^{2+} 向 Fe^{3+} 转化的实验方案，并完成实验。

（略）

元素及其化合物教学中，学生基于一定的事实或理论对元素及其化合物性质进行推理预测，需要通过实验探究来求证或检验假设。这里的实验，不仅仅指"动手做"和观察的实践活动，还包括实验事实、实验史实以及实验方法论。实验探究是一种以科学证据为基础的活动，通过推理假设、获取证据、分析证据，获得有关元素及其化合物性质的结论。在此过程中，学生不仅能习得知识，还经历过程与方法，从而体验到学习的乐趣，形成科学的态度。实验探究对于促进学生核心素养的全面发展，具有不可替代的作用。

第三节　元素及其化合物单元教学设计示例

以高中化学必修课程"硫及其化合物"单元为例❶，具体说明元素及其化合物课型单元教学设计的一般过程。

一、课程标准与教材分析

"硫及其化合物"属于 2017 版高中课标必修课程"主题 2：常见的无机物及其应用"中的重要内容。课程标准相关要求如表 8-5 所示。

表 8-5　2017 版高中课标"主题 2：常见的无机物及其应用"中硫及其化合物相关要求

内容要求	2.1　元素与物质 认识元素可以组成不同种类的物质；同类物质具有相似的性质，一定条件下各类物质可以相互转化；可通过氧化还原反应实现含有不同价态同种元素的物质的相互转化。

❶　朱成东，夏建华，袁天祥. 从三维视角认识元素及其化合物的单元教学设计及实施——以"硫及其化合物"为例 [J]. 化学教学，2022（7）：37-42.

内容要求	2.5　非金属及其化合物 结合真实情境中的应用实例或通过实验探究,了解氯、氮、硫及其重要化合物的主要性质,认识这些物质在生产中的应用和对生态环境的影响。 2.6　物质性质及物质转化的价值 结合实例认识非金属及其化合物的多样性,了解通过化学反应可以探索物质性质、实现物质转化,认识物质及其转化在促进社会文明进步、自然资源综合利用和环境保护中的重要价值
学业要求	1. 能依据物质类别和元素价态列举某种元素的典型代表物。 2. 能列举、描述、辨别典型物质重要的物理和化学性质及实验现象。能用化学方程式、离子方程式正确表示典型物质的主要化学性质。 3. 能从物质类别、元素价态的角度,依据复分解反应和氧化还原反应原理,预测物质的化学性质和变化,设计实验进行初步验证,并能分析、解释有关实验现象。 4. 能从物质类别和元素价态变化的视角说明物质的转化路径。 5. 能根据物质的性质分析实验室、生产、生活及环境中的某些常见问题,说明妥善保存、合理使用化学品的常见方法。 6. 能说明常见元素及其化合物的应用对社会发展的价值、对环境的影响。能有意识运用所学的知识或寻求相关证据参与社会性议题的讨论

可见，课程标准对硫及其化合物知识的学习要求重点在于建立"价—类"二维认识视角，能通过实验探究硫及其化合物的性质及其相互转化关系，认识化学与环境的关系等。

2017 版高中课标中明确要求系统了解钠、铁、氯、氮、硫及其重要化合物的主要性质。人教版教材将这五种元素及其化合物的学习分别安排在必修教材的第二章、第三章和第五章（见图 8-8）。钠及其化合物组成的物质类别较为丰富，可以引导学生从物质类别的视角认识物质的转化；氯元素有多种价态，氯及其化合物的学习可以引导学生从元素价态的视角认识物质的转化；铁元素形成的物质不仅类别丰富，且有化合价变化，铁及其化合物的学习需引导学生既要从物质类别又要从元素价态的视角认识物质的转化；硫、氮及其化合物的学习安排在第四章元素周期律之后，因而硫及其化合物的学习可从物质类别、元素价态、元素周期表（律）三个维度认识其物质的转化。结合情境确定本单元的学习主题——从三维视角认识自然界中硫的循环。前面有钠、氯、铁及其化合物的学习方法做铺垫，故硫及其化合物的学习重点确定为：提升学生在陌生的真实情境中解决实际问题的能力。

图 8-8　人教版高中化学必修教材中元素及其化合物内容的编排顺序

二、单元教学目标

本单元分为 3 个课时，对于基础较好的学生可以快速建构二维图，进而完成三维图的建构，为达成目标留有充足的学生活动时间；基础较为薄弱的学生，可以先运用"价—类"二维图完成转化及元素及其化合物的学习，然后再从元素周期表（律）的视角总结其性质并建构三维图，从而为氮及其化合物三维视角的学习打下基础。依据课程标准相关要求、教材编写意图，单元教学目标及教学重、难点如表8-6所示。

表8-6 "硫及其化合物"单元教学目标

单元目标	课时目标	教学重、难点
从"价—类"及元素周期表(律)三个维度认识硫及其化合物的性质与转化关系及应用：能根据信息及理论演绎建构硫及其化合物的"价—类—表"三维图，并能据此预测物质的性质与转化，设计实验进行验证，分析解释相关现象，能综合运用所学知识解决相关环境问题	**课时1**：1.1 能依据物质类别和元素价态列举硫元素的典型代表物； 1.2 能根据物质类别通性、氧化还原反应原理及元素周期律构建关于硫及其化合物的"价—类—表"三维图； 1.3 能依据"价—类—表"三维图预测H_2S的性质并设计实验方案去除天然气中的H_2S	**重点**："价—类—表"三维图的构建 **难点**：对H_2S性质及去除方案的实验探究
	课时2：2.1 能够根据实验事实归纳描述SO_2典型物理性质； 2.2 能够依据"价—类—表"三维图预测SO_2的化学性质和变化，设计实验进行验证、分析解释相关实验现象，并能书写相关的化学反应方程式； 2.3 能够分析推理酸雨的形成过程，说明酸雨的防治方法，辩证地认识SO_2的作用与危害	**重、难点**：能够依据"价—类—表"三维图预测SO_2的化学性质和变化，设计实验进行验证，分析解释相关实验现象
	课时3：3.1 能够描述浓硫酸的典型物理性质； 3.2 能够依据"价—类—表"三维图分析推理稀硫酸的化学性质，预测浓硫酸的化学性质和变化，设计实验进行验证，分析解释相关实验现象，并能书写相关的化学反应方程式； 3.3 能够用化学方式表示工业制硫酸的化学反应原理	**重点、难点**：能够依据"价—类—表"三维图分析推理稀硫酸的化学性质，预测浓硫酸的化学性质和变化，设计实验进行验证，分析解释相关实验现象，并能书写相关的化学反应方程式

三、单元学情分析

"硫及其化合物"单元学情分析如表8-7所示。

表8-7 "硫及其化合物"单元学情分析

学情	相应的利用策略
已有相关知识经验：物质的分类、氧化还原反应、钠、氯、铁及其化合物的性质，元素周期律	提供硫在自然界的转化图，让学生依据物质的分类、硫元素的化合价先构建"价—类"二维图，再根据元素周期表补充其相邻元素的物质的代表物，演绎其性质递变规律
前概念：二氧化硫是有毒气体，不能用	在二氧化硫教学中，补充二氧化硫作为食品添加剂的使用。在硫酸的制备中要用到二氧化硫，让学生辩证地认识二氧化硫的作用与危害，合理利用二氧化硫
可能的学习困难：从"价—类—表"三维角度构建硫及其化合物的相互关系，并应用"价—类—表"三维图解决相关问题	教师提供必要事实，如硫在自然界的转化，引导学生从事实归纳及从已有氧化还原反应原理、元素周期律两个角度进行建构、应用与完善"价—类—表"三维图

四、单元教学流程

硫在自然界中的循环情境（如图8-9）包含着丰富的含硫物质，有－2、－1、0、＋4、＋6等不同价态的含硫物质，也有氢化物、单质、氧化物、酸、盐等不同类别的含硫物质；包含清晰的含硫物质转化路径，无机硫与有机硫间的相互转化，不同价态间、不同类别间的

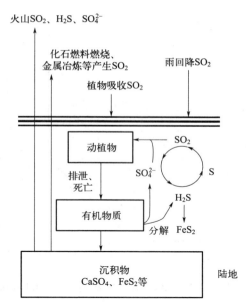

图 8-9　自然界中的硫循环示意图

相互转化；包含丰富的情境素材，如情境中的"雨回降 SO_2"中包含酸雨的形成、环境的保护；沉积物的转化包含工业制硫酸、资源的利用等情境素材。从这些情境中也容易挖掘出实际问题转化成学习任务和学习活动，如"二氧化硫从哪儿来，到哪儿去了""如果人类的生产生活破坏了自然界中硫循环的平衡状态，会带来哪些危害"等问题。

根据本单元学习内容和情境素材的特点，将"从三维视角认识自然界中硫的循环"分解为三个子任务（3课时），分别通过"价—类—表"三维图自主构建低价态硫、中间价态硫、高价态硫的核心知识，再通过"转化"使3个课时的知识紧密关联，实现核心知识的结构化。具体教学流程见图 8-10。

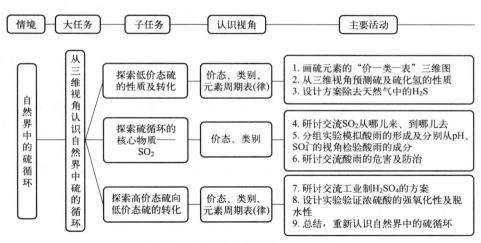

图 8-10　硫及其化合物单元教学流程

五、单元教学过程示例

（一）探索低价态硫的性质及转化

【情境】根据图 8-9 自然界中的硫循环，在"价—类"二维的视角下，建立"价—类—表（元素周期表）"三维图（如图 8-11）。

【问题1】请结合已有知识从自然界中的硫循环示意图（图 8-9）中找出我们生活的大气中 H_2S 的来源。制作思维导图，并简要说明理由。

【活动1】学生展示、讨论创作的作品（图 8-12 为学生代表作）。学生围绕自然界中的硫循环示意图，分别从生物和化学的角度找出大气中 H_2S 的来源。教师展示学生创作的思维

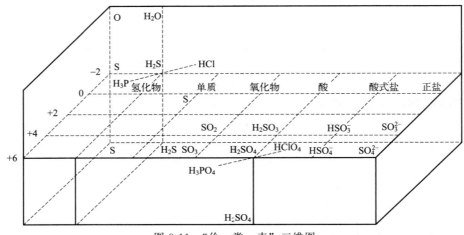

图 8-11 "价—类—表"三维图

导图，并引导学生交流搜索到的自然界中生物腐败、硫酸盐还原、化石燃料中 H_2S 的来源等相关知识。

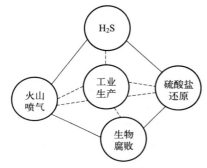

图 8-12 学生作品：硫化氢气体来源的思维导图

设计意图：引导学生从自然界、人类生产的视角运用化学、生物学知识归纳大气中 H_2S 的来源，培养学生运用跨学科知识综合发现解决真实世界中问题的能力，发展学生的环境保护意识，提升信息素养，属于跨学科的高通道迁移。

【问题 2】如何除去从天然气中分离出来的酸性气体 H_2S？（由大气中的 H_2S 来源——天然气中含有 H_2S 引出）

【活动 2】学生分组讨论，汇报交流。学生得出的结论有：

① 用燃烧的方法点火烧掉；

② 通入 NaOH 溶液中；

③ 加热让其分解生成硫单质；

④ 和氧化剂反应生成单质硫；

⑤ 先氧化成二氧化硫，再和 H_2S 反应：

$$2H_2S + 3O_2 \rightleftharpoons 2SO_2 + 2H_2O$$
$$2H_2S + SO_2 \rightleftharpoons 3S\downarrow + 2H_2O$$

教师引导学生从环境保护和资源利用的角度来分析这些方法的科学性、可行性、优点和缺点，最后学生获得共识：方法⑤为最合理的方法。教师为学生的研究成果喝彩并将此反应以该学生的姓名命名为"×××反应"（激发学生学习动机），然后呈现克劳斯反应、超优克劳斯反应和超级克劳斯反应，并指出方法③也是一条可行的路径，鼓励学生将来可选择化学学习，继续研究该反应的相关催化剂以攻克这一难题。

【评价 1】根据学生设计方案的水平评价：①学生灵活运用"价—类—表"三维图解决

真实世界较复杂问题的能力；②学生对 H_2S、S 和 SO_2 相互转化关系的认识水平；③学生创新思维的发展水平。

设计意图：创设真实的问题情境，引导学生运用"价—类—表"三维图和 S、H_2S、SO_2 的相互转化关系，设计方案解决真实复杂的化工问题，让学生在探索中获得成功的体验，激发学生的创新意识，培育学生的环境意识。

（二）硫循环的核心物质——SO_2

【情境】自然界中的硫循环（图 8-9）及"价—类—表"三维图（图 8-11）。

【问题 3】请同学们再根据硫的"价—类—表"三维图预测，大气中的 SO_2 在随雨水回降的过程中都发生了哪些转化呢？

【活动 3】学生分组讨论，交流汇报：结合 SO_2 在三维图中的位置，我们推断随雨水回降的过程中，有可能是 SO_2 先与水生成 H_2SO_3，H_2SO_3 再被氧化成 H_2SO_4，也可能是 SO_2 先被氧化成 SO_3，再与水反应生成 H_2SO_4，即① $SO_2 \rightarrow H_2SO_3 \rightarrow H_2SO_4$，② $SO_2 \rightarrow SO_3 \rightarrow H_2SO_4$。

【评价 2】评价学生运用"价—类—表"三维图推理物质转化的途径，即运用"价—类—表"三维图解决实际问题的能力；评价学生先定价态再定途径的思维方式。

设计意图：引导学生多角度分析思考问题，从化学视角认识硫酸型酸雨的形成过程，认识物质及其变化对环境的影响。

【问题 4】如何设计实验模拟酸雨的形成过程？

【活动 4】学生讨论形成方案：模拟途径①分两步，第一步 SO_2 溶于水，即向含有 SO_2 的针筒里吸取少量水；第二步 SO_2 水溶液被氧化，即将 SO_2 水溶液挤到小烧杯里与空气充分接触。学生用教师提供的实验仪器（含有 SO_2 的针筒、蒸馏水、小烧杯、紫色石蕊溶液、pH 试纸）进行实验。

【评价 3】通过方案的设计评价学生的思路是否清晰，分析、推理是否合理，实验方案中安全性、可操作性如何等；在动手实验中评价学生的实验操作是否规范。

设计意图：通过观察实验现象总结 SO_2 的核心知识；通过设计实验、动手实验培养学生严谨求实的科学态度与探究意识。

【问题 5】如何证明模拟液中的 H_2SO_3 已经被氧化成 H_2SO_4？

【活动 5】学生讨论后给出设计方案并进行实验：
① 加入盐酸酸化的 $BaCl_2$ 溶液，溶液变浑浊。（学生分组实验）
② pH 传感器测定模拟液被氧化前后的 pH 变化。（演示数字化实验）

【评价 4】通过设计测定 SO_4^{2-} 或 H^+ 生成的实验来证明 H_2SO_3 是否被氧化，以判断学生思维的严谨性和求实的态度。

设计意图：发展学生对化学实验探究活动的好奇心和兴趣，运用硫酸根离子的检验知识解决实际问题。依据 H_2SO_3 氧化成 H_2SO_4 后溶液中微粒发生的变化进行多角度实验设计，培养学生定性、定量设计实验的意识。

【问题 6】如何证明静置一段时间后的模拟液中还存在 H_2SO_3？

【活动 6】学生讨论后给出设计方案并进行实验。

方案1：先加 Ba(OH)₂，溶液，再加盐酸，观察溶液的浑浊度变化。（引出浊度传感器）

方案2：加入酸性 $KMnO_4$ 溶液（或溴水）观察溶液颜色变化。（学生分组实验）

方案3：加入 H_2O_2 或通入 O_2，pH 传感器测定 pH 的变化。（演示实验）

【评价5】通过学生方案的设计，使学生思维外显，对学生面对复杂体系中分类解决实际问题的能力进行评价。

设计意图：进一步发展学生对化学实验探究活动的好奇心和兴趣，运用 SO_4^{2-} 检验知识解决实际问题，依据 H_2SO_3 氧化成 H_2SO_4 后溶液中微粒发生的变化进行多角度实验设计，培养学生定性、定量设计实验的意识；运用还原性进行 H_2SO_3 的检验，引入传感器技术让学生了解现代技术对化学实验的支撑作用，让学生更易从定性的思维转向定量的思考。

（三）高价态硫向低价态硫的转化

【情境】自然界中的硫循环、硫元素的"价—类—表"三维图。

【问题7】请从三维图预测硫酸有哪些化学性质。

【活动7】学生分组讨论总结交流。从物质类别推出稀硫酸具有酸的通性；从价态推出浓硫酸具有强氧化性；从元素周期表（律）推出浓硫酸是强酸，酸性比磷酸强。

【评价6】能否从三维视角推出物质的化学性质？

设计意图：再一次运用"价—类—表"三维图完成硫酸化学性质的推断。

【问题8】如何设计实验实现浓 H_2SO_4 中高价硫向低价硫的转化呢？

【活动8】学生分组讨论总结交流。

方案1：加还原剂铜，从化合价角度预测浓 H_2SO_4 的还原产物为 SO_2，用酸性 $KMnO_4$ 或品红溶液检验 SO_2 的生成，证明浓 H_2SO_4 中高价硫向低价硫转化。（学生分组实验）

方案2：加还原剂碳（木炭），从化合价角度预测浓 H_2SO_4 与碳的反应产物为 CO_2 和 SO_2。

【追问】如何用实验证明浓 H_2SO_4 氧化木炭的产物？

这是一个挑战性的任务，学生设计了多种方案，其中一种为：先通入品红溶液，再通入酸性 $KMnO_4$ 溶液，再通入品红溶液，最后通入澄清石灰水中。

鼓励学生对不同的方案进行评价。

【教师小结】演示用 $KMnO_4$ 溶液或品红溶液检验 SO_2 的生成，用 CO_2 传感器检验 CO_2。

【评价7】评价方案的完整性、可行性、安全性和创新性以及实验操作的规范性，通过 CO_2 和 SO_2 混合气体的检验判断学生的思维是多点结构水平还是关联结构水平。

设计意图：根据实验目的设计实验方案，培养学生的证据意识。让学生建立观点、结论和证据之间的关系；让学生体会现代技术给化学实验带来的便利，让学生通过物质核心元素价态、物质类别的对比分析学习新物质。

【问题9】如何证明浓 H_2SO_4 的脱水性和吸水性呢？请观察实验，解释现象，得出结论。教师演示浓 H_2SO_4 的脱水性实验，并用湿度传感器演示吸水性实验。

【活动9】学生仔细观察教师演示实验产生的现象，思考解释产生现象的原因。

【评价 8】评价学生对现象解释的合理性，能基于证据提出可能的假设，通过分析推理加以证实或证伪。

设计意图：巧妙地将浓 H_2SO_4 的脱水性与碳和浓 H_2SO_4 的反应结合起来，并用湿度传感器演示吸水性，培养学生节约资源、保护环境、注意安全的意识，完善浓硫酸的核心知识。

【布置任务】查阅资料，从化学和生物学结合的角度了解图 8-9 中自然界中硫循环的机制，完善硫循环图。

以师生互动方式完成自然界中硫循环的每个环节的转化过程。

最后，教师用硫元素代言人华东师范大学姜雪峰教授结课，渗透爱国主义教育，体现化学学科对人类社会进步和科技发展的价值。

六、单元教学反思

本单元从设计到实施，经过多次修改完善，并在不同层次的学校进行实践。结合本单元教学设计修改过程及实践进行总结反思如下。

（一）拓宽思维角度，促进认识思路的结构化

在新版人教版高中化学必修教材中，在元素周期表之前安排了钠、氯、铁三种元素及其化合物的学习，通过这三种元素及其化合物的学习，学生基本能够建构、运用"价—类"二维图。在元素周期表之后紧接着安排硫、氮两种元素及其化合物的学习，如何在硫及其化合物的学习中发挥元素周期表规律对元素及其化合物学习的指导作用、如何使学生认识到化学的学习不仅仅是某些知识点的学习，更多的是学科方法的学习，是教学设计的关键。以往经验是，如果直接让学生建构"价—类—表"三维图不仅难度大而且耗时长。为解决这一难点，让学生先自主建构"价—类"二维图，在此基础上教师再引导学生从同周期、同主族的递变规律认识物质，进而建构三维图，即让学生在学习物质性质时可以在熟悉的价态、类别两个维度的基础上再加上"表"维度，从而使其认识思路、方法更加立体、丰富。如具体到硫化氢物质学习时，从价态认识其还原性、从类别认识其水溶液的酸性，从元素周期表规律认识其不稳定性，再将其认识方法共同作用于解决天然气中如何除去硫化氢的问题，让认识思路结构化。

（二）合理设置问题，促进知识关联的结构化

本单元教学过程中运用"价—类—表"三维图预测某具体物质的性质，学生基本上没有遇到障碍，但将含硫物质的知识关联起来使其结构化还是有一定难度的。由于学生还不习惯从转化的视角认识物质，较难主动思考怎样关联，因而如何使学生能主动地建立知识关联是本单元教学设计改进的重点。经多次尝试，采用先"转化"后"运用"的方式取得了较好的教学效果，即先根据情境设置驱动性问题，促使学生从转化的视角认识含硫物质的转化，在转化的过程中思考物质类别、价态的变化，从而达到知识的结构化。硫在自然界中的循环设置了"二氧化硫从哪儿来""二氧化硫去哪儿了"等问题，学生要想解决这些问题，必然要以硫元素为中心，在自然界中的硫循环的情境中寻找、认识含硫物质的转化，这样学生就能

主动地将含硫物质的知识关联起来，在转化的同时思考硫元素的价态及含硫物质类别的变化，最后再运用"价—类—表"三维图解决问题。因而促进知识的结构化，问题的设置是关键。设置的问题一是要依托真实的情境，二是设问直指转化的视角引导学生先思考转化的特点。类似的教学处理可以迁移到其他单元学习中，比如氮的循环中，可以设置如"以氮气为原料怎样制备氮肥（硝酸铵）？"等问题，促进学生将氮元素及其化合物的知识点进行结构化。

七、单元作业设计简析

人教版高中化学必修教材第二册第五章第一节"硫及其化合物"的练习与应用题相对较少，可结合鲁科版、苏教版等教材选择与本单元教学目标相应的练习题作为本单元的作业，如表8-8所示。

表8-8 教材"练习与应用"与教学目标对应关系

课时	课时目标	练习与应用
1	1.1 能依据物质类别和元素价态列举硫元素的典型代表物	鲁科版高中化学必修教材第一册P102"练习与活动":1
	1.2 能根据物质类别通性、氧化还原反应原理及元素周期律构建关于硫及其化合物的"价—类—表"三维图	鲁科版高中化学必修教材第一册P103"练习与活动":2
	1.3 能依据"价—类—表"三维图预测 H_2S 的性质并设计实验方案去除天然气中的 H_2S	人教版高中化学必修教材第二册P10"练习与应用":1,8
2	2.1 能够根据实验事实归纳描述 SO_2 典型物理性质	（可不布置相关作业）
	2.2 能够依据"价—类—表"三维图预测 SO_2 的化学性质和变化，设计实验进行验证、分析解释相关实验现象，并能书写相关的化学反应方程式，会鉴别 SO_2	人教版高中化学必修教材第二册P10"练习与应用":2,7 鲁科版高中化学必修教材第一册P103～P104"练习与活动":7,8,11
	2.3 能够分析推理酸雨的形成过程，说明酸雨的防治方法，辩证地认识 SO_2 的作用与危害	鲁科版高中化学必修教材第一册P102"练习与活动":3,P104:13
3	3.1 能够描述浓硫酸的典型物理性质	人教版高中化学必修教材第二册P10"练习与应用":3
	3.2 能够依据"价—类—表"三维图分析推理稀硫酸的化学性质，预测浓硫酸的化学性质和变化，设计实验进行验证、分析解释相关实验现象，并能书写相关的化学反应方程式，会检验 SO_4^{2-}	人教版高中化学必修教材第二册P10"练习与应用":3,4,5 鲁科版高中化学必修教材第一册P103～P104"练习与活动":9,10
	3.3 能够用化学方程式表示工业制硫酸的化学反应原理	鲁科版高中化学必修教材第一册P104"练习与活动":12

对标整理 »»»

学完本单元你应该能够：

1. 描述说明初高中化学课程标准中元素及其化合物相关内容和学习要求及相关教材体

系结构。

2. 将元素及其化合物知识的一般学习规律和教学策略用于具体的元素及其化合物教学设计中。

3. 对某个元素及其化合物教学单元进行整体设计。

 练习与实践 》》》

1. 请研读以下"氯及其化合物"教学设计案例，分析：①运用 HPS 理念进行该课题的教学设计有何价值；②请为该单元补充设计每个课时的教学目标；③请进一步查阅该教学设计文献，研读课题 2"探究次氯酸的性质"教学过程，说明其学习过程体现了怎样的元素及其化合物知识学习规律。

【案例 8-6】 基于 HPS 教学模式的单元教学实践——以"氯及其化合物"单元为例❶

（1）设计理念

HPS（history，philosophy and sociology of science）教育是融入科学史、科学哲学和科学社会学的教育，在发展中形成了孟克和奥斯本融合模式、马修斯对话模式等。HPS 教育以史为鉴，体现科学技术与社会发展的联系，引导学生运用哲学观点看待事物的发展，培养学生的思辨能力和社会责任感。单元教学是联连宏观课程与微观课时的桥梁，要求教师钻研课标、分析教材、把握学情，整合重组教学内容，规划设计课时教学。

将 HPS 教育模式应用于单元教学实践，以化学史为"明线"设计单元情境，以化学知识为"暗线"融会其中，引导学生关注化学理论推演的论证过程，根据史实提出假设，设计实验与检验等，感悟科学知识发展过程中的争论和更替；以哲学视角审视科学知识的动态生成过程，阐述科学的性质与意义，辩证看待科学知识、科学方法的发展，为学生认识世界提供有效手段；从科学社会学的角度追问科学知识的传播，感悟知识的产生与社会背景之间的关联，明白科学的时代性和发展性，提高学生运用所学知识参与社会性议题讨论的意识。

（2）内容分析

① 教学内容分析

本单元选自人教版高中化学必修教材（2019 年版）第一册第二章第二节，课程标准中对于情境活动建议结合真实情境或通过实验探究了解氯及其化合物的主要性质。2019年版教材增加了氯气的工业应用、氯气被用作毒气弹的感悟等内容，加强了化学与社会生产的联系，引导学生形成正确的价值观。氯气可类比活泼金属钠的学习，综合应用物质的分类及转化、氧化还原反应等内容，建构"结构—性质—用途"的认识思路，为后续铁及其化合物的学习建构物质性质及转化的思维框架。

❶ 孙幸，黄劲嵩，李惠云，李玲. 基于 HPS 教学模式的单元教学实践——以"氯及其化合物"单元为例［J］. 化学教学，2023（12）：48-54.

② 科学史实梳理

本案例通过分析社会背景，厘清史实脉络，以"氯及其化合物的发现史和应用史（表8-9）"为明线设计教学情境，以"氯及其化合物的性质"为暗线融汇学科知识，从社会学的角度让学生感悟学科实践意义，升华学科价值。

表8-9　氯及其化合物的发现历程和社会背景、应用

发现史	发现历程	社会背景	社会应用
13世纪 炼金术士 【前奏】	冶炼黄金时发现黄绿色有刺激性气味的气体	文化因素：整体认识水平不足； 社会因素：人民生活贫瘠，向往发财； 影响：一心求得黄金，并未研究氯气	—
1774年 舍勒 【开端】	发现软锰矿与浓盐酸混合加热生成刺鼻的黄绿色气体，该气体能溶于水、杀死昆虫、与金属反应、使有色鲜花褪色	文化因素："燃素说"盛行； 经济因素：盐酸不能大量制取，价格较贵； 影响：认为氯气是盐酸失去了"燃素—氢"生成的，称之为"脱燃素盐酸"；此方法成本高，供实验室采用	氯气的实验室制法； 破坏植物颜色
1785年 贝托莱 【误入"歧途"】	证实氯水具有漂白性；露置在阳光下生成盐酸和氧气；改进氯气制备方法	文化因素：拉瓦锡推翻"燃素说"，建立"氧化学说"； 影响：忽视了氯气与水的反应，认为氯气是"含氧化物"	制备氯气：NaCl、MnO_2、H_2SO_4装在铅蒸馏器中加热，沿用至1836年
1789年 台耐特 【生活应用】	将氯气通入石灰乳中制得漂白粉	社会环境：英国纺织业发展，工业投资增长，工业革命蓬勃发展； 影响：未认识到氯气的元素组成，但已将其性质运用于社会生活	漂白粉制取成本低，易保存，至今仍然使用
1809年 盖·吕萨克 泰纳 【迎来转折】	将等体积的氯气与氢气混合加热或光照后生成盐酸，并未生成水	文化因素：认为"一切酸中都有氧"； 影响：实验证明盐酸中含氢无氧，但坚信氯气是某种"基"的氧化物	工业用氢气与氯气制取盐酸
1810年 戴维 【创新思维】	电解法证实氯气为单质，氯为一种新的元素	文化因素：戴维在研究氢碘酸时发现其中无氧，从而怀疑拉瓦锡"酸中含氧"的论点	1890年德国用电解法大规模制氯气
1915年 哈伯 【迷雾恶战】	大规模生产氯气；发现用氮气和氢气合成氨的方法，获1918年诺贝尔化学奖	社会政治因素：第一次世界大战； 影响：合成氨的成功延长了一战的时间；研制、生产氯气等毒气用于战争，造成"伊普尔之雾"	合成氨加速农业的发展；氯气用于战争，造成近百万人伤亡
21世纪 【广泛应用】	自来水消毒、工业制盐酸、制漂白液或漂白粉、制农药、制取有机溶剂等		

③ 科学哲学分析

本案例通过分析"氯及其化合物"学科知识中所蕴含的化学基本观念，确定所要培育的化学学科核心素养，并通过对科学知识发展过程进行哲学省思，提炼出本单元所要培育的哲学观念（表8-10）。

表 8-10　氯及其化合物单元科学哲学分析

化学基本观念	化学学科核心素养	哲学观念
可从氯原子结构、元素价态、物质类别预测氯及其化合物的性质及转化途径	宏观辨识与微观探析	现象与本质的对立统一
科学理论模型是发展的,如从"燃素说"—"氧化学说"—氯元素的确定过程	证据推理与模型认知	事物是变化发展的
通过实验探究可检验和探究氯及其化合物的性质	科学探究与创新意识	实践—认识—实践
含氯物质及其转化具有重要社会价值,也需关注应用中所带来的社会问题	科学态度与社会责任	辩证法

（3）单元教学设计

① 教学目标

a. 通过设计和实施实验方案验证氯气相关史实材料,了解氯及其化合物性质并形成"实践—认识—实践"的哲学思维。

b. 通过对不同价态含氯物质转换过程的理论分析、实验验证和符号表征,初步建立基于原子结构、元素价态和物质类别对物质性质进行预测和检验的认知模型。

c. 通过探讨含氯物质在生活中的应用等社会性科学议题,建立氯及其化合物性质与生活应用的联系,认识化学学科的社会价值,形成正确的价值观念。

d. 通过分析含氯物质研究和应用的史实材料,感悟知识的修正过程与科学发展的艰辛,形成辩证思维和探索未知、崇尚真理的态度。

② 教学流程

综合以上分析,本单元采用 HPS 孟克与奥斯本的融合模式,将其"六阶段"操作步骤与单元内容相结合,划分为 4 课时进行教学,教学流程见图 8-13。

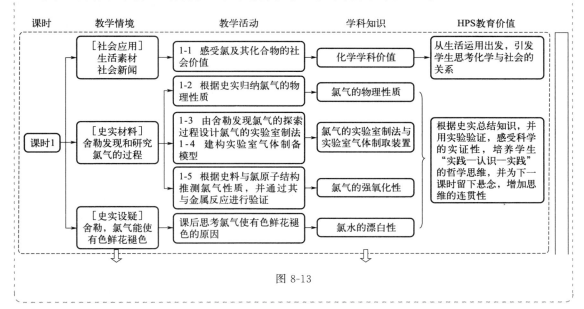

图 8-13

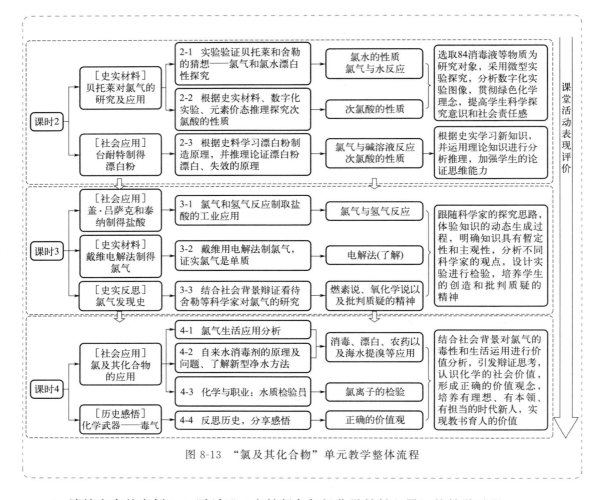

图 8-13 "氯及其化合物"单元教学整体流程

2. 请补充完整案例 8-1 "氧气"（人教版九年级化学教材上册）的教学过程。

3. 请依据课程标准要求和教材分析优化完善人教版九年级化学教材"二氧化碳"和高中化学必修教材第一册"钠及其化合物"单元的教学设计。

第九章
化学理论课型教学设计

🌐 **学习准备** ≫≫≫

　　请查阅 2022 版初中课标和 2017 版高中课标，分析关于"化学反应原理"的内容要求以及相应的教材编写特点。

📖 **案例分析** ≫≫≫

【案例 9-1】　三个版本的高中化学必修教科书中"元素周期律"的编排比较

　　研读以下案例中不同版本教材对"元素周期律"内容的编排位置以及建构与应用"位—构—性"模型的思路差异。这对该单元教学设计有何启示？

　　三个版本的高中化学必修教科书中元素周期律模型建构所处的位置存在差异，其中人教版与苏教版教材所处位置类似（如图 9-1、图 9-2 所示）。这两版教科书在元素周期律前后都以"单章"的形式安排学生学习元素知识，体现着"典型→理论→非典型"的编写特点。这既有利于元素知识的掌握，又有利于元素知识的分散记忆。而鲁科版教材则是将课程标准中要求掌握的主要元素内容集中编排在元素周期律模型建构之前（如图 9-3 所示）。

　　由图 9-1、图 9-2 可知，人教版与苏教版教材在元素周期律模型建构的位置编排上虽整体相似，但也存在差异性。人教版教材在安排学习元素周期律前，编排了主族典型元素钠和氯作为研究对象，帮助学生掌握研究物质的一般思路和方法；接着通过对副族典型元素铁及其化合物的学习，初步形成"价—类"认识元素性质的方法。在学生已有元素知识的基础上建构元素周期律模型，后续章节中学生将完成对非金属元素硫、氮等元素知识的学习，教材中以明确的文字信息提醒学生从"位置""结构""性质"认识新元素，加深学生对"位—构—性"模型的理解与应用。苏教版教材在建构元素周期律模型前，也编排了钠、氯元素知识的学习，接着通过对硫及其化合物的学习，探索元素的性质以及同一元素不同化合物的转化关系，为元素周期律模型的建构奠定"转化"思想。在元素周期律的后续章节中学生将学习氮、铁及其化合物，在编排此部分内容时，应加强学生对"位—构—性"模型的理解与应用，但教材中未体现从"位置"的角度认识新元素。

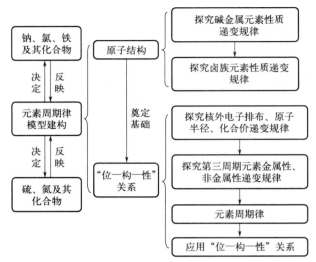

图 9-1　人教版教材元素周期律模型建构逻辑图

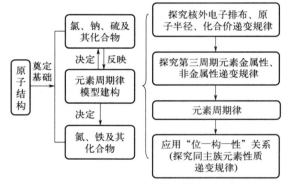

图 9-2　苏教版教材元素周期律模型建构逻辑图

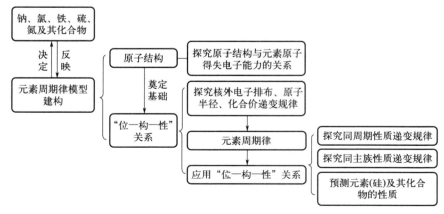

图 9-3　鲁科版元素周期律模型建构逻辑图

由图 9-3 可知，鲁科版教材对元素知识的编排顺序如下：通过对钠、氯及其化合物的学习，巩固和发展具体物质类比的认识方式；通过集中编排铁、硫、氮及其化合物，促进学生形成"价—类"二维认识方式。在此基础上建构元素周期律模型，促进学生形成"位—构—性"三维认识方式，实现从"价—类"二维认识到"位—构—性"三维认识的进阶，建构完整的元素知识结构体系。

化学理论性知识反映了客观事物的本质特征以及物质及其变化的内在规律，能够帮助学生从本质上认识物质的结构、性质及变化规律。化学理论性知识建立在具体和感性的化学事实性知识基础上，它是系统的、反映事物内在联系的知识，概括性强、抽象程度高。也正由于此，理论性知识具有较高的迁移价值。掌握了理论性知识，不仅可以帮助学生掌握一般规律，能够对元素及其化合物的性质和变化进行有依据的预测或解释，实现知识的有意义建构，还能够帮助学生建立大概念统领下的结构化知识。化学理论性知识的形成和发展过程包含着大量科学家的创造性思考，其中融合了科学家的思想、科学方法和科学态度，这些内容对于发展学生的化学学科核心素养具有重要价值。因此，在化学理论性知识教学中，教师要把握理论性知识形成的过程和规律，引导学生认识理论性知识产生的来龙去脉，增进学生对化学学科本质的理解，培养学生的批判性思维和创新意识。

第一节　化学理论性知识相关课程标准和教材分析

选入中学化学课程的化学基础理论主要包括物质结构、元素周期律、溶液理论、化学反应速率和化学平衡以及电化学基础理论的初步知识等。

一、化学理论性知识相关课程标准要求分析

由表 9-1 可见，中学化学课程标准对化学理论性知识的学习要求集中体现在 2022 版初中课标的主题 3 "物质的组成与结构"、主题 4 "物质的化学变化"，2017 版高中课标必修课程"主题 3：物质结构基础与化学反应规律"以及选择性必修课程"模块 1：化学反应原理"和"模块 2：物质结构与性质"。

表 9-1　中学化学课程标准中课程整体结构

课程目标	义务教育段化学课程	高中化学必修课程	高中化学选择性必修课程	高中化学选修课程
发展化学学科核心素养	主题1:科学探究与化学实验	主题1:化学科学与实验探究		系列1:实验化学
	主题2:物质的性质与应用	主题2:常见的无机物及其应用	模块3:有机化学基础	
		主题4:简单的有机化合物及其应用		

课程目标	义务教育段化学课程	高中化学必修课程	高中化学选择性必修课程	高中化学选修课程
发展化学学科核心素养	主题3:物质的组成与结构 主题4:物质的化学变化	主题3:物质结构基础与化学反应规律	模块1:化学反应原理 模块2:物质结构与性质	
	主题5:化学与社会·跨学科实践	主题5:化学与社会发展		系列2:化学与社会 系列3:发展中的化学科学

（一）化学理论性知识的主要内容

1. 物质结构理论

包括构成物质的微粒——分子、原子和离子，原子的组成，原子核外电子的运动状态、核外电子排布规律，核外电子排布与元素周期律（表）；微粒间的相互作用（离子键、共价键、配位键、金属键；范德华力，氢键），共价键的本质和特征，分子间的空间结构，晶体和聚焦状态；研究物质结构的方法与价值，等。

2. 化学定律

这部分内容主要包括质量守恒定律、元素周期律（表）、阿伏伽德罗定律、勒夏特列原理、盖斯定律等。

3. 化学反应速率和化学平衡理论

包括化学反应速率及其影响因素、化学平衡、电离平衡、水解平衡、沉淀溶解平衡、化学反应的调控、化学平衡常数等。

4. 溶液理论

分散系：悬浊液、乳浊液、溶液、胶体。

电解质溶液：强、弱电解质，电解质在水溶液中的反应——离子反应，弱电解质的电离平衡，电离平衡常数，水的电离（水的离子积），溶液的 pH，盐类的水解，酸碱中和反应等。

5. 化学反应与能量

主要包括化学反应与热能、化学反应与电能。其中，化学反应与热能主要包括焓变、盖斯定律及其简单应用；化学能与电能主要包括原电池和金属的腐蚀，电解池和电解的应用——电解和电镀等。

（二）中学化学理论性知识的连续性

化学理论性知识在三个阶段的化学课程中均有所体现，其内容如表 9-2 所示，具有螺旋上升关系。

表 9-2   中学化学理论性知识结构

义务教育段 化学课程	高中化学 必修课程	高中化学 选择性必修课程
主题3:物质的组成与结构 3.1 物质的组成 3.2 元素、分子、原子与物质 　3.2.1 元素 　3.2.2 分子、原子 　3.2.3 物质组成的表示 3.3 认识物质的组成与结构的思路与方法 3.4 研究物质的组成与结构的意义 3.5 学生必做实验及实践活动	主题3:物质结构基础与化学反应规律 　3.1 原子结构与元素周期律 　3.2 化学键	模块2:物质结构与性质 主题1:原子结构与元素的性质 1.1 原子核外电子的运动状态 1.2 核外电子排布规律 1.3 核外电子排布与元素周期律(表) 主题2:微粒间的相互作用与物质的性质 2.1 微粒间的相互作用 2.2 共价键的本质和特征 2.3 分子的空间结构 2.4 晶体和聚集状态 2.5 学生必做实验 主题3:研究物质结构的方法与价值 3.1 物质结构的探索是无止境的 3.2 研究物质结构的方法 3.3 研究物质结构的价值
主题4:物质的化学变化 4.1 物质的变化与转化 4.2 化学反应及质量守恒定律 　4.2.1 化学变化的特征及化学反应的基本类型 　4.2.2 化学反应的定量关系与质量守恒定律 4.3 认识化学反应的思路与方法 4.4 化学反应的应用价值及合理调控 4.5 学生必做实验及实践活动	主题3:物质结构基础与化学反应规律 　3.3 化学反应的限度和快慢 　3.4 化学反应与能量转化 　3.5 学生必做实验	模块1:化学反应原理 主题1:化学反应与能量 1.1 体系与能量 1.2 化学反应与热能 1.3 化学反应与电能 1.4 学生必做实验 主题2:化学反应的方向、限度和速率 2.1 化学反应的方向与限度 2.2 化学反应速率 2.3 化学反应的调控 2.4 学生必做实验 主题3:水溶液中的离子反应与平衡 3.1 电解质在水溶液中的行为 3.2 电离平衡 3.3 水解平衡 3.4 沉淀溶解平衡 3.5 离子反应与平衡的应用 3.6 学生必做实验

以"化学反应与能量"为例,该主题在三个阶段的化学课程中的内容要求分别为:

九年级化学:认识物质的变化过程伴随着能量变化;知道物质的化学变化常伴随发光,以及吸热或放热等现象。

高中化学必修课程:认识物质具有能量,认识吸热反应与放热反应,了解化学反应体系能量改变与化学键的断裂和形成有关。知道化学反应可以实现化学能与其他能量形式的转化,以原电池为例认识化学能可以转化为电能,从氧化还原反应的角度初步认识原电池的工作原理。体会提高燃料的燃烧效率、开发高能清洁燃料和研制新型电池的重要性。

高中化学选择性必修课程:认识化学能与热能的相互转化,恒温恒压条件下化学反应的反应热可以用焓变表示,了解盖斯定律及其简单应用。认识化学能与电能相互转化的实际意义及其重要应用。了解原电池及常见化学电源的工作原理。了解电解池的工作原理,认识电解在实现物质转化和储存能量中的具体应用。了解金属发生电化学腐蚀的本质,知道金属腐蚀的危害，了解防止金属腐蚀的措施。

可见，关于能量转化，九年级阶段只需知道化学变化伴随着能量变化，高中必修阶段则需要认识化学变化中伴随着热量变化的本质原因，以及化学能转化为电能的装置——原电池的工作原理，而高中选择性必修阶段需要从定量角度计算化学反应中的焓变，不仅深入探讨化学能转化为电能的装置——原电池，还讨论电能转化为化学能——电解以及它们的应用。关于化学反应的方向、限度和速率，高中必修阶段仅定性讨论化学反应速率及其影响因素、定性讨论化学反应的限度，高中选择性必修阶段不仅定量讨论化学反应速率、限度及其影响因素，还引入化学反应方向这一新的视角。关于溶液理论，高中必修阶段仅讨论强电解质溶液间的离子反应，高中选择性必修阶段还基于弱电解质的电离平衡、盐类的水解平衡和沉淀溶解平衡，讨论更为复杂的离子反应。

中学化学理论性知识内容的阶段性和螺旋上升性要求教师从整体上把握各个阶段内容的学习程度，关注学习进阶，做好恰当衔接。当前阶段的学习既要建立在前一阶段学习的基础之上，又不随意拓展、加深学习内容，增加学生负担。

二、化学理论性知识教材编写特征

从各版本化学教材编写的整体来看，九年级化学教材和高中化学必修教材基本采取了理论和元素及其化合物知识穿插式编排的体系结构，这样编排的优点如下：一是有助于分散难点。理论比较抽象，学生学习起来感到困难；元素及其化合物知识容易理解，但难以记忆。将两者穿插编排，既降低了难度，又有利于加深理解、减少死记硬背。二是符合化学学习的规律。化学理论性知识只有在一定元素及其化合物知识的基础上才能提出和讨论，而元素及其化合物知识的学习也只有在一定理论的指导下才能深入。将两者穿插编排，相得益彰，既便于教师教，也利于学生学。高中化学选择性必修教材则采取集中编排的方式。

（一）九年级化学教材理论性知识体系

以人教版九年级化学教材为例，由表9-3可见，教材采取了理论性知识与元素及其化合物穿插式编排的方式，第一单元课题1"物质的变化和性质"起着统领作用，开宗明义地说明化学是研究物质的变化和性质的科学，在学生掌握"化学变化和物理变化""化学性质和物理性质"基本概念的基础上，进入学生最熟悉的物质"空气和氧气"的学习。理论性知识集中编排在第一、三、五、七、九单元，而在元素及其化合物主干内容中，也有机融合了一些基本概念，如：在氧气的性质内容中，基于氧气与其他物质的化学反应文字表达式，揭示化合反应和氧化反应的概念；在氧气的制取内容中，基于高锰酸钾受热分解以及过氧化氢在催化剂条件下分解的化学反应文字表达式自然揭示分解反应的概念。这样，既不破坏主干知识的逻辑顺序，也兼顾了学生的认识顺序。

表9-3 人教版九年级化学教材理论性内容与元素及其化合物内容穿插编排体系

元素及其化合物		基本概念或原理
元素及其化合物内容	融合的基本概念	
		第一单元 课题1 物质的变化和性质

元素及其化合物		基本概念或原理	
元素及其化合物内容	融合的基本概念		
第二单元　空气和氧气	混合物、纯净物 化合反应、分解反应、氧化反应	第三单元　物质构成的奥秘	
第四单元　自然界的水	单质、化合物、氧化物	第四单元　课题3　物质组成的表示	
		第五单元　化学反应的定量关系	
第六单元　碳和碳的氧化物	还原反应	第七单元　能源的合理利用与开发	
第八单元　金属和金属材料	置换反应、金属活动性顺序	第九单元　溶液	
第十单元　酸和碱	中和反应、复分解反应		
第十一单元　化学与社会			

（二）高中化学必修教材理论性知识体系

以人教版高中化学必修教材为例，其内容结构如图 9-4 所示。人教版高中化学必修教材体系结构的构建，注重教材的逻辑顺序、学生的认识顺序和心理发展顺序及社会发展的需求等方面的合理结合。从内容安排来看，该教材采用了从绪言引入、理论和元素及其化合物知识穿插编排，化学计算、化学实验与有关理论和元素及其化合物知识密切配合，最终落脚于化学与可持续发展、彰显化学价值的体系结构。可以看出，人教版高中化学必修教材第一册的理论内容主要包括物质的分类及转化、离子反应、氧化还原反应、物质的量、原子结构、元素周期表、元素周期律和化学键等，元素及其化合物知识主要包括钠、氯、铁及其化合物和金属材料等；第二册以"化工生产中的重要非金属元素"上接"物质结构　元素周期律"，下承"化学反应与能量"。

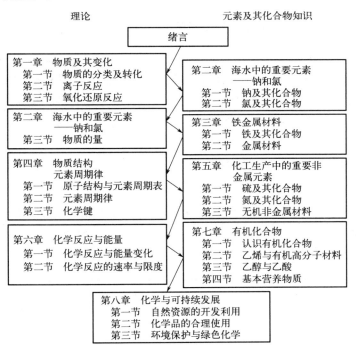

图 9-4　人教版高中化学必修教材理论和元素及其化合物知识穿插式编排示意图

人教版高中化学必修教材第一册和第二册的封面都以元素周期表作为背景，体现了元素是构成整个世界的物质基础和化学的基本研究对象，同时也表明以元素周期律为代表的化学理论是指导化学研究、开展化学学习的基础。该版教材在元素周期律前先介绍性质较为简单和典型的钠和氯及其化合物，以及最常见的铁和金属材料，通过"方法导引"栏目总结了元素价态和物质类别这两个学习元素及其化合物性质的一般认识视角。在元素周期律之后再介绍性质较复杂的硫、氮及其化合物和无机非金属材料。教材在介绍 S 和 N 时，都从元素在周期表中的位置入手，分析原子结构，预测基本性质，注意体现元素"位—构—性"之间的内在联系。接下来，以"单质→氧化物（氢化物）→含氧酸（盐）"的顺序安排教学内容。明线是物质类别，暗线是核心元素的化合价，共同体现了无机物的基本认识视角。这样的安排，充分借助物质分类、氧化还原反应、离子反应、物质结构、元素周期律等化学理论性知识，使学生掌握通用的方法，巩固认知模型和"结构决定性质"等学科基本观念，符合化学学科逻辑和学生认识事物的一般规律，层次较为清晰，也便于教师根据学生的不同情况，灵活整合教学内容，进行有针对性的个性化教学设计❶。

物质变化和能量变化是化学反应的两大基本特征，人教版高中化学必修教材在第六章之前已经介绍了具体物质变化以及能量变化的一些现象，第六章则在这些事实性知识的基础上，从理论层面对其进行解释，从能量、速率与限度这些新的视角帮助学生全面认识化学反应。为高中化学选择性必修课程模块 1"化学反应原理"奠定基础。

总之，教材中化学理论性知识的编排一方面要尽量发挥理论知识对元素及其化合物知识的指导作用，如将物质分类和氧化还原反应原理、离子反应原理性知识置于元素及其化合物之前编排；另一方面，还需注意理论性知识需建立在一定的事实性知识基础之上，且不宜过分集中，以免造成学生认知上的困难。

（三）高中化学选择性必修教材理论体系

对于课程标准中高中化学选择性必修课程"模块 1　化学反应原理"和"模块 2　物质结构与性质"，各版本教材皆采取了与课程标准模块名一致、与课程标准要求匹配的编排方式。下文以人教版教材《普通高中教科书·化学》（选择性必修 1　化学反应原理、选择性必修 2　物质结构与性质）为例进行说明❷，这两本教材后文分别简称为《化学反应原理》和《物质结构与性质》。

1.《化学反应原理》教材编排体系

人教版《化学反应原理》教材与课程标准主题之间的对应关系如表 9-4 所示。

表 9-4　人教版《化学反应原理》教材"章"与课程标准主题的对应关系

课程标准模块 1 主题	人教版教材"章"
主题 1：化学反应与能量	第一章　化学反应的热效应 第四章　化学反应与电能

---

❶　郭震. 融合学科核心素养的高中化学教科书编制——人教版《普通高中教科书化学·必修第二册》简介［J］. 中学化学教学参考，2019，（23）：13-16.

❷　吴建建. 融合学科核心素养的高中化学教科书编制——简析人教版《普通高中教科书·化学反应原理》的变化特点［J］. 中学化学教学参考，2020，（01）：7-11.

课程标准模块 1 主题	人教版教材"章"
主题2：化学反应的方向、限度和速率	第二章　化学反应速率与化学平衡
主题3：水溶液中的离子反应与平衡	第三章　水溶液中的离子反应与平衡

物质变化，能量变化，化学反应的方向、限度和速率是认识化学反应所必需的基础知识，也是认识化学反应的基本角度。水溶液体系是中学化学中最常见的反应体系，在学生具备认识化学反应的基础知识和基本角度后，可引导他们运用所学知识和角度分析水溶液中的化学反应。这种认识侧重于从学习顺序、进阶角度揭示主题间的联系。

《化学反应原理》从学生比较熟悉的吸热反应、放热反应开始学习第一章"化学反应的热效应"，降低了学习的起始难度。在化学反应速率之后学习化学平衡，既可以从学生熟悉的影响反应速率的因素入手讨论影响化学平衡的因素，也可以帮助学生较好地理解化学平衡属于动态平衡的特点，并在必修课程的基础上更好地从速率、限度、方向和调控四个角度认识和理解化学反应原理。如前所述，学习第三章总体上是应用第二章学过的内容，特别是应用化学平衡的知识。尽管水溶液中的化学反应很复杂，但依据化学平衡的思想和方法，可以在千变万化中把握电离平衡、水解平衡、沉淀溶解平衡，从而加深学生对必修课程中离子反应本质的认识。第四章"化学反应与电能"则建立在前面三章教学的基础上，便于学生认识发生在电极上（离子导体与电子导体的界面上）的氧化还原反应，理解原电池、电解池的工作原理。这样安排的教材结构体系，既可使学习过程循序渐进，又可使教学内容相互联系。

该教材一方面注重核心观念对基础知识的统领和指导作用，另一方面注重基础知识的结构化、系统化过程与核心观念形成的抽象、概括过程。例如，第一章、第四章的章引言突出强调了以下几点：①化学变化中的物质变化与能量变化相伴相生；②化学能与热、电等其他形式能量的转化与守恒；③由化学能转化来的热、电等能量的利用价值。这些既反映了这两章的主要教学内容和学业要求，又紧紧围绕着核心观念——能量在化学变化中是守恒的，它既不能创生也不能消灭。同样，在这两章的教学内容安排和教学活动设计中，教师应既注重引言中核心观念对学习基本概念、理解基本原理的指导作用，又注重基础知识的结构化、系统化和核心观念的形成和提升过程。在这两章的"整理与提升"阶段，期望在教学认识和实践活动之后进行阶段总结、概括、提升，最终达到在一定的知识结构化水平和观念层次上的融会贯通。

2.《物质结构与性质》教材编排体系

由于"物质结构与性质"模块中的课程内容具有较强的学科性，为了便于学生系统地、深入地掌握课程内容，发展学生的思维能力，让学生有条理地、循序渐进地按照知识逻辑关系进行学习，教材力求让学生理解该模块课程内容的基本结构，以及相关的基本概念、基本原理的逻辑关系。这种逻辑关系不仅体现在全书的体系结构上，也体现在各章节的课程内容里。

以人教版《物质结构与性质》教材为例❶，教材的体系结构是依据物质结构的层次性顺序进行编排的，遵循"原子→分子→巨分子（晶体、配合物和超分子）"的逻辑顺序，体现物质结构的层次性，具体为"原子结构→分子结构→晶体结构→配合物和超分子的结构"。

---

❶ 李俊.融合学科核心素养的高中化学教科书编制——人教版《物质结构与性质》简介［J］.中学化学教学参考，2020，（03）：6-9.

按照这种逻辑顺序，全书的具体内容编排为三章，即"第一章原子结构与性质→第二章分子结构与性质→第三章晶体结构与性质"。每章内容都分为两部分，第一部分介绍结构，第二部分介绍物质的性质。例如，第一章第一节介绍原子结构，第二节介绍原子结构与元素的性质。再如，第二章第一节和第二节介绍分子结构，第三节介绍分子结构与物质的性质。

该教材第一章第一节介绍的是原子结构知识，该节需要解决两个核心问题：①原子的核外电子排布；②原子核外电子的运动状态，即引出原子轨道的概念。关于"原子的核外电子排布"，教材以"构造原理"为主线进行编排，通过构造原理直接给出电子的排布顺序，便可写出原子的核外电子排布式。关于"原子核外电子的运动状态"，教科书通过电子云轮廓图的模式引出原子轨道的概念。该节知识的逻辑顺序如图9-5所示。

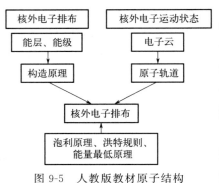

图 9-5　人教版教材原子结构知识的逻辑顺序

教材给出能层、能级基本概念后，直截了当地给出构造原理，然后安排学生学习按照构造原理书写元素原子的核外电子排布式。在学习核外电子的空间运动状态和原子轨道等内容后，再运用原子轨道概念研究核外电子排布，归纳得出核外电子排布应遵循能量最低原理、泡利原理和洪特规则。

第二章第二节介绍的是分子的空间结构，教材编排这部分内容的逻辑顺序为"分子是有空间结构的→预测简单分子或离子的空间结构→解释简单分子或离子的空间结构"，教材的具体内容编排顺序如图9-6所示。

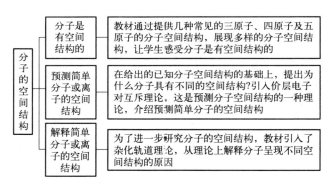

图 9-6　人教版教材分子的空间结构知识的逻辑顺序

教材在编写过程中，注重前后知识衔接的逻辑关系，前面学习的内容在教材的后续内容中不断得到应用。例如，教材第一章第二节介绍"原子结构与元素周期表"时，不再阐述必修教材已介绍的元素周期表知识，而是运用第一章第一节刚学过的"构造原理"得出的核外电子排布，从原子结构的核外电子排布式特征的角度解释元素周期表的结构，包括元素周期表中每个周期的元素数，以及再探元素周期表等内容，都是应用按照构造原理得出的核外电子排布而拓展的学习内容，体现构造原理与相关知识的前后衔接关系。再如，在第一章第一节中运用电子云轮廓图形象地描述了原子轨道，到第二章第一节介绍共价键时，直接采用原子轨道相互重叠而形成共价键的过程，简明扼要地阐明了共价键的本质和特征，体现了原子轨道与共价键知识的前后衔接。

第二节　化学理论性知识的形成过程与教学策略

　　化学理论性知识是科学观察、实验、思维和数学推理相结合的产物，人们通过对大量化学事实的观察、比较、分析、综合、抽象、概括等思维过程形成了适用于大多数化学变化的客观规律及本质认识。这些原理性知识的形成是由特殊到一般、由具体到抽象、由现象到本质的认识过程，是由感性认识到理性认识的不断循环所进行的归纳、演绎等逻辑推理过程中逐渐产生的。化学理论性知识的建立过程曲折漫长，学生学习化学理论当然不需要像化学史上该化学理论的形成过程那样漫长复杂，但是通过一定的科学方法将化学理论的推导和形成过程简单明了地呈现给学生，则有利于学生深刻理解化学理论的内涵，有利于培养学生的科学思维及探究能力。

一、化学理论性知识的一般学习过程

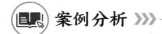 **案例分析** >>>

【案例9-2】　"质量守恒定律"教学过程（片段）

　　研读并比较以下"质量守恒定律"的两种教学过程，归纳理论性知识的一般学习过程。

　　· **教学过程一**

　　【问题导入】通过前面的学习我们已经知道了化学变化的特征是生成了新物质，也就是物质在化学变化中一定会发生"质"的变化，那物质的"量"会不会发生变化呢？让我们通过实验来探究。

　　【实验观察、记录】

实验序号	实验内容	实验现象
1	铁钉与硫酸铜溶液反应前后质量称量	质量不变
2	铜片加热前后质量称量	质量增加
3	氢氧化钠与硫酸铜溶液反应前后质量称量	质量不变
4	稀盐酸与碳酸钠溶液反应前后质量称量	质量减小

　　【分析】实验1、2称量的是反应前后所有物质的质量；实验2反应前的氧气质量没有被称到，实验4中生成的二氧化碳质量没有被称到。

　　【问题】如何改变实验方法让实验2、4中所有的反应物和生成物都被称到？

【实验改进】如下图所示。

【归纳】大量的实验证明，参加化学反应的各物质的质量总和等于反应后生成的各物质质量总和，这个规律叫作质量守恒定律。

【问题】为什么化学反应前后物质的总质量保持不变呢？

【引导回忆】化学反应的微观本质是什么？

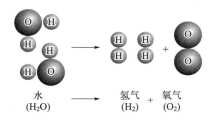

【分析】物质是由分子、原子等微观粒子构成的，发生化学反应时，参加反应的各物质中的原子会重新组合形成新的物质。因此反应中原子的种类和数目也不变，那么参加化学反应的各物质的质量总和也不会发生变化，即参加化学反应的各物质的质量总和等于反应后生成的各物质的质量总和。所有化学反应都遵循质量守恒定律。

【学以致用】你能解释如下图所示的两位科学家的实验结果为什么不一样吗？

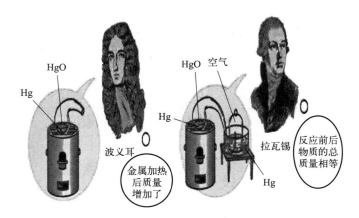

• **教学过程二**

【问题导入】通过前面的学习我们已经知道了化学变化的特征是生成了新物质，也就是物质在化学变化中一定会发生"质"的变化，那物质的"量"会不会发生变化呢？请同学们先从微观的角度分析化学变化的本质是什么。如水分解生成氢气和氧气的过程。

【分析】

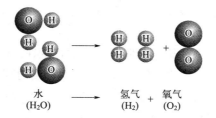

水　　　　　　氢气　　氧气
(H₂O)　　　　(H₂)　　(O₂)

在化学变化中，构成物质的分子可以分解为原子，原子之间重新组合形成新的分子，从而生成了新的物质。化学变化前后，原子的种类和数目都没有发生改变，由此推理物质在化学反应前后的质量也不会发生变化。

【问题】能否通过实验证明理论推理？实验设计时应该注意什么？

【学生讨论】可以选择某一化学变化，利用天平称量化学反应前后各物质的质量。实验设计时应注意分别称量反应前各物质的总质量及反应后各物质的总质量。

【实验】（略）

【归纳】参加化学反应的各物质的质量总和等于反应后生成的各物质的质量总和。这一规律叫作质量守恒定律。

【学以致用】（略）

可见，在两种化学教学过程中，皆需通过对实验现象的分析，引导学生进行正确推理，形成"质量守恒定律"这一规律的认识。不同之处在于，"教学过程一"采用的是归纳法，即从多个个别的实验现象或事实中概括出一般性概念、原理或规律的思维方法；"教学过程二"采用的是演绎法，即以一般性理论为前提推导出结论再进行实验验证的思维方法。人们对事物的认识总是运用归纳和演绎两种思维方法，从个别事实引出一般结论、概念，又从一般原理引出个别结论而使认识不断深化。化学理论性知识的学习过程既可以按照归纳的方式，也可以利用演绎的方法，这需要依据学生已有的认知基础及思维能力水平而定。

（一）基于归纳法的理论性知识学习过程

1. 感知阶段

在此阶段，学习者有目的地感知（观察）典型的化学事实。化学事实既可以由老师提供，如演示实验、举出实例等，也可以由学生自己通过活动亲自体悟，如小组合作实验、列出自己经验中的实例等。如在案例 9-2"教学过程一"中，根据学校条件，可由教师演示实验也可让学生分组进行实验，目的是让学生从实验事实中发现规律。在该教学过程中，有意识地提供典型的实验事实，让学生先产生认知上的冲突，再通过分析和改进实验得出结论，可加深学生对质量守恒定律的感知。

2. 归纳阶段

对典型的化学事实进行分析、综合、归纳，提取一般规律或本质特征。如在案例 9-2"教学过程一"中，学生通过实验 1、3 以及实验 2、4 的分析改进后，归纳出在 4 个实验中，化学反应前后各物质的质量总和都相等。这种归纳通常是不完全归纳，为了使归纳出的结论可信，还需要进一步的语言提示，如"科学家经过无数次的实验证明，参加化学反应的各物质的质量总和等于反应后生成的各物质的质量总和，这个规律叫作质量守恒定律。"

3. 解释说明阶段

用有关知识解释、说明所得结论，对所得结论进行论证；明确结论的适用范围；使有关的化学理论性知识按照一定方式组织起来，逐步形成完整的理论体系和符号体系；通过联系、比较，明确这种理论体系与其他概念、理论以及事实性知识的关系等等，使所学习的理论性知识与学生的已有知识有机地结合起来。

4. 运用阶段

运用规律、原理解决实际问题，不但使理论性知识得到进一步检验，也使相关认识进一步发展和加深，使之更加准确、精细、丰富。

（二）基于演绎法的理论性知识学习过程

1. 激活阶段

激活可以用于演绎推理的已有知识是进行演绎推理的前提。在这一阶段，问题情境及相关的知识通常通过语言或多媒体辅助加以呈现，如案例9-2"教学过程二"中，提出问题后，提示学生"先从微观的角度分析化学变化的本质是什么。如水分解生成氢气和氧气的过程。"

2. 演绎推理阶段

根据已有的化学概念或原理进行演绎推理，得出新的化学理论性命题。这一过程通常以简缩的方式进行，并不严格符合逻辑。这一过程常常不同于人类认识的历史过程，是对后者做理性加工改造的结果。

3. 验证阶段

对所得结论进行验证。由于规定的学习内容通常是正确的，所以在此阶段，学习者通常是力求证实，且使用的方法通常是化学实验方法。

4. 联系运用阶段

对演绎来的结论可以不再解释、论证，而是着重于形成逻辑的理论体系及其与其他理论的联系，进行扩展、推论，力求使理论完善。并用于解决实际问题，检验和发展有关认识。

二、化学理论性知识的教学策略

化学理论性知识是将化学现象及事实通过比较、综合、分析、归纳、类比等方法抽象出来的理性知识，是已经剥离了现象的一种更高级的思维形态，具有严密的逻辑性、高度的抽象性和明显的概括性，对学生的逻辑思维能力要求较高，通常也是教学的难点，需要采取相应的教学策略。

（一）加强化学实验，丰富感性认识

理论性知识的形成，无论是基于归纳法还是基于演绎法，都离不开以化学实验事实或现象为基础的分析推理或验证。因此，在理论性知识的教学中，实验仍然是非常重要的教学手段。如在案例9-3中，师生通过演绎推理出：将失去电子和得到电子的反应分在两个地点进行，就能将电子的无序运动变成有序运动，则可以将化学能转化为电能。这一推理是否正确需要实验的验证。因此，教师设计了学生活动"利用提供的仪器、试剂设计实验装置并完成实验"，让学生通过实验探究来验证自己的推理，发展学生的科学探究能力；在认识了原电池工作原理后，又给出氢氧燃料电池及其反应，让学生推理该原电池装置，学生不难判断出负极反应和正极反应，但不能判断正、负极材料及离子导体是什么，教师再让学生通过氢氧燃料电池的实验及现象分析加深对原电池"装置—原理"两个维度的认识。

案例分析 ▶▶▶

【案例9-3】 高中化学必修"化学能转化为电能"教学片段 ❶❷

研读以下教学片段，分析其中实验方法的运用。

【导入】请同学们预测锌粒与稀硫酸反应的实验现象，写出反应的离子方程式，分析该反应中的能量转化形式。

【学生实验】锌粒投入盛有稀硫酸的试管中，可观察到锌粒表面有气泡，感受到试管外壁发热。

离子方程式： $\overset{\overset{\displaystyle 2e^-}{\frown}}{Zn+2H^+} =\!=\!= Zn^{2+}+H_2\uparrow$

能量转化：化学能转化为热能。

【引导分析】该反应为氧化还原反应，有电子转移，在溶液中还原剂（Zn）失去电子并直接传递电子给氧化剂（H^+），由于电子的转移是一种无序运动，因此化学能转化为热能。

【提问】该反应的化学能能否转化为电能？

【引导分析】带电微粒的定向移动产生电流，上述反应在溶液中进行，电子的运动是无序的。如果将电子的无序运动变成有序的定向移动，也就是将还原反应（失去电子）和氧化反应（得到电子）分在两个地点进行，就能将电子的无序运动变成有序运动。见下图。

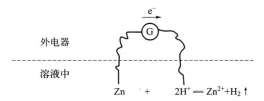

【提问】如何实现上述设想？

【分析建模】图9-7a展示了锌片置于稀硫酸中，锌失去的电子直接给了H^+，即得失电子在同一个地点；图9-7b中虽然分为两个部分，但导线无法接通溶液中的H^+；图9-7c

---

❶ 魏樟庆. 从教材到教学的研究——以"原电池"为例 [J]. 化学教育，2012，33（4）：23-25.
❷ 张瑞林，刘晓华，姜言霞. 整合多重表征促进概念深度理解——以"原电池"为例 [J]. 化学教育（中英文），2022，43（3）：23-31.

第九章　化学理论课型教学设计 ————— 217

中在导线的另一端还连接了一个导体，使溶液中的 H$^+$ 能够在导体的表面获得电子。

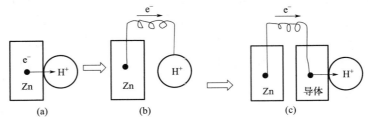

图 9-7　原电池建模示意图

【学生实验】利用提供的仪器、试剂设计实验装置并完成实验：锌片、铜片、铁钉、石墨、稀硫酸，烧杯，电流计。

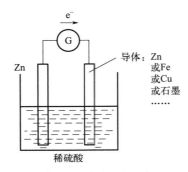

【结论】将化学能转化为电能的装置，称为原电池。

【小组讨论】在锌片和铜片（或石墨、铁钉）表面分别发生了哪些变化和反应？电池的正极和负极分别是什么？判断依据是什么？溶液中微观粒子如何移动？

【完成学案】铜锌原电池原理分析

电极材料	现象	电子得失	电极反应	原电池的电极（正或负）
锌片				
铜片				

总反应式：

【播放】原电池工作原理模拟动画

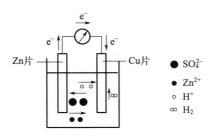

【归纳整理】原电池工作原理

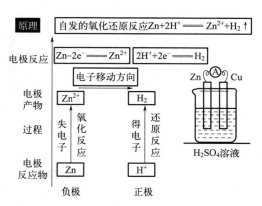

【学以致用】氢氧燃料电池是具有发展前途的电池，具有无污染、转换效率高、容量大等优点。

电池总反应：$2H_2+O_2 \xlongequal{} 2H_2O$

电极反应：$H_2-2e^- \xlongequal{} 2H^+$；$O_2+4H^++4e^- \xlongequal{} 2H_2O$

请大家依据给出的电极反应式和总反应推测氢氧燃料电池的装置构成。

【学生分析】负极失电子，因此有氢气参与的是负极反应，负极反应物为氢气；正极得电子，因此有氧气参与的是正极反应，正极反应物为氧气。电子由负极向正极移动。但是还无法判断出该装置的电极材料和离子导体。

【学生实验】用图9-8(a)装置电解获得氢气和氧气，再按图9-8(b)所示连接装置进行实验，记录观察到的实验现象。

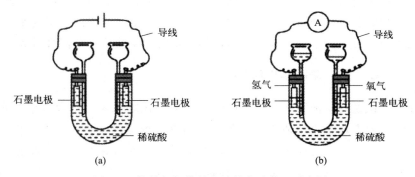

图9-8 简易氢氧燃料电池的实验装置示意图

【现象分析】在图9-8(b)所示装置中，氧化反应与还原反应分别在两个不同的区域进行。其中，氢气分子中的氢原子在左侧石墨电极上失去电子；氧气分子中的氧原子在右侧石墨电极上得到电子，石墨电极的作用是电子导体，稀硫酸的作用是离子导体。

【整理归纳】归纳氢氧燃料电池的"装置-原理"二维图（图9-9），形成分析原电池的方法和思路。

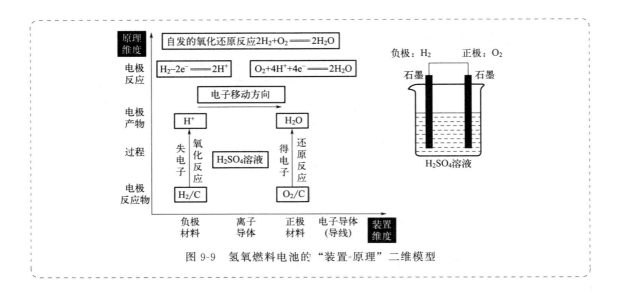

图 9-9 氢氧燃料电池的"装置-原理"二维模型

（二）重视科学推理，启迪学生思维

理论性知识的形成通常需要经历从感知材料到理性认识再到实践应用的过程，其中，科学推理起到非常重要的作用。逻辑学中的"推理"意指根据一个或一些命题得出另一个新命题的思维形式，通常有归纳、演绎、类比等；"科学推理"则是通过逻辑思维方法有意识、有规则地协调理论和证据，实现从现象到本质、从感性到理性的转化，从而获取知识的过程。如在"盐类的水解"（选择性必修）教学中，在获得"氯化铵溶液呈现酸性，醋酸钠溶液呈碱性，氯化钠溶液呈中性"的实验事实后，提出以下问题启发学生分析推理：①电解质溶液呈酸性或碱性的本质原因是什么？②盐溶液中存在哪些离子？③这些离子间是否存在相互作用？④相互作用对溶液中水的电离平衡及氢离子浓度、氢氧根离子浓度有何影响？通过这些问题环环相扣的逻辑推理，自然得出"水溶液中，盐电离出来的离子与水电离出来的氢离子或氢氧根离子结合生成了弱电解质（即盐类的水解）是盐溶液呈酸性或碱性的原因"。

（三）运用直观手段，帮助学生理解

化学原理性知识尤其是涉及微观本质或结构的内容比较抽象，学生理解起来较为困难。教师应善于借助多种直观手段化抽象为形象，帮助学生形成科学理解。一方面，通过实验、图像、表格、多媒体课件、录像等常见的直观教学手段，将抽象的理论具体化、形象化、直观化；另一方面，教师也可以给学生布置绘制数据曲线、微观图示、模型并用于解释宏观现象和反应规律的任务，以外显学生的已有认识、认知障碍，启发学生的思维，完成由感性认识向理性认识的飞跃。如在案例 9-3 中都利用模拟动画让学生直观感知原电池工作时的电子流动、离子移动的微观过程，加深学生对原电池工作原理的理解。

（四）理论联系实际，彰显学科价值

学习理论的目的在于实践、应用，解决实际问题。化学理论性知识既是在实践的基础上发展起来的，又对化学学科实践起指导作用。元素及其化合物知识、化工生产实际、化学科学研

究等都离不开理论的指导，将理论性知识与实际应用结合起来，不仅能激发学生学习兴趣，而且能让学生深刻体验化学学科的应用价值。如在元素周期律教学中，不仅要充分联系已学过的元素及其化合物知识，而且要让学生认识到元素周期律在预测元素性质、发现新型半导体材料、研制催化剂和特殊材料等方面的指导作用。如案例 9-4 所示，以科学研究热点"储氢材料"为载体进行高中化学选择性必修阶段"元素周期律"的教学，应用高中化学必修阶段已有的"元素及物质的系统认知模型"，通过选择元素制备金属氢化物、解析氨硼烷释氢原理 2 个教学环节，在真实问题解决过程中基于认知需求认识电离能、电负性，了解双氢键，并将新认知与已有认知模型进行融合，实现认知模型进阶和系统思维能力发展，凸显元素周期律的应用价值。

📖 案例分析 ›››

【案例 9-4】　　"元素周期律"教学——选择元素制备储氢材料（选择性必修）教学流程[1]

研读以下教学分析与流程设计，分析其中体现了怎样的学科价值和育人价值。

以"选择元素制备储氢材料"为主题，建立元素与物质 2 个层面间的关联。将反应原理"+1 价 H 与 -1 价 H 容易发生反应生成 H_2"作为素材线索，让学生自主应用认知模型解决真实科研问题。元素层面，学生应用"位—构—性"模型从元素周期表中选择金属元素、非金属元素，其间产生认知冲突——原子得失电子能力的递变规律不足以比较论证 Li、Mg 失电子能力和 H、B 吸引电子能力，产生强烈地将元素性质从定性发展到定量的认知需求，在真实问题解决过程中将电离能、电负性概念结构化，达成元素性质维度进阶。

物质层面，学生应用"结构—性质—用途"模型进行氨硼烷（NH_3BH_3）释氢原理的分析与解释。在比较键的极性、认识双氢键及其对物质性质的影响过程中，将微粒种类、微粒间相互作用、微粒的排列纳入已有模型，达成物质结构维度的进阶。学生基于元素认识物质，构建出对元素及物质的进阶版系统认知模型（图 9-10），为后续章节分子结构、晶体结构的学习奠定基础。

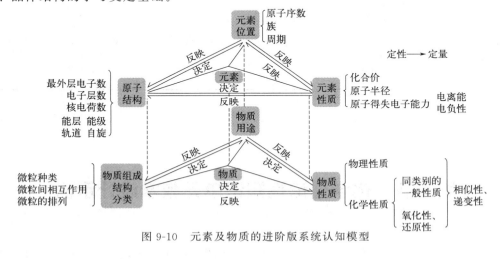

图 9-10　元素及物质的进阶版系统认知模型

❶ 梁德娟，于守丽，胡晓红．基于认知模型进阶的"元素周期律"教学——选择元素制备储氢材料［J］．化学教育（中英文），2023，44（9）：78-83．

教学流程如表 9-5 所示。

表 9-5　"元素周期律"（选择性必修）教学流程

环节		教师教学行为	学生学习活动	设计意图
创设情境，聚焦主题		提出问题:理想的化学储氢材料应具备什么特点	分析预测:储氢材料的物质组成、化学性质、物理性质	聚焦储氢材料,参与科研热点问题讨论
认知冲突,模型进阶	制备金属氢化物	提供文献资料。 布置任务:从元素周期表中选择元素制备储氢材料。 追问:预测 Li、Mg 与 H_2 化合的反应哪个更容易发生。 提出问题:观察原子第一电离能、逐级电离能的变化,你有哪些发现?从电子排布角度解释原因	选择活泼金属元素 阐述困惑与需求 观察、归纳、解释	应用元素层面的"位—构—性"模型,分析原子失电子能力递变规律。 发现原有认知模型的局限性,自主提出元素性质定量化的认知需求。 认识电离能概念,观察、归纳、解释电离能的变化,发展宏观辨识与微观探析素养
	解析氨硼烷释氢原理	提供文献资料。 布置任务:解释氨硼烷释氢反应原理。 追问:由元素周期表和已有规律,能解释与 B 成键的 H 显 -1 价的原因吗? 提出问题:观察元素电负性变化你有哪些发现?从核外电子排布角度进行解释。 追问:利用电负性,你还可以选择哪些元素制备储氢材料? 提供文献资料。 提出问题:为什么选择 B、N、H 制备的氨硼烷是优质储氢材料	分析解释 阐述困惑与需求 观察、归纳、解释 应用电负性选择元素 分析、解释	再次应用元素层面的"位—构—性"模型,对元素性质中的原子吸引电子能力提出定量化认知需求。 将电离能、电负性概念与已有模型融合,实现认知模型的第一次进阶。应用物质层面的"结构—性质—用途"模型,比较化学键极性强弱,认识双氢键对物质性质与空间结构的影响,将微粒种类、微粒间相互作用、微粒的排列纳入物质结构维度,实现认知模型的第二次进阶
内化模型,外显责任		总结:储氢材料的研发思路。 阐述:在"双碳"目标背景下,储氢材料的战略意义	总结、内化:完整的对元素与物质的系统认知模型	内化进阶版认知模型,理解储氢材料研发的战略意义,培养社会责任感

第三节　化学理论性知识单元教学设计示例

以高中化学必修课程"化学能与电能"单元为例[1]，具体说明化学理论性知识单元教学

[1]　夏添，王姝玮，王珍珍. 大概念统领下"化学能与电能"单元教学设计与实践 [J]. 化学教学，2022，（12）：48-52＋58.

设计的一般过程。

一、课程标准与教材分析

"化学能与电能"属于 2017 版高中课标必修课程主题 3 "物质结构基础与化学反应规律"中的重要内容。课程标准内容要求为"知道化学反应可以实现化学能与其他能量形式的转化，以原电池为例认识化学能可以转化为电能，从氧化还原反应的角度初步认识原电池的工作原理。"学业要求为"能举出化学能转化为电能的实例，能辨识简单原电池的构成要素，并能分析简单原电池的工作原理""能举例说明化学电源对提高生活质量的重要意义"。

人教版高中化学必修教材第二册中"化学反应与电能"与"化学反应与热能"共同组成"化学反应与能量变化"，编排在"第六章 化学反应与能量"第一节中，主要包括原电池及其工作原理、简易电池的设计与制作（原电池构成要素及其性质、作用的探讨）、化学电池（锌锰干电池、铅酸蓄电池的简单认识），形成与能量相关的主要观念有：①氧化还原反应伴随着电子的转移，利用氧化还原反应能实现化学能转化为电能；②原电池装置将氧化、还原反应在不同区域进行，实现了化学能向电能的转化；③原电池电极材料、电解质溶液的组成及状态、电池连接方式等可以影响化学能转化为电能的效率。基于此，在"当事物发生变化或被改变时，会发生能量的转化，但是在宇宙中能量的总量总是不变的"这一大概念的统领下，从转化形式、转化原理、转化装置、转化效率等能量视角对相关内容进行自下往上的梳理，从而形成大概念统领下的"化学能与电能"单元教学知识框架（见图 9-11）。教师通过融入真实情境、关注学生知识结构化和认识思路结构化的教学，实现促进学生核心素养发展的目的。

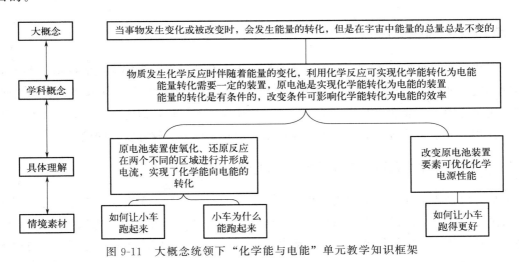

图 9-11 大概念统领下"化学能与电能"单元教学知识框架

二、单元教学目标

大概念统领的单元教学设计，核心是从能量转化角度建立认识化学反应的思路，进而促进学生建构并运用原电池认识模型。在单元整体目标定位上将本单元拆解为两个课时，并设计递进性的分课时目标，其相互关系见图 9-12。

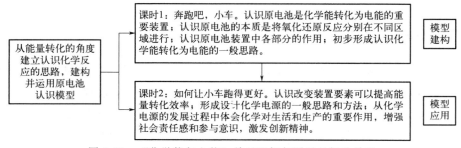

图 9-12 "化学能与电能"单元目标与课时目标的关系

三、单元学情分析

本单元的学情分析如表 9-6 所示。

表 9-6 "化学能与电能"单元学情分析

学情	相应的利用策略
已有相关知识经验：①化学能可以转化为其他形式的能,如热能；②氧化还原反应的本质是电子的转移	①从化学能转化为热能引出问题：化学能能否转化为其他形式的能；②充分调动已有氧化还原反应知识让学生进行分析推理
可能的学习困难：①从微观角度认识原电池工作原理；②区别电极材料与电极反应；③原电池模型的建构	①引导学生利用已有知识进行分析并通过动画模拟加深认识；②利用不同的电池模型区分电极材料与电极反应

四、单元教学思路

基于单元教学目标,本单元教学设计通过"让小车动起来"真实情境的挖掘,引导学生在实际问题"如何让小车跑起来""小车为什么能跑起来"及"如何让小车跑得更好"的提出与解决过程中,发展学生系统、微观、动态的认识过程,认识研究对象的本质特征、构成要素及其相互关系,并最终促使学生综合运用所学知识认识、解释实际问题。

(一)选用真实的大情境引领学生发展对大概念的认识

大概念的抽象、复杂及结构化必然导致学生认识上的困难,在教学上将大概念与真实情境有机融合,能有效降低学生认识难度。所谓真实大情境,一要突出"大",以一个大情境贯穿单元教学始终,学生能够依据大情境自主设计实际问题、解决实际问题,即知道要干什么,应该怎么干。这种大情境应区别于教师为了引入下个活动抛出的零散情境、"戴帽子"的情境,而应该真正能引领学生系统深入地进行思考和知识建构。二要突出"真实",既能将课程与真实生活或生产建立联系,又能让学生在大情境中开展活动、完成特定任务。基于此,本单元教学中,选取贴近学生生活的"让小车动起来"为情境贯穿单元教学始终,在教学中开展系列的真实问题的研究活动,这些问题之间有一定的层次性和逻辑结构,符合学生对陌生项目解决的认知思路,体现相关知识在解决生产生活中问题的应用价值,有效地促进学生建立原电池的认识模型及运用认识模型来解决实际问题（见图9-13）。

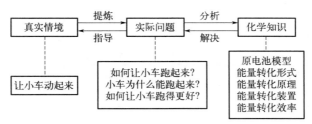

图 9-13　化学能与电能单元教学"真实情境""实际问题""化学知识"之间的关系

（二）依托大概念建立结构化认识

能量观是化学学科中的重要观念。在高中化学必修阶段，化学能与热能、化学能与电能共同丰富了学生对化学反应中能量变化的认识角度和内容。以能量观统摄"化学能与电能"单元教学，尤其在教学的起始课，依托大概念，以"能量观"的视角将原电池原理知识融入"化学反应可实现化学能转化为电能""能量转化需要一定的装置，原电池是实现化学能转化为电能的装置""能量的转化是有条件的，改变条件可影响化学能转化为电能的效率"这样的学科概念中（见图9-11），能有效促进学生学科知识、认识思路及学科观念的结构化（见图9-14）。

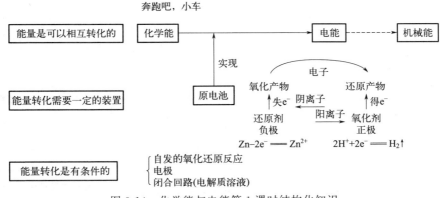

图 9-14　化学能与电能第 1 课时结构化知识

（三）通过探究实践的反思内化形成大概念

学生大概念的形成不是一蹴而就的，需要在不同学习内容、不同教学情境下反复建构，不断丰富。通过大概念统领下课时 1 中原电池原理的学习，学生认识了原电池模型，识别了原电池的构成要素，形成了基本的"能量观"，但这些思想方法、认识视角和思维方式需要在实践中反复内化。课时 2 以"如何让小车跑得更好"为核心任务引导学生探索化学电源（见图9-12）。学生在"做中学"，利用原电池原理和构成要素改进装置，探究提高电池效率的方法，并以此为基础探索认识燃料电池、设计干电池。在反复应用已有知识综合分析和解决实际问题的过程中，学生的知识、方法、观念得到相互支撑和迁移应用，实现了对大概念的建构与理解。

五、单元教学过程示例

本单元的教学过程如表9-7所示。

表9-7 "化学能与电能"单元教学设计

教学环节	核心问题或任务	主要活动	认识进阶
第 1 课时			
环节 1.1 情境引入	[任务1]如何让小车跑起来？ 小车跑起来时能量转化是怎样的？ 哪些反应有可能获得电流？为什么？ 为什么 Zn 和稀 H_2SO_4 直接反应不能让小车动起来？	活动1:分析小车跑动时能量的转化方式。 活动2:搭建铜锌原电池让小车动起来。	能量是可以相互转化的; 化学反应是实现能量转化的重要途径; 利用氧化还原反应,借助一定装置可实现化学能向电能转化。
环节 1.2 初步建构模型	[任务2]以铜锌原电池为例,分析原电池工作原理。 铜片表面的气泡是什么？什么情况下铜片表面才会有氢气生成？ 电子从何而来？溶液中离子是怎样移动的？ 为什么小车有的往前跑？有的往后跑？	活动3:结合现象分析并尝试书写电极反应式。 活动4:利用电流表,判断铜锌原电池正负极,分析不同连接方式小车往前、往后跑的原因。 活动5:以铜锌原电池为例初步构建原电池模型。	原电池装置使氧化、还原反应在不同区域进行并形成电流,实现了化学能向电能转化。
环节 1.3 深化模型认识	[任务3]选用合适的实验用品,设计更多的原电池。 原电池构成的要素是什么？	活动6:实验探究并归纳总结原电池的形成要素。	能量的转化是有条件的; 原电池的形成需要满足一定的条件。
环节 1.4 发现新问题	锌粒表面的气体因为形成闭合电路而消失了吗？	分析思考铜锌原电池锌片表面出现气泡的原因,展望提高原电池能量转化效率的方法。	改变条件可能会影响化学能转化为电能的效率。
第 2 课时			
环节 2.1 探索新知	[任务1]组装电池,探究提高电池效率的方法。 如何让小车跑得更好？	活动1:根据提供的实验药品,探究改变装置要素提高电池效率的方法。	原电池装置构成要素(电极种类、反应表面积、两极间距、电池连接方式、电解质溶液种类及浓度)影响能量转化效率。
环节 2.2 探究燃料电池	[任务2]探究氢氧燃料电池。 利用 $2H_2 + O_2 \xrightarrow{\quad\quad} 2H_2O$ 反应能设计成原电池吗？	活动2:构建氢氧燃料电池让小车跑起来。 活动3:分析氢氧燃料电池的工作原理。	原电池电极材料可以是相同的电极;电极材料与电解质溶液都不一定参与电极反应;完善原电池认识模型。
环节 2.3 设计干电池	[任务3]设计干电池。 如何根据原电池认识模型来设计干电池？	活动4:从电池构成要素角度思考并绘制自己心目中的干电池。 活动5:分享、评价干电池设计方案。	认识化学电源的开发既需要基于认识模型选择构成要素,还需要综合考虑成本、安全、环境保护等多方面因素。

教学环节	核心问题或任务	主要活动	认识进阶
第 2 课时			
环节 2.4 发展创新	展示电池发展史。 同学们,你觉得未来的电池应该是什么样子的?	活动 6:了解电池发展史,畅想未来电池。	认识到能量转化在生产、生活中的重要意义,建立发展中的化学电源之间的内在联系。

六、单元教学反思

（一）教学效果分析

通过纸笔测试、访谈等手段对本节课进行了测查,纸笔测试题如下:

1. 下列装置中能让电机驱动小车（如下图所示）动起来的是（   ）。

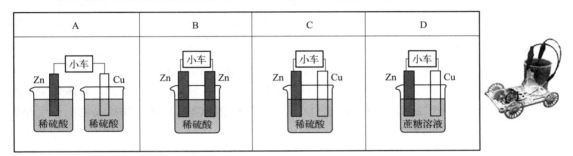

评价目标：能建立原电池各部分与原电池构成要素（电极材料、电极反应物、离子导体、电子导体）的关联。

2. 下列四个常用电化学装置的叙述错误的是（   ）。

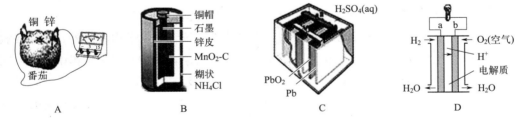

评价目标：能用原电池原理或构成要素分析解释实验室或生产生活中的常见现象（如水果电池、干电池、铅蓄电池、燃料电池等）。

3. 简易氢氧燃料电池示意图如下图所示,下列说法中不正确的是（   ）。

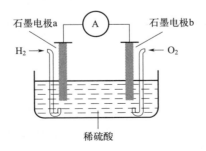

A. 电流从 b 经导线流向 a

B. 电子从 a 经导线流向 b

C. 通入 H_2 的石墨电极为负极，发生还原反应

D. b 电极上发生的反应为：$O_2+4H^++4e^-\!=\!\!=\!\!=2H_2O$

评价目标：能分析推理简单原电池的工作原理（电流方向和离子移动方向、预测电极反应及现象、书写电极反应式）。

课程结束后进行问卷和访谈调查，共发放 50 份问卷，回收 47 份，统计结果如下表所示。

题目	A	B	C	D
第 1 题	2%	0%	98%	0%
第 2 题	2%	92%	2%	4%
第 3 题	2%	4%	87%	7%

从测试结果看，大部分学生已了解原电池构成要素（电极材料、电极反应物、离子导体、电子导体）的关联，并能够较好地运用原电池认识模型解决实际问题。

从访谈情况看，学生印象最深刻的是利用化学反应让小车动起来的过程。大多数学生都谈到了解了日常电池中能量转化的过程，以及通过不断改进装置要素还能提高电池的工作效率。测查结果说明学生较好地完成了预定的教学目标。

（二）教学实践反思

1. 大概念的提炼要聚焦学科本质

通常可从以下几个方面来分析和把握化学大概念：一是指向化学学科的研究对象与基本问题；二是指向化学学科的研究方法与认识方法；三是指向化学学科研究的目的与价值。以大概念统领单元教学，除了要求教师更全面、更整体把握课程与教学内容以外，还需要教师不断挖掘教学思想方法。化学反应作为化学研究的重要对象，其物质变化过程中伴随着能量的变化。"化学能与电能"承载着学生以能量观认识化学反应的新视角，从"能量转化"的角度提炼单元教学大概念，并以此建立结构化认识，将有助于学生对知识深层次的理解和建构。

2. 单元教学内容应服务于大概念的形成

单元教学过程是学生形成大概念的过程，因此，教学内容要为大概念的形成服务，为学生核心素养的发展服务。原电池教学中，可涉及的教学内容、教学情境是非常丰富的，教学中要舍得放弃某些与大概念的形成联系不紧密的教学素材和内容，如本单元的教学设计中，放弃了原电池中离子迁移方向可视化探究、自制干电池等学生探究活动，增加了促进概念形成的活动设计，如搭建装置让小车动起来（见图 9-15）、设计学生活动内容背后更本质的探究提高电池效率的方法（电解质种类及浓度、电极材料插入深浅、两极间的距离、电极串并联连接方式等要素）。以大概念为统领，指导教学设计，使学生活动紧紧围绕能量转化方式、能量转化装置、能量转化条件、能量转化效率展开，能有效促进能量转化观念的建构，促进

学生核心素养的发展。

小车(带电机)

学生第一次设计的装置

学生改进后的装置

图 9-15 学生搭建的铜锌原电池小车

七、单元作业设计简析

人教版高中化学必修教材第二册第六章第一节"化学反应与电能"的练习与应用题相对较少，可结合苏教版、鲁科版等教材选择与本单元教学目标相应的练习题作为本单元作业，如表 9-8 所示。

表 9-8 教材"练习与应用"与教学目标对应关系

课时	课时目标	练习与应用
1	1.1 认识原电池是化学能转化为电能的装置	人教版高中化学必修教材第二册 P41"练习与应用":2,6
	1.2 认识原电池的本质是将氧化反应和还原反应分在不同区域进行,会书写电池总反应式,电极反应式	人教版高中化学必修教材第二册 P41"练习与应用":5;苏教版高中化学必修教材第二册 P25"理解应用":1,3,7,8
	1.3 认识原电池装置中各部分的作用	苏教版高中化学必修教材第二册 P25"理解应用":2,5
2	2.1 认识改变原电池装置要素可以提高原电池工作效率	人教版高中化学必修教材第二册 P41"练习与应用":7,9
	2.2 形成设计化学电源的一般思路和方法	鲁科版高中化学必修教材第二册 P53"概括·整合":2,P55"练习与活动":11
	2.3 从化学电源的发展过程中体会化学对生产生活的重要作用	苏教版高中化学必修教材第二册 P25"理解应用":4

对标整理 》》》

学完本单元你应该能够:

1. 描述说明初高中化学理论性知识的学习内容及相关教材体系结构。

2. 将化学理论性知识的一般形成规律和教学策略用于具体的理论性知识课题的教学设计中。

3. 对某个化学理论性知识教学单元进行整体设计。

练习与实践 >>>

1. 请研读案例 9-5 "促进教师教学能力提升的大概念统领单元教学实践探索——以'物质结构 元素周期律'为例",分析:①基于大概念进行单元教学设计有哪些关键环节?这些关键环节对于教师教学能力的提升有何关系?②该单元教学中"预测方法模型"的建立经过了怎样的学习进阶?③根据人教版高中化学必修教材的编排顺序,你认为教学时应该如何处理好"第二章 海水中的重要元素——钠和氯"与该单元教学第 3 课时的关系?④如何处理好该单元教学与选择性必修课程模块 2 "主题 1:原子结构与元素的性质"的关系?

【案例 9-5】 促进教师教学能力提升的大概念统领单元教学实践探索——以"物质结构 元素周期律"为例●

以"学科大概念统领下中学化学单元教学设计的实践研究"课题研究为主要抓手,充分发挥学科组、教研组团队的力量,开展基于学科大概念的单元教学设计研讨,让教师在"研究—实践—反思"的不断循环中,实现教学关键能力的螺旋上升。以人教版高中化学必修教材(2019 年版)第一册第四章"物质结构 元素周期律"大概念统领单元教学实践为例,阐述青年教师在大单元教学研究与实践中能力的提升过程。

(1) 实践流程

学科组进行了单元教学设计实践,总结出在教学实践过程中五个提升教师教学能力的关键环节以及关键环节对教师教学能力的影响(见图 9-16)。

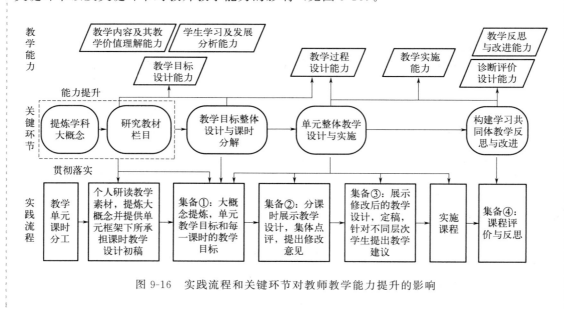

图 9-16 实践流程和关键环节对教师教学能力提升的影响

● 宫清丽,刘颖文,张雅娜. 促进教师教学能力提升的大概念统领单元教学实践——以"物质结构元素周期律"为例 [J]. 化学教学,2022,(08):30-35.

在进行教学单元课时分工时应注意教学内容的连贯性。如"原子结构与元素的性质"两课时分别是典型金属元素和典型非金属元素的学习，既有研究方法上的一脉相承，又有明显的性质差异性，由一位教师完成有助于保持思维的连贯性。分工时还要考虑教师教学能力的差异性，难度大的教学内容如复习课则建议分配给教学能力强的教师。

（2）关键环节

① 关键环节一：提炼学科大概念，提升学科理解力

在提炼学科大概念的过程中，教师对课程标准、课程内容的理解越发清晰和深入，教师的学科理解力得到进一步提高。

"解构学科核心素养"是学科大概念提炼的主要路径之一。教研组老师们通过研读"物质结构 元素周期律"整个单元的教材、教师教学用书，以及课程标准等教学资源资料，采用"解构学科核心素养"路径，提炼出本单元的大概念（见图9-17）。

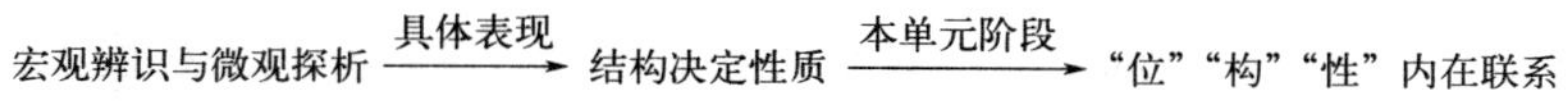

宏观辨识与微观探析 —具体表现→ 结构决定性质 —本单元阶段→ "位""构""性"内在联系

图 9-17 "物质结构 元素周期律"大概念提炼路径

"位""构""性"三者之间的内在联系就是统领本单元教学的大概念，教学中要围绕着如何建立三者之间的联系以及运用这个大概念预测和解释元素的性质而展开。教研组教师搭建的"物质结构 元素周期律"的结构框架和课时划分如图9-18。

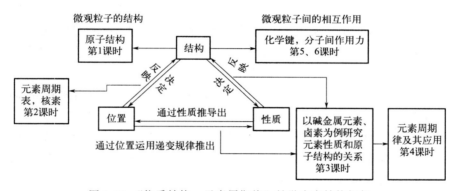

图 9-18 "物质结构 元素周期律"教学内容结构框架

教师们在搭建框架的研讨中，对化学核心素养的认识逐渐加深，其内涵不再空洞、遥不可及，认为以学科大概念为核心开展单元教学可以把发展学生学科核心素养的目标一步步落地。

② 关键环节二：研究教材栏目，提升教学内容的功能价值理解能力

提炼学科大概念后，需明确化学思维方式和研究方法。此过程中，教师对教材栏目中蕴藏的学科思想方法和学科认识方式有了进一步的认识，提升了教师的教学内容及其功能价值理解能力。

人教版教材中设计了丰富的栏目，它们是教材的重要组成部分，是对教材知识的进一

步拓展和提升，为教师的"教"提供了素材，为学生的"学"指明了方向，对建构知识、发展学科核心素养起着重要的作用。尤其是引言、方法导引、整理与提升栏目呈现了科学研究方法、科学思维方法，教师们应该认真研究栏目，挖掘其教育价值。

"物质结构 元素周期律"的方法导引栏目是"预测"，指出预测包括依据、预测和评估三个环节。整理与提升栏目以钾为例建构了"位""构""性"的认识模型，用此模型可以预测陌生元素的性质。教学过程中，教师先明确本章节栏目承载的研究方法和认识模型，以栏目为依托，引导学生提炼方法和建构模型，并在此基础上形成关键能力，最终能更高效系统地学习更多的元素知识。

③ 关键环节三：教学目标整体设计与课时分解，提升教学目标设计能力

教研组采用单元集体备课（简称集备）的方式，在进一步提炼学科大概念和学科思维的基础上，从单元教学视角下进行单元教学目标的分解，有助于教师理解各个课时目标之间的内在联系，提升教师的教学目标设计能力。

教学目标是教学设计的灵魂，它的设定是否科学、合理，在很大程度上决定了教学实践能否获得成功。单元教学设计时首先要确定单元教学目标，然后再分解课时目标。虽然各个课时的学习目标和内容有所不同，但是各课时的目标之间存在着内在的联系，并形成一条横贯章节前后的主线。

经教研组讨论所确定的单元整体目标是：学生能正确认识"位""构""性"之间的内在联系，具备能根据"位""构"的特点预测和解释元素性质的关键能力和思维模型，具备宏观辨识与微观探析的思维方式。在此基础上把单元教学目标分解到每一课时中：第 1 课时学习原子结构（课时划分见图 9-18），第 2 课时建立"结构决定位置，位置反映结构"的核心观念，第 3、4 课时通过碱金属元素和卤素的学习，完整建立"位""构""性"之间的内在联系。

单元目标框架下设计教学时，各课时教学目标更清晰，教师更关注持续和递进式培养学生的化学学科核心素养和关键能力。集备时经常听到的话语是："××老师，这一节课要帮我把学生的××知识给铺垫好，把××能力培养起来"；"××老师，这节课只要初步完成××，提高的部分等我下节课来"；"××老师，资料准备得很多，但我们要围绕着这节课在本单元的功能地位来筛选资料，重心不能偏"；等等。

比如青年教师刘老师在第一次进行"元素周期表"教学设计时，教学目标的设定没有从单元教学目标视角下考虑，没有把建立"结构决定位置，位置反映结构"的核心观念作为本节课的主要教学目标，结果教学重心出现了偏离，未能做到单元教学背景下课时教学的"瞻前顾后"。刘老师从评价学生前置作业"形形色色的元素周期表"引入，花费时间较长，未承接第 1 课时的 1 至 20 号元素的原子结构示意图，缺乏"演绎—归纳"过程。在元素周期表具体内容学习时，尽管素材丰富但缺少主线，导致学生掌握知识比较零散，未能加深学生对"位"和"构"观念的认识。

经过备课组集体研讨，刘老师对教学内容进行了删减和重构，更改后的课堂内容结构如图 9-19。

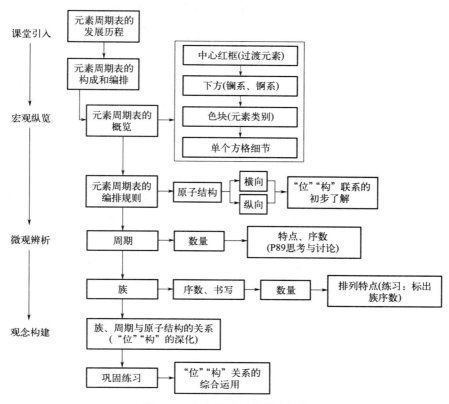

图 9-19　集备修改后的课堂结构

修改后的课堂教学设计，精简了引入环节，从化学史快速进入到元素周期表的学习；精简了素材，以 1～20 号元素原子结构为抓手，删去琐碎素材，突出主线；精简了思路，从宏观到微观逐步认识元素周期表；构建了观念，总结得出元素在元素周期表的位置和原子结构之间的关系，为后续的碱金属、卤族元素的学习和"位""构""性"认识模型的构建做好铺垫。

通过多次的集备，反复修改教学设计，刘老师充分体会到立足于学科核心素养和单元整体设计教学目标的重要性，教学目标设计能力得到显著提高。

④ 关键环节四：单元整体教学设计与实施，提高结构化处理能力

单元教学设计有助于教师站在大概念视角下审视单元内的化学知识，建立知识之间的本质联系；有助于教师理解教学内容的实质和意义，提升教师学科理解能力；有助于教师克服课时教学的局限性，提升整体性、贯通式的教学过程设计能力。

学生化学学科核心素养的发展是一个持续进步的过程。教师通过单元教学设计可以整体规划，由浅入深、层层递进，逐步培养学生的核心素养。

本单元的重要学习目标之一是学生能够根据元素在元素周期表中的位置和原子结构，对陌生元素进行分析、解释和性质预测。"预测方法模型"的建立和运用，在多课时设计中逐步推进（如表 9-9 所示）。

表 9-9 "预测方法模型"在多课时中逐级推进

课时递进	教学策略	学习评价	设计意图
第3课时	原子结构与元素的性质	POE(预测—观察—解释)策略:学生分析碱金属/卤素原子结构相似性和递变性→预测碱金属/卤素的化学性质→观察实验现象—解释实验现象—拓展整个族的学习	请查阅元素周期表,了解钙的有关信息,推测钙的性质,和镁比较谁的金属性更强,请设计实验加以证明。 若要研究氧、硫、硒、碲4种元素非金属性强弱的变化规律,你认为可以从哪些方面入手?	建立预测方法模型
第4课时	元素性质的周期性变化规律	POE策略:学生分析第三周期元素原子结构的递变性→预测该周期元素金属性和非金属性的变化规律→实验验证—信息获取—结论分析	推测Si、N的非金属性强弱,并列举事实证明	运用预测方法模型
第7课时	复习课	以"硒"元素为载体,通过小组讨论、讲练结合等方式梳理本单元主干知识,深化"位""构""性"的认识模型,强调预测方法的意义	1. 比较气态氢化物稳定性: (1)H_2O __ H_2S;H_2Se __ H_2Te (2)AsH_3 __ H_2Se __ HBr 2. 比较单质与氢气化合难易: (1)O __ S __ Se __ Te (2)As __ Se __ Br 3. 比较最高价氧化物的水化物酸性: (1)H_2SO_4 __ H_2SeO_4 (2)H_3AsO_4 __ H_2SeO_4 __ $HBrO_4$ ……	巩固提升预测方法模型

⑤ 关键环节五:建立学习共同体,提高教学反思与改进能力

由于知识体系、思维方式、认知结构等方面的差别,不同的教师在设计教学目标、确定内容的地位和作用以及教学策略等方面的认识会有所不同。以教研组为学习共同体进行单元教学设计,教师们碰撞思维,相互学习,提高了教学反思与改进能力,增强了团队协作能力。

2. 图 9-20 是郭老师等设计的 2017 版高中课标选择性必修课程模块 1 中"化学反应的限度"单元教学过程❶。请进一步查阅该教学文献及相应教材,分析:①教师的教学过程与教材编写有何不同?②教师为何要改变教材顺序进行教学?③基于化学史与学科逻辑进行单元教学设计对老师具有哪些挑战?

3. 请依据课程标准要求和教材分析完成 2017 版高中课标选择性必修课程模块 1"化学反应与热能"单元的教学设计。

---

❶ 郭津含,王秀红,杨海艳,等. 基于化学史与学科逻辑的"化学反应限度"单元教学设计 [J]. 化学教学,2024,(02):41-47.

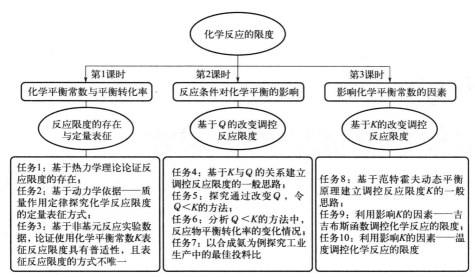

图 9-20 "化学反应的限度"（选择性必修）单元教学结构

第十章
有机化合物课型教学设计

 学习准备 >>>

请查阅 2022 版初中课标和 2017 版高中课标，分析关于"有机化合物"的内容要求以及相应的教材编写特点。

案例分析 >>>

【案例 10-1】 "甲烷"（高中化学必修）教学片段●

分析以下案例中"甲烷"的教学片段，体现了有机化合物怎样的教学特征。

环节 1：创设情境，引入新课

【展示资料】①视频：甲烷与地球生命起源。②新闻：2.5 亿年前生物大灭绝为微生物释放甲烷所致；海底甲烷或导致再次生物大灭绝。

【提出问题】有机化学曾被认为是研究生命物质的科学，甲烷作为最简单的有机物，与生命是否存在联系呢？

环节 2：实验探究甲烷与氯气的反应

【引导】甲烷到氨基酸、蛋白质的转化是生命演化的关键，这一过程真的能够实现吗？接下来我们通过探究简单的有机反应——甲烷与氯气的反应来尝试解答。

【演示实验】甲烷与氯气的反应：取两支试管，均通过排饱和食盐水的方法收集半试管 CH_4 和半试管 Cl_2，如图 10-1，将其中一支试管用黑纸包住，另一支试管给予光照。静置。

【实验现象记录】图 10-1（a）装置中无现象，图 10-1（b）装置中的现象为：①试管内黄绿色逐渐褪去；②液面先上升，液面上方有白雾，然后液面有所下降；③试管壁有油状

● 王雨，毕华林. 基于三重表征实施素养为本的化学教学——以"甲烷"教学为例 [J]. 化学教学，2021（4）：49-53＋86.

(a)   (b)

图 10-1　甲烷与氯气的反应装置

液滴生成；④取试管内少量液体，滴加紫色石蕊试液，试液变红色。

【实验结论】甲烷与氯气在光照条件下反应生成了一氯甲烷，方程式为

$$\underset{\begin{subarray}{c}|\\ H\end{subarray}}{\overset{\begin{subarray}{c}H\\|\end{subarray}}{H-C-H}} + Cl-Cl \xrightarrow{\text{光}} \underset{\begin{subarray}{c}|\\ H\end{subarray}}{\overset{\begin{subarray}{c}H\\|\end{subarray}}{H-C-Cl}} + H-Cl$$

环节 3：微观探析甲烷的分子结构

【过渡】研究发现，甲烷与氯气的反应是逐步进行的。在光照条件下，首先生成氯化氢和一氯甲烷。依据"结构决定性质"，要探寻这一反应过程的发生，就必须深入到微观世界中对甲烷的分子结构进行了解。

【提问】①请写出甲烷分子的电子式和结构式；②甲烷分子中存在哪些化学键？它们是如何形成的？属于哪种类型？

【学生交流】因为碳原子最外层的 4 个电子分别与 4 个氢原子的核外电子形成 4 对共用电子对，所以甲烷分子中存在 4 个相同的 C—H 键，它们属于共价键。

【引导】在有机化学中，我们将碳原子形成四对共用电子对的特点叫作碳四价。正是因为碳原子具有碳四价的特点，形成的四对共用电子对表现在甲烷分子中就是四个 C—H 键。那么，甲烷分子中碳原子和氢原子在空间上又是如何分布的呢？

【学生活动】小组合作，预测并利用超轻黏土、塑料棉签（去除棉头）搭建甲烷分子的模型。

【成果展示】见图 10-2。

图 10-2　学生搭建的甲烷分子结构模型

【点拨】模型是探索物质结构的重要工具。球棍模型和空间填充模型都可以用来表示分子的空间结构。在甲烷分子的球棍模型中，"小球"代表氢原子，"大球"代表碳原子，四根"棍"代表 4 个 C—H 键，思考一下相邻 C—H 键之间是否存在着作用力？若存在，对甲烷的空间结构有何影响？

【学生交流】甲烷分子中的 C—H 键是共价键，它的本质是共用电子对，因此相邻的碳氢键之间存在着斥力，导致它们在空间上会尽可能远离。

【学生活动】利用四个捆扎在一起的气球模拟甲烷分子的四对共用电子对。将气球摆成平面正方形、正四面体、四棱锥，自由上抛，观察气球最终的形状。

【教师展示】甲烷分子的球棍模型与空间填充模型。

【点拨】X 射线衍射仪和电子衍射仪测定甲烷分子四个 C—H 键键角均为 $109°28'$，这保证了四对共用电子对之间的斥力最小，也证实了正四面体结构确实是甲烷分子的空间结构。

【归纳】正是由于碳原子具有碳四价的特点，与四个氢原子形成的四对共用电子对表现在甲烷分子中就是四个 C—H 键，而它们之间的排斥作用又决定了甲烷分子的空间结构是正四面体。这三个角度（碳四价、化学键、空间结构）也是我们今后认识有机物分子结构的基本思路。

环节 4：符号表征，深化理解本质

【过渡】认识了甲烷的分子结构，我们就可以进入到微观世界中探索甲烷与氯气的反应过程。

【学生活动】利用甲烷分子的球棍模型，模拟一氯甲烷的生成过程。思考讨论甲烷的分子结构在反应过程中的变与不变。

【学生交流】在光照条件下，甲烷分子的一个 C—H 键发生断裂，氯气分子中的 Cl—Cl 键发生断裂，形成新的 H—Cl 键和 C—Cl 键。甲烷分子的一个 C—H 键被替换成了 C—Cl 键，碳四价和空间结构没有发生变化。

【提问】一氯甲烷在常温下是气体，那试管壁上的油状液滴是什么？说明了什么？

【学生交流讨论】说明一氯甲烷还可以与氯气进一步反应生成不溶于水的物质。

【揭示】甲烷分子中的 4 个氢原子可被氯原子逐一替代，生成 4 种不同的取代产物。像这样，有机物分子里的某些原子或原子团被其他原子或原子团所替代的反应叫作取代反应。

【归纳】甲烷的正四面体结构决定了其在一定条件下可以与氯气、溴气等卤素单质发生取代反应。可见，物质的结构决定性质，性质反映结构。依据有机物的分子结构从宏观和微观相结合的视角认识取代反应，实际上也是我们学习其他有机反应的一般思路，见图 10-3。

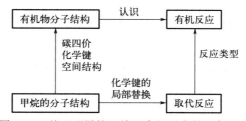

图 10-3　基于"甲烷"认识有机反应的一般思路

【点拨】取代反应为甲烷到氨基酸、蛋白质的转化提供了可能。研究发现，以一溴甲烷为原料合成醋酸，醋酸与氯气发生取代反应制得的氯乙酸在一定条件下能够成功合成甘氨酸。如此就能人工实现从甲烷到氨基酸的转化，甲烷作为生命起源基础物质的说法也更具有说服力。

在人类已知的化合物中，有机化合物占了绝大多数。与生命活动密切相关的有机化合物广泛存在于人类居住的地球上，使地球充满生机与活力。人类认识和利用有机物的历史久远，我国早在周朝时就设有"酰人"和"染人"等官职，专门负责制造酒、醋、染料等，并先于欧洲 100 多年出现了蒸馏分离技术。19 世纪初，瑞典化学家贝采尼乌斯首次提出了"有机"（organic）和"无机"（inorganic）两个概念，使有机化学逐渐发展成为化学的一个重要分支。有机物是人类赖以生存的重要物质基础，有机物的合成和使用，极大地改变了人们的生活习惯，提高了人类的生活质量，从某种意义上讲，化学家为人类社会的可持续发展创造了一个新的物质世界。学习有机化合物知识，对于深化"结构决定性质，性质决定用途"的学科观念，发展学生的"宏观辨识与微观探析""实验探究与创新意识""科学精神与社会责任"等素养具有重要价值。

第一节　有机化合物内容课程标准和教材分析

2022 版初中课标与有机物化合物主题有关的内容，主要体现在"化学与社会·跨学科实践"主题中，在燃料方面，涉及了天然气、液化石油气、酒精、汽油等；在材料方面，涉及了塑料、合成纤维、合成橡胶；在人体与健康方面，涉及了对生命活动具有重要意义的有机物，如葡萄糖、淀粉、油脂、蛋白质、维生素等。课程标准主要要求学生"能列举生活中常见的能源和资源、金属材料和有机合成材料及其应用；能举例说明化学在保护环境、维护人体健康等方面的作用，具有安全用药的意识"。而对有机化合物的系统学习则集中在高中化学必修课程和选择性必修课程。

一、高中化学必修课程有机化合物课程标准要求与教材体系

（一）课程标准要求

2017 版高中课标必修课程"主题 4：简单的有机化合物及其应用"明确规定了高中必修阶段关于有机物的学习内容，如表 10-1 所示。

表 10-1　高中化学必修课程"主题 4：简单的有机化合物及其应用"内容要求

4.1　有机化合物的结构特点	知道有机化合物分子是有空间结构的，以甲烷、乙烯、乙炔、苯为例认识碳原子的成键特点，以乙烯、乙醇、乙酸、乙酸乙酯为例认识有机化合物中的官能团。知道有机化合物存在同分异构现象
4.2　典型有机化合物的性质	认识乙烯、乙醇、乙酸的结构及其主要性质与应用；结合典型实例认识官能团与性质的关系，知道氧化、加成、取代、聚合等有机反应类型。知道有机化合物之间在一定条件下是可以转化的
4.3　有机化学研究的价值	知道合成新物质是有机化学研究价值的重要体现。结合实例认识高分子、油脂、糖类、蛋白质等有机化合物在生产、生活中的重要应用
4.4　学生必做实验	搭建球棍模型认识有机化合物分子结构的特点。 乙醇、乙酸的主要性质

由表 10-1 可见，高中化学必修阶段对有机化合物的学习要求具有如下特征。

1. 以简单的、典型的代表物为载体展开学习

必修课程中对于各种有机物皆选择了最为简单的、典型的代表物进行学习，如选取甲烷、乙烯、乙炔和苯分别作为烷烃、烯烃、炔烃和芳香烃等烃类的代表物，乙醇作为醇类代表物，乙酸作为羧酸类代表物。

2. 建立有机物结构→性质→用途之间的关联

从表 10-1 的二级主题 4.1、4.2、4.3 可见，主题 4 的学习从结构、性质和价值（及用途）三个维度展开。对结构特点的要求体现为三个层次：一是有空间结构的特点，二是碳原子的成键特点，三是官能团。为基于碳骨架、化学键、官能团认识有机物的性质奠定基础，课程标准中还明确规定了学生必做实验"搭建球棍模型认识有机化合物分子结构的特点"用以强化对有机物结构的认识。"以甲烷、乙烯、乙炔、苯为例认识碳原子的成键特点，以乙烯、乙醇、乙酸、乙酸乙酯为例认识有机化合物中的官能团，认识乙烯、乙醇、乙酸的结构及其主要性质与应用"，建立有机物的"结构决定性质""性质决定用途"的学科观念。

3. 以官能团为纽带建立有机物之间的相互转化关系

课程标准要求"以乙烯、乙醇、乙酸、乙酸乙酯为例认识有机化合物中的官能团""结合典型实例认识官能团与性质的关系，知道氧化、加成、取代、聚合等有机反应类型。知道有机化合物之间在一定条件下是可以转化的"。以官能团为纽带，让学生建立有机化合物类别及其特征反应的初步认识，乙烯、乙醇、乙酸、乙酸乙酯等物质间的相互转化关系。

（二）教材体系

各版本必修教材都将有机物集中编排在一章或一个专题中。以鲁科版高中化学必修教材为例，"简单的有机化合物"编排在必修教材第二册第 3 章，其具体内容如表 10-2 所示。

表 10-2　鲁科版高中化学必修教材"简单的有机化合物"内容体系

第 1 节　认识有机化合物	一、认识有机化合物的一般性质
	二、认识有机化合物的结构特点
第 2 节　从化石燃料中获取有机化合物	一、从天然气、石油和煤中获取燃料
	二、石油裂解与乙烯
	三、煤的干馏与苯
	四、有机高分子化合物与有机高分子材料
第 3 节　饮食中的有机化合物	一、乙醇
	二、乙酸
	三、糖类、油脂和蛋白质
微项目　自制米酒——领略我国传统酿造工艺的魅力	项目活动 1　调研我国古代的酿造工艺
	项目活动 2　酿制米酒

可见，鲁科版教材以结构决定性质、性质决定用途的学科观念以及有机物在生产和生活的应用为线索构建了必修教材的有机化合物体系。第 1 节起统领作用，从有机物的一般性质出发探讨碳原子的成键特点、官能团，初步认识有机物多样性以及结构与有机化合物性质的关系，初步形成认识有机物的一般思路（如图 10-4）；第 2 节聚焦从化石燃料中获得的有机化合物，认识烃的典型代表物的结构、性质与应用，体现化学与生产的密切联系；第 3 节将乙醇、乙酸以及糖类、油脂和蛋白质的学习置于"饮食中的有机化合物"背景中，加强化学与生活的联系；通过微项目"自制米酒"促使学生结合真实的酿造过程认识有机化合物的转化，深度体验我国传统酿造工艺的魅力。

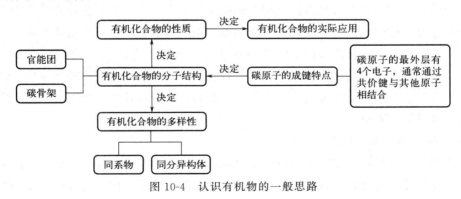

图 10-4　认识有机物的一般思路

二、高中化学选择性必修课程"有机化学基础"课程标准要求及教材编排

（一）课程标准要求

2017 版高中课标中，高中化学选择性必修课程模块 3"有机化学基础"设置了有机化合

物的组成和结构、烃及其衍生物的性质与应用、生物大分子及合成高分子等 3 个内容主题。通过本课程模块的学习，引导学生建立"组成、结构决定性质"的基本观念，形成基于官能团、化学键与反应类型认识有机化合物的一般思路，了解测定有机化合物结构、探究性质、设计合成路线的相关知识，发展化学学科核心素养。3 个主题的核心内容如表 10-3 所示。

表 10-3 "有机化学基础"模块各主题内容

主题1：有机化合物的组成与结构	主题2：烃及其衍生物的性质与应用	主题3：生物大分子及合成高分子
1.1 有机化合物的分子结构 1.2 有机化合物中的官能团 1.3 有机化合物中的化学键	2.1 烃的性质与应用 2.2 烃的衍生物的性质与应用 2.3 有机反应类型与有机合成 2.4 有机化合物的安全使用 2.5 学生必做实验	3.1 聚合物的结构特点 3.2 生物大分子 3.3 合成高分子 3.4 学生必做实验

主题 1 探讨有机化合物的组成与结构特点及其分析方法，是一个统领性主题，明确了"组成与结构"在有机化学学习中的核心线索作用。该主题从分子结构、官能团、化学键 3 个层次逐渐微观、层层深入，帮助学生深化认识有机化合物组成与结构的基本思路，主题 2 和主题 3 则是具体、分类地探讨常见有机化合物的结构、性质和应用，"烃及其衍生物"和"生物大分子及合成高分子"是有机化合物两个不同的结构尺度，主题类各类物质结构特点的相似性较为突出。该模块课程标准内容的主要特点如下。

1. 突显认识有机化合物结构的基本角度和思路

主题 1 的三个核心概念明确了认识有机化合物结构的基本角度，"有机化合物的分子结构"角度指"原子间的连接顺序、成键方式和空间排布"；官能团角度为"从官能团的视角认识有机化合物的分类""认识官能团与有机化合物特征性质的关系，认识同一分子中官能团之间存在相互影响，认识在一定条件下官能团可以相互转化"；化学键视角为"认识有机化合物分子中共价键的类型、极性及其与有机反应的关系，知道有机化合物分子中基团之间的相互影响会导致键的极性发生改变，从化学键的角度认识官能团与有机化合物之间是如何相互转化的。"2017 版高中课标在化学键和极性的视角要求方面较实验版高中课标有所增强，这一视角更具有分析功能，使得对有机化合物性质的解释和预测体现从结构到性质的推理过程，培养学生的高阶思维能力，这也与选择性必修课程模块 2"物质结构与性质"中加强电负性、极性是相呼应的。

2. 突出有机物之间的转化关系及应用

主题 2 强调"性质与应用"，且对有机合成的重视程度进一步加强。现代社会对人工合成的具有特殊功能的有机物的依赖正日益增加，大量具有特殊功能的有机化合物的合成，大大提高了人类的生活质量。在中学教学中进一步加强对有机合成的重视，对于帮助学生认识有机物之间的转化关系及其重要价值具有重要意义。"2.3 有机反应类型与有机合成"从三个层面描述了具体的学习内容要求：一是反应类型层面，要求"认识加成、取代、消去反应及氧化还原反应的特点和规律，了解有机反应类型和有机化合物组成结构特点的关系"；二是有机合成的一般思路方法层面，要求"认识有机合成的关键是碳骨架的构建和官能团的转化，了解设计有机合成路线的一般方法"；三是有机合成的价值层面，要求"体会有机合成在创造新物质、提高人类生活质量及促进社会发展方面的重要贡献"。

3. 用"聚合物"统摄生物大分子和合成高分子的结构特点

主题 3 以"聚合物的结构特点"作为该主题的第一核心概念。从聚合物的结构特点来讲，要求"认识单体和单体单元（链节）及其与聚合物结构的关系"；从形成聚合物的过程角度来看，要求"了解加聚反应和缩聚反应的特点"。后续的生物大分子和合成高分子都是用此视角来陈述的，例如"了解淀粉和纤维素及其与葡萄糖的关系""知道氨基酸和蛋白质的关系"，抓住了生物大分子和合成高分子在结构上的相似性，起到统摄性作用❶。

（二）教材体系

下文以鲁科版教材为例，说明《普通高中教科书·化学》（选择性必修 3 有机化学基础，简称《有机化学基础》）模块教材体系的总体特征❷。

在高中化学必修课程"简单的有机化合物及其应用"形成的基于典型代表物的认识水平基础上，选择性必修课程"有机化学基础"进一步发展学生对有机化合物的基于官能团和基于化学键的认识水平，系统建立关于有机化合物性质及转化的宏观—微观、孤立—系统、静态—动态的认识方式类型。教材以含有典型官能团的有机化合物组成、结构、性质和应用等为主体内容，凸显"结构决定性质、性质反映结构"的学科核心思想，融合 STSE 理念，凸显有机化学的重要应用价值和时代发展趋势。采用"有机化学基本理论"和"有机化合物性质"双线并进、交叉融合的编写思路，着力建立有机物结构、性质、合成及应用之间的整体联系；外显高中生学习有机化学的认识角度和认识思路，进而发展其探究有机物性质、测定结构及设计合成路线等有机化学学科关键能力及核心素养。

1. "理论"与"性质"双线并行，促进素养进阶发展

《有机化学基础》教材的章-节内容框架如表 10-4 所示，通过章节标题系统外显了全册教材将有机化学基本理论与有机化合物性质 2 条线索并列、融合的结构体系。这种将核心内容进行整体、系统架构的编写思路，既发挥了结构和反应理论的指导作用，又保证了有机化合物知识的系统性（官能团体系）；既降低了理论知识的学习难度，又解决了有机化学学习比较零散和事实堆砌的老问题，相对于传统有机化学教材体系，是一种突破和创新，巧妙地解决了继承与创新的关系。

表 10-4　鲁科版教材《有机化学基础》的章-节内容框架

章标题	节标题
第 1 章　有机化合物的结构与性质　烃	第 1 节　认识有机化学 第 2 节　有机化合物的结构与性质 第 3 节　烃 微项目　模拟和表征有机化合物分子结构

---

❶ 普通高中化学课程标准修订组. 普通高中化学课程标准（2017 年版）解读 [M]. 北京：高等教育出版社，2018：149-153.

❷ 陈颖，王磊. 凸显学科核心思想促进素养进阶发展——鲁科版高中化学新教材《有机化学基础》编写思路及使用建议 [J]. 化学教育（中英文），2021，42（17）：5-12.

章标题	节标题
第 2 章　官能团与有机化学反应　烃的衍生物	第 1 节　有机化学反应类型 第 2 节　醇和酚 第 3 节　醛和酮　糖类和核酸 第 4 节　羧酸　氨基酸和蛋白质 微项目　探秘神奇的医用胶——有机化学反应的创造性应用
第 3 章　有机合成及其应用　合成高分子化合物	第 1 节　有机化合物的合成 第 2 节　有机化合物结构的测定 第 3 节　合成高分子化合物 微项目　改进手机电池中的离子导体材料——有机合成在新型材料研发中的应用

　　为促进学生有机化合物主题的素养进阶发展，在教材的章-节内容顺序上，搭建了科学合理的认识阶梯。第 1 章以烃为载体，初步建立有机化合物结构与性质的关联，形成有机化合物分子结构的认识角度和思路（图 10-5）；第 2 章以烃的衍生物为载体，系统建立结构、反应与有机化合物性质的关联，形成有机化学反应的认识角度思路（图 10-6）；第 3 章以合成高分子为载体，结合典型案例，应用前 2 章所建立的认识角度思路，形成有机合成的基本思路和方法。上述内容组织呈现"从烃到烃的衍生物再到高分子，从简单官能团到复杂官能团，从有机物及反应的宏观现象到微观本质"的编排顺序，顺应学生有机化学学习的认识发展脉络，能有效促进学生有机化合物主题的学科关键能力和核心素养的进阶发展。

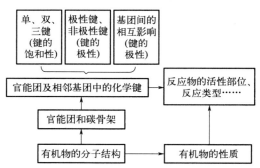

图 10-5　有机化合物分子结构的认识角度和思路

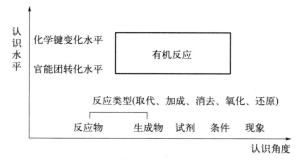

图 10-6　有机化学反应的认识角度和思路

2. 外显认识角度和思路建构过程，凸显学科核心思想

有机化合物认识方式的建构及应用是有机化合物主题关键的素养发展目标，为此，《有机化学基础》教材聚焦结构及反应的主要理论知识单独设置了节内容——第1章第2节"有机化合物的结构与性质"和第2章第1节"有机化学反应类型"，通过教材正文和栏目全面呈现相应的核心知识，其内容框架见表10-5。

表 10-5　《有机化学基础》第1章第2节和第2章第1节的内容框架

节标题系统	本节主要的活动性栏目
第1章　第2节　有机化合物的结构与性质 一、碳原子的成键方式 1. 单键、双键和三键 2. 极性键和非极性键 二、有机化合物的同分异构现象 三、有机化合物结构与性质的关系 1. 官能团与有机化合物性质的关系 2. 不同基团间的相互影响与有机化合物性质的关系	联想·质疑:从6种常见有机化合物的分子结构及典型性质引入 交流·研讨:几种简单有机物中碳原子的成键特点 交流·研讨:乙醇和氯乙烷的反应活性部位 交流·研讨:判断几种烃的同分异构关系 交流·研讨:乙酸、乙醇结构及性质对比分析
第2章　第1节　有机化学反应类型 一、有机化学反应的主要类型 1. 加成反应 2. 取代反应 3. 消去反应 二、有机化学反应类型的应用 卤代烃的性质和制备	联想·质疑:从有机反应的分析角度引入 交流·研讨:取代反应的规律 观察·思考:利用乙醇的消去反应制备乙醇 观察·思考:1-溴丙烷的取代反应 交流·研讨:1-溴丙烷的制备

此外，教材还在烃及其衍生物性质等章节中穿插编排、持续渗透结构和反应的延伸内容，用理论知识解决有机化合物性质探究、结构测定和推断、分离提纯、保存检验、合成路线设计等实际问题，发挥结构和反应等理论知识的素养发展功能，将"结构决定性质、性质反映结构"的学科核心思想外显为问题解决的过程和方法。

3. 微项目设置凸显学科应用价值，促进素养综合发展

如表10-4中所示，《有机化学基础》教材每章的微项目共3个。3个微项目的情境领域分别涉及有机结构测定新技术、功能导向的医用胶改性及手机电池的新材料研发，凸显了有机化学的前沿发展及实际应用，充分展现了有机化学的学科价值和魅力。项目的核心任务分别关联有机物分子结构的多重表征、有机化学反应的创造性应用及有机合成的综合应用，是各章的核心内容及思路方法的延续发展，也是有机化学主题核心素养的综合发展。

"模拟和表征有机化合物分子结构"微项目，以"利用模型模拟有机化合物的分子结构""利用图谱表征有机化合物的分子结构"为核心活动，引导学生深入体验有机物结构的多重表征含义，体验有机化合物分子结构测定过程中新技术、新设备的应用，同时巩固和发展结构分析的角度思路，实现宏观辨识与微观探析、证据推理与模型认知素养的综合发展。

"探秘神奇的医用胶——有机化学反应的创造性应用"微项目，以医疗领域中的医用材料改性为驱动性任务，以"从性能需求探究医用胶分子结构及黏合原理""通过结构转化改进医用胶的安全性等性能"为核心活动，围绕医用胶的性能、性质、结构、合成等方面展开探索，引导学生深入体验有机反应在材料改性中的创造性应用，并巩固和发展有机反应的认识角度和思路，同时提升真实问题解决能力，实现宏观辨识与微观探析、变化观念、创新意识、科学态度与社会责任素养的综合发展。

"改进手机电池中的离子导体材料——有机合成在新型材料研发中的应用"微项目，以研发手机电池中新型离子导体材料为驱动性任务，以"设计手机新型电池中离子导体材料的结构""合成离子导体材料中有机溶剂的单体"为核心活动，将材料性能问题转化为有机化合物性质和结构问题，聚焦材料的功能基团，设计高分子化合物的分子结构，建立从化学视角分析解决材料问题的方法，同时体会绿色化学理念在有机合成中的应用，巩固和发展有机合成路线设计的思路，实现宏观辨识与微观探析、变化观念、创新意识、科学态度与社会责任素养的综合发展。

第二节　有机化合物知识的学习过程与教学策略

一、有机化合物知识的一般学习过程

有机物虽然种类繁多、结构复杂，但任何有机物分子都含有碳原子，要使学生真正了解有机物的性质、化学反应及分子结构的特征，必须从分析碳原子的结构和它的特殊成键能力入手。碳原子之间及其与别的原子之间主要通过共用电子对而形成共价键，以共价键相结合就是有机化合物基本的、共同的特征。因此，结构、性质与用途三者之间的相互推理关系构成了有机化合物学习的一般认知逻辑。

结构决定性质，性质反映结构在有机化学中表现得特别明显，这不仅表现在有机物的化学性质中，同时也体现在物理性质上。因此在有机化学的学习中，引导学生从结构认识有机化合物的性质，从性质理解有机化合物的结构，从而使学生学习时能触类旁通，达到事半功倍的效果。碳骨架和官能团是认识有机物结构和性质的基本视角。一般的有机物可笼统地以通式 R—G 表示，其中 R 为烃基或碳骨架（可以为一价或多价），G 为氢原子时 R—G 表示烃，G 为含杂原子官能团时表示烃的衍生物，这 2 个组成部分分别决定了有机物的通性和特性。

在必修阶段，学生对于有机物的结构特点认识较少，所以，一般先在实验事实的基础上获得关于有机物性质的认识，再探究其微观结构或从结构角度去解释性质，如案例 10-1 中，对于最简单的有机物"甲烷"，通过实验获得甲烷中的氢原子可被碳原子取代，再深入到微观结构层面去探讨这一取代反应的机制，认识甲烷的正四面体结构；当学生具备一定的有机化合物结构基础知识后，也可以从其结构进行预测推理，再通过实验获得事实证据进行验证，如案例 10-2 所示。

案例分析 »»»

【案例 10-2】 高中化学"乙烯"教学片段❶

研读以下教学片段，分析：其与案例 10-1 的教学思路有何不同？需要学生具有怎样的知识基础？

环节 1：结构初探

【布置任务】根据乙烯与乙烷分子式（C_2H_4、C_2H_6）搭建分子结构模型。

【问题 1】乙烯（C_2H_4）与乙烷（C_2H_6）在组成和结构上有什么相同点和不同点？

【学生活动】①搭建乙烯分子和乙烷分子的球棍模型；②讨论乙烯分子的组成和结构特点。

环节 2：对比预测

【问题 2】预测乙烯的性质与乙烷有哪些相同点和不同点？

【学生】乙烯与乙烷的相同点是组成上都含有 C、H，应该具有可燃性；氢原子数少于乙烷，碳原子的价键没有全部被氢原子"饱和"，化学性质上应该与甲烷有所不同。

环节 3：实验探究

实验	现象	结论
1. 点燃纯净的乙烯气体	燃烧,火焰明亮且伴有黑烟	具有可燃性
2. 把乙烯气体通入酸性高锰酸钾溶液中	酸性高锰酸钾溶液褪色	能被氧化剂氧化
3. 将乙烯通入盛有溴的四氯化碳溶液的试管中	溴的四氯化碳溶液褪色	?

【问题 3】乙烯与溴的四氯化碳溶液反应的过程中化学键发生了怎样的变化？如何验证你的猜想？

环节 4：微观探析

猜想 1：

$$\underset{H}{\overset{H}{>}}C=C\underset{H}{\overset{Br}{<}}+HBr$$

猜想 2：

$$\underset{H}{\overset{H}{>}}C=C\underset{Br}{\overset{Br}{<}}\quad \text{或} \quad \underset{Br}{\overset{H}{>}}C=C\underset{Br}{\overset{H}{<}}+H_2$$

猜想 3：

$$H_2\underset{Br}{C}-\underset{Br}{C}H_2$$

【分析】①实验 3 中没有看到气体生成，所以猜想 2 不成立；②往实验 3 所得溶液中加入 $AgNO_3$ 溶液，无黄色沉淀，故猜想 1 不成立；③反应中，乙烯双键中的一个键断裂，

❶ 荣蓉. 指向"深度学习"的"乙烯"教学［J］. 中学化学教学参考，2023，（09）：18-21.

两个溴原子分别加在两个价键不饱和的碳原子上，生成无色的1,2-二溴乙烷，猜想3成立，方程式为

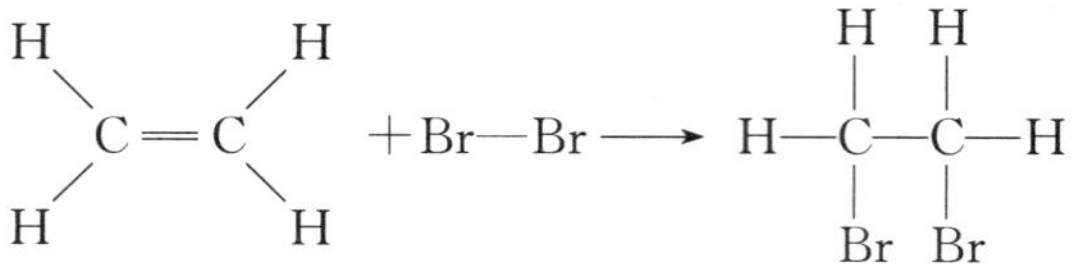

$$H_2C=CH_2 + Br-Br \longrightarrow H-\underset{Br}{\overset{H}{C}}-\underset{Br}{\overset{H}{C}}-H$$

1,2-二溴乙烷

【归纳】这种有机物分子中的不饱和碳原子与其他原子或原子团直接结合生成新的化合物的反应叫作加成反应。乙烯分子中的碳碳双键结构决定了乙烯能被酸性高锰酸钾溶液氧化，在一定条件下，可以与溴、氯气、氢气、氯化氢和水等物质发生加成反应。

结构决定性质、性质决定用途是有机化合物学习的基本认识思路。尽管在具体教学中，根据学生的已有认知基础，有从实验事实出发进行的归纳推理，也有从结构出发的演绎推理，也有两种推理交替进行的多种教学处理方法，但最终都会形成如图 10-7 所示的结构化知识。

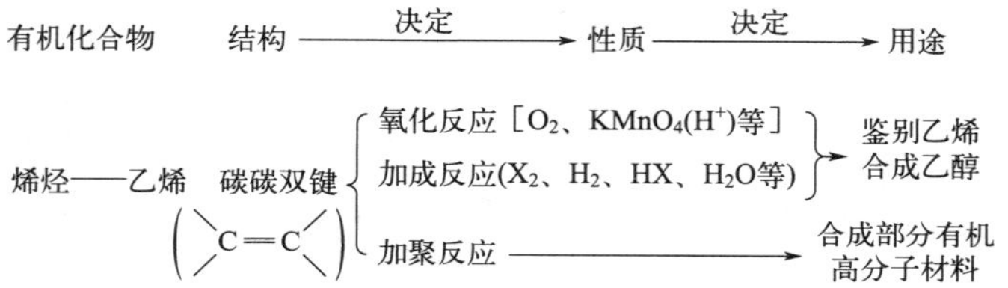

图 10-7 "乙烯"（必修）结构化知识

在高中化学选择性必修阶段，因为已有必修阶段甲烷、乙烯、苯、乙醇、乙酸、乙酸乙酯等典型代表物的认知基础，通常采用的是从结构出发，预测推理有机物的性质，再通过实验进行验证的学习过程，如案例 10-3 所示。

📖 案例分析 ▶▶▶

【案例 10-3】 选择性必修课程"羧酸的性质及应用"教学片段 1[1]

课前：请学生品尝青梅。

【情境导入】人们直接利用青梅的历史悠久，《本草纲目》对梅的记载为："味最酸，有下气、安心、止咳止嗽、止痛、止伤寒烦热、止冷热痢疾、消肿解毒之功效，可治三十二种疾病。"

【问题 1】为什么青梅是酸的？

【提供信息】通过高效液相色谱法对青梅中的化学成分进行分析显示，成分非常丰富，

---

[1] 卞海燕，程萍．基于真实问题情境彰显化学学科价值——羧酸的性质及应用［J］．化学教育（中英文），2024，45（09）：30-36.

其中包括①~⑨等物质。

①	②	③	④	⑤	⑥	⑦	⑧	⑨
CH₂COOH | HO—C—COOH | CH₂COOH	COOH | CHOH | CH₃ | COOH	COOH | CHOH | CH₃	CH_3COOH	COOH | COOH	COOH | CHOH | CHOH | COOH	CH=CH₂ (苯环)	CHO (苯环)	CHO | H—OH | HO—H | H—OH | H—OH | CH₂OH
柠檬酸	苹果酸	乳酸	乙酸	草酸	酒石酸	苯乙烯	苯甲醛	葡萄糖

【提问】哪些物质可能体现酸性？说出依据。

【学生回答】①~⑥，因为都含有羧基。

【板书】羧基的结构式。

【提问】这是我们基于官能团的推测，这些物质是否具有酸性，还需要证据的支撑，这个证据可以是自己亲自实验论证，也可以是别人已经做过的实验事实（文献）。以下数据能说明这些物质都有酸性吗？

有机酸组成	①柠檬酸	②苹果酸	③乳酸	④乙酸	⑤草酸	⑥酒石酸
pK_{a1}	3.13	3.40	4.14	4.74	1.27	3.04
pK_{a2}	4.76	5.20	—	—	4.27	4.37
pK_{a3}	6.40	—	—	—	—	—

说明：pK_a 值越小，酸性越强。

【学生讨论】需要找个参照物，乙酸是酸，其他物质酸性都比乙酸强。

【提问】这些物质的 pK_a 值说明羧基体现酸性。以典型代表物乙酸为例，为什么含有羧基的物质有酸性？

【学生书写、分析】写出乙酸的结构式及电离方程式，说明羧基的氢氧键断裂，使得羧基呈酸性。

【提供信息】乙醇也有羟基，并没有体现出酸性，根据表格信息比较乙酸和乙醇的化学键异同，解释羧基具有酸性的可能原因。

元素	C	H	O
电负性	2.1	2.5	3.5

【学生】乙酸中—OH的相邻基团是—C=O，乙醇中—OH的相邻基团是C—H，O原子的吸引电子能力更强，导致—OH中的共用电子对更偏向O，偏离H，在水分子的作用下，导致羧基容易电离出氢离子，从而显酸性。

【问题2】青梅酿酒时其中的羧酸如何生成酯？

【提供信息】青梅可用于酿酒,香气是酒类产品最重要的品质指标之一。仪器测出青梅酒中的 21 种香气成分(表 10-6),其中青梅酒中的总酯含量达到 0.86g/L。

表 10-6　青梅酒香气成分及相对含量

序号	保留时间/min	香气成分的名称	峰面积相对含量/%
1	2.080	乙醛	2.56
2	3.438	乙酸乙酯	60.89
3	6.182	2,3-丁二醇	0.53

【板书】书写乙酸和乙醇发生酯化反应的方程式。

【提问】能否从电负性角度分析酯化反应中"酸脱羟基醇脱氢"?

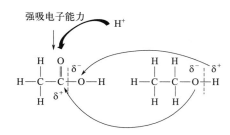

【提问】青梅中还含有其他有机酸,青梅酒的香气中可能还有哪些酯?

学生 1:(板书)乙二酸和乙醇反应的化学方程式。

学生 2:(投影)柠檬酸和乙醇反应的化学方程式。

学生 3:(投影)乳酸和乳酸形成环酯的化学方程式。

建构酯化反应模型:

$$R-\overset{\overset{O}{\|}}{C}-OH + R'-OH \xrightarrow[\text{加热}]{\text{浓硫酸}} R-\overset{\overset{O}{\|}}{C}-OR' + H_2O$$

【板书】

$$CH_3COOH + CH_3CH_2OH \xrightarrow[\text{加热}]{\text{浓硫酸}} CH_3COOCH_2CH_3 + H_2O$$

$$\underset{COOH}{\overset{COOH}{|}} + 2CH_3CH_2OH \xrightarrow[\text{加热}]{\text{浓硫酸}} \underset{COOCH_2CH_3}{\overset{COOCH_2CH_3}{|}} + 2H_2O$$

$$n\underset{COOH}{\overset{COOH}{|}} + n\underset{CH_2OH}{\overset{CH_2OH}{|}} \xrightarrow[\text{加热}]{\text{浓硫酸}} \text{—}[OCCOOCH_2CH_2O]_n\text{—} + 2nH_2O$$

小分子 → 高分子

二、有机化合物知识教学策略

（一）重视大概念统领，形成认识有机物的一般思路

有机化合物内容虽然众多，但其教学组织方式有迹可循，大多从结构、性质、用途的角度展开，其中，常从碳骨架、官能团、化学键三个方面认识有机化合物的结构。有机物的碳骨架与官能团的异同会导致出现同分异构现象。类似地，有机物的碳骨架和化学键共同被用于分析原子共平面问题。以苯为例，碳骨架呈现环状结构，碳碳键为介于单键和双键之间的化学键，全部碳原子与全部氢原子共平面。相似地，有机物的官能团和化学键通过决定物质类别和化学性质，进而共同影响有机合成的设计。有机合成往往以反应前后物质官能团和化学键的变化为突破点展开设计。因此，在有机化合物教学中，教师应抓住"结构决定性质，性质反映结构"这一大概念，通过对有机化合物化学性质的分析解释活动，引导学生体会官能团、碳原子的饱和性和化学键的极性对有机物的决定作用；结合典型实例让学生认识有机物分子中基团间存在相互影响，基于结构分析、预测性质和反应，再通过证据进行证实或证伪，让学生形成认识有机物的一般思维模型。

如在案例 10-3 教学过程中，以"为什么青梅是酸的？""青梅酿酒时其中的羧酸如何生成酯？"为问题线索，引导学生从微观结构角度剖析羧基体现酸性及发生酯化反应的本质，并进一步探讨如何利用酯化反应合成人们需要的酯，形成认识有机物的一般思维模型（如图 10-8）。

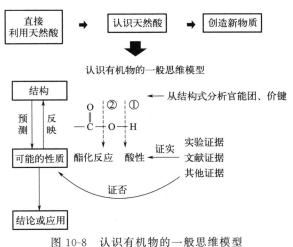

图 10-8　认识有机物的一般思维模型

（二）重视通过比较和联系，建立结构化知识

不同的有机物之间既有区别，又有相互转化的关系。需要通过有逻辑的教学方式，引导学生通过比较、解释和整理，明确有机化合物之间的不同和联系，对已学过的知识进行整体比较和总结，建立知识之间的系统关系，增加知识组块容量，减轻学生记忆加工认知负荷。

如在选择性必修课程"乙醇的消去反应"的学习中，乙醇在不同温度会实现不同有机物的转化——在 140℃下转化为乙醚、170℃条件下转化为乙烯。联系乙烯的性质，建立烯烃

与醇类的转化关系。再通过醇的其他性质以及后续醛、羧酸、酯类等物质性质的学习，建立起以"醇"为中心的各类物质的转化关系（图 10-9）。

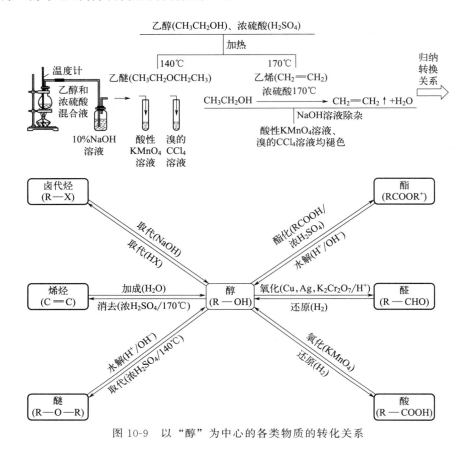

图 10-9　以"醇"为中心的各类物质的转化关系

再如，学习完部分烃的衍生物知识后，让学生从有机化合物的官能团、化学键、典型反应等 3 方面分析、比较不同类别物质性质不同的原因（表 10-7），注重从内在机制上分析化学性质，将内在机制与官能团、化学键、典型反应之间建立相关联系，从而促进学生对有机化学知识具有更深层次的理解，能够更好地迁移应用❶。

表 10-7　烃的衍生物知识结构

物质类别	官能团	化学键	性质	微观本质
醇	—OH	含极性键	取代反应（HBr）、消去反应（浓 H_2SO_4）、氧化反应（O_2）、酯化反应	羟基氧可以利用孤对电子进攻带正电性的原子，具有亲核性，因此醇的碳上可以发生饱和碳原子上的亲核取代反应
酚	OH〔苯环〕	含极性键 π 键	弱酸性，取代反应（Br_2）、显色反应（$FeCl_3$ 溶液）、氧化反应	氧原子上的孤对电子与苯环形成的 p-π 共轭体系增强了羟基氢原子的解离能力，这使得酚的酸性要比醇强得多

❶　李炳儒，周玉浓，黄梅．结构化视角下高中有机化学知识加工策略研究［J］．化学教育（中英文），2023，44（15）：88-94.

物质类别	官能团	化学键	性质	微观本质
醛	—CHO	含极性键 π键	加成反应（HCN、H_2）、氧化反应［银氨溶液、新制 $Cu(OH)_2$］、还原反应	羰基含有碳氧 π 键，碳略带正电性，易受亲核试剂的进攻，因此能发生亲核加成反应，醛基可发生自由基取代反应
酮	—CO—	含极性键 π键	加成反应（催化加氢反应）	

（三）重视联系生产生活实际，彰显有机化学的应用价值

有机化学与生产生活联系紧密，如煤、石油、天然气的利用，工业上乙醇合成乙酸，人体内乙醇的代谢，药物的合成，塑料、合成橡胶、合成纤维、新型高分子材料的合成等。用源自生产生活的素材组织教学，创设真实的问题情境，进而展开实验探究和理论分析，不仅能够激发学生的认知兴趣，还能够让学生在真实问题的解决过程中，切实体会有机化学在创新物质、提高人类生活质量及促进社会发展方面的重要贡献。如案例 10-3 将"羧酸"性质的学习置于探究"为什么青梅是酸的？""青梅酿酒时其中的羧酸如何生成酯？"的真实问题情境中，在学生对"酯化反应"有了深入的理解后，再提出问题"如何利用酯化反应生成人们需要的酯？"进一步加强化学与生产生活的联系，如案例 10-4 所示。

 案例分析 »»»

【案例 10-4】 选择性必修课程"羧酸的性质及应用"教学片段 2[❶]

【问题】如何利用酯化反应生成人们需要的酯？

【讲解】乙酸和乙醇 2 个小分子通过酯基连接成乙酸乙酯，但是依然是一个小分子，用乙二酸代替乙酸，乙二酸二乙酯分子长度变长了，但依然是小分子。在 20 世纪初，当人类还基本只能依赖棉花、蚕丝等天然存在的纤维来织造衣服时，衣服是家里非常重要的资产。天然纤维蚕丝的短缺，迫使科学家想得到与之匹敌的合成高分子材料。

【提问】从乙二酸出发，合成高分子，需要什么样的醇？

【学生回答】乙二醇或二醇。

【板书】写出聚乙二酸乙二酯的化学式。

【投影】资料卡

     A＋B ——→ AB

     AA＋2B ——→ B—AA—B

     nAA＋nBB ——→ ···AA—BB—AA—BB···

卡罗瑟斯想到，如果其中 1 个分子中带有 2 个而不是 1 个 A 结构，假如把乙酸换成乙二酸，那么这个分子 AA 就可以同时和 2 个带有 B 结构的分子相连，成为 B—AA—B，

❶ 卞海燕，程萍. 基于真实问题情境彰显化学学科价值——羧酸的性质及应用［J］. 化学教育（中英文），2024，45（09）：30-36.

假如用乙二醇代替乙醇，只要双方数目相同，它们就可以一直反应下去，互相连接成一条长长的链条…AA—BB—AA—BB…，这也是高分子化合物赖以形成的基本原理。从20世纪20年代末到30年代初，卡罗瑟斯和他的团队正是按照这个思路开展实验，到1974年，卡罗瑟斯的学生在高分子领域，获得了诺贝尔化学奖。

【揭示】青梅中的乙二酸太少，我们能不能设计一条以乙烯、水、食盐为起始原料，制备聚乙二酸乙二酯的合成路线？

$$R{-}Cl \xrightarrow[\text{加热}]{NaOH/H_2O} R{-}OH$$

【学生活动】

$$2NaCl+2H_2O \xrightarrow{\text{通电}} 2NaOH+Cl_2\uparrow+H_2\uparrow$$

【讲解】在实际工业生产中，乙二醇还可以通过乙烯环氧化、水解开环制备，这条工艺无含卤废水，更加环保。

【投影】资料卡。

卡罗瑟斯和他团队很快发现：他们得到的聚酯分子链过于柔软，熔点太低，不能用热水洗，几乎毫无用处。

从煤出发，通过一系列处理得到对二甲苯，对苯二甲酸和乙二醇生成聚对苯二甲酸乙二酯（聚酯纤维），人们实现了穿衣自由，极大地提高了人类的生活质量。

第三节　有机化合物单元教学设计示例

以高中化学必修课程"乙醇与乙酸"单元为例，具体说明有机合物课型单元教学设计的一般过程。

一、课程标准与教材分析

"乙醇和乙酸"属于 2017 版高中课标必修课程主题 4 "简单的有机化合物及其应用"中的重要内容。课程标准相关要求如表 10-8 所示。

表 10-8　2017 版高中课标"主题 4：简单的有机化合物及其应用"中"乙醇和乙酸"相关要求

内容要求	4.1　有机化合物的结构特点 知道有机化合物分子是有空间结构的,以乙醇、乙酸、乙酸乙酯为例认识有机化合物中的官能团。 4.2　典型有机化合物的性质 认识乙醇、乙酸的结构及其主要性质与应用;结合典型实例认识官能团与性质的关系,知道氧化、取代等有机反应类型。知道有机化合物之间在一定条件下是可以转化的。 4.3　有机化学研究的价值 结合实例认识有机化合物在生产、生活中的重要应用
学业要求	1. 能辨识常见有机化合物分子中的碳骨架和官能团。能概括常见有机化合物中碳原子的成键类型。 2. 能描述乙醇、乙酸的主要化学性质及相应性质实验的现象,能书写相关的反应式。 3. 能列举有机化合物在生产、生活中的重要应用,并结合这些物质的主要性质进行简单说明

三个版本的高中化学必修教材对于"乙醇和乙酸"的编排都是放在一个单元中,置于典型的烃类物质之后,符合从烃再到烃的衍生物的学科逻辑。基于课程标准的要求,结合教学内容的内在逻辑关系,抽提出本单元的主题大概念"结构决定性质",引导学生从官能团视角认识乙酸和乙醇。以该大概念为统领的"乙醇与乙酸"单元整体教学设计框架如图 10-10 所示,旨在引导学生从微观结构认识乙醇和乙酸的宏观性质,形成认识有机物性质的一般思路和方法。

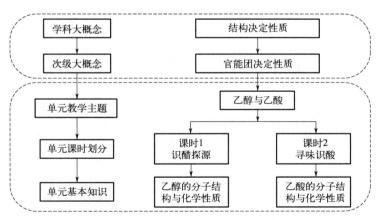

图 10-10　"乙醇与乙酸"单元整体教学设计框架

二、单元教学目标

本单元分为 2 个课时。依据课程标准相关要求、教材编写意图,单元教学目标及教学重、难点如表 10-9 所示。

表 10-9 "乙醇和乙酸"单元教学目标

单元目标	课时目标	教学重、难点
建立从官能团视角认识有机物性质的思路： 能用符号表征乙醇、乙酸的结构，分析说明其典型的化学性质与官能团之间的关系；举例说明乙醇、乙酸的常见用途及其与性质的关系	**课时 1：**1.1　能写出乙醇的结构式、结构简式及其官能团； 1.2　能够描述乙醇的主要化学性质及相应性质实验的现象，书写相关的反应式，分析说明化学反应中的断键方式； 1.3　列举乙醇的常见用途，说明与相应性质的对应关系	**重点：**乙醇的结构与性质的关系 **难点：**乙醇的催化氧化
	课时 2：2.1　能写出乙酸、乙醛、乙酸乙酯的结构式、结构简式及其官能团； 2.2　能够描述乙酸的主要化学性质及相应性质实验的现象，书写相关的反应式，分析说明官能团与化学性质的关系； 2.3　列举乙酸的常见用途，说明与相应性质的对应关系； 2.4　能够说明从官能团角度研究有机物性质的一般思路	**重点：**乙酸的结构与性质的关系，从官能团视角认识有机物的思路 **难点：**乙酸与乙醇的酯化反应

三、单元学情分析

本单元的学情分析如表 10-10 所示。

表 10-10　"乙醇和乙酸"单元学情分析

学情	相应的利用策略
已有相关经验：学生在生活中已经知道酒精的一些性质及用途，对"醋"的一些性质具有生活经验	对于酒精、乙酸的一些常见物理性质让学生根据日常生活经验进行归纳总结，通过性质的学习，让学生自己建立用途与性质的关联
已有相关知识：在前面的学习中，学生通过甲烷、乙烯的性质差异，初步形成"结构决定性质"的学科观念	引导学生比较乙醇与乙烷在分子组成上的差异，预测乙醇的分子结构，类比水分子的结构，设计相应的实验证明乙醇的分子结构
可能的学习困难：对乙醇、乙酸结构及官能团的认识，酯化反应的机制	充分利用结构模型，让学生通过自己搭建模型，预测结构，并用实验证据或事实进行分析推理

四、单元教学流程

本单元以"果醋的酿造"这一真实情境中的问题解决作为外显主线，聚焦"结构决定性质"学科大概念，将核心概念建立路径、学生认知逻辑和关键能力发展作为暗线，设计多样化的学习活动，由浅入深，层层递进，引导学生在实际问题的解决过程中不断迁移学科知识以及形成认识有机化合物的思路和方法，实现思维发展的进阶，将知识内化为能力和素养。

具体教学流程如图 10-11、图 10-12 所示。

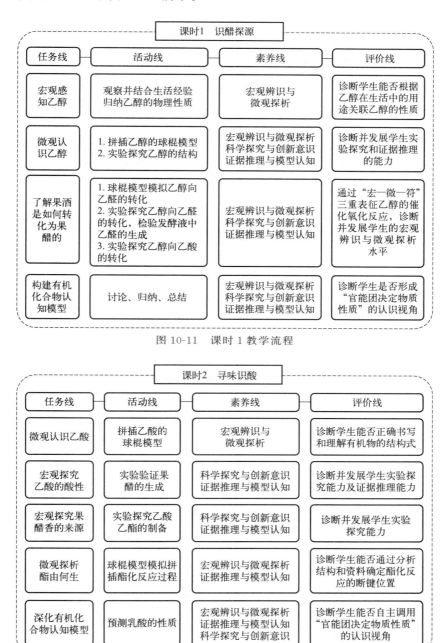

图 10-11　课时 1 教学流程

图 10-12　课时 2 教学流程

五、单元教学过程示例

（一）果酒的主要成分是什么——类比迁移初探乙醇的结构

【课前任务】学生查阅资料了解果酒和果醋的酿造工艺，梳理果醋酿造的基本方案和核心流程，查阅资料梳理酿造过程中有机化合物的转化路径，并小组合作尝试酿造果醋。

【情境引入】小组展示抽提的果醋酿造工艺及酿醋过程中物质的转化关系。

【活动任务】果酒中含有乙醇，分子式为C_2H_6O，相比乙烷多了一个氧原子。请同学们根据成键原理，使用球棍模型拼搭出乙醇可能的结构。

【学生活动】乙醇球棍模型拼搭。

模型A　　　　　　　　　　　　模型B

【教师提示】如何设计实验证明是哪一种结构模型？模型 A 中的—OH 部分与哪个熟悉的化合物相似？

【实验探究 1】对比实验：乙醇、水分别与钠反应。

【提供资料】煤油为 C11～C16 的烃类混合物。

【分析推理】钠与乙醇反应生成氢气，钠可以保存在煤油中，说明与钠接触时煤油中的碳氢键无法断裂生成氢气。因此，钠与乙醇的反应与钠与水的反应类似，氢氧键发生断裂，乙醇结构模型为 A。

【揭示】乙醇分子和水分子中都含有相同结构"—OH"，该结构叫作羟基。正是由于羟基的存在，水和乙醇均能与钠反应生成氢气。官能团是能够决定有机物特性的原子或原子团。官能团是认识有机化合物的重要视角，我们可以根据官能团来推测物质的化学性质和所能发生的化学反应。烃的衍生物是烃分子中的氢原子被其他原子或原子团取代而生成的一系列化合物。乙醇可以看成是羟基取代了乙烷分子中的一个氢原子。

【学生书写】钠与乙醇反应的方程式

$$2CH_3CH_2OH + 2Na \longrightarrow 2CH_3CH_2ONa + H_2 \uparrow$$

（二）果酒如何转化成果醋——变化中探究乙醇的性质

【资料】果酒转化成果醋的过程：乙醇→乙醛→乙酸。

【实验探究 2】学生小组实验：乙醇的催化氧化实验。

【现象汇报】铜丝在酒精灯上加热后由红色变为黑色，将其加入乙醇中后又变成红色，有刺激性气味气体产生。

【教师活动】提示有刺激性气味的物质为乙醛，并展示乙醛的结构式。

【学生活动】对比乙醇、乙醛的结构特点，借助球棍模型分析二者转化过程中化学键的断裂和形成。

断裂的化学键：羟基中的氢氧键、羟基相连的碳原子所形成的碳氢键；形成的化学键：水中的氢氧键、碳氧双键。官能团变化："—OH"转变为了"—CHO"。

【揭示】"—CHO"为醛基，是醛类物质的官能团。CH_3CH_2OH 在铜丝作催化剂加热的条件下，被氧气氧化为 CH_3CHO，这就是乙醇的催化氧化。请写出对应的化学方程式。

【学生书写】$2CH_3CH_2OH + O_2 \xrightarrow[\triangle]{Cu} 2CH_3CHO + 2H_2O$

【提问】如何检验果酒在发酵成果醋的过程中产生了乙醛？

【资料】醛基可以与新制氢氧化铜在加热条件下产生砖红色沉淀。

【实验探究 3】取不同时期的发酵液，检验乙醛的生成。

【提问】如何在实验室实现乙醇到乙酸的转化？

【实验探究 4】乙醇分别与重铬酸钾及酸性高锰酸钾溶液反应。

（三）如何检验果醋的生成——实验感知乙酸的酸性

【提问】如何验证果醋酿造成功了？

【实验方案】可测定不同时期酿造液 pH 的变化。

【追问】如何设计实验验证乙酸的酸性及其酸性强弱？

【实验探究 5】设计实验方案，小组合作进行实验探究，交流实验现象和结论。

实验（1）：向稀醋酸溶液中滴加石蕊试液。

实验（2）：用 pH 试纸测同浓度的稀盐酸和稀醋酸的 pH。

实验（3）：向稀醋酸溶液中滴加碳酸钠溶液。

【归纳】醋酸具有弱酸性，比碳酸的酸性强。

【提问】乙酸和乙醇均含有羟基，为什么乙酸具有酸性，而乙醇没有酸性？

【交流讨论】对比两者结构，猜测乙酸中多了碳氧双键，可能是碳氧双键对羟基产生了影响。

【揭示】正是因为碳氧双键对羟基的影响，让羟基变得更活泼，使羟基上的氢氧键更容易断裂表现出酸性。我们把碳氧双键和羟基所形成的基团叫作羧基，它是乙酸的官能团。

（四）果醋香味的来源——宏微结合探究酯的由来

【提问】果醋有香味，香味从何而来？

【学生猜想】乙酸由乙醇氧化而来，可能在反应过程中乙酸与乙醇会反应生成有香味的物质。

【实验探究 6】酯化反应

在一支试管中加入 3mL 乙醇，然后边振荡试管边慢慢加入 2mL 浓硫酸和 2mL 乙酸，再加入几片碎瓷片。连接好装置，用酒精灯小心加热，将产生的蒸气经导管通到饱和 Na_2CO_3 溶液的液面上（如图 10-13），观察现象。

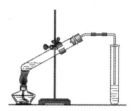

图 10-13　乙酸乙酯的制备装置示意图

【现象汇报】右侧试管内液体的上层有无色透明的油状液体产生，并可以闻到香味。

【学生活动】利用乙醇和乙酸的球棍模型，根据信息拼插出乙酸乙酯的可能结构，并解释说明拼插过程。

【交流讨论】展示酯的结构，探讨断键的两种可能：①酸脱羟基醇脱氢；②醇脱羟基酸脱氢。

【提问】如何判断乙酸乙酯中碳氧单键的氧来自哪种物质？

【知识拓展】科学家采用同位素示踪法，将乙醇中的氧原子标记为 ^{18}O（如下图所示）。

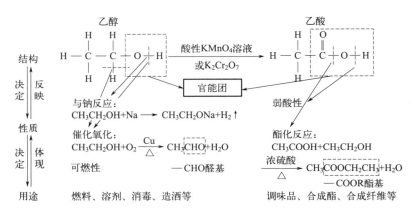

【教师】通过检测，发现 ^{18}O 出现在 $CH_3COOCH_2CH_3$ 中，由此可知酯化反应的机制是酸脱羟基醇脱氢。

【提问】根据乙酸的性质，结合日常生活经验归纳乙酸具有哪些用途。

【学以致用】乳酸的结构式如下图所示，试预测乳酸可能的化学性质。

$$\begin{array}{c} H \\ | \\ H_3C-C-COOH \\ | \\ OH \end{array}$$

【整理归纳】

六、单元教学反思

（一）真实情境贯穿始终，促进学生知识结构化

大概念的抽象化、复杂化及结构化必然会导致学生认识上的困难。在教学上将大概念与真实情境有机结合，能有效降低学生的认识难度。只有在真实情境下运用一种或多种知识完成特定的任务，才能评估关键能力、必备品格与价值观念。本单元围绕"果醋酿造"情境，创设"果酒到果醋的演变""果醋酸味来源""果醋香由何生"等具有内在逻辑关联的问题，

把零碎的知识点融入情境之中，激发学生积极地去思考、探究，自主构建醇、醛、酸、酯转化过程中的官能团和物质类别转化模型，帮助学生从知识关联的结构化走向认识思路的结构化，形成有机化合物的认识角度和一般思路，将事实性知识的认知上升为大概念。

（二）持续性学习评价活动，促进学生学科素养进阶

单元整体学习是一个持续进阶、不断优化的过程，对单元学习成果、目标达成度的综合考查需要将持续性学习评价活动贯穿整个单元学习。课堂上的每一个活动都可以作为一个评价任务，基于任务的完成情况，从能力维度和素养维度对学生进行评价；也可多元主体参与评价，可以采取同伴互评与教师评价相结合的方式。如在对乳酸的性质进行预测的阶段，通过提问、追问等方式对学生能否自主调用认识有机物的一般思路进行评价，课后可以以研究性小论文的形式公开学生的果醋酿造项目学习成果，促进学生及时自我反思，以评促学，实现学生学科素养的持续进阶。

七、单元课后作业简析

人教版高中化学必修教材第二册第七章第三节"乙醇和乙酸"的"练习与应用"中，与本单元教学目标相应的练习题，如表 10-11 所示，补充鲁科版高中化学必修教材第二册第 3 章"概括·整合"第 1 题，可布置为本单元相应的作业。

表 10-11　教材练习题与本单元教学目标的对应关系

课时	课时目标	练习与应用
1	1.1　能写出乙醇的结构式、结构简式及其官能团	人教版高中化学必修教材第二册 P82"练习与应用"：2
	1.2　能够描述乙醇的主要化学性质及相应性质实验的现象，书写相关的反应式，分析说明化学反应中的断键方式	人教版高中化学必修教材第二册 P82"练习与应用"：3,4,5,8
	1.3　列举乙醇的常见用途，说明与相应性质的对应关系	课中完成
2	2.1　能写出乙酸、乙醛、乙酸乙酯的结构式、结构简式及其官能团	人教版高中化学必修教材第二册 P82"练习与应用"：2
	2.2　能够描述乙酸的主要化学性质及相应性质实验的现象，书写相关的反应式，分析说明官能团与化学性质的关系	人教版高中化学必修教材第二册 P82"练习与应用"：4,6,7,9
	2.3　列举乙酸的常见用途，说明与相应性质的对应关系	课中完成
	2.4　能够说明从官能团角度研究有机物性质的一般思路	鲁科版高中化学必修教材第二册 P113"概括·整合"：1

学完本单元你应该能够:

1. 描述说明高中化学有机化合物内容体系、课程标准要求及教材体系结构。

2. 将有机化合物知识的一般学习规律和教学策略用于具体的有机化合物教学设计中。

3. 对某个有机化合物教学单元进行整体设计。

练习与实践 >>>

1. 请研读以下"高中化学项目教学案例——探秘神奇的医用胶"项目学习目标及流程,分析:①运用"项目式教学"有哪些突出优势?②该课题与课程标准哪些学习要求相关?③该教学体现了有机化合物的哪些学习特征?

【案例10-5】 高中化学项目式教学案例——探秘神奇的医用胶❶

【教学目标】

① 通过经历真实问题解决过程,熟练掌握各类烃及烃的衍生物的结构特点、重要性质及相互转化关系。

② 通过对医用胶结构与性能关系的探究、对医用胶安全性的讨论(表10-12中的活动1和4),应用有机化合物性质分析解释实际现象,巩固学生认识有机物结构的基本角度,尤其是官能团的认识角度和基团间相互影响的认识角度;发展学生运用结构、性质、性能3者的关系解决实际问题的能力;深入领会"结构决定性质,性质反映结构"的学科思想。

③ 通过设计改良医用胶分子结构、设计医用胶合成路线的活动(表10-12中的活动2和3),进一步巩固学生认识有机反应的基本角度,主要是反应条件的认识角度;巩固有机合成的一般分析思路和设计合成路线的基本角度,包括碳骨架构建、官能团转化、基团间相互影响等,体验有机化学的理论知识在实践中的创造性应用。

【项目学习流程】

项目学习过程包括的核心环节:从性能需求探秘医用胶的结构及黏合原理,基于性能需求设计医用胶分子结构,设计医用胶的合成路线,论证医用胶使用的安全性。为使学生能够顺利完成学习活动,将部分环节进行细分,具体课时分配及流程如表10-12所示。

---

❶ 宁燕丹、王磊、陈颖,等.素养导向的高中化学项目教学中教师有效行为研究——以"探秘神奇的医用胶"项目教学为例[J].化学教育(中英文),2018,39(19):8-14.

表 10-12 "探秘神奇的医用胶"项目学习流程

课时	环节	项目学习活动	驱动性问题	能力任务	教学目标
	引入				创设情境,明确本节课的项目学习主题——探秘医用胶,项目学习成果——设计医用胶分子结构及合成路线
1	环节1	1 从性能需求探秘医用胶的结构及黏合原理 1.1 从化学角度解读医用胶的黏合、固化等性能 1.2 建立性能与性质、结构的关联	医用胶为什么具有黏合人体组织的神奇功能	[分析解释]从性质、结构角度分析"黏结强度好""常温常压下迅速固化"性能的化学含义 [概括关联]归纳满足医用胶黏合性能需求的分子结构特征	应用性质与结构的关系分析解释性能,建立性能、性质及结构的关联;巩固碳碳双键等典型官能团的结构及性质
	环节2	2 基于性能需求设计改良医用胶分子结构	怎样设计满足性能需求的医用胶分子结构	[简单设计、说明论证]小组结合学案资料设计符合需求的医用胶的分子结构,依据结构、性质和性能的关系论证所设计结果的合理性	应用多角度分析有机物结构和多角度认识有机反应的思路方法解决有机物结构设计问题
2	环节3	3 设计医用胶的合成路线	怎样合成医用胶	[系统探究]回顾有机合成的基本思路;小组合作设计医用胶的合成路线并用海报展示,对不同组的合成路线进行优化完善	应用有机合成的一般思路设计、优化陌生有机物的合成路线;应用常见的有机物转化关系
	环节4	4 论证医用胶使用的安全性 4.1 探索医用胶在人体内的代谢 4.2 探讨医用胶分子结构与使用安全性的关系	我们设计的医用胶满足安全使用的需求吗	[分析解释、推论预测]小组合作依据资料分析医用胶在人体组织中的代谢条件、代谢产物等。据此进一步探讨医用胶可能存在的安全隐患,基于增强安全性探讨医用胶的结构改进方向	应用多角度认识有机反应的思路论证人体内医用胶的代谢及使用安全性等实际问题;巩固重要的有机反应规律
	小结	回顾对医用胶性能、性质、结构、合成的探索之旅		梳理探索结构、性质、性能3者的关系,体会科学家的研发思路	整合结构、性质、性能3者的关系,探秘实际应用领域的有机物的思路方法

2. 请用结构图的形式呈现课题"苯"的教学思路。

3. 请依据课程标准和教材分析对高中化学选择性必修课程"醇和酚"单元进行教学设计。

第十一章
跨学科实践活动教学设计

学习准备 >>>

请查阅 2022 版初中课标，找出"化学与社会·跨学科实践"主题的学习要求，分析相应的教材编写特点。

案例分析 >>>

【案例 11-1】 探究土壤酸碱性对植物生长的影响（九年级化学）❶

研读以下跨学科实践活动"探究土壤酸碱性对植物生长的影响"的教学过程，分析该类课题教学的显著特点是什么，能够达成哪些课程标准要求？

任务 1　探究培养液酸碱性对麻豌豆生长的影响（1 课时）

环节 1：课前实验探究培养液酸碱性对植物生长的影响

【问题 1】影响植物的生长的因素有哪些？

【教师支持】引导学生从光照、温度、湿度、光照条件、土壤酸碱性、土壤营养素等角度分析影响植物生长的因素。

【问题 2】土壤的酸碱性是否影响植物的生长？如何影响生长？尝试设计实验。

【教师支持】提供材料和仪器，引导学生结合问题开展探究活动。

【学生活动】分组实验，探究不同酸碱性的培养液对种子萌芽及生长的影响：①学生分为 6 组，将不同酸碱性的培养液以及上海青、胡萝卜、绿豆、麻豌豆种子发给同学，每组同学有种子 7 份，每份 30 粒；②6 组同学将种子放在铺好滤纸的培养皿中，分别用滴管滴加等量的不同酸碱度的营养液，早、晚各 1 次，记录种子一周生长情况及萌发率。麻豌豆种子一周萌芽及生长情况如图 11-1，上海青种子一周后萌芽及生长情况如图 11-2，绿豆种子一周后萌芽及生长情况如图 11-3。

---

❶ 本案例由苏州高新区第五初级中学校姜艳艳老师、苏州高新区第二中学王文娅老师设计与实施。

图 11-1　麻豌豆种子一周萌芽及生长情况

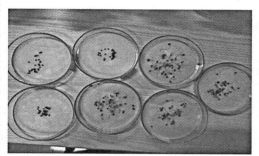

图 11-2　上海青种子一周后萌芽及生长情况

图 11-3　绿豆种子一周后萌芽及生长情况

【实验结论】培养液的酸碱性会影响种子萌发和植物的生长。上海青、麻豌豆种子对培养液的酸碱性感知比较明显，其萌发受培养液酸碱性的影响比较大，但是上海青种子萌芽之后，芽苗比较单薄，不如豌豆苗粗壮。在实验过程中，一周内胡萝卜种子在不同酸碱性培养液中萌芽情况较差，绿豆种子在不同的酸碱性营养液中，生长得都比较好，受酸碱性影响不明显。

环节 2：确定适宜麻豌豆种子发芽的培养液酸碱性

【问题 3】适宜麻豌豆种子发芽的培养液酸碱性如何？（以豌豆苗为例）

【教师支持】提供实验仪器和素材，引导学生验证紫色石蕊、无色酚酞溶液遇酸碱性溶液变色情况，见表 11-1。

表 11-1　探究紫色石蕊溶液、无色酚酞溶液遇酸碱性溶液变色情况

实验步骤	实验现象	实验结论
分别将紫色石蕊溶液和无色酚酞溶液滴加到白醋、食盐水、肥皂水中，观察紫色石蕊、无色酚酞溶液变色情况	紫色石蕊溶液遇白醋呈红色、遇肥皂水呈蓝色、遇食盐水呈紫色； 无色酚酞溶液遇白醋和食盐水呈无色、遇肥皂水呈红色	紫色石蕊溶液遇酸性溶液呈红色，遇碱性溶液呈蓝色，遇中性溶液呈紫色； 无色酚酞遇酸性、中性溶液不变色，遇碱性溶液呈红色

【教师支持】提供实验仪器和素材，引导学生验证培养液酸碱性，总结适合豌豆苗生长的培养液的酸碱性，如表 11-2。

表 11-2　确定培养液酸碱性

实验步骤	实验现象	实验结论
A组:向井穴板(已装好营养液)滴加3滴紫色石蕊溶液,观察颜色变化	培养液1、2、3中紫色石蕊溶液变红;培养液4、5、6、7中紫色石蕊溶液不同组观察现象不同,有的认为蓝色,有的认为紫色	培养液1、2、3呈酸性 培养液4呈中性 培养液5、6、7呈碱性
B组:向井穴板(已装好营养液)滴加3滴无色酚酞溶液,观察颜色变化	培养液1、2、3、4中无色酚酞溶液无色;培养液5、6、7中无色酚酞溶液红色	

环节3: 确定适宜麻豌豆种子发芽的培养液酸碱度

【问题4】为何同为酸性条件、碱性条件,豌豆苗生长情况不同?

【学生回答】培养液酸碱程度不同。

【提供资料】酸碱度称作 pH,广泛 pH 试纸可粗略测定溶液的酸碱度。

【学生活动】用 pH 试纸测定培养液酸碱度,如表 11-3。

表 11-3　使用 pH 试纸测定培养液酸碱度

实验步骤	实验现象	实验结论
A组:用镊子将 pH 试纸放在干燥洁净的玻璃片上,用一次性小滴瓶将营养液1、2、3、4滴在 pH 试纸上,30s 内与标准比色卡对比,读 pH 值	不同组读出的 pH 值不相同	人眼对颜色感知有差异,pH 试纸无法精确测定出 pH 值
B组:用镊子将 pH 试纸放在干燥洁净的玻璃片上,用一次性小滴瓶将营养液5、6、7滴在 pH 试纸上,30s 内与标准比色卡对比,读 pH 值		

【提供资料】pH 试纸只能粗略测定溶液酸碱度,测定溶液的酸碱度除了使用 pH 试纸外,利用 pH 计、pH 传感器是常用的精确测定 pH 值的方法。

【教师活动】演示实验,用 pH 计测定培养液酸碱度,如表 11-4。

表 11-4　用 pH 计测定培养液酸碱度

实验步骤	实验结论
将 pH 计伸入到培养液1中,读数,得 pH 值。用蒸馏水冲洗,擦干后,伸入到培养液2中,读数,得 pH 值。以此类推,测出7份培养液的 pH 值	培养液1~7的 pH 值分别为:1、2、5、7、9、10、12

【学生分析】总结适合豌豆苗生长的 pH 值。

【教师支持】提供实验药品,引导学生设计实验验证酸碱性及酸碱度的关系。

【学生活动】进行实验,验证酸碱性与酸碱度之间的关系,如表 11-5。

表 11-5　实验验证酸碱性与酸碱度的关系

实验步骤	实验结论
分别取酸性、碱性营养液于试管中,加水,测定加水稀释前后,培养液 pH 变化	酸性溶液,pH 越小,酸性越强 中性溶液,加水稀释前后 pH 不变 碱性溶液,pH 越大,碱性越强

查阅资料得知适合豌豆苗生长的酸碱度为 6.5～8，但是除了适宜的 pH 范围，当 1<pH<6.5 或 pH>8 时，豌豆苗仍能不错地发芽生长且碱性条件下比酸性条件下好，可见其生命力的强大。就像我们的人生，也许开局的环境并不是最适宜我们的环境，但是只要我们坚持下去，总归能走出一条我们自己的路，发出属于自己的苗。

环节 4：调节培养液的酸碱度

【问题 5】如何调节培养液的酸碱度使其适合豌豆苗的生长？以 pH=3 的培养液为例，将其调节到 pH=7.5。

【学生回答】可以向培养液中加水。

【教师追问】加水过程中，培养液酸碱度变化情况如何？

【学生活动】尝试绘制加水过程中培养液酸碱度变化曲线。

【教师支持】通过手持 pH 传感器，测定培养液酸碱度，向培养液中加水，观看培养液加水过程中酸碱度变化曲线，如图 11-4。

【教师追问】加水过程能否将 pH=3 的培养液调至 pH=7.5？是否还有其他方案？

【学生回答】滴加碱性溶液。

【教师追问】加碱性溶液的过程中，培养液酸碱度变化情况如何？

【学生活动】尝试绘制加碱性溶液过程中培养液酸碱度变化曲线。

【教师支持】通过手持 pH 传感器，测定培养液酸碱度，向培养液中加碱性溶液，观看培养液加碱性溶液过程中酸碱度变化曲线，如图 11-5。

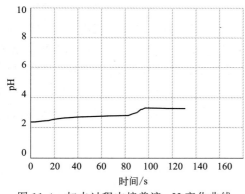

图 11-4　加水过程中培养液 pH 变化曲线

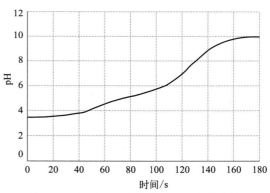

图 11-5　加碱过程中培养液 pH 变化曲线

【学生活动】观察实验过程中曲线变化，比较实验曲线与自己绘制的曲线是否相同。归纳总结调节培养液酸碱度的方法。

任务 2　土壤改良（1 课时，具体教学过程略）

环节 1：调查实践：我国盐碱地成因及改良利用

环节 2：探究种植耐盐碱植物改善盐碱地土壤环境的原理

环节 3：探究灌水冲洗改善盐碱地土壤环境的原理

环节 4：探究使用改良剂对改善盐碱地土壤环境的原理

环节 5：探究增施肥料对改善盐碱地土壤环境的原理

2022 年版初中课标明确要求"在教学中强化学科实践，加强知行合一、学思结合，充分发挥实践的育人功能"。作为依托真实情境和实践活动的学习方式，学科实践是自主、合作与探究学习方式的迭代，是与素养目标和内容结构化相匹配的、学科典型的学习方式的变革方向。学科实践包含学科内的实践和跨学科实践。2022 版初中课标专门设置了"化学与社会·跨学科实践"学习主题，提供了 10 个跨学科实践活动供教师选择使用，要求所用课时不少于本学科总课时的 10%，并鼓励教师自主研发和开展跨学科实践活动。将跨学科实践活动作为课程内容，是 2022 版初中课标的重大变化之一，教师应充分认识跨学科实践活动对发展学生核心素养和落实课程育人的重要性，理解跨学科教学实践活动的内涵与价值，积极开展相应的教学设计研究，将课程标准要求落到实处。

第一节　跨学科实践活动课程标准与教材分析

"跨学科实践活动"一词虽然是首次出现在我国的课程标准之中，但其反映的综合化、实践化倾向早已在研究性学习、综合实践活动等课程中有所体现。从实质上看，跨学科实践活动可以被归为"综合课程"或"课程整合"的范畴。19 世纪，科学教育的奠基人赫尔巴特和斯宾塞就曾对跨学科实践活动进行过相应的讨论。到了 20 世纪，克伯屈总结的"项目教学法"形成了以学生为中心，综合考虑和设计教学目标、计划和学生活动的实践教学方案。20 世纪课程整合的方案主要是围绕"儿童经验取向"和"学科取向"的交融发展进行，到 20 世纪 70 年代，以科学—技术—社会（STS）教育、环境教育以及为所有人的科学等为代表的课程改革思潮涌现，倡导综合科学课程，强调社会相关性❶。"跨学科实践"强调学生能够理解科学、技术、工程学、数学等学科的相互关系，并尝试运用多学科的知识和方法，通过设计和制作，解决现实问题或生产特定产品，发展学生跨学科运用知识的能力、分析和解决问题的综合能力、动手操作的实践能力，从而培养学生积极认真的学习态度和乐于实践、敢于创新的精神。

一、跨学科实践活动的内涵与意义

（一）跨学科实践活动的内涵

"跨学科"是一种整合两种或两种以上的学科知识、方法或思维方式以解决真实问题、产生跨学科理解的课程与教学取向。我国学校课程体系以分科课程为主，但现实社会的问题往往很难用一个学科的知识来解决，而且，孤立的学科知识在某种意义上也会影响到学生的综合、高层次思维的发展。为了提高课程的综合性和实践性，2022 版初中课标提出了对跨学科实践活动的硬性要求。"跨学科实践活动"是学生面对复杂的现实问题，通过观察、实验、调查等多种实践活动，整合利用多学科的知识和方法分析问题、

---

❶　马佳敏 . 面向跨学科实践活动的现行初中化学教材内容的分析研究［D］. 重庆：西南大学，2023.

解决问题的过程。

化学课程中的跨学科实践活动具有以下三个方面的特征：一是立足学科，整合利用多学科知识与方法。跨学科实践活动应承载化学核心知识，注重化学学科实践，在问题解决的过程中将化学学科知识、思想方法与其他学科相融合。二是强调全体学生的参与。作为课程标准硬性要求之一的跨学科实践活动与只有部分学生参与的本校课程或社团活动存在本质区别。三是常态化实施。学校和教师需要将跨学科实践活动纳入课程实施计划，构建常态化的实施机制和方案，积极开发相应的课程资源和教学活动。

（二）跨学科实践活动的意义

跨学科实践活动的实施能够加强各门学科之间的横向沟通与关联，促进课程内部知识的结构化与体系化，强化跨学科实践，对学生核心素养发展、教学方式转变、教师专业成长及课程育人体系的形成等均具有积极意义[1]。

1. 开展跨学科实践活动，有助于促进学生核心素养的发展

核心素养是个体在解决复杂的、不确定的现实问题的过程中表现出来的综合性品质或能力。核心素养需要在活动中形成、发展和显现。一方面，核心素养的发展依托于真实问题，真实问题的解决往往具有复杂性，需要调用多学科的知识和方法；另一方面，核心素养指向思维方式和行为习惯，需要在实践中形成和发展。在跨学科实践活动中设计具有驱动性、富有意义的挑战性任务，可以促使学生全身心参与，建构大概念并发展问题解决能力，实现知识、技能和态度向素养的转化，使他们学会做事、做人。将社会主义核心价值观、技术与工程教育、安全健康教育、劳动教育等有机融合在跨学科实践活动中，还可进一步有效地实现综合育人。

2. 开展跨学科实践活动，有助于促进教与学方式的转变

深化教学改革，推进教学方式转变，是当前教育实践面临的重要挑战。2022版初中课标将跨学科实践活动作为硬性要求，既能促使学生主动参与，积极思考，应用多学科的思维方式解决问题，充分合作交流，建立和谐的生生、师生学习共同体；又能促使课堂教学转向对社会发展变革的适应和对学生学习需求的满足，从单一的知识传授向核心知识、学科观念、技术与工程方法的综合应用转变，从"以教师为中心"向"以学生为中心"转变。

3. 开展跨学科实践活动，有助于促进教师的专业成长

跨学科实践活动为教师开展素养导向的教学提供了广阔的探索空间，需要教师持续研究化学知识在真实世界中的应用、认识化学观念和思想方法在解决实际问题中的作用，这必然会促进教师学科知识的丰富和对学科思想方法的理解。为了设计富有意义的跨学科活动，教师需要事先亲身实践。例如，教师需要自己组装制氧机，研究其中涉及的技术与工程方法；需要在不同的酸碱性环境下栽培植物，观察植物的生长情况等。只有在了解真实应用和进行亲身实践的基础上，教师才能结合学生的实际情况设计出适切的学习活动。跨学科实践活动还对教师的教学策略和教学行为提出了新的要求，需要教师不断实践和反思以下问题：如何

---

[1] 胡久华. 义务教育化学课程中跨学科实践活动的设计与实施 [J]. 课程. 教材. 教法，2023，43（07）：125-132.

组织学生的小组实践活动，如何点拨和支持学生，如何在有限的时间内为学生提供充分的活动机会，如何开展表现性评价，如何综合运用体验和表达、成就和激励、反馈和深化等策略促进学生知、情、意、行的统一等等。

二、跨学科实践活动课程标准要求

（一）跨学科实践活动主题分析

2022 版初中课标学习主题 5 "化学与社会·跨学科实践"，通过设置跨学科实践活动，注重培养学生综合应用学科知识，从物质组成及变化视角分析和解决能源、资源、环境、材料、健康等实际问题的能力。真实复杂问题的解决，不但需要调用多学科的知识，更需要根据实际需要，团体积极协作，运用综合、系统、创新思维，通过信息技术手段获取和加工信息，运用技术与工程方法设计方案、制作模型和作品。例如，设计低碳行动方案，需要应用元素观、变化观等化学观念和二氧化碳性质及转化的关系，调用生物、物理、道德与法治等多学科知识，从科学、技术、社会、环境等视角，综合探讨我国达到 "碳中和" 目标的方案措施。这样的定位和要求，充分反映了该学习主题名称中的 "跨学科实践"，通过化学与社会真实问题解决活动、跨学科实践活动，培养学生应对不确定挑战的正确价值观、必备品格和关键能力。该主题在核心素养发展上的功能定位如图 11-6 所示❶。

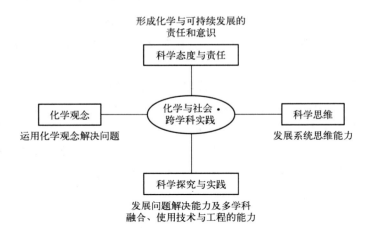

图 11-6 "化学与社会·跨学科实践" 主题的在核心素养发展上的功能定位

2022 版初中课标学习主题 5 围绕核心素养的目标要求，设计了 10 个跨学科实践活动，如表 11-6 所示，包括产品制作、调查研究、行动改进、模型建构等活动类型，充分考虑了 "物质的性质与应用" "物质的组成与结构" "物质的化学变化" 三个学习主题中的核心知识，考虑了化学与资源、能源、材料、环境、健康等领域，尽可能承载了生物学、地理、物理、道德与法治等其他学科内容。这些跨学科实践活动需要综合应用技术与工程思想与方法。

---

❶ 房喻，王磊. 义务教育化学课程标准（2022 年版）解读［M］. 北京：高等教育出版社，2022：201-210.

表 11-6　2022 版初中课标"跨学科实践活动"

活动类型	活动主题
产品制作	微型空气质量"检测站"的组装与使用
	基于特定需求设计和制作简易供氧器
	水质检测及自制净水器
	海洋资源的综合利用与制盐
调查研究	探究土壤酸碱性对植物生长的影响
	调查家用燃料的变迁与合理使用
	调查我国航天科技领域中新型材料、新型能源的应用
行动改进	基于碳中和理念设计低碳行动方案
	垃圾的分类与回收利用
模型建构	制作模型并展示科学家探索物质组成与结构的历程

1. 微型空气质量"检测站"的组装与使用

该项目以空气中的污染物为研究对象,以空气质量"检测站"为载体,属于化学与环境领域的产品制作类综合实践活动。

该项目涵盖空气质量的检测、空气污染物的处理、地球环境系统的循环等方面的知识,融合了化学、生物学、地理、物理多学科的内容。空气组成、典型的大气污染物的来源及危害属于化学学科的内容。认识人类活动破坏或改善生态环境,属于生物学学科的问题。气象观测,空气质量影响因素的探究,借助风向标、雨量计、风速测量仪等完成以地区、时间、温度、降水量、风速、风向和湿度为基本信息的气象监测,属于地理学科的内容。利用简易传感器装置对二氧化硫、氮氧化物、PM2.5 等进行监测,与化学、物理学科相关。

该项目基于所需测量的信息寻找合适的检测装置,组合得到微型"检测站",促进建立化学、技术、工程融合解决跨学科问题的思路与方法,促进"系统与模型""稳定与变化"等跨学科大概念的发展;依据测量结果与所学内容提出防治空气污染、改善空气质量的方案,构建人类活动对空气质量影响的模型,促使学生形成关爱环境、保护环境的意识。

2. 基于特定需求设计和制作简易供氧器

供氧器指能提供氧气的装置,特定需求指在供氧器设计和制作过程中要考虑特定环境和特定使用人群的实际需求。该项目属于产品制作类综合实践活动。

氧气是空气中的一种重要成分,是生物体呼吸不可或缺的物质,也是工业生产必备的原料,供氧器在生产、生活中扮演着重要的角色。

该项目综合体现"物质的性质与应用""物质的化学变化"学习主题的大概念及核心知识内容,承载学生必做实验"氧气的实验室制取与性质",涉及"化学与社会·跨学科实践"学习主题中材料、健康部分的内容,帮助学生建构元素观、变化观化学观念,促进"系统与模型""比例与定量"等跨学科大概念的进一步发展。

该项目要求学生有意识地应用化学核心知识,自主调用物理和数学等学科的相关知识,综合考虑使用环境和使用对象的特定需求,选择具体的技术与工程方法完成简易供氧器的设计和制作,自主反思,不断改进,提升合作解决问题的能力,激发创造力。

3. 水质检测及自制净水器

该项目针对人类饮水安全、水的净化问题而设计，属于化学与健康、资源领域的产品制作类实践活动。

水是地球上含量最多的物质，是一切生命赖以生存的最基本的物质基础。净水器是生活中的常见仪器。为保证用水安全，水质检测是检验饮用水质量必不可少的过程。该项目涉及"科学探究与化学实验"学习主题中的基本化学实验技能，关注"化学与社会·跨学科实践"学习主题中健康部分的内容，促进学生发展变化观，进一步发展"系统与模型"跨学科大概念。

该项目要求学生结合我国《生活饮用水卫生标准》，通过检测色度、浊度、硬度、气味等相关指标，分析水质情况。学生以水的净化为主要研究对象，通过吸附、沉降、过滤和蒸馏等净化方法，掌握分离方法，综合考虑人体用水的需求，结合自来水厂生产工艺和物质分离原理，选择合适的技术与工程方法自制净水器，帮助建构化学、技术、工程融合解决跨学科问题的思路与方法。

4. 基于碳中和理念设计低碳行动方案

该项目针对二氧化碳过量排放导致气候变暖等环境问题所引发的社会性科学议题，属于化学与环境领域的行动改进类实践活动，具有重要的现实意义。

该实践活动涉及多个学科的内容：二氧化碳的性质和转化是化学学科"物质的性质与应用"学习主题的核心知识，承载学生必做实验"二氧化碳的实验室制取与性质"；从大气圈、岩石圈、水圈等多个系统认识碳循环，绿色植物可以通过光合作用将二氧化碳转化为有机物，在维持生物圈中碳氧平衡方面具有重要作用，属于生物学学科的重要内容；认识人类活动对环境产生影响并造成气候变化，属于地理学科的内容；了解关于节能减排的政策法规，关注与温室效应有关的新闻，理解在环境、经济等问题上各国的依存关系，理解碳中和的意义等，与道德与法治课程的内容相关。这个跨学科实践活动还将促进学生发展元素观、变化观等化学观念，进一步建构"可持续发展""系统与模型"等跨学科大概念。

该项目使学生置身于真实情境中，引导学生在面对个人舒适生活需要、国家经济发展需要与低碳要求的两难问题时，建立二氧化碳产生与转化的化学视角和理性认知，发展科学、技术、工程融合解决实际问题的能力，形成国际化视野和构建人类命运共同体的意识，发展社会责任、国家认同、国际理解等素养，促进知、情、意、行的统一。

5. 垃圾的分类与回收利用

该项目针对垃圾分类与回收利用问题而设计，属于化学与环境领域的行动改进类综合实践活动，紧密结合学生的生活和社会热点，具有重要的现实意义。

该项目以生活垃圾为载体，涵盖物质分类、资源合理利用以及环境保护等内容，涉及化学、物理、生物学、道德与法治等学科。基于物质性质对物质进行分类，资源合理利用以及资源再生等属于化学学科知识。垃圾填埋实验的设计与分析，测量填埋瓶的重量，结合微生物作用进行能量分析等涉及物理、生物学等学科内容。了解垃圾分类处理的相关政策，理解垃圾分类与回收的意义，与道德与法治课程内容相关。

该项目可将"垃圾去哪儿了"或者"我为生活垃圾设计旅程"作为统领性大任务，学生需要基于物质、物质性质视角认识垃圾并分类，通过模拟垃圾填埋、垃圾瓶的制作与观察分析活动，建立垃圾分类处理的必要性和思路、方法，在调研的基础上进行深入探讨，设计垃圾处理的系统方案，实现资源的回收利用，发展物质观、守恒观等化学观念，促进"物质与能量"大概念的发展，树立环保意识，实现知、情、意、行统一。

6. 探究土壤酸碱性对植物生长的影响

该项目针对植物生长受土壤酸碱性的影响而设计，属于调查研究类综合实践活动，与具有现实意义的土壤改良、植物栽培密切相关。

该项目以酸、碱、盐的性质与转化为研究对象，以土壤酸碱性对植物生长的影响的探究为载体，承载学生必做实验"常见酸、碱的化学性质"，融合化学、生物学、地理等课程内容。认识我国土壤酸碱度分布情况等属于地理学科的内容。土壤酸碱性的测定，应用酸、碱、盐之间的反应改良土壤等，属于化学学科的知识。认识土壤的酸碱性对植物生长的影响，涉及生物学学科的内容。

学生通过测定土壤的酸碱性、调查我国土壤酸碱度分布、探究土壤酸碱性对植物生长的影响、栽培植物等活动，深化理解变化观、化学与可持续发展大概念，体会实验室探究与真实问题解决的差异，产生保护土壤的情怀。

7. 海洋资源的综合利用与制盐

该项目针对海洋资源的综合利用与制盐开展探究和实践，属于化学与资源、健康领域的产品制作类综合实践活动。

该项目以海洋资源综合利用为载体，以制取食盐为核心，引导学生认识海洋中富含淡水、溴、镁、食盐等物质资源，以及生物能、潮汐能等能量，承载学生必做实验"粗盐中难溶性杂质的去除"和"一定溶质质量分数的氯化钠溶液的配制"，融合化学、地理、生物学等相关课程内容。用海水制取食盐涉及蒸发、溶解、溶解度等问题，属于化学学科的内容。海水资源的分布，属于地理学科的知识。食盐对人体健康的重要性等，属于生物学学科的知识。

该项目让学生经历海洋资源综合利用的问题解决过程，认识海洋资源的不同利用方式；通过制盐的实践活动，认识溶液组成、溶解、分离方法，帮助学生建构应用物质性质实现物质分离的思路方法，体会海洋资源的合理利用的重要意义，深化可持续发展观念。

8. 制作模型并展示科学家探索物质组成与结构的历程

该项目结合化学史，通过制作模型展示科学家探究物质组成与结构的历程，属于模型建构类综合实践活动。

该项目聚焦"物质的组成与结构"学习主题，承载学生必做实验"水的组成及变化的探究"，帮助学生建构元素观、微粒观化学观念，促进学生"多重表征""模型""比例"等跨学科大概念的发展。

模型在科学家探究物质结构的历程中具有重要的作用，模型建构过程体现了"提出假设—反复验证—修正假说—形成理论"的科学研究过程。该项目结合道尔顿、盖·吕萨克、阿伏伽德罗等科学家提出的典型假说，以分子模型、原子模型的搭建为核心，从原子、分子视角探究物质的组成和结构，促进学生建立研究物质组成与结构的一般思路与方法。

9. 调查家用燃料的变迁与合理使用

该项目针对不同时代家用燃料的选择和使用问题展开探究与实践，属于化学与能源领域的调查研究类综合实践活动，具有现实意义。

该项目融合化学、生物学、地理等学科的内容，聚焦"物质的化学变化"学习主题，承载学生必做实验"燃烧条件的探究"，涉及"化学与社会·跨学科实践"学习主题中能源、环境部分的内容。燃烧条件、调控燃烧程度等属于化学学科内容。探究我国煤、天然气等资源的分布情况涉及地理学科知识。家用燃料合理使用的探究，如煤炭不完全燃烧产生一氧化碳与人体血液中的血红蛋白结合，可能致使人死亡等，属于生物学学科内容。

该项目通过调查家用燃料的变迁历史与原因分析，探讨生产和生活中调控燃烧的技术方法，评估燃料对环境的影响，结合变迁原因展望未来燃料，帮助学生形成合理选择和使用燃料的思路方法，建构变化观念，促进学生化学反应及能量、可持续发展等大概念的发展，形成节约资源、保护环境的意识。

10. 调查我国航天科技领域中新型材料、新型能源的应用

该项目围绕我国航天科技领域中新型材料和新型能源应用的调查而展开，属于调查研究类综合实践活动，有助于学生了解我国的航天事业，激发民族自豪感。

航天科技领域是未来发展的重要领域，对新型材料和新型能源的探索是重要的研究方向。材料追求轻便、性质优良，航天科技领域采用的新型材料有：铝锂合金，具有密度低、比强度和比刚度高等特点；钛合金，具有强度高、耐热性强、耐腐蚀性好等特点；复合材料（如碳纤维复合材料），具有重量轻、比强度和刚度大等特点。燃料追求高效环保，航天科技中需要考虑燃料性能、燃料存储以及环保等问题，当前研究方向有碳氢燃料转化为高密度液体碳氢燃料、液氢燃料的储存与使用等。该项目涉及"物质的性质与应用""物质的化学变化"等学习主题，承载学生必做实验"常见金属的物理性质和化学性质"，关注"化学与社会·跨学科实践"学习主题中能源、材料、环境部分的内容，促进学生发展变化观、元素观以及能量观等化学观念，发展稳定与变化、能量与物质、物质性质与应用等大概念。

该项目以航天科技领域中的新型材料和新型能源为调研对象，并以铝锂合金和钛合金等新型材料、液氢燃料等新型能源为例，整合金属与合金的性质及应用、能量变化、元素守恒等核心知识，探究未来材料的性能、能源的绿色高效等问题，引导学生感受化学在新材料研发、新能源应用中的重要作用，体会我国航天事业的重大成就，树立民族自信，激发家国情怀❶。

（二）跨学科综合实践活动相关学习要求分析

每个跨学科实践活动，既有真实复杂的大任务驱动，又以具体任务作为抓手，让不同水平的学生都能积极参与，还跟学生必做实验紧密相关，充分发挥跨学科实践活动的全面育人价值。2022版初中课标主题5对跨学科实践活动的相关学习要求如表11-7所示。

---

❶ 房喻，王磊. 义务教育化学课程标准（2022年版）解读［M］. 北京：高等教育出版社，2022：201.

表 11-7　跨学科综合实践活动的课程标准相关学习要求

内容要求	学业要求
5.3　化学、技术、工程融合解决跨学科问题的思路与方法 　　通过实践活动，初步形成应用元素观、变化观等化学观念和科学探究方法解决问题的思路；认识在解决实际问题时，需要综合运用各学科知识，采用合适的方法和工具，以及系统规划和实施；体会有效使用科学技术，以及合作、协同创新解决问题的重要性。 5.4　应对未来不确定性挑战 5.4.1　科学伦理及法律规范 　　通过实例分析或参加与化学相关的职业体验活动，认识到应用科学知识解决问题时，应恪守科学伦理；知道国家在生态环境保护，化学品、食品、药品安全等方面颁布了法律法规，增强遵纪守法、自我保护及维护社会安全的意识。 5.4.2　社会性科学议题的合理应对 　　知道现代科学技术的开发和应用可能会引起与生态环境、伦理道德、经济发展等相关的问题；知道人类生存与发展会面临来自环境、能源、资源、健康和公共卫生等方面的危机与不确定性挑战；通过参与社会性科学议题的探讨活动，体会以理性、积极的态度和系统、创新的思维应对挑战的重要性	在跨学科实践活动中，能综合运用化学、技术、工程及跨学科知识，秉承可持续发展观，设计、评估解决实际问题的方案，制作项目作品，并进行改进和优化，体现创新意识。 　　在跨学科实践活动中，具有恪守科学伦理和遵守法律法规的意识；能积极参与小组合作，勇于批判、质疑，自觉反思，能克服困难，敢于面对陌生的、不确定性的挑战；能积极参加与化学有关的社会热点问题的讨论并作出合理的价值判断；初步形成节能低碳、节约资源、保护环境的态度和健康的生活方式

　　课程标准相关学业要求表明：首先，需要真实开展跨学科实践活动，并且通过活动促进学生的素养发展；其次，强调活动表现评价，结合学生在跨学科实践活动中的表现及其成果（例如解决问题的方案、项目作品等）进行评价；再次，注重评价学生综合运用多学科知识、技术、工程等解决实际问题的能力；最后，不仅仅考查关键能力，还评价学生做事过程表现出来的情感态度，例如遵纪守法的意识，勇于克服困难、不断反思改进、积极合作的态度和精神。

　　跨学科实践活动涵盖了义务教育阶段的化学基本知识要求，还涉及其他学科义务教育阶段的知识要求，注重培养学生综合应用多学科知识解决问题的能力。此外，根据问题解决的需要，鼓励学生自主运用信息技术查找资料并分析加工。但需注意的是，教师在跨学科实践活动中，不要受具体知识的限制，影响活动开展的开放度，不宜将不作为基本要求的知识纳入重要的评价中，不宜将拓展知识作为活动的主要目的❶。

三、跨学科实践活动教材编排

　　以 2024 年版人教版九年级化学教材为例，10 个跨学科实践活动的编排与教材主体内容的对应关系如表 11-8 所示。

表 11-8　2024 年版人教版九年级化学教材跨学科实践活动编排

教材单元	跨学科实践活动
第二单元　空气和氧气	微型空气质量"检测站"的组装与使用
第三单元　物质构成的奥秘	制作模型并展示科学家探索物质组成与结构的历程
第四单元　自然界的水	水质检测及自制净水器
第五单元　化学反应的定量关系	基于特定需求设计和制作简易供氧器

---

❶　胡久华，张恺琦．《义务教育化学课程标准（2022 年版）》解读——化学与社会·跨学科实践［J］．化学教育（中英文），2022，43（15）：13-18．

教材单元	跨学科实践活动
第六单元　碳和碳的氧化物	基于碳中和理念设计低碳行动方案
第七单元　能源的合理利用与开发	调查家用燃料的变迁与合理使用
第八单元　金属和金属材料	垃圾的分类与回收利用
第九单元　溶液	海洋资源的综合利用与制盐
第十单元　酸和碱	探究土壤酸碱性对植物生长的影响
第十二单元　化学与生活	调查我国航天科技领域中新型材料、新型能源的应用

可见，人教版教材编排时都是将跨学科实践活动分散编排在每一单元最后，采取的是化学学科基础知识与跨学科实践活动有机整合的编排方式，如将"微型空气质量'检测站'的组装与使用"编排在"空气和氧气"单元，让学生已具备了相关的基础知识之后再进行相关实践活动；在"物质构成的奥秘"单元，编排"制作模型并展示科学家探索物质组成与结构的历程"等。

根据教材的编排意图，跨学科活动主题的教学，要尽可能地与相应学习主题的教学紧密结合，一般有以下3种开展思路：①在相关主题核心内容教学之后，将化学知识与健康、环境、材料、资源、能源等紧密结合，增加实际问题解决活动。例如，学习完二氧化碳的性质之后，分析、评价碳捕集、碳封存等低碳措施。②在新授课的教学中，通过跨学科实践活动承载其他主题核心内容，采用实际问题驱动教学，让学生面临真实问题，充分体验和实践，在过程中获得核心知识、发展问题解决能力。例如，在探讨低碳行动方案的过程中，让学生获得二氧化碳性质及转化的相关知识，作为二氧化碳新授课的教学。③开展多样化的跨学科综合教学，充分挖掘、利用跨学科素材，更多地将跨学科元素融合在新授课、复习课的各个阶段中。需要关注跨学科综合的不同方式和程度，适当增加深度综合的主题或活动。深度综合体现在学科思想方法的近似与共通，研究问题或核心概念的重合，学科认识角度和思路在分析解决问题时实质性发挥作用等。根据综合性内容的特点和功能，规划和安排综合性内容的位置。将最能体现共通学科思想方法、最具育人价值的内容以跨学科专题或项目式学习的形式呈现。

第二节　跨学科实践活动教学设计思路与策略

一、跨学科实践活动教学设计思路与方法

跨学科实践活动的教学具有活动主题的育人性、学习情境的真实性、学习任务的挑战性、活动开展的实践性、跨学科知识的应用性等显著特征。跨学科实践活动教学设计框架如图 11-7 所示❶。

---

❶　胡久华. 义务教育化学课程中跨学科实践活动的设计与实施 [J]. 课程. 教材. 教法，2023，43（7）：125-132.

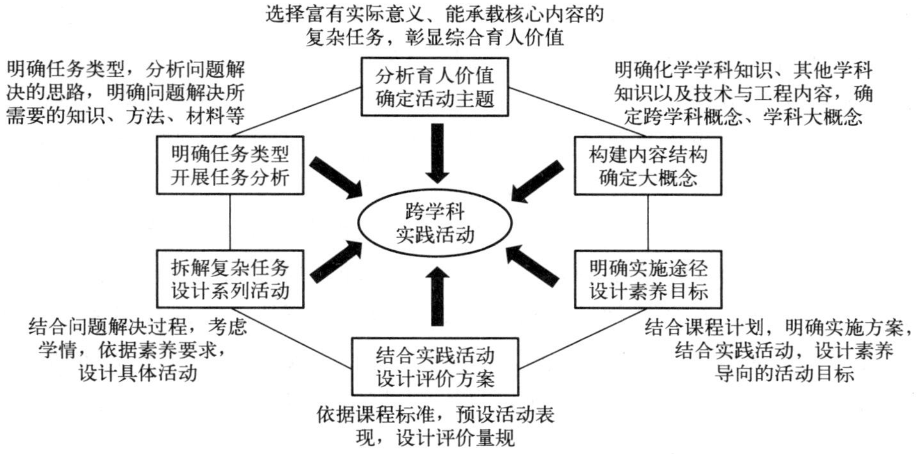

图 11-7　跨学科实践活动教学设计框架

（一）分析育人价值，确定活动主题

对于跨学科实践活动主题，可从真实性、针对性、综合性、驱动性、可行性等方面加以论证。真实性，即强调实践活动具有真实的应用价值，以凸显其社会意义和育人意蕴；针对性，即要求实践活动能承载学科的核心内容，聚焦 2022 版初中课标要求学生形成的学科观念和掌握的问题解决思路方法；综合性，即强调实践活动能融合其他学科知识、技术与工程方法；驱动性，即要求实践活动能使学生感兴趣，实践任务对学生来说具有一定的挑战，能驱动学生进行持续探究；可行性，即要考虑学生的基础和学校的实际情况，满足实践活动所需的资源和环境支持。

（二）明确任务类型，开展任务分析

跨学科实践活动包括调查研究、产品制作、综合问题解决等多种任务类型，不同类型的任务需要不同的解决思路。教师须在明确任务类型和解决思路的基础上，分析问题的解决过程，开展具体的任务分析。要特别注意的是，教师须基于学生立场，进行完整的问题解决过程分析，确定需要实施哪些活动，需要融入哪些知识，需要渗透怎样的技术与工程方法，需要准备哪些材料和资源等。通过任务分析，教师应对相关任务获得全面的认识和理解，清楚完成任务的思路和过程，明确完成任务所需的物质条件和环境，以便为构建内容结构和设计系列活动奠定基础。

（三）构建内容结构，确定大概念

跨学科实践活动不能止于"动手做"的活动或实践成果的展示，还需要促进学生形成知识结构，掌握学科思想方法。这必然要求跨学科实践活动具有大概念统领的内容结构。以"基于碳中和理念设计低碳行动方案"为例，首先，"碳中和"既是低碳行动的目标，又是完成任务、实现目标的重要指导思想，对整个项目活动具有统摄作用。其次，"碳中和"包含了以二氧化碳为核心的一系列重要知识及由它们组成的知识结构，既涉及以二氧化碳作为生成物的化学反应和二氧化碳实验室制法等内容，又涉及以二氧化碳作为反应物的化学反应和二氧化碳的性质及应用等内容。最后，"碳中和"蕴含着天地万物各得其所、各遂其生的思想，有助于学生理解人与自然和谐相处的生态自然观。

在任务分析环节，教师已经明确了完成任务所需要的知识、方法、观念等。在这一环节，教师要进一步查阅各学科的课程标准，明确学习活动所承载的化学学科知识、其他学科知识以及相关的技术与工程内容，构建大概念统领的内容结构。内容结构一方面要充分体现知识间的层级关系和同一层级内知识间的横向关联，明确核心知识和大概念；另一方面要体现内容与学习活动的对应性，避免脱节。"基于碳中和理念设计低碳行动方案"项目的内容结构（见图 11-8）以化学与环境问题的解决思路作为整体框架，指向环境问题是什么（二氧化碳排放过多导致全球气候变暖）、有什么影响（气候变暖的危害）、如何防治（碳中和）、怎样解决（减少排放、增加吸收）等方面，由此呈现核心内容。

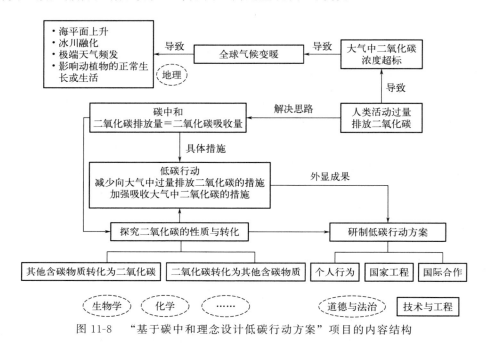

图 11-8 "基于碳中和理念设计低碳行动方案"项目的内容结构

（四）明确实施途径，设计素养目标

跨学科实践活动可以采用新授课或复习课、分散实施或集中实施等不同的实施路径。实施的路径不同，活动的目标、开展背景、开展方式、开放程度和成果形式等均应有所不同。在新授课中，需要通过实践活动承载核心知识的建构过程；在复习课中，主要应用核心知识和学科观念解决问题。集中实施时，应在一段时间内持续完成各个子任务；分散实施时，应根据教学内容的顺序，在相应的阶段完成相应的子任务，在较长一段时间内完成整个实践活动。教师须结合校情和学情，确定实施途径，明确活动目标。

跨学科实践活动的目标设计需要考虑以下五个方面。第一，以 2022 版初中课标的内容要求、学业要求和学业质量为依据；第二，关注目标的全面性，既要明确化学知识和素养目标，又要明确其他相关学科的知识、方法和观念目标，还要明确活动承载的技术与工程、跨学科概念等方面的目标；第三，注意素养目标的进阶性，深入分析学生在化学观念的理解与应用、问题解决的角度与思路等方面的实际情况，诊断学生水平，确定素养进阶；第四，结合具体的实践活动，明确目标落实的载体，避免目标与实践活动相割裂；第五，目标的表述要呈现学生的习得性行为和表现性行为，强调学生在面对哪些情境、经历哪些活动或完成哪些任务后能学会什么、做到什么，尽量使目标可见、可测。

（五）拆解复杂任务，设计系列活动

通过跨学科实践活动促进学生问题解决能力的发展，需要学生的活动历程符合问题解决逻辑。针对不同的任务类型，明确每类任务的解决思路，才能设计出符合问题解决逻辑的一系列活动，形成活动结构。例如，基于特定需求设计和制作简易供氧器属于产品制作类任务，需要符合工程问题解决的思路。首先，明确任务和限定条件，确定供氧器的使用环境和使用对象；其次，根据这些需求，确定产品原理，明确获得氧气的原理和方法，绘制设计图；再次，制作产品，对供氧器进行试验和优化；最后，发布成品，撰写产品说明书并说明维护措施。

设计具体活动时要考虑以下四个方面。首先，考虑问题的解决过程，根据不同子活动之间的逻辑关系形成活动结构，使学生的活动历程符合问题解决逻辑，促使学生建构问题解决的思路。其次，注意活动的开放程度，结合素养目标给学生提供充分的思考和体验机会。再次，根据问题解决的需要和学生的经验水平，提供必要的物理环境、人文环境和虚拟环境。最后，将真实问题的解决与实验室的探究紧密结合。真实问题解决涉及的学科知识与学生需要掌握的核心内容未必完全一致。真实问题往往是复杂的，对学生来说是陌生的，而学生需要掌握的内容往往是比较简单的，其体系构成是相对清楚的。面对这样的差异，探究活动应与真实问题解决尽可能接近。有时，也可以先通过实验探究获得基础知识、建构模型，再迁移到真实场域中解决问题。也就是先探讨简单的体系，再深入复杂的陌生体系，先从学科视角分析问题，再基于综合、系统视角解决问题。以低碳行动方案的设计为例，可先在实验室研究二氧化碳的性质及其转化，再到真实的生产生活中探讨减排措施。设计的系列活动不一定要与科学家或工程师解决问题的过程完全一致。教师需要考虑学生的能力水平，特别是实践活动承载的知识和素养目标，既可以将专家解决问题的某个环节加以放大，又可以仅对某个环节做简要介绍且不展开相应活动，还可以提供必要的信息、方法、工具以更好地支持学生开展相关活动。

总的来看，拆解复杂任务、设计系列活动需要综合考虑的因素如图 11-9 所示。

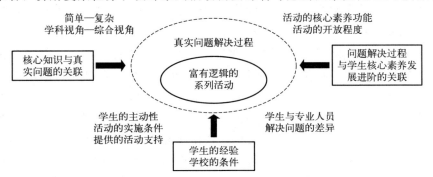

图 11-9　拆解复杂任务、设计系列活动需要综合考虑的因素

（六）结合实践活动，设计评价方案

2022版初中课标中的学业要求和学业质量都对跨学科实践活动提出了明确的评价要求；课程实施部分的评价建议也指明跨学科实践活动是义务教育学业水平考试的构成部分。对跨学科实践活动进行评价，既能促使教师不断改进活动设计，又能促进学生的素养发展。

跨学科实践活动的评价，需要依据2022版初中课标构建评价指标、评价任务、评价标准，形成评价体系。即依据内容要求、学业要求和学业质量标准确定评价指标，将核心活动作为评价任务，基于评价指标和学生的素养表现制定评价标准，将观测到的学生活动表现和成果、学生个人自评与学生之间的互评作为评价证据，诊断和反馈学生学到了什么、能做什么、做得如何，综合认定学生的素养水平。

首先，深入分析内容要求、学业要求和学业质量标准，并将三者联系起来，明确学生的素养表现，特别关注行为动词（能做什么）、状语（怎么做）的程度与水平，制定具体的评价指标。以学业要求"能从物质的组成及变化视角，分析和讨论资源综合利用、材料选取与使用、生态环境保护等有关问题"为例，其中的行为动词"分析""讨论"要求学生能分析、讨论现象或者实际问题；状语"从物质的组成及变化视角"要求学生具有学科视角；"资源综合利用、材料选取与使用、生态环境保护"则是对实际问题的明确，如物质和能量的循环使用、材料与人体健康的关系等。基于上述分析，该学业要求指向评价学生在分析解决资源、材料、环境等实际问题时，是否具有学科视角，是否关注物质的组成、性质及变化与应用的关系，能否从环保、成本、健康等多个方面，系统分析解决材料选择、环境治理、资源开发等实际问题。

其次，依据评价指标，结合具体活动，预测学生的可能表现，确定活动表现的评价标准。以低碳行动方案设计中的核心活动"大气中的二氧化碳从哪里来"为例。从学科视角方面看，一般学生只能凭借生活中的感性认识，基于生活经验认为汽车尾气排放、煤的燃烧等会产生二氧化碳，看不到具体的含碳物质；高水平的学生则能超越具体含碳物质，从碳元素及其守恒的视角，也就是学科观念的视角进行分析。对于实际问题的解决，高水平的学生会考虑到不同途径释放二氧化碳的量以及是否容易捕集等问题。结合上述表现，综合分析素养水平，可确定如下评价标准。水平1：仅凭借生活经验举例（如汽车尾气排放、煤的燃烧等），基本不具备学科视角，看不到含碳物质。水平2：从碳元素和具体含碳物质的视角，分析产生二氧化碳的途径，如天然气燃烧、甲烷中含有碳元素。水平3：从元素视角，认识到碳元素守恒，分析碳元素的循环、含碳物质的转化。水平4：基于元素视角，结合实际问题，关注产生二氧化碳的量以及是否容易捕集等。

最后，充分关注学生素养表现证据的收集。一是有计划地收集学生在核心活动中的表现，在不同阶段中的成果，在学习过程中的自我评价、总结反思以及同伴之间的互评反馈等，为每位学生建立跨学科实践活动档案袋。二是注重多维度的评价内容，结合各个维度的表现对学生进行综合评定，主要包括学科核心知识和学科观念的理解与应用、问题解决的角度和思路、技术与工程的方法、态度与责任、合作交流等。可根据重要程度对不同维度进行加权处理，对评价内容进行赋值，以等级形式呈现整体评价，加强质性描述。三是探索小组评价与个体评价相结合，制定指向活动表现的评价量规，观测各个小组的活动表现，给出小组的评价结果。在小组评价的基础上，关注学生个体的贡献，结合学生的自我评价、总结反思以及同伴互评等，给出学生个体的评价结果。四是关注学生的发展变化，积极探索增值评价，关注学生在整个跨学科实践活动中的表现，特别是不同阶段中在同一评价维度上的表现，采取适切的统计分析方法，描绘学生的发展情况。

二、跨学科实践活动的实施途径与策略

（一）跨学科实践活动的实施途径

跨学科实践活动应与核心知识、学生必做实验密切结合，充分发挥对课程内容和教学实施的整合功能。实践中，教师可以选择以下多种实施途径。

一是安排在核心内容教学之后。即将核心知识与健康、环境、材料、资源、能源等真实问题紧密结合，在核心知识教学之后，增加实际问题解决、产品制作等实践活动。例如，学习二氧化碳的性质之后，让学生自主设计、分析、评价低碳措施；在实验室制备氧气的实验活动之后，让学生设计、制作简易制氧机并进行展示交流。

二是替代新课教学。即利用跨学科实践活动承载核心知识的教学，让学生直面复杂问题和真实任务，在此过程中获得对核心知识的理解。例如，用"基于碳中和理念设计低碳行动方案"代替二氧化碳的常规教学，实施项目式学习，以低碳行动方案的设计驱动系列活动，让学生获得二氧化碳的性质及其转化的相关知识。

三是全面融入常规教学之中。即开展多样化的跨学科综合教学，充分挖掘、利用跨学科素材，将跨学科元素渗透在常规教学之中。例如，在新授课中增加跨学科实践活动，关注化学学科知识与其他学科知识之间的联系；在复习课中增加实际问题解决活动；将项目式作业作为贯穿单元教学的大作业；在课时作业中设计家庭实验、小制作等实践活动；等等。

四是与其他学科合作，共同研发实施。各学科教师可以联合研发、合作实施跨学科实践活动，以便在一定程度上缓解课时紧张问题，使学生有更充分的体验和实践时间。以碳中和为例，2022年版的义务教育化学、物理、生物学课程标准中都有相关的活动或素材，三个学科的教师可以围绕碳中和主题研发实践活动，同时承载三个学科的内容。多学科合作研发跨学科实践活动时，需要关注以下两个方面：①适当增加深度综合的主题或活动。深度综合体现在学科思想方法的近似与共通，研究问题或核心概念的重合，学科认识角度和思路在分析解决问题时发挥的实质性作用等方面；②根据综合性内容的特点和功能，规划安排其位置。将最能体现共通学科思想方法、最具育人价值的内容以跨学科主题或项目式学习的形式加以呈现。

（二）跨学科实践活动的实施策略

当前，跨学科实践活动的实施中经常出现以下问题：为了活动而活动，仅注重问题解决的结果，素养目标泛化；活动过于简单或过于复杂，与核心内容或素养目标不匹配；活动的开放程度过小，学生体验或实践不充分；态度责任目标浅表化，达成方式以说教或资料介绍为主。针对上述问题，提出以下实施策略。

1. 明确跨学科实践活动的素养定位，避免盲目性

跨学科实践活动的目的是促进学生综合应用知识，解决真实问题，培养其合作、实践、创新等素养。在实施跨学科实践活动时，要注重让学生应用学科观念、探究方法和思路解决问题。这就要求教师明确跨学科实践活动的素养要求，不仅关注问题解决的结果，还要关注学生解决问题的角度、思路及其思维方式。例如，"基于碳中和理念设计低碳行动方案"项目，不仅要关注学生对二氧化碳性质的应用，更要关注学生能否自主地从物质转化视角进行分析，能否从科学、技术、环境、政策等综合视角设计和评价低碳行动方案。有了清晰的素养目标，教师才能明确活动背后的素养要求，在引领活动实施的过程中关注学生的素养发展情况。

2. 注重问题解决逻辑，将问题解决线与知识逻辑线紧密结合

拆解复杂任务、设计系列活动的关键在于让学生尽可能经历问题解决的过程，遵从问题解决的逻辑，实现问题解决过程与核心知识获得、能力素养发展的融合；基于实际问题解决的需要，自然而然地实现跨学科，避免多学科知识的人为拼盘。这需要教师改变教学活动设计习惯，从基于教学逻辑的活动设计观转变为基于问题解决逻辑的活动设计观。以"为绿色植物配制营养液"为例，按照教学逻辑和知识逻辑，通常会设计如下问题和活动：物质在水中的溶解性如何→如何定量描述溶质的溶解（质量分数、溶解度）→如何配制一定质量分数的溶液→为绿植配制营养液；按照问题解决逻辑，则可设计如下问题和活动：绿植需要哪些营养，营养液中含有哪些元素→哪些物质能提供这些元素，如何获得这些物质→营养液中各种元素的含量如何，怎样配比相关物质能够满足要求。为了实现问题解决线、知识逻辑线、素养发展线的紧密结合，既需要教师对问题本体有充分的了解，能够应用学科观念、技术与工程思想方法解决问题，又需要教师挖掘问题解决背后的素养发展进阶，清楚每个阶段的素养发展目标。这样，教师才能跳出问题解决过程和结论，关注学生的素养发展，注重引导学生反思提炼问题解决的思路和方法。

3. 设计挑战性任务，加强活动的适切性

跨学科实践活动的实施，要充分体现"做中学"、"用中学"和"创中学"。在日常教学中，教师要给学生提供更多直面原生态问题的机会。教师可调用丰富的社会资源，促进校内外联动，创造性地实施多样化的实践活动，让学生体验调研访谈、创意设计、动手制作、展示表达、方案评价、反思改进等多样化活动，鼓励学生有意识地使用信息技术解决问题。实践任务的挑战性既体现在学科思想方法的建构与应用方面，又体现在陌生真实问题解决所需要的综合、系统思维方面，还体现在发现问题、解决问题、改进解决方案的持续迭代方面。实践任务的挑战性要适中，既不能安排过于简单的小制作或资料查找，也要避免偏、繁、杂导致任务难度过高。以"基于碳中和理念设计低碳行动方案"为例，其挑战性既体现在从解决日常生活中的低碳问题提升至设计国家工业、能源领域的低碳措施，又体现在从直接应用二氧化碳的性质提升至寻找吸收和转化二氧化碳的具体措施并综合考虑其效果、成本和对环境的影响。

4. 调控活动的开放程度，实现学生自主完整做事

合理设计活动的开放程度，可以让学生亲身经历问题解决过程，促使他们自主思考、深度探究、总结反思问题解决的完整过程。概括地说，就是让学生做真事、真做事、真反思、

真收获。例如，在启动阶段，应让学生成为问题解决的主人，避免由教师代替学生进行任务拆解，切忌将问题解决思路直接告知学生；在探究阶段，应给学生提供充分的体验及自主活动空间，让学生经历完整的探究实践过程，避免直接提供实验方案或指定实验活动；在总结展示阶段，应让学生在呈现活动成果的基础上进行深入总结反思，提炼问题解决的思路和方法。

5. 综合应用多种自主活动，促进学生知、情、意、行的统一

跨学科实践活动具有综合育人价值，应通过综合运用体验和表达、成就和激励、反馈和深化等多种策略，促进学生知、情、意、行的统一。例如，不仅要让学生知道绿色化学、可持续发展等基本观念，更要让学生意识到这些观念的重要性，身体力行并影响他人。为了达成综合育人目标，一方面要关注、概括和外显活动的育人价值，尽量明确、具体地分析情境任务对学生发展具有的意义；另一方面提倡通过沉浸式活动使学生获得体验，综合应用体验和表达、成就和激励、反馈和深化等教学策略，避免窄化、浅表的情境素材的利用和空洞的讲说式教育。以"基于碳中和理念设计低碳行动方案"为例，在启动阶段提供习近平总书记关于"双碳"目标的讲话、我国在实现"双碳"目标中面临的挑战、温室效应的危害等素材，带领学生进入问题情境，促使他们认识到项目研究的重要性、迫切性以及当前国际、国家、个人层面面临的挑战，激发学生的社会责任感；在总结展示阶段，给学生提供充分的展示机会，使他们体会探索实践的成就感，鼓舞激励学生持续探索，促使学生树立远大志向，带领他们进入更高的态度责任境界。

总之，跨学科实践活动不是在原有教学的基础上增加新的知识性内容，而是改变过于注重知识传授的教学方式，加强课程和教学的综合性与实践性。跨学科实践活动要求义务教育阶段的全体学生都要参与，需要教师在日常教学中因地制宜，给学生提供更多直面真实问题的机会，依据课程标准的内容要求、学业要求和学业质量对学生的活动表现进行评价反馈，促进学生核心素养的融合发展❶。

第三节　跨学科实践活动教学设计示例

以 2022 版初中课标 10 个跨学科实践活动之一"基于特定需求设计和制作简易供氧器"为例❷，具体说明跨学科实践活动教学设计的一般过程。

一、项目主题内容分析

本项目以"家用简易供氧器"为主题在内容设计上综合体现"物质的性质与应用""物

---

❶　胡久华. 义务教育化学课程中跨学科实践活动的设计与实施 [J]. 课程. 教材. 教法，2023，43（7）：125-132.

❷　王春，郭三仙，王庆元，等. 初中化学跨学科实践活动的项目化设计与实施——家用简易供氧器 [J]. 化学教育（中英文），2024，45（15）：42-49.

质的化学变化"学习主题的核心知识，承载学生必做实验"氧气的实验室制取与性质"，涉及"化学与社会·跨学科实践"学习主题中化学与材料、化学与健康的相关内容。另外，"家用简易供氧器"项目的设计不仅是从探索物质的制备及应用入手，模拟供氧器和简单制作供氧器的过程，还是一个综合、复杂、开放的实践活动，突出体现了"从生活走进化学，从化学走向生活"的课程理念。本项目在实施过程中，通过"实验室制备气体"关联到"供氧器制氧气"，形成产品制作的一般过程和方法，使学生有意识地将化学核心知识与技术、工程等跨学科知识关联，体验科学探究的真实过程，感悟化学学科在社会发展和实际生活生产中的应用价值，培养学生在解决与化学相关的真实问题中形成的质疑能力、批判能力和创新意识，发展学生的"科学探究与实践"学科素养。

二、项目教学目标

本项目依据《义务教育化学课程标准（2022年版）》中相关主题的内容要求和学业要求，结合学生的具体情况，制订教学目标如下：

① 能够利用实验室制取气体的一般思路方法，多角度优化"家用简单供氧器"供氧剂选取，形成工业生产原理选择的一般思路方法。

② 会利用控制变量的方法探究"家用简易供氧器"的产氧原理、产氧速率，对实验过程及实验现象进行准确分析，收集实验证据并正确表达实验结论。

③ 能够运用简单的技术与工程方法设计、制作、优化和发布评价"家用简单供氧器"，初步形成质疑能力、批判能力和创新意识。

三、项目任务及问题设计

本项目依据项目式教学活动设计特点和教学目标，以"家用简易供氧器"为活动载体，根据项目式教学的特点及教学目标，以"家用简易供氧器"供氧原理的揭秘、供氧剂的选择、产氧速率的影响因素探究、家用简易供氧器的产品发布为主要探究任务设计了3个不断进阶的学习活动任务，让学生亲历复杂问题的解决过程。项目任务、项目活动及驱动性问题设计如表11-9所示。

表 11-9 "家用简易供氧器"项目任务、项目活动及驱动性问题设计

课时	项目任务	项目活动	驱动性问题	设计意图
1	【任务1】"家用简易供氧器"供氧原理的揭秘和供氧器中供氧剂的选择	【活动1】梳理实验室制取气体的一般思路方法。【活动2】建立实验室制取气体和供氧器供氧之间的联系，探讨制作供氧器需考虑的因素。【活动3】综合各种因素，寻找最适合用于家用简易供氧设备的供氧剂	【问题1】生活中哪些地方需要用到供氧器？回顾实验室制取氧气的方法有哪些。【问题2】请综合考虑制氧原理、装置、操作、工程技术等因素分析制作供氧器方案是什么。【问题3】从定量和原理分析角度，比较各种供氧剂的优缺点有哪些	帮助学生建立认识陌生物质的一般思路，体验科学探究的真实过程，建立用科学探究的方式解决化学实际问题的思维模式和流程，应用了比较、分析、综合、归纳等科学方法；提升学生的证据推理、模型建构等科学思维

课时	项目任务	项目活动	驱动性问题	设计意图
2	【任务2】"家用简易供氧器"产氧速率的影响因素探究	【活动1】"家用简易供氧器"制氧原理探究。 【活动2】"家用简易供氧器"产氧速率影响因素探究。 【活动3】"家用简易供氧器"产氧速率快慢的调控。 【活动4】拆解"家用简易供氧器"与实验室制取氧气装置进行对比	【问题1】"家用简易供氧器"产生氧气的原理是什么？ 【问题2】如何设计实验验证该因素对产氧速率的影响？ 【问题3】如何调控"家用简易供氧器"产氧速率快慢？ 【问题4】比较"家用简易供氧器"制氧机与实验室制取氧气装置有哪些相似点	帮助学生理解科学探究的意义，发展学生"科学探究与实践"的素养，培养学生在解决与化学相关的真实问题中形成的质疑能力、批判能力和创新意识
3	【任务3】"家用简易供氧器"设计、制作与产品发布	【活动1】"家用简易供氧器"产品汇报、讨论评价。 【活动2】"家用简易供氧器"产品评审及交流研讨。 【活动3】"家用简易供氧器"产品制作方案优化及总结提升	【问题1】请汇报本组产品设计思路和优化方案过程是什么。 【问题2】请简述评审的标准及量化给分的理由是什么。 【问题3】请简述各组产品优化方案思路及本项目设计过程到产品发布的体会是什么	初步形成运用简单的技术与工程方法设计、制作与使用相关模型和作品的能力；通过小组讨论交流的学习方式，设计优化产品的学习过程，培养学生合作解决问题的能力

四、项目实施过程及学生学习成果

（一）"家用简易供氧器"供氧剂的选择

【情境创设】教师展示一组图片（略），并对图片中戍边战士用的便携氧气罐、飞机上供氧系统的供氧知识进行简单介绍，引发学生探讨生活中哪些场景可能会用到便携式制氧机。

【学生活动】学生根据教师提出的问题回答生活中可能会用到制氧机的场所如下：水下作业、医疗急救、航天航空、日常保健等。

【活动1】梳理实验室制取气体的一般思路方法。

【问题1】请根据所学知识梳理实验室获得氧气的方法有哪些。

【学生活动】学生根据教师提出的问题梳理实验室获得氧气的常用方法：分离液态空气、加热氧化汞、加热高锰酸钾、过氧化氢分解等。

【教师总结】教师对比梳理实验室用高锰酸钾、过氧化氢制氧气的原理及装置，完成实验室氧气制取的复习，巩固实验室制取气体的一般思路方法，为制作供氧器积累实践经验。

【活动2】探讨制作供氧器需考虑的因素。

【问题2】请综合考虑制氧原理、装置、操作、工程技术等因素，分析制作供氧器需考虑哪些因素。

【学生活动】学生将实验室气体制备的一般思路方法转化到产品生产中，综合考虑解决供氧器原理、装置、操作、工程技术等问题，并进行汇报各组讨论的考虑因素。

【教师总结】根据学生探讨的制作供氧器需要考虑的因素进行完善，并引导学生从实验室制备气体的一般思路迁移应用到供氧器制取氧气方案中，展示如图11-10所示的从实验室制备到产品制作的知识类比迁移图。

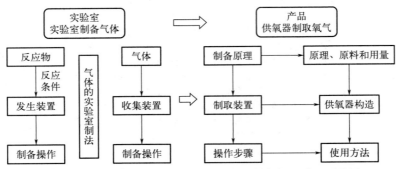

图 11-10　实验室制备氧气到供氧器制取氧气知识类比迁移图

【活动 3】选择和优化供氧剂。

【问题 3】请根据资料卡片 1 所提供的信息，从定量角度分析比较几种供氧器的供氧效率。

【资料卡片 1】

已知：标准状况下，氧气的密度为 143g/L，如果连续吸氧 25min，制氧气的流量约为 1L/min，产生氧气的纯度约为 90%。大约需要过氧化氢、水和高锰酸钾的质量各为多少克？

提示：产生氧气的质量 = 1.43g/L×25min×1L/min×90% ≈ 32g（相对原子质量：H 为 1；O 为 16）

【资料卡片 2】

制氧剂	制氧原理	使用过程中存在的问题	成本/(元/t)
过氧化氢	$2H_2O_2 \xrightarrow{MnO_2} 2H_2O+O_2\uparrow$	具有一定的腐蚀性或刺激性。易发生分解，需避光，不易控制	约 3000
过氧化钠	$2Na_2O_2+2H_2O = 4NaOH+O_2\uparrow$	制取的氧气带有碱性废水	约 15400
过碳酸钠	$2Na_2CO_3 \cdot 3H_2O_2 \xrightarrow{加热<40℃} 3H_2O_2+2Na_2CO_3$ $2H_2O_2 \xrightarrow{MnO_2} 2H_2O+O_2\uparrow$	过碳酸钠遇水后可缓慢分解为碳酸钠和过氧化氢，遇催化剂二氧化锰后分解放出氧气	2500~4200
氯酸钠	$2NaClO_3 \xrightarrow[\triangle]{催化剂} 2NaCl+3O_2\uparrow$	分解释放氧气需要较高温度，且反应放热。需要催化剂，分解后有化学品残留，反应后的废料可能会引起环境污染	3000~4500
高锰酸钾	$2KMnO_4 \xrightarrow{\triangle} K_2MnO_4+MnO_2+O_2\uparrow$	反应产生氧气速度快，不易控制	约 15000

【学生活动】学生以小组为单位对资料卡片 1 所提供的过氧化氢、水和高锰酸钾结合化学方程式进行计算、分析和对比制取等质量的氧气分别需要的质量。

【问题 4】请根据资料卡片 2 所提供的信息，从制氧原理、使用过程中存在的问题及成本的角度进行选择。哪种适合作为家用供氧器的反应试剂，理由是什么？

【学生活动】学生以小组为单位对资料卡片 2 所提供的几种供氧剂，围绕供氧原理、使用过程中存在的问题及成本的角度进行讨论分析、对比优化，最终选择适合作为家用供氧器的反应试剂过碳酸钠。

【教师活动】教师根据各小组汇报，引导学生从定性到定量，从反应条件易实现，反应物、生成物无毒、无污染，反应速率适中，产率较高，成本低等多角度优化供氧剂的选择，最终转化成工业生产原理选择的一般思路方法。

（二）"家用简易供氧器"产氧速率的影响因素探究

【情境导入】教师播放一段有关"家用简易供氧器"——"氧立得"的使用视频，并引导学生思考视频中"家用简易供氧器"——"氧立得"产生氧气的原理是什么？

【活动1】"家用简易供氧器"——"氧立得"的制氧原理探究。

【问题1】根据资料卡片3所提供的信息，分析"氧立得"制取氧气的原理，并书写相关化学反应方程式。

【资料卡片3】"氧立得"中产氧试剂主要有2种，其中A剂——过碳酸钠，化学式：$2Na_2CO_3 \cdot 3H_2O_2$，又称过氧碳酸钠，俗称固体双氧水，是一种无机盐，呈白色颗粒状粉末，遇水可以分解为碳酸钠和过氧化氢，主要用作漂白剂、氧化剂、清洗剂、杀菌剂等；B剂的主要成分为二氧化锰。

【学生活动】分析资料信息，讨论交流并书写"氧立得"制取氧气的方程式。

【活动2】"家用简易供氧器"——"氧立得"产氧速率的影响因素探究。

【资料卡片4】"氧立得"使用［注意事项1］①发生器内桶应加入自来水（凉水），严禁使用热水。②夏季南方地区气温、水温偏高时，每分钟供氧量增加，供氧时间缩短；冬季北方地区气温、水温偏低时，产氧减慢，供氧时间拖长。

【学生活动】小组间围绕教师提供的资料卡片4信息进行讨论、分析、思考影响"家用简易供氧器"产氧速率的因素——温度，并合作设计验证温度对产氧速率的影响实验装置（如图11-11所示）。

【教师活动】教师对学生问题的回答及设计的实验方案进行补充和完善，并借助实验装置（如图11-12所示）利用相关化学试剂进行实验演示，探究温度对"氧立得"产氧速率的影响。

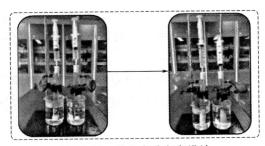

图11-11　学生实验方案设计

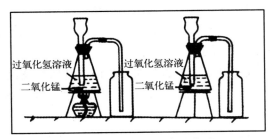

图11-12　教师实验演示装置

【问题2】根据资料卡片5所提供的信息，分析影响"氧立得"产氧速率的因素是什么。如何设计实验验证该因素对产氧速率的影响？

【资料卡片 5】"氧立得"使用［注意事项 2］

适用情况	A 剂	B 剂	平均供氧量/(mL/min)	供氧时间/min
保健吸氧	1 袋	1 袋	≥320	≥15
一般缺氧	2 袋	2 袋	≥500	≥25
一般缺氧性疾病	3 袋	2 袋	≥1000	≥15

【学生活动】小组间围绕教师提供的资料卡片 5 信息进行讨论、分析、思考影响"氧立得"产氧速率的因素——浓度，并合作设计验证 2 种不同浓度的过氧化氢溶液在二氧化锰催化作用下对产氧速率的影响的实验装置（如图 11-13 所示）。

【教师活动】教师对学生问题的回答及设计的实验方案进行补充和完善，并借助实验装置（如图 11-14 所示）利用"氧立得"试剂进行实验演示，探究浓度对"氧立得"产氧速率的影响。

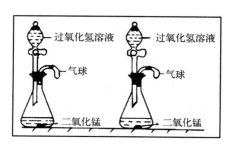

图 11-13　学生实验方案设计

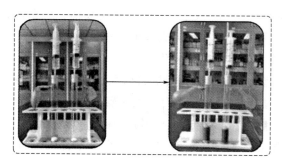

图 11-14　教师实验演示装置

【问题 3】根据资料卡片 6 所提供的信息，分析影响"氧立得"产氧速率的因素是什么，如何设计实验验证该因素对产氧速率的影响？

【资料卡片 6】"氧立得"使用［注意事项 3］①先投入 A 剂（固体双氧水）后再投入 B 剂（MnO_2），可快速制取大量氧气；②供水困难时，可在残液冷却后补充 A 剂（固体双氧水），不加 B 剂（MnO_2），可连续供氧；③每次供氧停止后应将反应残液倒空洗净。

【学生活动】小组间围绕教师提供的资料卡片 6 信息进行讨论、分析、思考影响"氧立得"产氧速率的因素——催化剂，并合作设计验证催化剂对产氧速率的影响实验装置（如图 11-15 所示）。

【教师活动】教师对学生问题的回答及设计的实验方案进行补充和完善，并借助实验装置（如图 11-16 所示）利用"氧立得"试剂进行实验演示，探究催化剂对"氧立得"产氧速率的影响。

【活动 3】拆解"家用简易供氧器"——"氧立得"制氧机。

【教师活动】教师现场进行拆解"氧立得"制氧机，并进行投影展示"氧立得"制氧机相关构造图（图 11-17）和实验室制取氧气装置图，引导学生分析"氧立得"制氧机与实验室制取氧气装置有什么相同之处。

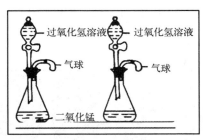

图 11-15 学生实验方案设计

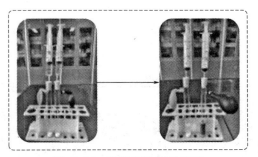

图 11-16 教师实验演示装置

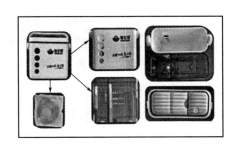

图 11-17 拆解"氧立得"制氧机

【学生活动】学生进行小组间交流讨论,将"氧立得"制氧机与实验室制取氧气装置从"制""氧气通路""取""净化""加湿""观察"等维度进行分析对比,并完成相关内容的填写(见表 11-10)。

表 11-10 "氧立得"制氧机与实验室制取氧气装置类比知识统计

装置	"制"	"氧气通路"	"取"	"净化"	"加湿"	"观察"
锥形瓶	导管	集气瓶	(水)	水槽	集气瓶
橡皮塞	导管口				
反应仓	氧气通道	吸氧管(直接供给呼吸)	过滤器	加湿仓	观察窗
上盖	氧气出口				

(三)"家用简易供氧器"设计、制作与产品发布

【活动 1】自制"家用简易供氧器"产品发布。

【学生活动】学生以小组为单位依次派代表进行产品（图 11-18）发布会，汇报内容围绕以下 4 个方面：①小组成员分工；②产品设计思路；③小组讨论优化过程；④产品工作原理（录制视频播放）。

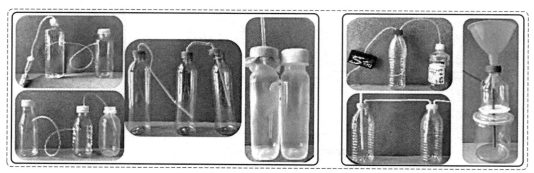

图 11-18 学生自制"家用简易供氧器"产品集合

【活动 2】自制"家用简易供氧器"评审交流。

【学生活动】评审小组对产品发布和产品本身进行量化打分，依据具体的评价标准量化表（从协同合作、设计思路阐述、优化装置、使用效果等维度评分）和评审团内的成员交流商讨，做出最终评价，评审出各种奖项（最佳创意奖、最佳设计奖、最佳实用奖等）。

【教师活动】组织评审小组进行交流和讨论，公布评审结果，阐述评审理由。

【活动 3】自制"家用简易供氧器"产品优化。

【教师活动】教师根据学生制作的产品结合各小组评审汇报，对自制"家用简易供氧器"产品进行优化，并现场进行优化产品制取氧气实验演示（如图 11-19 所示）。

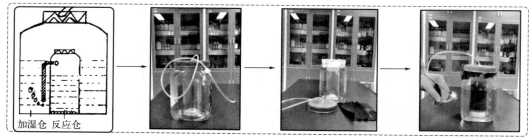

图 11-19 教师优化"家用简易供氧器"产品

【小结】教师对"家用简易供氧器"项目进行总结，引导学生回顾项目研究全过程，提炼工业产品研发的一般思路（如图 11-20 所示）。

五、项目教学效果与反思

本项目通过戍边战士使用便携氧气罐补充氧气、飞机上供氧系统的介绍，生活中制氧机使用场景的讨论等环节使学生感受特定需求下制作供氧器的意义和价值，同时让学生认识到"化学源于生活又服务于生活"，逐步形成对化学促进社会可持续发展观的正确认识，感悟到学科的社会价值。本项目实施过程中，无论是"氧立得"产氧速率的影响因素探究还是"家

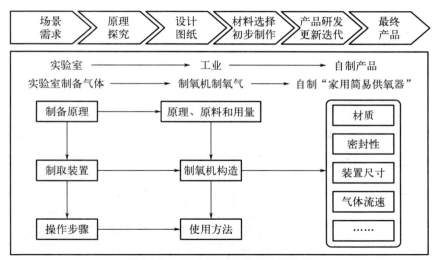

图 11-20　工业产品研发的一般思路

用简易供氧器"的设计与制作都让学生充分经历了科学探究的一般过程,极大地激发了学生的学习兴趣,发展了学生的"科学探究与实践"以及"科学态度与责任"的核心素养。另外,在项目设计过程中注重开展跨学科实践活动,注重将问题解决线、知识逻辑线、素养发展线等紧密结合,拆解复杂任务和设计系列活动,实现问题解决过程与核心知识的获得、能力和素养的发展自然融合。通过项目的设计与实施,建议教师在开展项目式教学过程中要注重驱动型问题的设计,问题设计要指向性明确,问题间要有连续性和进阶性,能促进学生的深度学习。另外,教师在教学过程中还应注重学生在学习过程中的表现,不能单纯地给学生以传统的终结性的评价,更应该注重过程性评价和在学习过程中表现出来的创新意识和实践能力,注重提高学生自我评价、自我反思的能力,真正实现以评促学、以评促教,发挥评价的育人功能。

对标整理 》》》

学完本单元你应该能够:

1. 简要描述跨学科实践活动的内涵及意义。
2. 说明跨学科实践活动的设计思路与方法、途径与策略。
3. 设计某个主题的跨学科实践活动。

练习与实践 》》》

1. 请研读跨学科实践活动"我是火箭推进剂设计师"教学结构图(图 11-21)。

分析:①该跨学科实践活动中涉及哪些学科的知识或方法?②该跨学科实践活动具有哪些育人价值?③该跨学科实践活动如何结合教材单元实施?

2. 请为案例 11-1 补充教学目标,并画出该案例的教学结构图。

3. 请依据课程标准要求和教材分析完成跨学科实践活动"调查家用燃料的变迁与合理

使用"的教学设计。

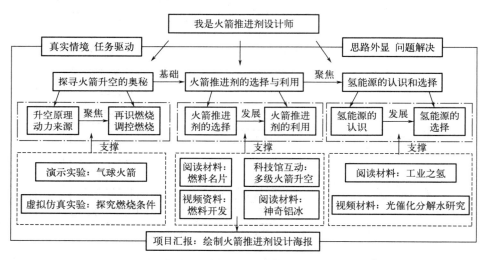

图 11-21 "我是火箭推进剂设计师"教学结构图●

● 黄臻，李燃，刘镁，等. 基于"能量"大概念的初中化学跨学科实践活动——我是火箭推进剂设计师［J］. 化学教育（中英文），2024，45（03）：72-80.

第十二章
化学复习课教学设计

学习准备 >>>

请查阅 2017 版高中课标，分析选择性必修课程"化学反应与热能"主题的内容要求、学业要求及学业质量水平，思考该主题复习课与新授课的教学目标是否相同。

案例分析 >>>

【案例 12-1】 "化学反应的热效应"（人教版高中化学选择性必修教材）单元复习课❶

研读以下人教版选择性必修教材《化学反应原理》"第一章 化学反应的热效应"复习课教学过程，分析复习课不同于新授课的教学特征有哪些。

环节 1：创设情境，导入复习

【导入】从自然的火山爆发到手动的钻木取火，人类征服自然的开端在于火的发现与使用。从干枯枝叶的燃烧到如今煤、石油、天然气等能源的开采使用，物质燃烧一直以来是人们获取能量的基本途径。物质燃烧中涉及哪些化学核心概念，它们之间的关系是什么？请用概念图表示。

环节 2：回顾整理核心概念

【学生整理】如右图所示。

【教师引导】以乙醇燃烧放热反应以及木炭还原二氧化碳的吸热反应为例，用焓或能量的变化示意图宏观表征放热反应和吸热反应，描述焓变与能量变化的关系。

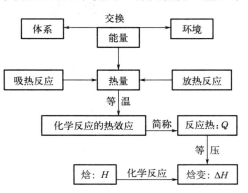

❶ 麦燕宁，许燕红．基于三重表征的单元复习教学设计——以"化学反应的热效应"高三单元复习课为例［J］．化学教学，2022，(11)：54-60.

【学生】画出吸热反应和放热反应中焓或能量的变化示意图（图 12-1），对于一个化学反应，如果 E（生成物）$<E$（反应物），那么该反应为放热反应，反之为吸热反应。$\triangle H = E$（生成物）$-E$（反应物），如果 $\triangle H<0$，那么该反应为放热反应，反之为吸热反应。

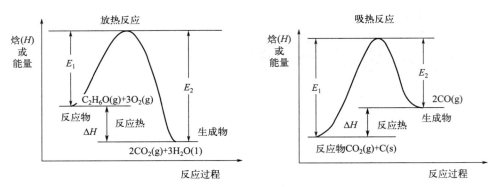

图 12-1　焓或能量的变化示意图

环节 3：从微观角度深化理解

【教师提问】反应热的微观本质是什么？物质微粒在反应过程中存在什么行为？这些行为的结果是什么？

【微观示意图】画出或展示乙醇燃烧的化学反应微观变化过程示意图（如图 12-2 所示）。

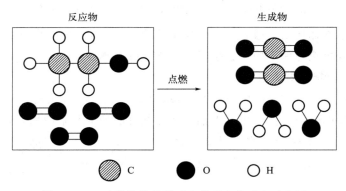

图 12-2　乙醇燃烧的化学反应微观变化过程示意图

【小组讨论】观察乙醇燃烧微观变化过程示意图，分析反应热的本质，讨论在反应过程中微粒的运动、碰撞行为，归纳能够使化学反应发生的微粒碰撞需要的条件。

在化学反应过程中，化学键的断裂与形成是分子、原子剧烈运动、相互碰撞的结果，当这种碰撞具有合适的取向且微粒具有足够的能量时，就能促使化学反应的发生，这种碰撞被称为有效碰撞。由此可见，物质微粒进行有效碰撞的过程中，断键的吸热过程和成键的放热过程的综合作用导致了化学反应的热效应。

【教师提问】是否所有的分子都具有足够的能量发生有效碰撞？

【学生回顾】理解活化分子、活化能的概念，并在焓或能量的变化示意图中标注这两个反应的活化能。

【教师】活化能是引发物质相互之间发生化学反应的最低能量。活化能对人类生活有什么意义？活化能越高越好吗？

【学生活动】讨论活化能与人类生存发展的关系，在焓或能量的变化示意图中标注催化剂对反应活化能的影响（图 12-3）。

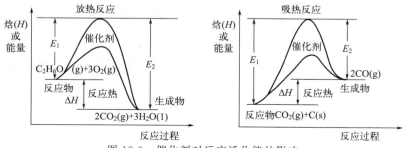

图 12-3　催化剂对反应活化能的影响

活化能使许多物质能够在自然界中较为稳定地存在，从而保护了地球上有限的自然资源，如自然能源石油、天然气等。但是对于我们需要让其发生反应的物质，如果活化能越高，那么物质越稳定，也就意味着需要创造更苛刻的条件并给予充足的能量，这些物质才能发生反应。比如合成氨反应，这对我们也是不利的，所以需要辩证地看待活化能与人类生存发展的关系。但幸运的是，我们可以通过加入催化剂来降低反应的活化能却不改变反应热。

环节 4：应用盖斯定律解决问题

【教师】化学反应放出或吸收的热量具体是多少呢？如何确定？如何用化学符号进行表征？

【学生活动】理解中和热、燃烧热概念，分析简易量热计的构造，探究中和热的测定原理，设计实验方案，并在小组内进行汇报。

【教师】已知在 298K、100kPa 下，CH_3CH_2OH 的燃烧热为 $-1366.8kJ/mol$，CO 的燃烧热为 $-283.0kJ/mol$，请分别写出 CH_3CH_2OH 及 CO 燃烧热的热化学方程式。

【学生】书写 CH_3CH_2OH 及 CO 燃烧热的热化学方程式。

$$CH_3CH_2OH(g) + 3O_2(g) = 2CO_2(g) + 3H_2O(l) \quad \triangle H = -1366.8kJ/mol$$

$$CO(g) + \frac{1}{2}O_2(g) = CO_2(g) \quad \triangle H = -283.0kJ/mol$$

【学生讨论】总结热化学方程式书写的注意事项，分析热化学方程式与化学方程式的区别（见图 12-4）。

【教师】所有的反应热数据都能通过实验测定获得吗？我们方便测出 $CH_3CH_2OH(g) + 2O_2(g) = 2CO(g) + 3H_2O(l)$ 的反应热吗？为什么？

【学生】当反应进行得很慢或者有副反应发生时（如生成一氧化碳的反应总会有二氧化碳副产物生成），这些反应不能直接测定反应热，需要通过盖斯定律进行计算。

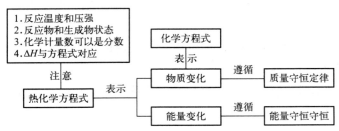

图 12-4 热化学方程式与化学方程式的区别及书写注意事项

【引导点拨】盖斯定律的内容。

【学习任务】根据 CH_3CH_2OH 及 CO 燃烧热的热化学方程式，利用盖斯定律计算 $CH_3CH_2OH(g)+2O_2(g)\!=\!\!=\!2CO(g)+3H_2O(l)$ 的反应热。

① $CH_3CH_2OH(g)+3O_2(g)\!=\!\!=\!2CO_2(g)+3H_2O(l)$ $\triangle H_1=-1366.8kJ/mol$

② $CO(g)+\dfrac{1}{2}O_2(g)\!=\!\!=\!CO_2(g)$ $\triangle H_2=-283.0kJ/mol$

③ $CH_3CH_2OH(g)+2O_2(g)\!=\!\!=\!2CO(g)+3H_2O(l)$ $\triangle H_3=?$

热化学方程式③＝①－2×②

$$\triangle H_3=\triangle H_1-2\triangle H_2=-800.8kJ/mol$$

【教师】除了利用盖斯定律计算反应热，还有别的方法吗？

【提供资料】已知在 298K、100kPa 下，一些化学键的键能（如表 12-1 所示），计算 $CO(g)+\dfrac{1}{2}O_2(g)\!=\!\!=\!CO_2(g)$ 的反应热，并和实验测定值进行比较。

表 12-1   一些化学键的键能（298K，100kPa）

化学键	CO(C—O)	O_2(O＝O)	CO_2(C＝O)
键能/(kJ/mol)	1076	498	803

【学生】利用键能数据计算

$\triangle H=E$（反应物总键能）$-E$（生成物总键能）

$=E$(C—O)$+1/2E$(O＝O)$-2E$(C＝O)

$=1076kJ/mol+1/2×498kJ/mol-2×803kJ/mol=-281kJ/mol$

【教师】你们有什么发现？

【学生】键能计算值和实验测定值不相等，但是很接近。

【引导点拨】键能是指气态分子中 1mol 化学键解离成气态原子所吸收的能量。相同的化学键在不同的化合物中受到分子、原子的影响不同，键能也不一定相同，而且反应物及生成物的状态也未必能满足键能定义的条件，因此利用键能计算的反应热不能代替精确的热力学计算和实验测定，但由键能估算反应热也具有一定的实用价值。

环节 5：综合解决实际问题

【教师】乙醇汽油有什么优缺点？我们应该如何选择和利用燃料？

【学生1】乙醇燃烧热数值大，燃烧放出的热量较多。

【学生2】乙醇汽油燃烧不产生有毒气体，可以替代作为车用燃料。

【学生3】乙醇具有挥发性，且其主要来源于粮食的生物发酵，粮食一旦减产，其供应可能会受到影响。

【教师】很好，燃料都有自身的优缺点，那么如何选择和利用燃料呢？

【学生活动】讨论分析选择和利用燃料需要考虑的维度，归纳总结如图12-5所示。

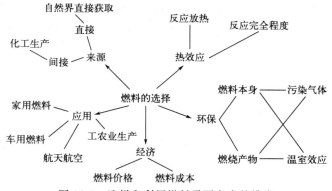

图 12-5　选择和利用燃料需要考虑的维度

环节6：整理归纳形成知识体系（图12-6）

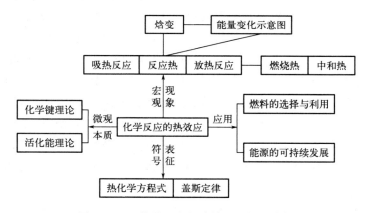

图 12-6　"化学反应的热效应"知识结构

复习课是在教学的某一阶段，以帮助学生梳理、巩固已学知识和方法，促进知识系统化，提高学生运用所学知识解决问题的能力为主要任务的一种课型。复习课既是对之前学习的总结与提升，也为开启新的学习奠定坚实基础，在整个化学教学活动中处于承前启后的重要一环，具有促进学生素养发展的重要价值。根据学习的不同阶段，复习课又可分为单元复习课、专题复习课和综合复习课等。由于复习课的知识内容并非新的知识，所以在教学特征上也显著区别于新授课，重在对已有知识与方法的回顾、整理、应用与提升。也正由于复习课不像新授课那样有"新鲜感"，简单重复已有知识或用习题训练代替复习的教学过程很难引起学生的兴趣，也不能提升学生的迁移与应用能力。这就需要教师准确把握复习课的教学功能及策略，将其灵活运用到不同阶段的复习课教学中，有效促进学生的核心素养发展。

第一节　化学复习课的教学功能及策略

复习对学生的学习起着总结、深化和促进的关键作用，苏联教育家苏霍姆林斯基说过"复习是学习之母"，中国自古有语"温故而知新""学而时习之"，复习的重要性可见一斑。化学复习课从新的角度、新的高度，针对学生已学过的知识重新制定教学目标，引导学生对已学知识进行二次学习，促进知识的结构化、系统化、功能化，使学生的认知水平、应用能力和价值观念达到更高的层次❶。

一、复习课的教学功能定位

复习课承担着多种教学功能，其中最重要的是实现知识的结构化和迁移化。

（一）知识结构化

孔子说，"温故而知新"。"温故"的原因当然是遗忘。新知识习得阶段，有部分知识在进入感觉登记器和短时记忆时，由于没有被编码，发生信息遗忘。在复习阶段，这些遗失的信息通过学习者对化学学习材料的再学习会得到注意，激活存在于长时记忆中原有命题的相关节点，在短时记忆中进行重组，获得新意义，通过编码加工进入长时记忆。从某种程度上说，长时记忆类似于"图书馆"，允许从中提取信息来回答问题或解决问题。苏联教育家乌辛斯基认为，智慧不是别的，只是组织得很好的知识体系，装着一些片段的、没有联系的知识的头脑，像一个乱七八糟的仓库，主人从那里是什么也找不出来的。认知心理学的研究结果表明，有时头脑中具备解决某个问题所需要的全部知识也不能保证问题得到解决，这是因为头脑中存储的知识表征不当，组织得不好，应用时无法提取。一个良好、有序的知识体系可以使知识之间形成网络结构，有利于知识相互沟通，相互联系，便于信息的存贮和提取，并在相互联系中得到新信息。

所以，复习课的"温故"并不是简单的知识再现，而是需要我们将平时相对独立、分散的知识，通过再现、整理、归纳的方式联结起来，注意各部分知识在各自体系发生发展过程中的纵向联系，以及各部分之间的横向联系，理清脉络，形成合理的知识网络结构。如案例 12-1 通过引导学生不断地回顾和应用已有知识，逐渐形成如图 12-6 所示的知识结构图。

（二）知识迁移化

"温故"并不是复习的最终目的，在温故的基础上，对知识之间联系的把握、对知识的理解将更为深刻。而且能够灵活、快速地调用认知结构中的相关知识，举一反三、触类旁通

---

❶　万延岚，卢巍. 对化学复习课的重新审视与思考 [J]. 化学教学，2013，（05）：10-13.

地解决新问题，即实现了知识的迁移。因此，"知新"才是复习课的追求。

如在案例 12-1 中，学生通过迁移应用相关知识解决"乙醇汽油有什么优缺点？我们应该如何选择和利用燃料？"等问题，不仅能够归纳综合选择和利用燃料需要考虑的维度，而且能够建立起化学与能源以及人类可持续发展的关系，发展科学态度与社会责任素养。复习课教学不仅是学生对知识的内化（形成认知结构）和外化（知识的应用）过程，更是学生能力的提升过程。复习课教学帮助学生把平时相对独立分散的知识条理化、系统化，并通过相应的练习或问题解决活动加深对知识的理解掌握，实现从意义建构向能力生成的跨越，即达到了培养学生核心素养的目的。

二、复习课教学策略

（一）依据课程标准要求设计具有复习课特质的教学目标

基于知识结构化和迁移化的复习课功能定位，复习课的教学目标应涵盖但不仅限于新授课的教学目标，在知识的综合性和应用性上应高于复习课，侧重于从知识的内在逻辑、认识思路、学科本质等角度形成对知识及其结构的深度理解，并能够迁移到真实情境中解释或解决实际问题。如案例 12-2 所示，"化学反应的热效应"复习课教学目标重在建构本章核心概念之间的逻辑关系、从"宏—微—符"三重表征及定性与定量相结合的角度整合理解，并且能够综合运用所学知识解决实际问题。

 案例分析 >>>

【案例 12-2】 "化学反应的热效应"（复习课）教学目标

① 能够用概念图表示能量、热量、吸热反应、放热反应、反应热、焓变等概念之间的逻辑关系。

② 能够利用活化能理论及化学键理论解释化学反应中的热量变化的本质。

③ 能够根据信息书写热化学方程式，并能利用盖斯定律计算化学反应的焓变。

④ 能够综合多种因素分析解决生产生活中能源利用问题。

（二）基于学情有针对性地选择复习课内容

复习课应充分考虑学生的前期学情，查漏补缺也是复习课的重要目的之一。学生在新授课学习过程中，往往会产生某些错误理解或遗留各种问题，通过复习可以纠正学生认识上的错误，弥补知识结构上的缺陷。在新授课学习中，教师应该从课堂教学及学生的作业中发现学生的学习困难和典型错误，以便复习课充分考虑学生的学情，根据学生的前期学习情况进行复习课的教学设计。

如，在高中选择性必修课程"电化学"的复习过程中，通过分析大量的课堂证据发现，学生在电化学的学习中存在一些关键性认识缺失：第一，认识角度不明确。学生知道要研究装置，但不知道在装置中应该看什么，而总是凭借经验东拼西凑。如果课堂练习多是已知电池总反应，那么学生就习惯于去找总反应；如果练习中多是已知装置，那么学生就重点关注装置。第二，思维的系统性不够。一方面，学生对电化学要素的认识不全面，例如对装置的分析，因为习题的导向，学生更多关注正、负极，但对完整的系统要素，如电极反应与电解质溶液，电路内外微粒的定向移动等等缺乏关注。另一方面，装置要素与原理要素之间是缺少联系的。例如学生知道要关注电极反应物，但不清楚电极反应物可能会在装置中的什么位置提供，电解质溶液都有什么样的功能，在实现化学能到电能的转化中起了什么作用等。这些要素之间如果缺少联系会使得学生在电化学问题的分析中，不能总是做到完整、系统和正确。所以，在电化学的复习课中，需要给学生建立认识系统，要让学生基于整体、联系思考，把电化学问题打通，形成如图 12-7 所示的电化学认知模型。

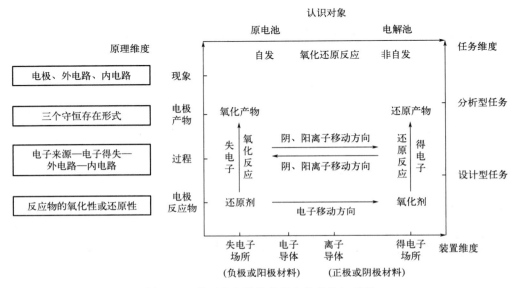

图 12-7　基于内容结构化的电化学认知模型

（三）采取多种组织方法实现教学内容结构化

教学内容结构化是指在新旧知识之间、新知识各构成部分之间、新知识与学生生活世界之间寻找关联，形成对知识的整体性认识。2017 版高中课标明确指出，化学教学内容的结构化是促进学生从化学学科知识向化学学科核心素养转化的关键，强调教师在组织教学内容时应高度重视化学知识的结构化设计，充分认识知识结构化对于学生化学学科核心素养发展的重要性。教学内容结构化设计不仅适用于新授课，更适用于复习课。好的复习课具有唤醒、重组、提升的功能，既能提高学生对学科知识系统和核心观念的认识水平，又避免将复习课变成知识重复或习题讲评课。2017 版高中课标建议"单元与模块复习应依据内容要求，围绕化学核心概念和观念的结构化来进行，通过提问或绘制概念图等策略，诊断学生化学核心概念和观念的结构化水平；对于处在'知识关联'水平的学生，应引导他们进一步概括核心概念的认识思路，形成基于'认识思路'的结构化，从而提升化学核心概念和观念的结构化水平，发展化学学科核心素养"。

1. 基于"知识关联"的结构化

基于"知识关联"的结构化是按照化学学科概念或知识之间的逻辑关系组织起来的。作为总工具的思维导图可以作为复习课的教学工具，引导学生对学习过的知识进行归纳总结，促进学生良好知识体系的形成。思维导图的应用使得学生对知识的理解更加深刻，概念之间的联系更加清晰，知识领域的全貌了然于胸，达到对知识的"三度"理解，即深度、跨度和广度。如，相较于化学反应原理模块中其他主题，热化学所涉知识体系并不庞大，但由于学生缺乏对各知识点间联系的条理性认识，故而感到内容繁多且理解困难。整合不同版本教材知识流程架构图，将各知识点及其关联以概念图形式绘出（如图12-8）。概念图中箭头多次指向的概念如焓变、反应热、内能等亦为知识架构流程图中多次信息回访的节点，为热化学主题下核心概念，教师在教学中应当对核心概念内涵深入剖析并多次巩固，最终引导学生能够自我建构该主题的概念图❶。

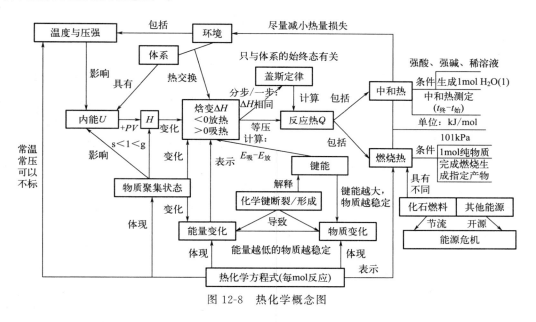

图 12-8 热化学概念图

2. 认识思路的结构化

认识思路结构化是指将认识环节按照一定逻辑线索有机组织起来，形成稳定的认识模型，在遇到同类问题时，具有明确的解决问题的角度和思路，有利于快速找到解决问题的方法。如在"速率和平衡"大单元复习教学中❷，以"利用工业废气中的 CO_2 为碳源催化加氢合成甲醇"为载体，引导学生从动力学（反应速率）和热力学（化学平衡）两个角度考虑，速率从温度、浓度、压强和催化剂这些影响因素分析，平衡从温度、浓度和压强来分析，建构反应条件选择的思维模型（图12-9），最终形成"利用化学反应规律调控化学反应"的新认识，构建"设计化学反应解决化工问题"的一般思路。

❶ 胡润泽，邓峰，林颖. 结构化视域下新旧三版高中化学教材内容比较研究——以"化学反应的热效应"为例 [J]. 化学教学，2024，（01）：12-17.
❷ 王换荣，陈进前. 基于"科工整合"的"速率和平衡"大单元复习教学——以"催化加氢让二氧化碳'变废为宝'"为例 [J]. 化学教学，2024，（01）：52-57＋64.

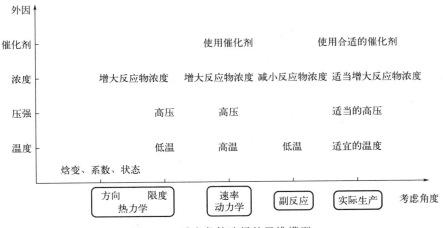

图 12-9　反应条件选择的思维模型

3. 基于"核心观念"的结构化

化学核心观念结构化是对物质及其变化的本质和其认识过程的进一步抽象，以促使学生建构和形成化学学科的核心观念。核心观念亦称为学科大概念，以此统整相关知识，不仅能够增强知识的结构性与内在联系，而且有助于化学基本观念的形成，解决教学中所存在的掌握知识与学生发展的矛盾。如，初中化学总复习课中，可引导学生建构"物质组成与性质"观念统整下的知识层级结构（图 12-10），不仅能沟通相关知识间的内在联系，提升知识的概括化程度和包容性，而且体现了化学学科独特的认识视角与思维方式，能让学生从中领悟更有普遍意义、具有持久迁移价值的学科思想和解决问题的思路方法，这将对促进学生知识结构的改造和思维水平的发展带来积极影响❶。

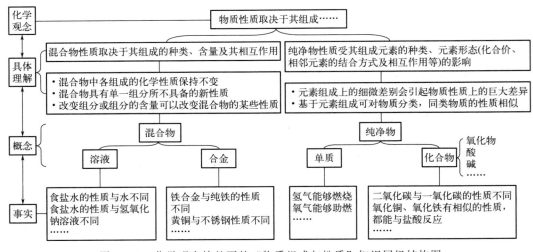

图 12-10　化学观念统整下的"物质组成与性质"知识层级结构图

---

❶　何彩霞.化学观念统领下的知识结构及认识思路——以"物质组成"知识为例［J］.化学教学，2015，（08）：10-14.

（四）引导学生自主建构深度理解

传统的复习教学通常采用知识梳理结合习题讲评的形式，教师的教学过程为单向灌输，学生的学习过程为被动接受和重复训练。由于缺少思维建构过程、缺少归纳整合，表现为零散性、记忆性的浅层学习状态，因而学生对知识的理解难以深化与迁移应用，在应对新情境问题、变式思维问题时，常常无从下手、生搬硬套，导致复习课促进学生素养发展的功能未能真正发挥。无论是新授课还是复习课，都应把握这样一条原则：学生积极主动的参与是实现教学目标的前提保障。在教学过程中，学生不是简单被动地接收信息，而是主动地建构知识的意义，这种建构无法由他人替代。基于适宜的情境，以环环相扣的问题线索推进复习教学进程，借此引导学生的思维不断跟进，从而深度理解本主题的知识结构、基本观念和方法。

深度理解作为学科核心素养发展的基础与前提，其含义已超越布卢姆教育目标分类中的理解（主要包括描述、解释、区别、重述等）。就知识的来源而言，深度理解强调学习者采用学科公认的标准和方法、基于自身理解来建构知识。就知识的存在形态而言，深度理解鼓励学习者不断强化知识之间的内部关联；就知识的获得方式而言，深度理解强调学习者的主体参与、加工与整合。整合思维作为发散思维的前提，是对孤立、零散的知识与方法进行的归纳、对比、总结，以形成一个有层次、有顺序、有价值、有效率的整体，从而实现信息系统的资源共享和协同工作。整合思维不仅可以帮助学生抓住问题的本质，确定解决问题的方向，还能将复杂的问题分层、分段解决，让学生从多视角、多思路审视问题，寻求解决问题的最佳方案❶。

（五）创设真实情境凸显迁移应用

从本质上看，核心素养是一种情境性知识运用的能力，迁移与应用是将所学知识转化为解决实践情境中复杂问题的能力。"迁移"是经验的扩展与提升，"应用"是将内化的知识外显化、操作化的过程，也是将间接经验直接化、将符号实体化、从抽象到具体的过程，是知识活化的标志，也是学生素养水平的真实体现。情境认知理论关注在自然环境中理解知识的发生与获得过程，主张个体的学习源自情境，认为知识的习得是个体与情境相互作用的结果。如果脱离情境，仅靠讲授和记忆习得的知识难以纳入个人的认知系统，不具备逻辑上的使用价值；如果只是基于教学情境获得知识，忽略其在具体情境中的迁移应用，知识又失去了本质上的存在意义。因此，复习教学必须强化情境的应用，将问题与生活实践中的真实情境相融合，真正做到从情境中来，到情境中去。

第二节　单元复习课教学设计示例

复习课教学设计同样包括单元所对应的课程标准、教材内容、学情等的分析，教学

---

❶ 吕艳坤，唐丽芳 . 高中物理复习教学落实学科核心素养的实践困境与破解路径［J］. 课程 . 教材 . 教法，2022，42（05）：111-117.

目标、教学过程等的设计以及对教学效果的反思。单元复习课是复习课中最为常见的一种类型，下文以九年级化学"溶液"单元为例，说明单元复习课的一般设计思路和教学过程❶。

一、单元内容分析

"溶液"是鲁科版（五·四制）初中化学九年级全一册第一单元的教学内容，属于化学课程标准中一级主题"身边的化学物质"下的二级主题"溶液"，是在学生对最常见的溶剂——水的性质及相关知识有了一定了解的基础上设置的学习内容。其核心内容为：溶液的定义及判断、溶液的形成及组成、溶液的配制、溶解度及应用等5方面知识。目的是帮助学生认识一类常见的混合物溶液。"溶液"概念是中学化学学习中的核心概念，是培养学生微观认识的重要知识载体。通过对溶液知识的学习，让学生初步经历研究物质的一般过程：从定性研究到定量研究。并在诸多活动经历中帮助学生学会从微粒的角度分析身边的物质及其变化，逐步构建微粒观。同时，内容中涉及的溶质溶解时的微粒变化、能量变化，为酸、碱、盐、金属性质相关内容的学习奠定基础。

二、教学目标

① 能够从宏观和微观、定性与定量等多个视角建构溶液单元的核心概念体系，描述相关概念的意义。

② 能够综合应用溶液相关知识解释自贡井盐制作过程中的实际问题。

③ 能够进行溶质质量分数的计算，利用溶解度曲线解决有关物质的分离和提纯问题。

④ 通过自贡井盐传统工艺的解读，感受古代劳动人民的智慧，领悟溶液概念体系的应用价值。

三、学情分析

学生经过新授课的学习，已经掌握了本单元的一些核心概念，但对概念之间的逻辑关系认识并不深刻，未能形成有机的概念体系。学生对溶解度图像的理解与表征还存在一定的障碍，综合运用单元知识解决实际问题的能力还有待提升。

四、教学流程

基于学情及复习目标，本单元复习以传统工艺自贡井盐的制作过程为情境载体，将溶液单元的知识融合于其中，让学生综合应用已有知识解决实际问题，不仅形成概念体系、突破图像表征难点，并且体悟化学学科价值，感受灿烂的中华文化。具体教学思路如图 12-11 所示。

---

❶ 林桦，要明月．情境引领深度学习实践应用促旧知新识——溶液单元复习教学［J］．化学教育（中英文），2023，44（01）：41-49．

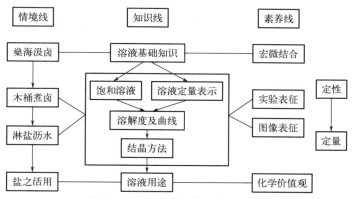

图 12-11 溶液单元复习教学思路

五、教学过程

（一）情境创设，激发兴趣

【情境导入】食盐是我们生活中不可或缺的物质。"盐"字在说文解字中解释为：在器皿中煮卤，我国北魏著名的地理学家郦道元也曾这样描述煮卤的过程："入汤口四十三里，有石，煮以为盐，石大者如升，小者如拳，煮之，水竭盐成"。我国四川省自贡市的劳动人民在公元 1873 年便开始尝试取井水煮卤。取井水的第一步便是打井，人们仅花了 3 年的时间就打出了人类钻井史上第一口超千米的深井，且这口井沿用了 200 余年，取名为燊海井。人们取出井水经过煮盐工艺，便制出了著名的自贡井盐。传统的煮盐工艺是我国劳动人民智慧的结晶，今天让我们用学过的溶液知识一起解读这工艺。

（二）燊井汲卤，夯实基础：问题驱动引导复习

任务 1：溶液基本概念复习

【情境嵌入】煮盐的第一步当然是从燊井中汲卤，播放视频见图 12-12。

图 12-12　节选视频汲卤图

【问题 1】视频中出现 2 种液体，一种是从井中直接取得的黑卤，一种是除去浮沫后的

液体——卤水。请判断 2 种液体是不是溶液，说出你的理由。

【学生】卤水是溶液，因为它是均一、稳定的，黑卤不是溶液，因为它看起来有泥沙，泥沙会沉降，不稳定。

【问题 2】从微观的角度来看，为什么溶液具有均一、稳定性呢？

【学生】因为 Na^+ 和 Cl^- 在水分子的作用下，均匀地分散在水中。

【问题 3】均一、稳定的液体都是溶液吗？

【学生】不是，水不是溶液。溶液必须是均一、稳定的混合物。

【问题 4】溶液是由哪两部分组成的混合物？

【学生】溶质和溶剂。

【学以致用】①请你判断以下溶液中的溶质和溶剂：碘酒、氯化钠溶液、医用酒精、植物油的汽油溶液。②你在生活中会如何除掉衣服上的油污呢？

【学生 1】碘酒的溶质为碘，溶剂为酒精。氯化钠溶液的溶质为氯化钠，溶剂为水。医用酒精的溶质为酒精，溶剂为水。植物油的汽油溶液溶质为植物油，溶剂为汽油。

【学生 2】除油污时可以使用洗涤剂，利用乳化作用；可以使用汽油，利用溶解作用；还可以使用热的纯碱溶液，利用化学反应。

（三）木桶煮卤，注重方法：任务驱动式复习

【情境嵌入】从燊海井中获取卤水后，便开始煮卤的操作。让我们一起看看这个过程。播放视频（见图 12-13）。

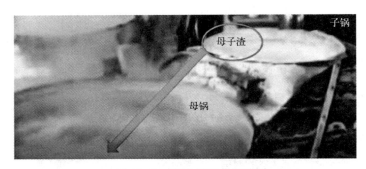

图 12-13　节选视频煮卤图

【教师】我们看到制作井盐的工艺中，创造性地使用了母子锅的方法，子锅中的溶液是氯化钠的饱和溶液，母锅中的溶液是氯化钠的不饱和溶液。今天老师用自贡井盐给大家配制了 4 份溶液，如果按照烧杯下标注的实验药品用量进行溶液的配制，所得溶液的状态是怎样的呢？

任务 2：饱和溶液与不饱和溶液复习

【小组活动】观察 4 组实验，具体实验见图 12-14，思考以下 3 个问题：

①按照所给药品用量配制溶液，根据实验现象判断 A、B、C、D 四种溶液是否饱和？②不能确定的溶液如何判断是否饱和？③结合制盐过程与实验操作，总结饱和溶液与不饱和溶液相互转化的方法。

A	B	C	D
20℃ 10g水 5g NaCl	20℃ 50g水 18g NaCl	20℃ 100g水 36g NaCl	20℃ 150g水 50g NaCl

图 12-14　4 份溶液样本

【学生活动】全员、全面参与学习活动，分工合作，观察并记录实验现象，填写学习任务单。

【学生 1 组】A 溶液确定饱和，因为溶解后有固体剩余。B、C、D 溶液可能不饱和，可能恰好饱和，因为没有固体剩余。

【学生 2 组】可以继续加入少量的氯化钠，观察是否继续溶解。

【学生实验后结论】B 溶液不饱和，C、D 溶液恰好饱和。学生反馈见任务单（图 12-15）。

学习任务二			学习任务三		学习任务二			学习任务三	
实验序号	观察烧杯判断溶液状态	判断溶液是否饱和的方法	实验现象	实验结论	溶质质量分数	计算过程	实验序号	观察烧杯判断溶液状态	判断溶液是否饱和的方法	实验现象	实验结论	溶质质量分数	计算过程

实验序号	观察烧杯判断溶液状态	判断溶液是否饱和的方法	实验现象	实验结论	实验序号	观察烧杯判断溶液状态	判断溶液是否饱和的方法	实验现象	实验结论
A	饱和				A	√			
B	不饱和	加NaCl	不溶	饱和	B	×	加入少量固体	×	饱和
C	不饱和		不溶	饱和	C	×		×	饱和
D	不饱和		溶	不饱和	D	×		√	不饱和

图 12-15　学生任务单

设计意图：根据实验现象判断溶液的状态，在动手操作中感受溶液的实验表征。

【学生 3 组】总结一般情况下，饱和溶液与不饱和溶液的转化方法。

【学以致用】如何通过向烧杯中加入不同的固体物质使试管中的不饱和石灰水和不饱和硝酸钾溶液分别转化为饱和溶液，如图 12-16 所示。

图 12-16　学生实验

【学生回答】向烧杯 A 中加入氢氧化钠固体，向烧杯 B 中加入硝酸铵固体。

【教师引导】我们亲自通过实验来验证一下吧。

设计意图：学生既看到了硝酸钾的美丽晶体，感受到了化学之美，同时又在应用中复习了物质溶于水的温度变化。

任务 3：溶液组成的定量表示复习

【小组活动】结合任务 2 的 4 组实验及表格数据，回答下列问题。

溶液序号	温度/℃	水的质量/g	氯化钠的质量/g	溶液的状态	溶质质量分数
A	20	10	5	饱和	
B	20	50	18	恰好饱和	
C	20	100	36	恰好饱和	
D	20	150	50	不饱和	

① 结合溶液配制实验复习配制溶液的步骤和误差分析。

② 如何计算 A 溶液的溶质质量分数。

【学生 1 组】学生反馈见学生任务单（图 12-17）。

	学习任务二				学习任务三			学习任务二				学习任务三	
实验序号	观察烧杯判断溶液状态	判断溶液是否饱和的方法	实验现象	实验结论	溶质质量分数	计算过程	实验序号	观察烧杯判断溶液状态	判断溶液是否饱和的方法	实验现象	实验结论	溶质质量分数	计算过程
A	饱和				$\frac{5}{15}$	$\frac{5g}{10g+5g}\times100\%$	A	√				$\frac{5}{15}\times100\%$	$\frac{5g}{10g+5g}\times100\%$
B	不饱和	加NaCl	不溶	饱和	$\frac{18}{68}$	$\frac{18g}{50g+18g}\times100\%$	B	×	加入少量固体	×	饱和	$\frac{18}{68}\times100\%$	$\frac{18g}{50g+18g}\times100\%$
C	不饱和	加NaCl	不溶	饱和	$\frac{36}{136}$	$\frac{36g}{100g+36g}\times100\%$	C	×		×	饱和	$\frac{36}{130}\times100\%$	$\frac{36g}{100g+30g}\times100\%$
D	不饱和		溶	不饱和	$\frac{50}{200}$	$\frac{50g}{150g+50g}\times100\%$	D	×		√	不饱和	$\frac{50}{200}\times100\%$	$\frac{58g+50g}{150g+50g}\times100\%$

图 12-17　学生任务单

【学生 2 组】容易造成误差的原因是溶质称量不准确和水量取不准确。

【学生 3 组】因为 A、B、C 溶液均为饱和溶液，所以 A 溶液的溶质质量分数＝B 溶液和 C 溶液的溶质质量分数之和。

【教师引导】为什么相同温度下，饱和溶液的溶质质量分数相等呢？

【学生】因为 3 种溶液都达到了该温度下的最大溶解量。

【教师】通常用哪一物理量来表示溶解的最大量呢？

【学生】溶解度。

任务 4：溶解度及其曲线和结晶方法复习

【情境嵌入】我们看到从桑海井中取出的卤水中，除了主要物质 NaCl 以外，还含有 $MgCl_2$ 等杂质，我们以 NaCl 和 $MgCl_2$ 的溶解度曲线为例，分析曲线中不同点的含义。

【学生活动】根据图 12-18 所示溶解度曲线，完成"定点"情况下 3 个问题。

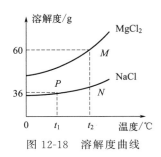

图 12-18　溶解度曲线

① 若 t_1℃＝20℃，则 NaCl 属于_____溶物质。

② t_2℃时，$MgCl_2$、NaCl 的饱和溶液的溶质质量分数的大小关系_____。

③ t_2℃时，将 50g $MgCl_2$ 加入 50g 水中，获得溶液的质量为_____。

【问题 5】视频中的制盐工艺，是采用什么方式将 NaCl 结晶出来的呢？

【学生】蒸发结晶。

【问题 6】从溶解度的角度来看，为什么 NaCl 适用于蒸发结晶？

【学生】NaCl 的溶解度受温度影响不大。

【问题 7】MgCl$_2$ 适用于什么样的结晶方法呢？为什么？

【问题 8】接下来请同学完成"定点"情况下的第④题关于结晶的问题。

④ t_2℃ 时，MgCl$_2$、NaCl 的饱和溶液恒温蒸发 10g 水，比较析出晶体质量的大小：_____。

【学生】MgCl$_2$＞NaCl。因为在 t_2℃ 时，MgCl$_2$ 的溶解度大于 NaCl 的溶解度。

【教师方法点拨】只要我们充分理解"溶解度是定量表示物质溶解能力大小的物理量。"便可以解决"定点"情况下的这些问题。比如第④题，只要溶液是相同温度下的饱和溶液，溶解度大的物质，相等量的水中溶解的溶质就多，若将这些水蒸干，析出的晶体就多。这仍然是一个理解溶解最大限量的问题。

【问题 9】如果让点移动起来，会是什么情况呢？请同学们完成"动点"情况下的 5 个问题。

根据图 12-18 溶解度曲线，完成"动点"情况下的 5 个问题。

① M 点表示该温度下 MgCl$_2$ 的_____溶液。

a. 可以采用_____温的方法将该溶液转化为不饱和溶液。

b. 也可以采用_____方法将 M 点的 MgCl$_2$ 溶液转化为 N 点的 MgCl$_2$ 溶液。

② a. MgCl$_2$、NaCl 的饱和溶液，从 t_2℃ 降温到 t_1℃，比较 MgCl$_2$、NaCl 溶液的溶质质量分数的大小关系：_____。

b. 等质量的 MgCl$_2$、NaCl 的饱和溶液，从 t_2℃ 降温到 t_1℃，比较 MgCl$_2$、NaCl 两种溶液析出晶体的质量：_____。

【学生】学生独立思考并独立解题后，展示讨论，教师点拨。

【问题 10】在制盐工艺视频中，我们看到工人在"捞盐"的过程中，很热、很辛苦，那么能不能等溶液完全冷却之后再捞出食盐呢？为什么？

【学生 1】不能，因为根据上一题的分析，降温时氯化镁会大量结晶析出。

【教师引导】所以蒸发结晶时要什么时候过滤呢？

【学生 2】趁热过滤。

【化学与生活】解释"冬捞夏晒"的原理。

（四）淋盐沥水，解读工艺：学有所用

【情境嵌入】通过前面视频学习发现获得的氯化钠仍然含有氯化镁等杂质，能否用学过的知识解决此问题呢？

【学生】加入氢氧化钠。（本节课的授课时间是期中复习，学生已经学习了除去粗盐中可溶性杂质的方法，所以可以想到这个方法）

【教师】我们一起看一下，在当时那个科技不够发达的时代，我国的劳动人民是如何利用智慧巧妙地解决这个问题的呢？播放视频见图 12-19。

【工艺解读】淋盐沥水中的"水"来自子锅，是氯化钠的饱和溶液。

【问题】为什么使用子锅中的氯化钠饱和溶液？该氯化钠饱和溶液能否无限次使用？

【学生】氯化钠的饱和溶液不能再溶解氯化钠，而杂质氯化镁也会达到饱和，所以不能

图 12-19　节选视频淋盐沥水

无限使用。

（五）盐之活用，情感升华

【教师】生产生活中除了氯化钠溶液，还有很多用途广泛的溶液，比如农业上使用的无土栽培液、医疗上使用的葡萄糖溶液，科学实验中的大部分实验是在溶液中进行的。

【达成评价】完成"堂清"检测，根据检测完成情况进行分层作业布置。同时，结合信息技术 2.0 的理念，在学案上打印自学微课二维码，如果学生课上复习不充分，可以课后自主加强复习。

【教师】我国的劳动人民经过不断地尝试，利用他们的智慧，创造了自贡井盐的制作工艺，这一工艺在 2006 年被认定为第一批世界非物质文化遗产。你是否可以接过古人手中的接力棒，将这份创造的精神传承下去呢？希望同学们拿稳你的接力棒，带着这份精神，运用你的知识，未来在化学中发现更多的五彩缤纷（展示五彩食盐图片）。

（六）整理归纳

【学生】整理本单元核心概念思维导图。

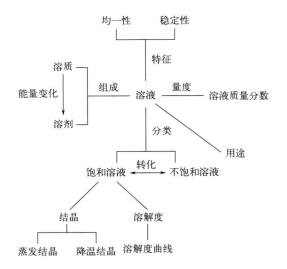

六、教学效果及反思

（一）教学效果

整个教学过程学生情绪高涨，能够积极思考，参与实验。在溶解度曲线点的移动学习之后，学生掌握了曲线的用法，找到了解决问题的途径。课程最后学生自主完成整个章节的知识网络，学生特别兴奋。课程结束后，通过"堂清"检测对 2 个班共 85 名学生进行测试，收回有效测试卷 85 份，测试内容包括溶液特征、饱和溶液与不饱和溶液的判断及转化、溶液组成的定量表示方法及配制溶液中的误差分析、物质结晶方法等。测试结果表明，第 1 题考查溶液基础知识，学生全部掌握了这些基础内容。第 2、3 题是在真实情境下的应用反馈，学生解决问题需要通过图像表征及实验表征分析解决问题，学会了用课堂学习的思维方法解决问题，促进了对概念的深度理解。半年后对学生进行访谈，学生的反馈如下：

学生 1：本节课后我印象最深的内容有 2 部分。第 1 部分是自贡井盐的制作工艺，让我感受到了古人的智慧，同时工艺中的部分操作帮助我理解了一些溶液的知识，比如蒸发结晶时要趁热过滤，那张没有穿上衣的工人的图片让我印象很深。第 2 部分是与溶液有关的实验，比如硝酸钾结晶实验，看到晶体析出时我们小组的同学都很兴奋，看到了美丽的结晶，真的感受到了化学的美。

学生 2：本节课后我学到了利用溶解度曲线上"点"的移动来解决问题。比如饱和溶液与不饱和溶液的转化方法的判断、饱和溶液的溶质质量分数的比较等，都可以利用"点"的移动来解决。同时，部分题目还可以结合课上的实验进行思考，解决了我以前比较困惑的内容，比如溶解度随温度的升高而降低的物质，饱和溶液降温后，"点"只是向左平移而不会沿着曲线升高，就是因为在实验过程中没有新的固体加入，所以纵坐标不会变化。

（二）教学反思

课堂教学永远是学生学科能力形成和发展的主阵地。知识的传授，能力的培养也不能仅仅停留在对新授课的研究上。基于以上认识尝试从复习课入手，以情境线和知识线为明线，引导学生通过复习自主建构知识网络，通过实验探究和学生自主解决问题的环节设置，让学生明确解决问题的一般思路和方法，促进隐形素养线的发展。

学生在课堂上尝试硝酸钾结晶实验时，看到了硝酸钾结晶的过程和最终出现的美丽的晶体，学生都很惊讶、很开心，学生的反馈充分体现了实验教学在复习课上的应用价值。在溶解度及其曲线的"定点、动点"方法的渗透部分，方法的指导比较到位，但是由于课堂授课时间的限制，学生运用方法的时间较少，导致部分学生对方法的掌握不太熟练，第 2 课时可以加强练习。结合信息技术 2.0 的理念，提前给学生准备了自学微课二维码，针对课上掌握不到位的学生，课后自主复习使用。

第三节　主题式综合复习课教学设计示例

主题式教学是让学生在一段时间内学习一个主题或解决一个问题的单元教学法，其本质内涵是知识和方法优化整合，突出学生在学习过程中的中心地位，进而实现发展目标。基于主题式教学思想，建构主题形式意义的复习课教学模式，能让课堂充满挑战且鲜活灵动，从而实现知识能力素养的全面综合发展。下文以"碳达峰、碳中和"主题复习"化学反应原理"模块为例❶，说明主题式综合复习课教学设计与实施的一般过程。

一、教学主题分析

"化学反应原理（选择性必修 1）"模块的核心内容包括"水溶液、热力学、动力学、电化学"等。该模块设置的目的在于引导学生进一步认识化学变化所遵循的基本原理，形成关于物质变化的科学观念，了解化学反应中能量转化所遵循的规律，赞赏运用化学反应原理对科学技术和人类文明所起的重要作用。因此复习重点在于提升学生从原理层面对化学反应的系统、本质认识，体现化学学科的社会价值。以"化学反应原理助力'碳达峰、碳中和'"这一社会热点素材为情境载体，进行模块复习的教学设计与实施。选择这一主题具有如下优势：

①"碳达峰、碳中和"是一场广泛而深刻的经济社会系统性变革，需要全社会共同关注。特别是化学技术驱动"碳达峰、碳中和"是化学人必须思考的问题，选择这一素材可以充分体现化学学科的社会价值，激发学生化学学习的内在动力。

② 从化学视角对"碳达峰、碳中和"这一素材解构可聚焦"化学反应原理（选择性必修 1）"模块的核心内容。如实现"碳达峰、碳中和"的化学路径包括对 CO_2 进行化学溶剂吸收、化学转化利用（电化学转化和非电化学转化）等，而这些技术手段与该模块热力学、动力学、电化学等内容密切相关，可满足模块复习整合知识的要求。

③ 该项目主题可在学生的深度参与和探究中潜移默化地提升科学态度与社会责任。如教学中针对"为什么提出碳达峰、碳中和"并不是单纯地以说教形式让学生了解 CO_2 过量排放带来的系列问题，而是以具体探究"珊瑚礁的形成、消失与保护"任务为切入点，让学生结合水溶液相关知识通过证据推理认同"碳达峰、碳中和"提出的意义。

二、教学目标

① 综合应用"水溶液"相关知识探究"珊瑚礁的形成、消失、保护"问题，形成系统化、有序化的水溶液体系分析一般思路。

---

❶　武衍杰，江合佩，杨伏勇 . 基于项目式教学进行模块复习的实践探索——以化学反应原理助力"碳达峰、碳中和"为例〔J〕. 化学教学，2022，（06）：40-47.

② 综合应用热力学、动力学等相关知识探析"化学溶剂吸收法"、"化学转化利用法（非电化学转化）"解决"碳中和"相关问题，建构"工业生产条件选择"问题的一般思路方法。

③ 结合热力学、动力学、电化学相关知识探析"化学转化利用法（电化学转化）"，巩固并优化电化学认识模型，形成真实情境下分析物质转化问题的思维模型。

④ 通过综合应用化学反应原理知识解决"碳达峰、碳中和"问题，体会化学学科在解决全球环境问题中的重要价值，增强化学学习兴趣和社会责任感。

三、教学流程

如图 12-20 所示，本主题遵循"是什么、为什么、怎么办"的问题解决逻辑，将整个学习主题拆解为 5 个核心任务，分 3 个课时完成，各课时既具综合性又有着力重点，合力解决"碳达峰、碳中和"问题。如课时 3 重点指向"电化学"内容复习，但在任务推进过程中又涉及热力学计算、动力学分析、电解质溶液知识等。整个复习过程在一个真实而有意义的主题下，打通了单元与单元间的界限，实现了模块内综合。

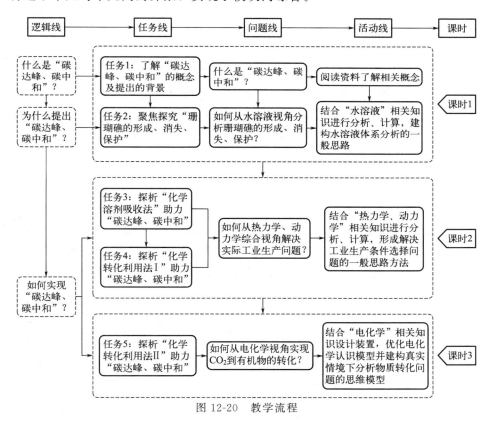

图 12-20　教学流程

四、教学过程

（一）什么是"碳达峰、碳中和"——了解"碳达峰、碳中和"的概念及提出背景

【情境导入】结合视频或新闻引出"碳达峰、碳中和"项目主题（图 12-21），提出问题

"关于'碳达峰、碳中和'你想了解的内容有哪些?",确定项目研究框架。

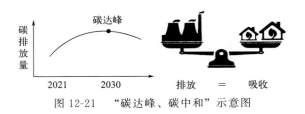

图 12-21 "碳达峰、碳中和"示意图

【学生汇报】遵循陌生问题解决逻辑,主要了解"什么是'碳达峰、碳中和'""为什么提出'碳达峰、碳中和'""如何实现'碳达峰、碳中和'"。

【资料支持】提供"碳达峰、碳中和"相关资料。

【学生】阅读资料,了解"碳达峰、碳中和"提出的背景及相关概念。

【教师过渡】近年来 CO_2 过量排放引发了系列灾难:极端天气、冰川消融、永久冻土层融化、珊瑚礁死亡等,"碳达峰、碳中和"就是在这样的背景下提出的。可能单纯地说这些问题,大家还不能真正建立两者之间的关联,下面我们以珊瑚礁死亡为例,体会"碳达峰、碳中和"提出的迫切性。

(二)为什么提出"碳达峰、碳中和"——探究"珊瑚礁的形成、消失与保护"

【教师提问】珊瑚礁是珍贵的海洋资源,可以带来多种利益:提供食物、支持旅游、保护海岸等。珊瑚礁的形成主要依赖海洋中的珊瑚虫通过钙化作用形成石灰石外壳。海洋中碳循环的路径如图 12-22,尝试用化学用语解释珊瑚礁($CaCO_3$)的形成。

【学生汇报】①海洋中存在 Ca^{2+} 和 CO_3^{2-} 可直接生成 $CaCO_3$($Ca^{2+} + CO_3^{2-} \rightleftharpoons CaCO_3 \downarrow$);②从图 12-22 可知钙化作用生成 $CaCO_3$ 的同时还会生成 CO_2,还应存在反应 $Ca^{2+} + 2HCO_3^- \rightleftharpoons CaCO_3 \downarrow + CO_2 \uparrow + H_2O$。

【教师追问】上述两个过程都能生成碳酸钙,应该以哪一个反应为主呢?已知正常海水的 pH 为 8.0~8.3,海水中含碳元素微粒分布如图 12-23,请判断形成碳酸钙外壳的主反应为哪一个,并尝试从平衡移动的角度解释该反应为什么能够发生。

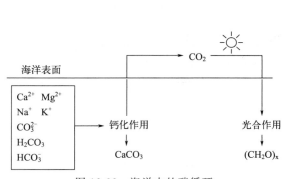

图 12-22 海洋中的碳循环

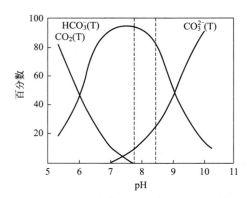

图 12-23 海水中含碳元素的微粒分布

【学生讨论汇报】海水中可能存在的平衡关系如表 12-2。根据图 12-23 可知,正常海

水中 HCO_3^- 含量最多，因此钙化作用主要与 HCO_3^- 相关。从反应结果来看，要形成碳酸钙，必有 $Ca^{2+} + CO_3^{2-} \rightleftharpoons CaCO_3(s)$ 平衡，该过程会造成溶液中 CO_3^{2-} 浓度减小，进而使 $HCO_3^- \rightleftharpoons CO_3^{2-} + H^+$ 平衡向右移动，造成溶液中 H^+ 浓度增大，从而发生 $H^+ + HCO_3^- \rightleftharpoons CO_2 + H_2O$ 过程（也有学生理解成 H^+ 浓度增大使 $H_2CO_3 \rightleftharpoons HCO_3^- + H^+$ 平衡逆向移动）。总的来看是微观的平衡移动引发宏观反应，表现为珊瑚礁形成，因此总的来说存在的主反应为 $Ca^{2+} + 2HCO_3^- \rightleftharpoons CaCO_3 \downarrow + CO_2 \uparrow + H_2O$。

表 12-2　海水中存在的主要平衡关系

各类平衡关系
$CO_2 + H_2O \rightleftharpoons H_2CO_3$
$H_2CO_3 \rightleftharpoons HCO_3^- + H^+$
$HCO_3^- \rightleftharpoons CO_3^{2-} + H^+$
$HCO_3^- + H_2O \rightleftharpoons H_2CO_3 + OH^-$
$H_2O \rightleftharpoons H^+ + OH^-$
$Ca^{2+} + CO_3^{2-} \rightleftharpoons CaCO_3(s)$

【初步建构分析思路】针对海水的复杂水溶液体系，同学们分析了体系中存在的微粒及微粒间作用，根据信息找到各类平衡的主次关系，并根据宏观反应结果（沉淀和气体）逆推了微观的平衡移动过程，其实这正是分析复杂水溶液体系的一般思路：物质（微粒）－微粒间相互作用－微粒种类或数量的变化－宏观现象，整个推理路径之间是相互印证的，既可以顺向推理也可以逆向推理。

【教师追问】反应 $Ca^{2+} + 2HCO_3^- \rightleftharpoons CaCO_3 \downarrow + CO_2 \uparrow + H_2O$ 除了从定性角度解释其发生的原因，还能否从定量角度说明呢？（H_2CO_3 $K_{a1} = 10^{-6.51}$，$K_{a2} = 10^{-10.33}$；$CaCO_3$ $K_{sp} = 2.5 \times 10^{-9}$）

【学生汇报】定量角度就是计算反应的平衡常数 K，根据已知数据可知 $K = K_{a2}/(K_{sp} \times K_{a1}) = 4 \times 10^{4.18}$，可见反应的平衡常数很大，（浓度允许的范围内）说明 Ca^{2+}、HCO_3^- 在混合体系中很容易发生相互作用。

【师生归纳，优化认识思路】复杂水溶液体系分析的一般思路如图 12-24。注意分析微粒间作用，注意主次关系、分析微粒种类和数量的变化既可以有定性视角也可以有定量视角。

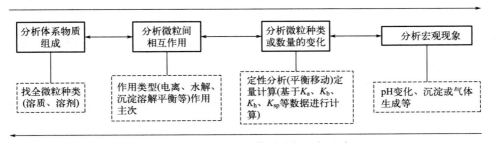

图 12-24　复杂水溶液体系分析一般思路

【认识思路运用】通过上面的分析我们已经清楚珊瑚礁的形成主要与海水中 Ca^{2+}、HCO_3^- 有关，请同学们利用上述认识思路分析为什么 CO_2 排放量增多时，珊瑚礁会被破坏。

【学生讨论汇报 1】首先分析体系中的微粒及存在的相互作用（和表 12-2 同），当有过量 CO_2 介入体系，平衡被打破。由于 CO_2 含量增加，H_2CO_3 两步电离平衡向右移动，造成 CO_3^{2-} 和 H^+ 浓度升高，会对 $CaCO_3(s) \rightleftharpoons Ca^{2+} + CO_3^{2-}$ 这一平衡产生两个不同的作用结果，CO_3^{2-} 浓度升高使平衡逆向移动，利于珊瑚礁的形成，但 H^+ 浓度若大幅升高，又会结合 CO_3^{2-} 使平衡正向移动，珊瑚礁溶解。

【学生讨论汇报 2】通过主次关系可以知道 H_2CO_3 的第一步电离肯定大于第二步电离，所以 H^+ 浓度变化肯定远大于 CO_3^{2-} 浓度变化，因此少量增加 CO_2 可能利于钙化作用，但 CO_2 含量若大幅度增加就会使珊瑚礁溶解，即 $CaCO_3 + CO_2 + H_2O \rightleftharpoons Ca^{2+} + 2HCO_3^-$。

【教师总结并提问】我们利用水溶液分析思路证明了珊瑚礁的生存与大气 CO_2 含量密切相关，据相关预测，海水 pH 值在 20 世纪末预计达到 7.8，届时珊瑚有可能消失。保护珊瑚礁迫在眉睫，"碳达峰、碳中和"势在必行！我们应如何保护珊瑚礁？

【学生汇报】保护珊瑚礁的关键是减少 CO_2 排放量，一方面是从源头上，停止或减少 CO_2 的排放，如节能减排或扩大利用无碳、低碳新能源等；另一方面是从终端入手，对排放的 CO_2 进行捕集、封存或再利用。

（三）如何实现"碳达峰、碳中和"——探析"化学溶剂吸收法""化学转化利用法（非电化学转化）"

【教师过渡】上节课大家从两个方面谈了助力"碳达峰、碳中和"的措施。但是从现实考虑，我国作为发展中国家，短时间内很难改变能源结构，而植树造林对于当前大气中 CO_2 含量的改变也很难立竿见影。CO_2 捕捉或再利用是可以考虑的办法，基于 CO_2 性质，应如何对 CO_2 捕捉？

【学生汇报】CO_2 是酸性氧化物，可利用碱性溶剂吸收。

【教师提问】目前，$NH_3(l)$ 和 $(NH_4)_2CO_3(aq)$ 是常用工业捕碳剂，其中 $(NH_4)_2CO_3(aq)$ 与 CO_2 可发生反应 $(NH_4)_2CO_3(aq) + H_2O(l) + CO_2(g) \rightleftharpoons 2NH_4HCO_3(aq)$，不同温度下，$(NH_4)_2CO_3$ 与 CO_2 在密闭容器中发生反应的关系如图 12-25，判断该反应的热效应及利用自发进行的温度条件。

【学生汇报 1】由于反应的 $\triangle S < 0$，反应要想自发则 $\triangle G = \triangle H - T\triangle S < 0$，故 $\triangle H < 0$，且反应在低温条件下有利。

【学生汇报 2】也可由图 12-25 判断，反应在 T_3℃下平衡，继续升温 CO_2 浓度升高，说明平衡逆向移动，故 $\triangle H < 0$。

【教师追问】利用该反应捕捉 CO_2，应如何提高 CO_2 的平衡转化率？

【学生汇报】反应是一个放热且气体系数减小的反应，可采取降低温度、增大体系压强（增大 CO_2 浓度）或提高碳酸铵浓度、及时更换吸收剂（分离碳酸氢铵）等方法提高平衡转化率。

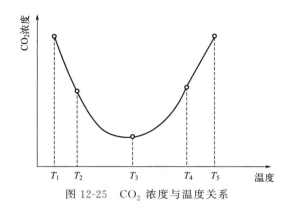

图 12-25　CO_2 浓度与温度关系

【教师追问】低温可提高 CO_2 平衡转化率，在实际吸收过程中是不是温度越低越好？

【学生汇报】实际工业生产要考虑成本，所以除了关注平衡转化率，还要关注反应时间，即考虑单位时间内的转化率。实际生产中很多反应可能等不到达到平衡状态，这就要提高反应速率以提高单位时间内的产量。因此在 CO_2 吸收过程中，虽然降温可增加 CO_2 的平衡转化率，但也会使反应速率减小，所以要综合两方面选择合适的温度。

【建构分析模型】模型见图 12-26。

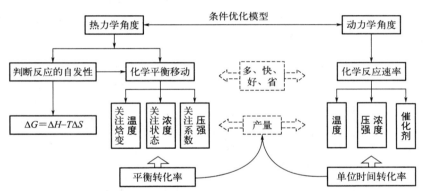

图 12-26　热力学、动力学视角下工业生产条件选择模型

【教师提问】上述分析模型指导我们解决实际工业问题既要考虑平衡态，又要考虑非平衡态（速率），据此请发散思维，思考图 12-25 中 CO_2 浓度为什么出现先降低后升高的趋势。

【学生讨论汇报 1】$T_1 \sim T_3$ 区间，是反应建立平衡的过程，升高温度，反应速率加快，一定时间内 CO_2 捕获量随温度的升高而提高；T_3 温度下，反应达到平衡，继续升高温度，由于正反应是放热反应，平衡逆向移动，相同时间内 CO_2 捕获量随温度的升高而降低。

【学生讨论汇报 2】如果该反应使用了催化剂，$T_1 \sim T_3$ 区间的变化也存在温度升高，催化剂活性升高的可能，同理 $T_3 \sim T_5$ 段也存在温度过高催化剂活性降低的可能。

【学生讨论汇报 3】$T_3 \sim T_5$ 段也存在温度过高体系发生了其他副反应的可能。

【师生归纳】同学们想得很全面，可见对于一个实际的工业生产问题，要从热力学和动力学两个角度建立平衡前、平衡态、平衡后等不同的分析区间，并且要特别注意温度这一因素的影响，具体分析思路如图 12-27。

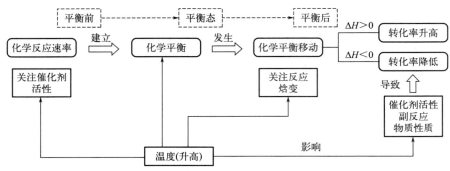

图 12-27　温度因素影响下实际工业生产问题分析思路

【教师提问】利用 $NH_3(l)$ 或 $(NH_4)_2CO_3(aq)$ 捕碳可能存在什么问题?

【学生汇报】产物 NH_4HCO_3 不稳定,比如用其生产化肥,进入土壤后又发生分解,导致 CO_2 再次逸出到大气中;氨水吸收和再生时易挥发;氨水吸收剂存在安全性问题,如运行中泄漏、爆炸等。

【教师过渡和设疑】化学溶剂吸收法存在一系列问题,除了这种方法外科学家还试图利用化学反应,将排放的 CO_2 转化为各种工业原料,这样既解决了 CO_2 排放超标问题,又缓解了能源短缺问题。如科学家以 CO_2、H_2 为原料通过磷化硼纳米颗粒作为催化剂合成 $CH_3OH[CO_2(g)+3H_2 \Longrightarrow CH_3OH(g)+H_2O(g),\triangle H=-49.5kJ/mol]$,反应历程如图 12-28。试对该催化剂进行评价。

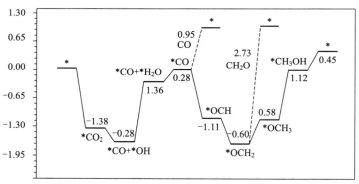

图 12-28　CO_2、H_2 合成 CH_3OH 在催化剂表面的反应机制

【学生汇报】生成 CO 和 HCHO 的活化能远高于生成甲醇,因此该催化剂可减少副反应(CO、HCHO),对甲醇具有高选择性;催化剂大大降低反应的活化能,加快合成 CH_3OH 的速率;纳米颗粒利于反应物吸附。

【教师追问】该方法要想投入生产,必须进一步提高甲醇产量,针对该方法,未来可在哪些方面继续深入研究?

【学生讨论汇报】投入生产,必须进一步加快单位时间内甲醇产量,从动力学机制角度分析,$^*CO+^*OH+^*H \longrightarrow ^*CO+^*H_2O$ 是反应的决速步骤,欲加快总反应速率,应进一步研究能降低决速步骤活化能的催化剂;此外从热力学角度分析该反应是一个放热反应,因此还应进一步设计低温条件下催化性能高的催化剂。

【教师评价】非常好，通过这几个问题的复习，大家已经可以稳定地从热力学、动力学两个角度系统思考问题，大家的分析与科学家不谋而合，催化剂的设计也确实是当前化学科学最重要的研究领域之一，也期待大家未来贡献自己的力量。针对非均相催化反应历程的研究，可形成如图12-29的分析思路。

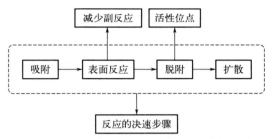

图 12-29　非均相催化反应历程问题分析思路

（四）如何实现"碳达峰、碳中和"——探析"化学转化利用法（电化学转化）"

【教师过渡】CO_2 排放超标问题是全球性的、复杂的，任何单一技术或方式都不可能解决全部问题，新技术、新思路正在不断涌现！除了我们前面介绍的溶剂吸收等方法外，近年来又有科学家直接以 CO_2 为原料利用电化学方法转化为可利用的有机物（图12-30）。

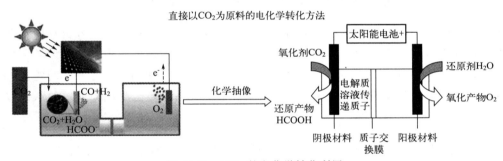

图 12-30　CO_2 的电化学转化利用

教学设计说明：该课时的教学设计详见文献——江合佩，刘炯明，张贤金."发展中的化学科学"项目式教学设计与实施［J］．化学教学，2021（06）：42-48。但要注意本课时教学应着力于电化学装置的设计，巩固电化学认识模型，以实现模块复习核心内容的全覆盖。当然若课时允许，教师也可引导学生基于"价—类"二维观设计理想转化、基于热力学判据判断反应可能性、基于电化学原理驱动非自发反应、基于热力学动力学视角优化电化学装置等任务建构真实情境下分析物质转化问题的思维模型（图12-31），实现模块核心知识的再应用。

五、教学效果及反思

（一）主题式复习教学能灵活实现不同层次教学内容的整合

主题式教学情境来源于真实的生产生活，需要学生整合多方面知识解决问题，而知识的

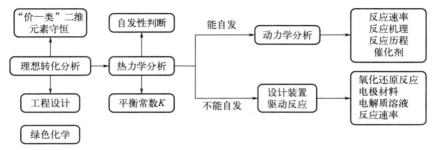

图 12-31　真实情境下解决物质转化问题的思维模型

整合是多层次的，可以是单个或多个章节知识的整合、单个或多个模块知识的整合，甚至可以是跨学科知识的整合。因此根据教学目的，教师可以设计针对不同层次教学内容整合的主题供学生探究，提升学生对已学内容的理解和运用能力。本主题学习完成后，很多学生表示对该模块的理解有了更高的站位和视野，"原来认为电化学内容与热力学、动力学、水溶液没有关联，现在发现一个真实的电池设计问题就可以把这些内容有逻辑地联系在一起，可见反应原理知识虽然章节之间是独立的，但在解决真实问题时要'俯瞰'整个模块内容，以后要多思考内容间的关联。"这也促使我们思考未来的主题式教学实践是否应考虑结合学生的学习节点设计针对不同层次教学内容整合教学主题，以提升学生在不同阶段的知识运用能力。

（二）主题式教学能形成更具稳定性和迁移价值的认识方式

主题式教学将学生置于真实问题的解决过程中，从中所形成的认识方式更具稳定性和迁移价值。例如学生在探析"化学溶剂吸收法"原理的过程中形成的热力学、动力学系统思维能快速迁移到"曲线分析"问题中，甚至在后续跨情境的"催化剂研究方向"问题上，学生也能从热力学、动力学两个角度考虑，可见通过主题式学习学生分析同质问题的认识方式趋于稳定。

（三）主题式教学的任务设计既要关注现实意义又要指向学科核心内容的应用

主题式复习教学设计以任务驱动学生综合运用已有知识解决实际问题。一方面，任务的设计必须具有现实意义，提出的学科问题确实是项目推进必须解决的问题，避免情境与任务之间"两张皮"，这样学生才感兴趣；另一方面，任务的完成必须调用学科核心内容，特别是在高考压力下，进行科普式教学，难以被一线教师接纳。本主题设计的任务与"碳达峰、碳中和"这一情境载体密切联系，任务推进聚焦"化学反应原理（选择性必修 1）"模块核心内容，同时问题设计关照了高考考查的重难点内容。但教学过程中也发现了不足之处，即学习任务定性分析得多，定量计算得少，这是后续教学实践中需改进的地方。

对标整理 》》》

学完本单元你应该能够：

1. 描述说明复习课的教学功能及策略。
2. 利用复习教学策略设计单元复习课。

3. 初步学会设计主题式综合复习课。

 练习与实践 >>>

1. 请研读以下"书写新情境下的反应方程式"专题复习课教学片段，分析：①该教学片段体现了专题复习课教学具有的哪些典型特征？②教师在环节 2 中设计的 3 个案例以及环节 3 中的 2 个变式训练具有怎样的典型性？③这样的复习课教学对提升学生的符号表征能力具有怎样的帮助？

【案例 12-3】 **"书写新情境下的反应方程式"复习教学片段**[❶]

环节 1：思维建模

【回顾整理】"书写新情境下的反应方程式"思维导图。

书写新情境下的反应方程式的一般步骤：

① 找准目标：依据信息并结合反应规律写出主要反应物与生成物。

② 正确配平：a. 选择守恒视角依据方程式类型依次采用电子守恒（氧化还原反应）、电荷守恒（离子反应）、质量守恒（所有反应）的视角进行方程式配平。b. 补充缺项物质——依据体系酸碱性，补充必要的酸或碱。

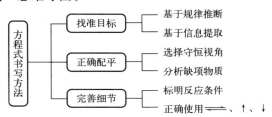

③ 完善细节：a. 依据事实标明反应条件。b. 基于意义规范使用 $\rightleftharpoons$、↑、↓。

环节 2：问题解决

【典型案例】例题 1 由教师示范，例题 2、例题 3 由学生完成，教师讲评。

例 1. 铁炭混合物在水溶液中可形成许多微电池。将含有 $Cr_2O_7^{2-}$ 的酸性废水通过铁炭混合物，在微电池正极上 $Cr_2O_7^{2-}$ 转化为 Cr^{3+} 其电极反应式为_____。

解决思路：① 依据文字信息：$Cr_2O_7^{2-}$ —— Cr^{3+}

② 依据电子守恒：$Cr_2O_7^{2-} + +6e^- $ —— $2Cr^{3+}$

③ 依据体系酸碱性及电荷守恒：$Cr_2O_7^{2-} +14H^+ +6e^- $ —— $2Cr^{3+}$

④ 依据质量守恒：$Cr_2O_7^{2-} +14H^+ +6e^- \rightleftharpoons 2Cr^{3+} +7H_2O$

例 2. 匀速向磷石膏粉（主要成分为 $CaSO_4$，杂质 SiO_2、Al_2O_3 等）氨水浆料中通入 CO_2，浆料清液的 pH 和 $c(SO_4^{2-})$ 随时间变化见左图。清液 pH>11 时 $CaSO_4$ 转化的离子方程式为_____。

解：① 依据图像信息：$CaSO_4$ —— SO_4^{2-}

[❶] 经志俊. 高考复习"专题提升"的模式建构与教学案例——以江苏高考"书写新情境下的反应方程式"为例[J]. 化学教学，2017，（02）：53-56.

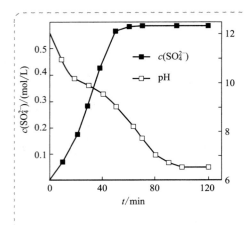

② 依据文字信息：$CaSO_4 + NH_3 \cdot H_2O + CO_2 - CaCO_3 + NH_4^+ + SO_4^{2-}$

③ 依据电荷守恒：$CaSO_4 + NH_3 \cdot H_2O + CO_2 - CaCO_3 + 2NH_4^+ + SO_4^{2-}$

④ 依据质量守恒：$CaSO_4 + 2NH_3 \cdot H_2O + CO_2 = CaCO_3 + 2NH_4^+ + SO_4^{2-}$

例 3. 废旧锂离子电池的正极材料试样（主要含有 $LiCoO_2$ 及少量 Al、Fe 等）可通过下列实验方法回收钴、锂。

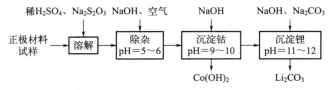

在上述溶解过程中，$S_2O_3^{2-}$ 被氧化为 SO_4^{2-}、$LiCoO_2$ 在溶解过程中反应的化学方程式为 _____。

解：① 依据流程信息：$Na_2S_2O_3 + LiCoO_2 - Na_2SO_4 + Li_2SO_4 + CoSO_4$

② 依据电子守恒：$Na_2S_2O_3 + 8LiCoO_2 - Na_2SO_4 + Li_2SO_4 + CoSO_4$

③ 依据质量守恒：$Na_2S_2O_3 + 8LiCoO_2 - Na_2SO_4 + 4Li_2SO_4 + 8CoSO_4$

④ 依据体系酸碱性及质量守恒：$Na_2S_2O_3 + 8LiCoO_2 + 11H_2SO_4 = Na_2SO_4 + 4Li_2SO_4 + 8CoSO_4 + 11H_2O$

环节 3：变式训练

① 硫单质与热的 NaOH 溶液反应，产物中元素最高价态为 +4，写出该反应的离子方程式：_____。

② 钡盐行业生产中排出大量的钡泥〔主要含有 $BaCO_3$、$BaSiO_3$、$BaSO_3$、$Ba(FeO_2)_2$ 等〕。某主要生产 $BaCl_2$、$BaCO_3$、$BaSO_4$ 的化工厂利用钡泥制 $Ba(NO_3)_2$ 其部分工艺流程如下：

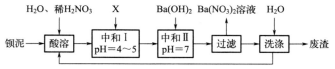

酸溶后溶液中 pH=1，$Ba(FeO_2)_2$ 与 HNO_3 反应的化学方程式为 _____。

环节 4：典型错误小结

学生总结错误原因：①反应物或生成物写错，②配平不到位，③细节不规范等。

2. 请对以下单元进行复习课教学设计：①常见气体的制备（九年级化学）；②氮及其化合物（高中化学必修）。

3. 请查阅关于"水溶液中的离子反应与离子平衡"主题的高中必修课程和选择性必修课程的课程标准要求，并进行主题式复习教学设计。